KARL MAY'S GESAMMELTE WERKE IM TASCHENBUCH

BAND 64

DAS BUSCHGESPENST

KARL-MAY-VERLAG
BAMBERG · RADEBEUL

DAS BUSCHGESPENST

ROMAN
VON
KARL MAY

KARL-MAY-VERLAG
BAMBERG · RADEBEUL

INHALT

Der vorliegende Roman spielt Ende der 60er-Jahre des 19. Jahrhunderts und ist ein in sich abgeschlossener Teil des von Karl May in den Jahren 1884/1885 geschriebenen dritten Münchmeyer-Romans „Der verlorene Sohn" (Bde. 64, 65, 74, 75 und 76 der Ges. Werke). Über die Entstehungsgeschichte, den Werdegang und die Geschicke der fünf Münchmeyer-Romane findet man Näheres in Bd. 34 der Ges. Werke „ICH" und in den Sonderbänden „Karl-May-Bibliografie 1913-1945" und „Der geschliffene Diamant".

Herausgegeben von Dr. Euchar Albrecht Schmid
Der Inhalt dieses Buchs entspricht dem Band 64
der echten grünen Bände „Karl Mays Gesammelte Werke".

Taschenbuchausgabe 2024

Deckelbild: Carl Lindeberg

Druck: CPI
ISBN 978-3-7802-1164-4
www.karl-may.de

1. *Im Land der Armut*

Es war Samstagmittag vor Fastnacht.

Draußen, hart am Waldrand und fast eine halbe Wegstunde vom Dorf Hohenthal entfernt, erhob sich auf steiler Halde eine finstere, rußgeschwärzte Gebäudemasse, in deren Mitte eine rauchende Esse zum Himmel ragte: Das Kohlenbergwerk ‚Gottes Segen'.

Eine Glocke läutete – die Schicht war zu Ende. Im Förderhaus wurde der Personenaufzug mit der Maschine gekoppelt und bald entstieg dem schwarzen Schlund eine Schar kohlenstaubbedeckter Männer, die seit Mitternacht tief unter der Erde gearbeitet hatten, um an der Oberwelt ihr Leben fristen zu können. Andre fuhren an ihrer Stelle ein.

In den ärmlichen Dörfern des sächsischen Erzgebirges wohnen gläubige Leute. Die Männer der Feierschicht sammelten sich um den Steiger und falteten die Hände. Er sprach ein kurzes Dankgebet, dass Gott sie während der letzten zwölf Stunden gnädig beschützt hatte, und dann stimmten die rauen Kehlen ein Kirchenlied an:

„Was Gott tut, das ist wohl getan –
so wollen wir stets schließen.
Ist gleich bei uns kein Kanaan,
wo Milch und Honig fließen,
so wird von Gott doch unser Brot
zur G'nüge dem bescheret,
der ihm traut und ihn ehret."

Als das letzte Wort verklungen war, begaben sich die Leute zum Zahlmeister, um sich den Wochenlohn zu holen.

Nur einzeln durfte man in das Zimmer des Beamten kommen. Er war ein wortkarger, menschenfeindlicher Mann, der jedem Eintretenden das Geld schweigend hinschob und ihn dann mit einem barschen Wink verabschiedete. Darum fiel es auf, dass er heute die Knappen nach dem Lohnempfang aufforderte, vor dem Haus zu warten.

Es war bitterkalt, der Schnee lag über einen Meter hoch und fiel noch immer in dichten Flocken. Die Leute zitterten, ihre dünne Kleidung gewährte nicht genügend Schutz gegen den Frost.

Doch der Zahlmeister ließ sich Zeit, erst nach einer geraumen Weile trat er heraus.

„Ich habe euch im Auftrag des Herrn Baron von Wildstein zu eröffnen“, sagte er ohne jede Einleitung, „dass er von jetzt ab für Schicht und Mann zehn Pfennig weniger zahlt. Es ist Winter; die Nachfrage nach Kohlen ist zwar stark, aber der Schnee, der die Straßen ungangbar macht, erschwert den Absatz und die Betriebskosten werden immer größer. Das ist's, was ich euch bekannt geben soll.“

Die Leute blicken einander bestürzt an. Ein Flüstern und Murren ging durch die Reihen; endlich raffte sich einer – es schien der älteste der Knappen zu sein – zu einer Erwiderung auf.

„Herr Zahlmeister“, begann er zögernd, „das ist eine schlimme Nachricht! – Wissen Sie noch, wie viel ich heut erhalten habe?“

„Ja, sechs Mark!“

„Sechs Mark für eine ganze Woche! Sechs Mark für eine zweiundsiebzigstündige Arbeitszeit unter der Erde! Sechs Mark für sechs zwölfstündige Schichten in steter Lebensgefahr!“

„Ist dir's nicht genug, so such dir andre Arbeit!“

„Das kann ich nicht. Sie wissen das auch, Herr Zahlmeister. Es gibt hier nur Weber und Bergleute. Zum Weben sind meine Augen zu schwach und dieses Bergwerk ist das einzige in der Gegend. Ich muss bleiben.“

„So beschwer dich nicht!“

„Ich beschwere mich nicht; aber ich denke an die acht Köpfe, die von meinen sechs Mark leben wollen. Herr, wir hungern schon längst – wir hungern und frieren. Was soll aus uns werden?“

„Das geht mich nichts an. Ich erfülle nur meine Pflicht. Ich soll euch den Entschluss des Herrn Baron mitteilen und ich habe es hiermit getan. Wer nicht einverstanden ist, der braucht ja nicht wiederzukommen. Ich finde Arbeitskräfte genug.“

Bei diesen Worten drehte er sich um und verschwand wieder im Haus.

Bedrückt wandten sich die Männer ab und wateten in Gruppen durch den Schnee heimwärts.

Nach einer halben Stunde lagen die niedrigen, verschneiten Giebel des Dorfes vor ihnen, lauter ärmliche Hütten. Nur zwei hoben sich von den übrigen ab – das Pfarrhaus und noch ein andres, das auch nicht weit von der Kirche lag und über dessen Tür in goldnen Buchstaben auf einer Marmortafel der Spruch prangte:

„Der Herr behüte dieses Haus
und die da gehen ein und aus!“

Und an der Tür stand auf einem Porzellanschild: ‚Seidelmann & Sohn‘.

Als draußen auf dem Schacht das Schichtzeichen erklungen war, hatte auch hier im Dorf Hohenthal der Küster die Mittagsglocke in Bewegung gesetzt. Das war so alter Brauch: Mittags zwölf Uhr wurde mit der kleinen Glocke geläutet.

In dieses Geläut mischte sich das taktmäßige Geklapper der Webstühle, das seit dem frühesten Morgen schon aus den Wohnungen der Weber in das Schneegestöber hinausdrang.

Die Tür eines Häuschens öffnete sich. Ein Mädchen, in jeder Hand eine Wasserkanne, wollte heraustreten, fuhr aber rasch wieder zurück, als ein scharfer Windstoß ihm eine ganze Wolke Schnee entgegentrieb.

Im gleichen Augenblick sprang ein junger Bursche aus dem Nachbarhaus herbei.

„Grüß Gott, Engelchen!“, rief er. „Du willst an den Brunnen?“

„Ja, Eduard.“

„Bei diesem Schneegestöber ist das nichts für dich. – Gib mir die Kannen!“

Er nahm ihr die Gefäße aus den Händen und eilte fort, um für sie das Wasser zu holen. Sie zog sich wieder hinter die Tür zurück, hielt sie aber ein wenig geöffnet, um Eduard nachzublicken.

Er hatte sie Engelchen genannt, eine Verdeutschung von Angelika, was ja die Engelhafte bedeutet. Angelika war etwa achtzehn Jahre alt, ein hübsches, frisches Mädchen. Ihre Kleidung war einfach und sauber. Der rote Flanellrock reichte ihr bis zur Hälfte der Waden, die Winterjacke war vorn ein wenig geöffnet. Das Gesicht blühte unter dem vollen Haar.

Eduard kam mit den gefüllten Kannen zurück. Sie schob die Tür weit auf.

„Komm herein, Eduard! Draußen kannst du heut die Kannen nicht absetzen!“

Er schlüpfte ins Haus und rieb sich pustend die Hände.

„Ein schlimmes Wetter“, meinte er. „Wenn es so fortmacht, werden wir bald nicht mehr über die Straße gehen können.“

„Und doch kommst du herüber, um mir Wasser zu holen! – Ich danke dir.“

Sie bot ihm die Rechte, die er herzhaft drückte.

„Oh, Nachbarn müssen einander aushelfen!“

„Aber du hast deswegen deine Arbeit unterbrochen.“

„Nur wenige Minuten. Das hole ich schnell ein.“

„Und hast's doch so notwendig.”

„Woher weißt du das, Engelchen?“

„Meinst du, ich hätte nicht gehört, dass du die Nacht durchgearbeitet hast?"

Er nickte und dabei nahm sein hübsches, offenes Gesicht einen trüben Ausdruck an.

„Es musste eben sein, Engelchen; ich muss ja heut in der Dämmerung fertig werden. Du weißt, dass mein Vater infolge seiner schweren Erkältung innerhalb vierzehn Tagen nur ein Stück vollenden konnte, und deshalb hatte ich drei zu weben."

„Du machst dich krank. Du darfst den Fleiß nicht übertreiben. – Sag, warum musst du denn eigentlich so viel bringen, Eduard?"

„Weil wir viel Geld brauchen. Seidelmann hat dem Vater das Darlehn gekündigt."

„Herrgott, ist's möglich?", rief sie erschrocken. „Der reiche Seidelmann braucht's doch gar nicht!"

„Gewiss. – Aber was hilft uns das? Er sagt, er habe jetzt im Geschäft sehr viel verloren und müsse alle außenstehenden Gelder einziehn."

„Das glaube ich nicht. Vielleicht hat er einen andern Grund."

Eine jähe Röte überzog Eduards Gesicht.

„Das ist freilich möglich", antwortete er sichtlich zurückhaltend. „Und den Grund glaube ich zu kennen."

„Nun?", forschte sie gespannt.

„Jetzt nicht, ein andermal! Du wirst mit dem Essen zu tun haben."

„O nein, das ist schon vorbei! Es gab des Vaters Leibgericht, grüne Klöße und Rauchfleisch. Was habt ihr denn heut?"

Eduard errötete noch tiefer als vorhin; um es nicht merken zu lassen, wandte er sich zur Seite.

„Ich weiß es wirklich nicht, Engelchen. Wenn ich in so eiliger Arbeit stecke, nehme ich mir nicht die Zeit, darauf zu achten, was Mutter kocht. Ich werde es ja sowieso gleich erfahren. – Leb wohl, Engelchen!"

„Leb wohl! Kommst du am Abend zu uns?“

„Ja, ich komme.“

Er sprang wieder hinaus ins Schneegestöber.

Das Häuschen, in das er eilte, war noch kleiner als das von Angelikas Eltern. Der Flur bestand aus festgeschlagenem Lehm; rechts war ein Abstellraum und ein Ziegenstall, links die Wohnstube. Sie besaß nur zwei Fenster und vor jedem stand ein Webstuhl. Grad als Eduard in die Stube trat, hörte er die Mutter sagen: „Komm, Vater, steig aus dem Stuhl! Wir wollen essen!“

Langsam und schwerfällig folgte der Weber dem Wink. Er ging gebeugt und sein Haar war, wie auch das der Mutter, vor der Zeit ergraut. Armut und Sorgen hatten das getan.

Auf den Ruf der Mutter regte es sich in den Ecken und Winkeln der Stube. Fünf Kinder, außer Eduard, eilten dem blank gescheuerten Tisch zu, während die Mutter eine Schüssel Kartoffeln herbeibrachte.

Der Vater faltete die Hände.

„Wir wollen beten!“

Alle neigten andächtig die Köpfe.

„Du schenkst uns, Gott, so väterlich
jetzt Speis' und Trank, wir preisen dich;
denn alles, was uns stärkt und nährt,
wird uns durch deine Hand beschert.
Sieh, deine Gaben nehmen wir
Mit Freuden, Vater, hin von dir!
O lass uns den Genuss gedeihn
Und dir dafür auch dankbar sein!“

Jetzt erst setzte sich der Mann. Das war das Zeichen zum Beginn der Mahlzeit. Die Kinder langten gierig zu, als ständen lauter Leckerbissen auf dem Tisch, und es gab doch nur eine Schüssel Kartoffeln in der Schale und dazu nichts als Salz, das die Mutter braun geröstet hatte, um ihm einen besonderen Geschmack zu verleihen.

Da öffnete sich die Stubentür und ein altes, dürres Männchen trat ein.

„Guten Tag, Gevatter Hauser!“, grüßte der Besucher, der sich bemühte, einen Hustenanfall zu unterdrücken. „Ihr seid beim Essen? Da will ich nicht stören. Ich komme ein andermal wieder.“

„Bleib nur!“, wehrte Hauser ab. „Nimm dir dort den Schemel! Uns störst du nicht.“

Der Alte hockte sich neben den Ofen und befühlte die Kacheln.

„O weh!“, murmelte er. „Kein Feuer mehr!“

„Der Gevatter will sich wärmen“, sagte der Weber zu seiner Frau. „Leg noch einmal an, Mutter!“

Frau Hauser zog ein bekümmertes Gesicht.

„Die Kohlen sind alle, Vater.“

„So nimm Holz!“

„Ist auch keins mehr da. Es reichte grad noch, die Kartoffeln zu kochen.“

„Und wie viel Geld hast du noch?“

„Zehn Pfennige!“

„So lass nachher Kohlen holen dafür! – Hast du schon gegessen, Gevatter?“

Der Alte schüttelte den Kopf und blickte verlangend auf die Schüssel, die sich zusehends leerte.

„Heut noch nicht. Ich war – hm, ich war bei Herrn Seidelmann und wollte ihn fragen, ob – hm, na ja – aber der gibt nichts.“

„So komm her und greif zu!“

Das Männchen ließ sich das nicht zweimal sagen. Anstatt sechzehn, waren nun achtzehn Hände bestrebt, den Inhalt der Schüssel verschwinden zu lassen.

Als die letzte Kartoffel verzehrt war, erhob sich Vater Hauser.

„Wir wollen beten!“

Alle falteten die Hände.

„Wir danken dir, Herr Jesus Christ,
dass du unser Gast gewesen bist!“

Und daran fügte der Weber die Strophe:

„Nun, wir sind auch diesmal satt,
da uns Gott vergnügt gespeiset
und vergnügt getränket hat.
Er wird ferner unserm Leben
Speis' und Trank und Notdurft geben.“

Er löste die gefalteten Hände. Da streckte der Gast dem Weber die hagere Rechte entgegen.

„Hab Dank, Gevatter! Du weißt nicht, was du an mir getan hast. Vorhin habe ich gesagt, ich hätte heut noch nichts gegessen. Nun aber will ich dir gestehn, dass schon seit vorgestern Abend kein Bissen über meine Lippen gekommen ist.“

„Guter Gott!“, rief Hauser. „Mutter, schneid ihm noch ein Stück Brot ab!“

Die Frau hustete verlegen.

„Auch das Brot ist alle, Vater.“

„Haben wir wirklich gar nichts mehr?“

„Nicht ein Krümelchen!“

Hauser warf ihr einen Blick zu und sie verstand ihn sofort. Sie nahm ein Tuch um und verließ die Stube. Nach einer kleinen Weile kam sie wieder. Sie war zum Bäcker gelaufen und hatte die für Kohlen bestimmten zehn Pfennige für ein Stück Brot ausgegeben.

Der Alte war so gerührt, dass ihm die Tränen in die Augen traten.

„Vergelt's euch Gott! Aber nehmen kann ich's nicht. Eure Kleinen brauchen es ebenso notwendig wie ich.“

„Nimm und iss!“, gebot Hauser. „Eduard geht nachher mit den vier Stücken, die heut fertig werden, zum Seidelmann. Da bekommen wir Geld und können das Nötigste kaufen. Du aber hast keine Aussicht, etwas zu verdienen."

„Ja, ja, das ist wahr", nickte der Alte, indem er zögernd zugriff. „Früher war es anders. Da war ich der einzige Bader der Umgegend. Jetzt sind noch andre da und meine Hand ist zittrig geworden, sodass ich das Messer nicht mehr führen kann. Die Zeiten werden halt immer schlechter und die Menschen mit ihnen. Wisst ihr schon, was in letzter Nacht geschehn ist?"

„Was denn?"

„Als der Förster heut früh trotz allem Wetter durch den Wald geht, bleibt sein Hund plötzlich bei einer Schneewehe stehn und ist nicht fortzubringen, und als der Förster nachforscht, entdeckt er eine Leiche."

„Auch du lieber Himmel! Erfroren?"

„Nein – ermordet!"

Die Hausers standen entsetzt und wussten kein Wort zu sagen. Eduard fand zuerst die Sprache wieder.

„Wer ist's denn? Einer von hier?"

„Der Grenzoffizier, der Leutnant! Eine Kugel ist ihm durch den Kopf gegangen."

„So sind's die Pascher gewesen!"

„Das Buschgespenst selber hat's getan."

„Woher weiß man das?"

„Der Tote hatte einen Zettel in der Tasche: ‚So wird es einem jeden ergehn, der die Pascher belästigt. – Das Buschgespenst.'"

„Das ist entsetzlich!", stöhnte Frau Hauser.

„Ja", nickte der Alte. „Das ist's auch. Am Morgen ist einer der Grenzaufseher in der Schenke gewesen und hat erzählt, dass in der vergangnen Nacht ein Zug von mehr als dreißig Schmugglern über die Grenze geschlichen ist. Die Beamten haben sie nur von ferne gesehn, aber nicht fassen können."

„Nicht fassen können? Die Grenzer haben doch ihre Gewehre."

Der Alte tat einen tiefen Seufzer.

„Was helfen Gewehre gegen Menschen, die das Buschgespenst beschützt?"

Da mischte sich Hauser wieder in das Gespräch.

„Das ist nicht christlich gedacht, Gevatter. Alles in der Welt geht seinen natürlichen Gang und der Herrgott sorgt dafür, dass immer das Gute den Sieg behält. Er wird auch hier keine Ausnahme dulden. – Wer ist denn deiner Meinung nach das Buschgespenst?"

„Der leibhaftige Gottseibeiuns muss es sein!", schauderte der Alte. „Ich kann's bezeugen, denn ich habe das Gespenst mit eignen Augen gesehn. Der Himmel bewahre jeden vor einer solchen Begegnung! Den Tod hätte ich haben können davon."

Den Hausers kroch ein Frösteln durch die Glieder. Scheu und ungläubig starrten sie den Sprecher an. Die Kinder drängten sich ängstlich zusammen. Vater und Mutter tauschten einen bedeutsamen Blick, als wollten sie sagen: Es hat also doch seine Richtigkeit, was die Leute im Dorf über das Buschgespenst schwatzen! Der Gevatter ist ein zuverlässiger Mann; was er bezeugt, muss gelten.

Sie waren so befangen, dass keiner eine Frage tat, obwohl ihnen das Verlangen, Genaueres zu hören, aus den Augen leuchtete.

Nur Eduard überwand das Gruseln so weit, dass er sich sachlich nach dem Nächstliegenden erkundigte, wobei er es freilich nicht hindern konnte, dass ihm die Stimme ein wenig zitterte.

„Warum hat denn der Gevatter noch nie davon erzählt, dass er das Buschgespenst gesehn hat?", fragte er.

„Hast leicht fragen, mein Sohn", seufzte der Alte, „hast leicht fragen! Meinst wohl gar, der Gevatter hätte sich das jetzt nur so ausgedacht? Nein, nein, red mir nicht dazwischen! Es braucht kein Entschuldigung. Ich will dir die Frage beantworten. Zuvor aber muss das Kleinzeug da aus der Stube!“ Er wies auf Eduards jüngere Geschwister. „Wenn ich schon rede, darf es nur vor Leuten sein, auf die ich mich verlassen kann.“

Die fünf Kinder wurden in die Kammer geschickt. Sie gingen gehorsam, ohne Widerrede. Nebenan aber drückten sie sich am Türspalt die Nasen platt und schoben einander abwechselnd beiseite, so sehr brannten sie darauf, etwas von der Schilderung zu erlauschen, die der Gevatter von seinem Erlebnis mit dem Buschgespenst gab. Ihre Bemühungen waren freilich umsonst, denn der Alte sprach leise, mit vorsichtig gedämpfter Stimme. Nur sein trockenes Husten, das er vergebens zu bekämpfen versuchte, und ab und zu die staunenden, ängstlichen und beschwörenden Zwischenrufe der Eltern und Eduards drangen bis in die Kammer zu den Kleinen.

„Das Buschgespenst selber hat mir Schweigen geboten“, begann der Alte, sobald sich die Tür hinter den fünf Kindern geschlossen hatte. Dabei sah er sich scheu um, als rechnete er mit der Möglichkeit, das unheimliche Wesen, gegen dessen Warnung er soeben handelte, könne plötzlich als Rächer hinter ihm erscheinen. Dann sprach er weiter: „Und es hat mir gedroht...“

„Um Gottes willen, Gevatter!“, stammelte die Frau. „Ich mag nichts hören!“

Eduard aber und der Vater winkten ihr zu schweigen.

„Erzähl weiter!“, mahnte Hauser den Alten. „Wie ist das alles geschehn, wann und wo?“

„Vor vier Wochen etwa war's“, berichtete der Gast, „da überraschte mich die Dunkelheit beim Holzsuchen im Wald. Ich hatte mich zu oft auf meine Kiepe setzen müssen, um auszuruhn, denn mein Magen knurrte und die Beine zitterten mir vor Schwäche. Endlich hatte ich meine Last aufgehuckt und stapfte durch die Schwedenschlucht, um den Weg zum Dorf abzukürzen.“

„Aha“, brummte Hauser, „durch die Schwedenschlucht! Dort ist's von jeher nicht geheuer.“

„Daran dachte ich auch", nickte der Alte, „während ich Schritt für Schritt im hohen Schnee tat. Rechts über der Böschung stand der Mond. Er machte ein seltsames Gesicht, wie mir schien, gar nicht so freundlich wie sonst. Links ragten die dichten Büsche, ihr kennt sie ja. Der Wind raschelte drin. Das war, als wisperten da hundert Geisterstimmchen. Plötzlich strich etwas Schwarzes dicht an meinem Kopf vorbei. Für gewöhnlich hätte ich wohl gedacht: ein Uhu! Aber an jenem Abend war alles um mich so unheimlich, das schielende Mondgesicht, das Wispern und nun das Rauschen hart vor mir und der dunkle Schatten, eben alles so, dass mir vor Schreck der Stock aus der Hand fiel, auf den ich mich stützte."

Der Sprecher machte eine Pause. Die Erregung versetzte ihm den Atem. Die Hausers schwiegen, gebannt von fieberhafter Spannung. Es war so still in dem Zimmer, dass man die Kinder nebenan am Türspalt hörte. Dann fuhr der Alte fort:

„Ich bückte mich, den Stock aufzuheben. Wie ich mich wieder aufrichte – ja, was soll ich sagen? – rein erstarrt bin ich, kein Glied habe ich gerührt und keinen Laut von mir gegeben. Rechts oben am kahlen Hang steht eine weiße Gestalt, vom Mondlicht hell beschienen. Die Gestalt hebt gebieterisch den Arm und dann klingt eine Stimme, so hohl, so unheimlich, als käme sie aus einem Grab: ‚Was tust du hier, armseliges Menschlein?' – Was ich geantwortet und getan habe, weiß ich nicht. Ich bin wie von Sinnen gewesen vor Schreck. Fast glaube ich, ich habe dem Unheimlichen das mühsam gesammelte Holz schenken wollen samt der Kiepe und auch die letzten drei Pfennige in meiner Tasche dazu. Er aber hat mir zugerufen: ‚Ich mag deinen Kram nicht. Ich bin das allmächtige Buschgespenst. Scher dich heim und wehe dir, wenn du im Dorf von unsrer Begegnung erzählst! Ich erscheine dir um Mitternacht und drehe dir den Hals um!' – Ihr könnt euch denken, Hauserleute, dass ich da ums Leben gelaufen bin. Halb tot bin ich heimgekommen und habe gegen keinen Menschen von der Sache gesprochen."

„Und jetzt hast's doch gewagt. Warum?", forschte Hauser.

„Weil ich sonst erstickt wäre. Irgendjemand musste ich mein Herz ausschütten."

„Wohl, wohl, Gevatter. Und du kannst sicher sein, dass die Hausers nicht schwatzen."

„Das weiß ich und mir ist jetzt wirklich wohler. Ihr aber habt gehört, wer das Buschgespenst ist: der Leibhaftige in Menschengestalt! Der Himmel behüte uns vor seinem Treiben! – Und nun will ich endlich gehen. Ihr habt zu arbeiten. Da ist jede Minute kostbar. Nochmals tausend Dank für alles!"

Er drückte allen die Hand. Hauser begleitete ihn nach alter Sitte bis zur Haustür. Grad als sie dort standen, klingelte ein zweispänniger Schlitten vorüber, worin ein pelzvermummter Mann saß.

„Ein Fremder", meinte der Alte.

Hauser aber belehrte ihn eines andern.

„Nicht doch! Hast du ihn denn nicht erkannt? Ja freilich, deine Augen werden schlecht. Es war doch der Rentner Seidelmann, der Bruder des hiesigen Kaufmanns."

„Der Brüderlichkeitsapostel? O weh! Das bedeutet nichts Gutes. Wenn der in den Ort kommt, gibt es allemal ein Unglück. – Schlimme Zeiten, schlimme Zeiten, Gevatter! Leb wohl!"

Als Angelika Hofmann die Wasserkanne zur Mutter in die Küche getragen hatte und in die Stube trat, stand ihr Vater am Tisch und überprüfte ein soeben vollendetes Stück Webearbeit. Auch diese Stube war klein, hatte aber ein behäbigeres Aussehen als die der Hausers. Bei Hausers hatten die Eltern sechs hungrige Mäuler zu stopfen, hier war Angelika das einzige Kind.

Der Vater warf ihr einen mürrischen Blick zu.

„Wo warst du?"
„Ich habe Wasser geholt."
„Du selber?"
Sie machte sich verlegen am Fenster zu schaffen. So konnte sie dem Vater den Rücken zukehren.
„Nun wird's?", fragte er scharf. „Antwort!"
„Der Eduard ist für mich gegangen", gestand sie leise.
„Der Eduard und immer der Eduard!", brummte er. „Dieser Habenichts!"
„Wir sind auch nicht reich."
„Umso mehr Grund, nach Reichtum zu trachten!"
Angelika warf dem Vater einen erstaunten Blick zu.
„Wir und Reichtum?", fragte sie. „Das kann wohl vor dem Jüngsten Tag nicht zusammenkommen."
„Red nicht so dumm!", murrte Hofmann. „Du bist jung und hübsch. Da ist's gar nicht so ausgeschlossen, dass ein wohlhabender Bursche ein Auge auf dich wirft."
Sie wandte sich verschämt ab. Aber der Alte war zäh, er trat dicht an sie heran.
„Nun, wie steht's damit?", drängte er. „Alle laufen sie dir nach und..."
„Ich mag keinen!", stieß sie hastig hervor.
„Keinen! Sieh einmal an! Das soll wohl heißen: keinen außer den Eduard!" Aus des Vaters Worten klang gehässiger Spott. Dann wurde er wieder herrisch und grob. „Antwort will ich! Oder ist er etwa nicht dein Schatz?"
„Nein!", wehrte sie sich.
Der Vater aber lachte kurz auf.
„Mir machst du das nicht weis. Oder meinst du, ich wüsste nicht, was hinter meinem Rücken geschieht?"
„Nichts, gar nichts geschieht!"
„So? Hat er noch nicht von Liebe und dergleichen zu dir gesprochen?"
„Kein Wort!"
Weil Angelika das gar so klar und bestimmt versicherte, lenkte der Alte ein wenig ein.

„Ich habe ja nichts gegen ihn – ist ja ein ganz netter Junge – aber drüben bei ihm ist die Armut zu Haus. Ihr passt nicht zueinander. Ich fürchtete schon, ihr wäret im Stillen einig miteinander. Umso besser, wenn's nicht an dem ist, denn mein Ja hätte ich nie dazu gegeben. Jetzt weißt du, woran du bist, und kannst dich danach richten."

Er legte sein Arbeitsstück zusammen, zog den Rock an und ging, um das Gewebe bei Seidelmann abzuliefern.

Eine Viertelstunde später trat er im Haus der Seidelmanns durch eine Tür, an der das Wort ‚Kontor' zu lesen war. Ein junger Mensch stand da mit verdrießlicher Miene an einem Pult und schrieb. Es war Fritz Seidelmann, der Sohn des Kaufmanns Martin Seidelmann. Er war nur mittelgroß, aber kräftig gebaut, hatte jedoch in seinem Äußern etwas Stutzerhaftes, und dementsprechend war auch sein Auftreten. Sein Gesicht, das im Augenblick nicht gerade die beste Laune anzeigte, hellte sich auf, als er den Weber Hofmann erblickte.

„Aha, Sie sind es!", antwortete er auf den bescheidenen Gruß Hofmanns. „Wieder ein ganzes Stück fertig gebracht in dieser Woche?"

„Ja, ein ganzes. Es hat mir aber große Mühe gemacht. Das Garn war ungewöhnlich schlecht."

„Oho! Das glauben Sie ja selber nicht", spreizte sich Fritz Seidelmann. „Sie wissen doch, dass ich für Sie immer das Beste aussuche."

Hofmann machte ein pfiffig-ungläubiges Gesicht.

„Sie zweifeln daran!", fuhr der junge Seidelmann fort. „Das ist nicht recht von Ihnen, denn ich bevorzuge Sie ständig. Ich zahle Ihnen mehr als jedem andern. Für solche Arbeit gebe ich, wenn sie fehlerfrei ist, acht Mark; Ihnen habe ich immer zehn gegeben."

„Ja, Herr Seidelmann", wagte der Weber einzuwenden, „ich bin aber auch Ihr bester Lieferer."

Fritz Seidelmann lachte spöttisch.

„Was bilden Sie sich ein, Hofmann! Sie arbeiten durchaus nicht so gut. Im Gegenteil, keiner bringt mir so fehlerhafte Stücke wie Sie. Wissen Sie, wer mein bester Arbeiter ist? Der Eduard Hauser! Er hat nie einen Fehler im Gewebe und schafft doppelt so viel wie Sie. Wenn ich ihm trotzdem nicht gerade grün bin, so hat das seine Gründe. – Na, zeigen Sie die Ware mal her!"

Er sah die Arbeit oberflächlich durch.

„Hm!", machte er. „Hier ist ein Fadenbruch! Haben Sie das nicht selber gemerkt?"

„Freilich, aber es lässt sich doch nicht mehr ändern."

„Das wird Abzug geben!"

„Wegen eines Fadenbruchs?"

„Natürlich! Zwei Mark weniger diesmal!"

Der Weber fuhr zusammen. Zwei Mark waren für seine Verhältnisse ein bedeutender Betrag.

„Zwei Mark?", stotterte er. „Das werden Sie mir doch nicht antun!"

„Warum nicht? Ihre Arbeit ist wirklich nicht mehr wert. – Aber – hm – vielleicht lässt sich über die Sache reden, vorausgesetzt, dass Sie vernünftig sind."

Hofmann machte ein erstauntes Gesicht und sah den jungen Seidelmann fragend an.

„Vernünftig? Wüsste nicht, dass Sie mich jemals von der unvernünftigen Seite kennen gelernt hätten. – Darf man sich erkundigen, was das heißen soll?"

Im Ton seiner Worte schwang jetzt die Pfiffigkeit mit, die sich vorher schon einmal in seinen Zügen ausgeprägt hatte. Der junge Seidelmann aber, der sonst den Webern gegenüber so gern den Herrn herauskehrte, übersah das Gebaren Hofmanns, lehnte sich nachlässig mit dem Rücken an sein Pult und nickte wie wohlwollend vor sich hin.

„Ich will Ihnen sogleich erklären, worum es sich handelt. Sie kennen doch das ‚Kasino' in der Kreisstadt?"

„Hm! Ich weiß nur, dass eine Gesellschaft junger Herren, die alle mehr Geld haben als wir Weber, diesen Namen führt. Sie gehören ja wohl auch dazu, Herr Seidelmann."

„So ist es. Und nun hören Sie! Ich habe die Herren dieses Klubs für nächsten Dienstag hierher gebeten. Wir wollen uns ein bisschen die Zeit vertreiben. Es soll im Gasthof einen kleinen Maskenball geben. Dazu brauchen wir natürlich Tänzerinnen und ich habe da an Ihre Tochter gedacht."

Fritz Seidelmann machte absichtlich eine Pause. Er wollte die Wirkung seiner Worte auf Hofmann beobachten. Wie er den Vater des schönen Mädchens kannte, war dieser blind vernarrt in sein Kind und hoffärtig und eitel obendrein. Also würde er vermutlich stolz sein auf das Anerbieten, das ihm hier gemacht wurde.

Und richtig, in Hofmanns Zügen spiegelte sich zunächst Erstaunen, dann Freude. Er lächelte geschmeichelt. Seidelmann dachte: Eigentlich sieht er jetzt furchtbar dumm aus. Aber das war dem Sohn des Kaufmanns nur recht. Mit dieser Dummheit rechnete er ja bei der Verfolgung seiner Ziele.

„Das Engelchen – wollen Sie – einladen! – Ins ‚Kasino'?"

Seidelmann zog bedeutsam die Brauen hoch.

„Allerdings will ich das und ich hoffe, dass Sie die Ehre zu schätzen wissen. Sie müssen bedenken, dass meine Freunde ihre Damen von auswärts mitbringen, alles achtbare junge Mädchen. Ihre Tochter wird sich da in der besten Gesellschaft befinden und..."

„Aber ich bitte Sie, Herr Seidelmann", unterbrach ihn der eitle Vater, „wie können Sie so reden! Das Engelchen wird außer sich sein vor Freude, wenn ich ihr die Einladung bringe."

„Hoffentlich. Es ist ja auch wirklich eine Auszeichnung für sie, um die sie der ganze Ort beneiden wird. Und ich habe schon an alles gedacht. Ich werde Ihrer Tochter ein Kostüm als Italienerin schicken. Sie sollen keine Unkosten dabei haben. Es war mir nur darum zu tun, mich Ihrer Einwilligung zu versichern, mein lieber Hofmann. Und die Hauptfrage bleibt natürlich, ob Angelika auch wirklich bereit ist, zu kommen."

„Na, das ist doch selbstverständlich!", versicherte Hofmann.

„Meinen Sie? Junge Mädchen haben manchmal ihren Kopf für sich, besonders wenn sie hübsch sind und die Burschen ihnen überall den Hof machen. Ihre Tochter hat doch sicher schon einen Auserwählten?"

„Kein Gedanke!"

„Na, so viel ich weiß, läuft ihr Eduard Hauser nach."

„Mag er laufen, der Betteljunge! Der und mein Engelchen, das wäre etwas! Ich würde das nie dulden."

„Da haben Sie vollständig Recht. Ein so hübsches Mädchen kann einen andern haben als diesen Habenichts. Doch zurück zu unserer Sache! Ich kann mich also darauf verlassen, dass das Engelchen am Dienstag als meine Dame auf den Maskenball kommt?"

„Ich bürge dafür."

„Und nun die Hauptsache: Das Mädchen darf nicht wissen, von wem die Einladung stammt."

„Ah so!"

„Nun klar! Es ist ja ein Maskenfest, wo einer den andern nicht erkennen soll."

„Ich verstehe", nickte der Weber arglos.

„Und Sie halten Wort? Nichts verraten?"

„Ich verspreche es Ihnen, Herr Seidelmann."

„Gut. Und nun will ich auch einmal nachsichtig sein und den Fadenbruch übersehn. Hier – zehn Mark!"

Hofmann strich demütig das Geld ein und ging, glücklich darüber, dass seine Tochter auserwählt war, von dem Sohn des wohlhabenden Unternehmers zum Ball geladen zu werden.

Er dachte an den Neid der andern Mädchen im Ort. Er stellte bei sich fest, dass Fritz Seidelmann in Angelika offenbar ganz vernarrt sein müsse. Und schließlich verlor er sich in Zukunftsträume. Seine Grübeleien endeten in dem Gedanken: Engelchen soll nur gescheit sein – dann feiern wir bald eine reiche Hochzeit! Seidelmann dagegen blickte dem Weber mit einem überlegenen Lächeln nach. Und in der Hoffnung auf den Kasinoabend rieb er sich vergnügt die Hände.

In diesem Augenblick klingelte draußen der Schlitten heran, den Hauser und der alte Bader gesehen hatten; er hielt vor Seidelmanns Grundstück.

Fritz war aufmerksam geworden und trat ans Fenster. Zu seinem Erstaunen gewahrte er in dem Schlitten den Bruder seines Vaters.

‚Donnerwetter, der Onkel!‘, ging es ihm durch den Sinn. ‚Er kommt unangemeldet. Da ist sicherlich irgendetwas Wichtiges geschehn oder im Werk!‘

Er eilte hinaus, den Oheim zu begrüßen, der sich inzwischen schon aus den Decken und Pelzen geschält und den Schlitten verlassen hatte.

„Willkommen, Onkel!“, rief der junge Seidelmann. „Das ist eine angenehme Überraschung!“

Der Onkel schloss den Neffen feierlich in seine Arme. Er benahm sich dabei wie etwa der Heldenvater an einem Schmierentheater. Überhaupt schien an diesem Mann alles gemacht und gekünstelt, sein Gang, seine Haltung, sein Augenaufschlag, auch seine Art zu sprechen.

„Wo ist dein Vater, mein lieber Fritz?“

Das klang, als sagte der Rentner August Seidelmann den Satz einer wohleinstudierten Rolle her. Und sein Neffe verstand es meisterlich, sich auf die Art des Besuchers einzustellen. Die Antwort passte ganz zu der Frage.

„In seinem Zimmer, lieber Onkel.“

Während der Kutscher den Lohn für die Fahrt umständlich einsteckte, traten Onkel und Neffe ins Haus und stiegen die Treppe hinauf in die Wohnung der Seidelmanns. Dort kam ihnen der Hausherr schon entgegen.

Es gab abermals eine Begrüßung mit viel schönen Redensarten, aber eine wirkliche Herzlichkeit, wie sie unter Verwandten herrschen soll, war dabei nicht zu spüren. Höchstens die Hausfrau, die für einige Minuten im Flur erschien, um den Schwager ebenfalls zu empfangen, bildete dabei eine Ausnahme. Aber sie gab in diesem Heim offenbar nicht den Ton an. Ihr Wesen war unbeholfen und verschüchtert und niemand kehrte sich daran, als sie sich wieder zurückzog.

Als die drei Männer dann im Arbeitszimmer des Kaufmanns beisammen saßen, boten sie schon eher das Bild behaglich versammelter Familienmitglieder. Die Brüder Seidelmann sahen einander fast zum Verwechseln ähnlich und der Sohn und Neffe passte nach Gesichtsschnitt, Haltung und Gestalt genau zu ihnen. Nur dass Martin und Fritz Seidelmann im Blick ihrer Augen mehr Tatkraft und Entschlossenheit verrieten, der Rentner August mehr Pfiffigkeit und Verschlagenheit. Sie hatten es sich jeder auf seine Art bequem gemacht. Der Onkel zog seine Schnupftabaksdose, nahm eine Prise und erkundigte sich, wie es denn in letzter Zeit gegangen sei.

„Man hört in der Stadt nichts Gutes aus dem Gebirge“, fügte er hinzu. „Die Zeitungen schreiben, die Menschheit sei hier oben am Verhungern. Ihr beide seht mir noch gar nicht danach aus.“

Er belachte seine Worte grob und breit. Der Kaufmann aber schmunzelte.

„Das Wort vom Verhungern gilt nur mit Unterschied, mein Lieber. Der Tüchtige setzt sich immer durch, auch wenn die Zeiten einmal hart sind.“

In den Zügen des Rentners ging plötzlich eine seltsame Veränderung vor. Er zog die Brauen hoch und machte ein missbilligendes Gesicht.

„Wir wollen mit solchen Dingen nicht scherzen, lieber Bruder! Dieser Winter ist für viele Menschen wirklich schlimm und man soll nicht nur an sich selbst denken, sondern auch an die andern, die vom Glück weniger begünstigt sind."

„Oho!", warf Martin Seidelmann ein. „Willst du uns vielleicht wieder einmal Moral predigen? Ich bitte dich sehr, verschone uns mit deinen Redensarten von Brüderlichkeit und allgemeiner Menschlichkeit!"

„Nicht doch! Ich denke ganz im Gegenteil daran, meine Ideen hier einmal in die Öffentlichkeit zu tragen. Du weißt, mein Herz ist voll Milde und Erbarmen. Die Not, die hier herrschen soll, hat mich so erschüttert, dass ich eine Sammlung zum Besten der hungernden Gebirgsbewohner veranstaltet habe. Ich werde hier einen Vortrag über meine Weltanschauung halten. Der Reinertrag wird meiner Sammlung zufließen. Bis jetzt habe ich schon zweitausend Mark beisammen, um sie unter die zu verteilen, die einer solchen Gabe am würdigsten sind."

Fritz, der sich in einer Ecke des Zimmers niedergelassen hatte, grinste nur. Der Kaufmann aber lachte gerade heraus.

„Der Witz ist gut, August. Der Würdigste bist natürlich du selber. Oder meinst du etwa, dass mein Sohn und ich auch dazugehören?"

August Seidelmann vermied es, auf die recht eindeutigen Anspielungen seines Bruders einzugehen. Er hielt sich nur an dessen letzte Frage.

„Hm", brummte er, „würdig oder nicht, nötig scheint ihr es jedenfalls nicht zu haben. Ich lese heute plötzlich an deiner Tür die Inschrift ‚Seidelmann & Sohn'. Das sieht ja ganz so aus, als wärest du mit einmal ein großer Geschäftsmann geworden."

„Ist auch der Fall. Ich bin jetzt das, was man in unsrer Gegend einen Verleger nennt."

„Verleger? Wie ist das gemeint?"

„Das will ich dir erklären. Es gibt doch bekanntlich große Fabrikanten, deren Geschäft so bedeutend ist, dass sie weder Zeit noch Lust haben, sich mit Heimarbeitern abzugeben. Sie verkehren mit den Hauswebern nur durch Mittelspersonen. Das sind die Verleger."

„Verstehe. Und ein solcher Mittelsmann bist du?"

„Ja. Die örtlichen Verhältnisse haben mich dazu bestimmt. Es gibt hier Weber in Menge und die Leute finden in dieser Gegend keine Arbeit. Da habe ich mich nun mit mehreren Fabrikanten in Verbindung gesetzt, die mir das Garn und die Muster senden und mir für das Stück einen bestimmten Arbeitslohn zahlen. Ich vergebe die Arbeit an die Hausweber und behalte dafür von dem Lohn eine Kleinigkeit für mich."

„Und wie viel beträgt diese Kleinigkeit?"

„Je nachdem! Bekomme ich für ein Stück zwanzig Mark, so erhält der Arbeiter acht, höchstens zehn."

„Hm, ein glattes Geschäft!", meinte August Seidelmann, der Menschenfreund.

„Gewiss. Außerdem ist für mich auch noch ein anderer Verdienst dabei. Bekomme ich für das Stück vierzig Pfund Garn zum Verarbeiten, so erhält der Weber nur fünfunddreißig. Davon muss er das Stück liefern. Reicht ihm das Garn nicht aus, so ist er gezwungen, das Fehlende bei mir zu kaufen."

Hier wurde die Schilderung des Kaufmanns, die jedem anständigen Menschen die Röte der Empörung ins Gesicht treiben musste, durch die Meldung unterbrochen, die Mittagsmahlzeit sei aufgetragen. Die drei begaben sich also ins Esszimmer und setzten sich zu Tisch. Dabei spannen sie die vorher begonnene Unterhaltung fort und der angebliche Menschenfreund Seidelmann hätte nun Gelegenheit gehabt, seinem eigenen Bruder, der sich hier als ein Ausbeuter der Armut offenbarte, derb ins Gewissen zu reden. Aber er dachte nicht daran. Er gab sich vielmehr ganz dem Genuss der leckeren Gerichte hin, kaute mit vollen Backen, trank dazwischen ab und zu einen Schluck Wein und brummte nur bisweilen etwas vor sich hin, was nicht recht zu verstehen, dem Tonfall nach aber keinesfalls ein Wort des Tadels oder der Entrüstung war.

Die Seidelmanns nahmen sich mit dem Essen reichlich Zeit. Unten aber im Kontor warteten indessen die Hausweber, die nach Hofmann gekommen waren, den Ertrag einer Arbeitswoche abzuliefern und den geringen Lohn für ihren Fleiß zu erheben.

Unter ihnen war auch Eduard Hauser. Er hatte seine vier Stück Kleiderstoff gebracht und wartete mit brennender Ungeduld auf sein Geld, denn die Seinen zu Hause hatten weder Feuerung noch Lebensmittel.

Endlich erschien Fritz Seidelmann. Er fertigte zuerst die andern ab und ließ Eduard Hauser bis zuletzt auf die Abrechnung warten, obgleich er ihm als einem der ersten die vier Stücke Stoff abgenommen hatte. Schließlich waren alle andern abgelohnt und nun ließ sich Fritz herbei, auch die Stücke Eduard Hausers zu prüfen. Seine Stirn zog sich dabei in tiefe Falten.

„Was ist denn das? Ich glaube gar, hier ist ein Fadenbruch!"

Eduard horchte auf.

„Ein Fadenbruch? So etwas ist bei mir noch nie vorgekommen."

„Und doch ist einer da, und was für einer!"

„Unmöglich, Herr Seidelmann!"

Fritz Seidelmann warf dem jungen Weber einen strengen Blick zu.

„Denken Sie etwa", sagte er mit erhobener Stimme, „ich hätte keine Augen? Und warum sollte das so unmöglich sein?"

„Weil ich die Stücke vorher genau durchgesehn habe."

„So schauen Sie her! – Hier!"

Er hielt Eduard den Fehler, der in der Tat vorhanden war, aber von Hofmann stammte, vor die Augen. Eduard nahm den Stoff in die Hand und prüfte ihn sorgfältig.

„Herr Seidelmann", sagte er dann ruhig und bestimmt, „dieses Stück ist nicht von mir."

„Wieso? Was soll das heißen?"

„Ich kenne meine Arbeit und auch die meines Vaters."

„Wollen Sie damit etwa sagen, man hätte Ihnen diese vier Stücke hier im Kontor vertauscht?"

„Böswillig gewiss nicht, Herr Seidelmann, aber Sie müssen versehentlich die Arbeit eines andern, die vielleicht neben der meinen lag, in die Hand genommen haben."

„Ausgeschlossen! Ich irre mich nicht."

„Dann weiß ich einfach nicht, was ich denken soll."

„So will ich Ihre Gedanken sogleich ein wenig munter machen. Wissen Sie, welchen Wert ein solches Stück hat?"

„Wohl über sechzig Mark."

„Zweiundsiebzig Mark! Und Sie haben es verdorben! Sie müssen Schadenersatz leisten! Das Stück werde ich nicht los. Hier haben Sie's zurück – es ist Ihr Eigentum! Und dafür bezahlen Sie mir jetzt zweiundsiebzig Mark!"

Eduard Hauser war es, als hätte er einen Keulenschlag erhalten.

„O Gott!", stammelte er. „Ich habe ja nicht einmal zweiundsiebzig Pfennige!"

„Das wird sich finden. Zunächst aber will ich die drei andern Stücke durchsehn."

Fritz Seidelmann suchte und forschte, fand aber keinen Fehler. Da nahm er den Fadenzähler, ein Vergrößerungsglas, zur Hand, um Kette und Einschuss zu prüfen.

„Ah!", sagte er dann. „Das ist nicht übel! Wie viel Schuss haben Sie auf den Zoll zu liefern?"

„Fünfzig."

„Und ich zähle hier nur fünfundvierzig. Nein, mein Lieber, das ist kein Kleiderstoff, das ist ein Lappen, ein Lumpen! Wer soll solches Zeug kaufen? Durch derartig minderwertige Arbeit wird der Ruf unseres Hauses verdorben. Ich kann Ihnen keinen Auftrag mehr geben. – Und nun sagen Sie, können Sie zweiundsiebzig Mark bezahlen?"

Eduard war keiner Antwort fähig. Er sah den Kaufmannssohn an wie ein Irrer.

„Ich weiß Bescheid", erklärte Fritz Seidelmann. „Die Sache ist erledigt und ich will den Schaden auf mich nehmen, nur um den Ärger loszuwerden. Sie erhalten aber natürlich keinen Arbeitslohn und Arbeit gibt es für Sie auch nicht wieder."

„Herr Seidelmann!", stöhnte Eduard Hauser. „Wollen Sie uns unglücklich machen?"

„Was geht mich Ihre Familie an? Jeder ist seines Glückes Schmied. Arbeiten Sie besser! Basta! – Guten Tag!"

Er legte die Webstücke beiseite, wandte sich ab und ging hinaus.

Für Eduard war das alles wie ein böser Traum. Er stand mitten in dem Raum und wusste nicht, ob ihn nicht ein Spuk narrte. Endlich raffte er sich auf; hier gab es nur noch ein Mittel: Er musste mit Seidelmann, dem Vater, sprechen.

Schweren Herzens begab er sich nach dessen Privatkontor und atmete schon auf, als er wenigstens vorgelassen wurde. Dann aber minderte sich seine Zuversicht rasch wieder, da er in dem Zimmer den Kaufmann, Fritz Seidelmann und den Onkel versammelt fand.

„Was wünschen Sie?", fragte Martin Seidelmann streng.

„Ich wollte Sie bitten, sich doch gütigst die..."

„Ah, die vier Stücke Kleiderstoff ansehn?", unterbrach ihn der Kaufmann rasch. „Das ist nicht nötig. Mein Sohn hat mich von dem Vorgefallenen unterrichtet. Sein Urteil ist für mich maßgebend, also für Sie erst recht. Sie kommen noch sehr gut weg."

„Aber, Herr Seidelmann, ich weiß von keinem Fadenbruch, und sämtliche Webstücke haben fünfzig Schuss. Ihr Sohn muss sich verzählt haben. Ich gestehe, dass wir ohne einen Pfennig sind und in dieser Kälte weder Feuerung noch Lebensmittel besitzen!"

„Was geht das mich an? Hätten Sie besser geliefert! Mein Sohn wird schon Recht haben. Sie haben in letzter Zeit zu viel fertig gemacht. Bei solcher Überstürzung muss ja die Arbeit liederlich ausfallen."

„Herr Seidelmann, ich habe Tag und Nacht gearbeitet, weil Sie uns die hundertzwanzig Mark gekündigt haben!"

„Ach was! Es bleibt bei der Bestimmung meines Sohnes. Sie erhalten von mir keine Arbeit mehr. Und wenn bis Ende des nächsten Monats die gekündigte Summe nicht gezahlt wird, nehme ich Ihrem Vater die Bude weg!"

„Mein Gott, das wäre entsetzlich!"

Da erhob sich der Onkel und wies mit ausgestreckter Hand nach der Tür.

„Gehen Sie! Ich kann derartige Auftritte nicht mit ansehn! Gehen Sie!"

Eduard taumelte hinaus. Er spürte etwas wie Ekel. Es war ihm wüst im Kopf und sein Herz hämmerte in heftigen Schlägen. Unterwegs übermannte ihn die Schwäche; er setzte sich in den tiefen Schnee, legte das Gesicht in die Hände und weinte wie ein Kind.

So hätte er sitzen bleiben mögen die ganze Nacht. Vielleicht wäre die Froststarre über ihn gekommen und er wäre eingeschlafen auf Nimmererwachen. Aber er dachte an die Seinigen, an die Eltern und Geschwister. So riss er sich hoch und stapfte weiter nach Hause.

Dort löste seine Nachricht Jammer und Entsetzen aus. Die Mutter rang die Hände und die Brüder und Schwestern weinten. Der Vater hatte Eduards Bericht wortlos angehört; nun atmete er schwer, als wollte ihm die Sorge die Luft abschnüren, und strich sich wie ein Erwachender mit der Hand über die Stirn. Er war tatsächlich aus einem schönen Traum gerissen worden und dieser Traum hatte in der Erwartung bestanden, Eduard werde für ehrliche Arbeit auch Geld heimbringen.

„Ich gehe zum Nachbar Hofmann", sagte er mit unsicherer Stimme. „Er wird mir wenigstens einige Kohlen borgen. Dann kann uns die Mutter Kartoffeln kochen, die noch übrig sind."

Hauser nahm den Korb und ging.

Eduard sah ihm nach und überlegte, dass dieser Gang

wohl wenig Zweck hätte. Der Nachbar hatte ja selber nichts übrig, und wenn er dem Vater etwas gab, so war es ein Körbchen Kohlen. Wie lange konnte das vorhalten? Nein, hier musste noch anders vorgesorgt werden.

Er setzte die Mütze wieder auf, holte sich die Handsäge aus dem Abstellraum und schritt zum Dorf hinaus, dem Wald zu.

Er gab sich zunächst keine Rechenschaft darüber, ob sein Beginnen berechtigt war oder nicht. Viele arme Leute gingen in den Wald, um ganze Körbe voll Leseholz heim zu tragen. Aber das geschah im Sommer. Jetzt konnte man unter dem Schnee nicht suchen, jetzt gab es höchstens dürres Unterholz zu brechen. Andre wieder schlichen sich des Nachts hinaus, holten sich ganze Stämme herein und spalteten sich ihr Winterholz daraus. Es gab überall im Forst abgestorbene Bäume und Bäumchen, deren Holz zum Verfeuern trocken genug war.

Eduard wusste im Wald eine dürre Fichte. Sie war nicht schwer zu finden und willenlos, noch ganz unter dem Eindruck des Geschehenen, stapfte er durch den Schnee seinem Ziel zu.

Die Fichte stand am Rand einer kleinen Lichtung nicht weitab vom Weg. Vor dem dürren Baum machte Eduard Halt, hob wie prüfend die Säge und kniete im Schnee nieder, um das Werkzeug anzusetzen. Dabei schweifte sein Blick zufällig noch einmal über den jenseitigen Buschrand. Er konnte die Bäume und Sträucher da drüben nur undeutlich erkennen, denn der unablässig rieselnde Schnee schob sich wie ein Schleier davor.

Da plötzlich ließ Eduard die Säge sinken. Ein Schrecken lief ihm durch alle Glieder. Wie gebannt starrte er über die Lichtung hinweg. Bewegte sich da hinter den Stämmen, die der antreibende Schnee in schlanke weiße Säulen verwandelt hatte, nicht eine gespenstische Gestalt?

Dem Burschen schlug das Herz bis in den Hals. Sein erster Gedanke war: Das ist das Buschgespenst! Es belauscht und belauert dich und will dich auf unrechter Tat ertappen!

Und jetzt erst wurde es ihm erschreckend klar, dass er im Begriff gestanden hatte, einen Forstdiebstahl zu begehen. Jetzt erst erkannte er, dass ihn Not und Sorge und Verwirrung beinahe in Schuld gebracht hätten.

Langsam, schwerfällig richtete er sich auf. Dabei äugte er noch immer ängstlich hinüber in das Halbdunkel des Waldes. Er strengte seine Augen mächtig an. Von der Erscheinung war nichts mehr zu sehen. Was er für ein weißes Gewand gehalten hatte, waren wohl nur die schneebehangenen Zweige kleiner Nadelbäume. So sagte er sich jetzt, da er ruhig über die Dinge nachdachte. Aber das Gruseln lag ihm immer noch in den Gliedern. Das war eine Folge der Erzählung des Alten, dem das Buschgespenst in der Mondnacht begegnet war.

Endlich wandte sich der Bursche mit einem tiefen Seufzer ab. Nein, nein, dachte er, zum Stehlen soll mich auch die ärgste Not nicht verleiten! Bei ehrlichem Willen muss sich schließlich doch eine Arbeitsmöglichkeit für mich finden. Und als er einmal so weit war, kam ihm auch schon ein Einfall: Ich werde morgen ins Bergwerk gehen und dort nach Arbeit fragen!

Wenn der Mensch im Unglück einen festen Entschluss fasst, so ist ihm schon halb geholfen. Eduard fühlte sich mit einem Mal ruhig und zuversichtlich. Er verließ den Ort, wo er beinah zum Dieb geworden wäre.

Der Schnee leuchtete und ringsum war tiefe Stille. Als Eduard aber einem schmalen Waldpfad folgte, der zum Fahrweg führte, vernahm er Schritte, die ihm entgegenkamen. Er blieb erschrocken stehen.

Im Geist sah er schon wieder das Buschgespenst vor sich. Seine Gedanken verwirrten sich abermals. Da traf ihn der Klang einer männlichen Stimme.

„Eduard Hauser? Du bist's. Was treibst du denn zu dieser Zeit und bei diesem Wetter hier im Wald?“

Es war der Förster Wunderlich, der von der Wildfütterung kam. Er warf einen misstrauischen Blick auf die Säge in Eduards Hand. Der junge Mensch übersah diesen Blick in seiner Aufregung, aber er stand trotzdem wie ein ertappter Bösewicht vor dem Förster und senkte den Kopf.

„Feuerholz wollte ich holen. Die Eltern und die Geschwister frieren zu Haus. Im letzten Augenblick aber..."

„Ist denn heut nicht Liefertag gewesen beim Seidelmann? Mir scheint, Eduard Hauser, du warst im Begriffe, eine Dummheit zu begehn. Hätte dir das nicht zugetraut."

Mit einem tiefen Seufzer holte sich der Gescholtene Kraft und Mut zu einer ausführlichen Beichte. Er erzählte, wie es daheim stand, erzählte, wie es ihm bei Seidelmann gegangen war.

Der Förster war als ein rauer Mann bekannt, aber das war nur äußerlich, im Innern verbarg er ein tiefes Gemüt und ein Herz voll Wohlwollen und Menschenliebe. Er hörte den Bericht Eduards aufmerksam an. Dann knurrte er vor sich hin.

„Ja, ja, so ist es! Diese Seidelmanns haben hier das Heft in der Hand und das benutzen sie, die armen Hausweber auszubeuten. Ich wollte, Gottes Strafgericht käme einmal über diese Burschen!"

Der Förster ballte die Faust und schüttelte sie in der Richtung des Dorfes.

„Na", meinte der dann in einem andern Ton, „ich will nichts gesagt haben – und weh dir, Hauser, wenn du etwas gehört hast! Die Seidelmänner haben das Geld, und wo das Geld ist, da ist auch das Recht. Punktum!"

Eduard Hauser wusste zuerst gar nicht, was er zu den Reden des Försters sagen sollte; dann aber blitzte in ihm Verständnis auf.

„Ja, Herr Förster", wagte er einzuwerfen. „Deshalb habe ich auch Unrecht mit dem Fadenbruch, obgleich ich genau weiß, das Stück ist nicht von mir."

Der Förster wischte sich den Schnee aus den Augen und betrachtete den jungen Burschen wohlgefällig.

„Du bist ein braver Kerl und ein tüchtiger Arbeiter; das steht fest. Wer weiß, welchen Grund dieser Seidelmann hat, dich ins Elend zu stürzen! Hast du ihm vielleicht einmal auf die Hühneraugen getreten?"

Eduard schüttelte nur den Kopf.

„Oder bist du ihm irgendwie im Weg?"

„Wie sollte das sein? Sein Weg ist ja ein ganz andrer als der meine."

„Das stimmt. Aber einen Grund hat er jedenfalls, dieser Zierbengel, dir eins auszuwischen. Doch das kümmert uns jetzt nicht weiter. Hauptsache ist die Zukunft. Was gedenkst du nun zu tun? Ein Spitzbube wärst du beinah schon geworden – durch diesen Schuft. Ein Glück, dass der Grund und Boden bei dir so gut und fest ist. Da hat's nicht so viel Gefahr wie bei andern. Oder willst du etwa unter die Pascher gehen?"

„Lieber verhungere ich."

„Na, na, das Verhungern ist nicht so leicht!"

„Ich habe mir vorgenommen, mich morgen früh an den Obersteiger zu wenden. Vielleicht gibt er mir Arbeit."

„Ins Bergwerk willst du, Junge?"

„Es bleibt mir doch nichts andres übrig."

„Freilich, aber du verstehst nichts von der Sache und wirst nur als ungelernter Arbeiter bezahlt."

„Immerhin besser, wöchentlich wenig zu verdienen, als monatlich gar nichts."

„Richtig. Und darum möchte ich mich gern deiner annehmen. Leider aber weiß ich nicht, wie. Im Winter wird im Wald nicht gearbeitet. Da ist nichts zu machen, Hauser, beim besten Willen nicht!"

„Dann gute Nacht, Herr Förster. Und ich bitte um Entschuldigung..."

Der Alte sah den Burschen halb verdutzt, halb unwirsch an.

„Entschuldigung? Mensch, du bist wohl nicht recht bei Trost! Denkst du, ich hätte kein Herz hinter den Rippen? Und von wegen, Gute Nacht, Herr Förster, da gibt's nichts! Ich selber bin auch nur ein armer Schlucker, aber für brave Menschen, die noch weniger haben, als ich, liegt alleweil ein Stückchen Brot in meinem Schrank."

Eduard stand mehr beschämt als erfreut da.

„Herr Förster...", begann er zögernd.

„Was denn noch?"

„Ich habe nicht betteln wollen und..."

„Halt den Schnabel, Junge!", schnitt ihm der Alte grob die Rede ab. „Was fällt dir ein? Bei mir gibt's keine Spinnefixereien. Wir armen Teufel müssen zusammenhalten. Punktum! – Und nun komm mit, dass wir nicht noch länger in dem armseligen Wetter herumstehn!"

Er stapfte weiter und Eduard folgte ihm.

2. Der rätselhafte Besuch

An der Stelle, wo der schmale Waldpfad auf die breite Fahrstraße zum Forsthaus mündete, verhielt der Alte lauschend den Schritt.

„Horch! Hörst du etwas? Da unten kommt ein Schlitten! So spät noch und bei diesem Schneetreiben! Seltsam! Na, Pascher werden's nicht sein, denn die fahren für gewöhnlich nicht im Schlitten, oder sie hängen wenigstens keine Schellen an ihre Gäule."

Sie schritten weiter. Die Straße ging bergan, dennoch wurden die Wandrer von dem Schlitten bald eingeholt. Dicht neben ihnen hielt das Gefährt, der Kutscher grüßte.

„Guten Abend, Leute! Sind Sie hier bekannt?"

„Das will ich meinen!", brummte der Förster, der sich nicht gern mit fremden Menschen abgab.

„Führt diese Straße zum Forsthaus?"

„Allerdings."

„Wie weit ist's noch?"

„Wollen Sie nur bis zur Försterei?"

„Ja. Dieser Herr will zum Förster Wunderlich."

„Zum alten Wunderlich? Der bin ich selber."

Jetzt mischte sich der Fahrgast ein. Er schlug den Pelzkragen vorn auseinander, sodass man sein Gesicht mit dem schwarzen Schnurrbart besser sehen konnte. Das sollte wohl die Vorstellung ersetzen, die der Fremde geflissentlich unterließ.

„Sie selber sind der Herr Förster? Das trifft sich gut. Wie lange fahren wir noch?"

„Nur fünf Minuten."

„So steigen Sie bitte mit ein!"

„Danke! Ich kann laufen. Die Straße ist steil und der Schnee tief; ich will die Pferde nicht..."

„Die sind kräftig und es handelt sich ja nur um eine kleine Strecke, wie Sie sagen. Kommen Sie!"

Dabei lüftete der Fremde schon die Schlittendecke.

„Na, wie Sie wollen!", meinte der alte Wunderlich. „Ich bin warm angezogen und kann mich hinten auf die Pritsche setzen. Dieser Bursche aber trägt seine Sommerkleider, weil er keine andern hat. Nehmen Sie ihn mit hinein!"

Eduard zögerte, aber der Fremde fasste ihn beim Arm und zog ihn ins Gefährt. Förster Wunderlich stieg hinten auf und so ging die Fahrt weiter.

Gesprochen wurde dabei kein Wort. Der Wind, der schneidend durch den Wald pfiff und die Schneeflocken vor sich hertrieb, ließ keine Unterhaltung aufkommen. Eduard kuschelte sich in die warmen Decken. Der Fremde, der ihm sorgsam Platz gemacht hatte, kümmerte sich nicht weiter um ihn, und Wunderlich hockte stumm auf seiner Pritsche und sann darüber nach, was dieser außergewöhnliche Besuch wohl zu bedeuten hätte.

Nach fünf Minuten sah man, ein wenig abseits der Straße, das Forsthaus unter hohen, schneebeschwerten Tannen auftauchen. Der Kutscher lenkte auf einen Wink Wunderlichs hinüber; aber noch ehe sie anhielten, öffnete sich die Tür; eine behäbige Frauengestalt erschien, eine Laterne in der Hand.

„Guten Abend, Bärbchen!", rief der Förster. „Hat dich das Schellengläut herausgelockt? Du hast wohl nicht gedacht, dass dein Alter heut so vornehm ankutschiert kommt, he?"

Die Frau trat mit einem erstaunten Ruf vollends auf die Stufen heraus.

„Freilich, freilich – aber den Schlitten habe ich erwartet!"

„Du? Was hast denn du mit dieser Kutsche zu schaffen?"

„Kaum warst du fort, da brachte ein Lohnfuhrmann aus der Stadt zwei Koffer und erklärte, der Herr, dem das Gepäck gehört, würde im Schlitten nachkommen."

Der Alte warf einen Blick auf den Fremden, der soeben hinter Eduard ausgestiegen war.

„Also sind Sie der Besitzer der Koffer?"

„Stimmt. Und Sie sollen alles Weitere sogleich erfahren. Wollen nur erst eilen, dass wir ins Haus kommen!"

Dabei drückte der Fremde dem Kutscher ein Trinkgeld in die Hand, worauf der Mann einen tiefen Bückling machte und sich vergnügt wieder auf den Schlitten schwang.

„Sie sehn, mein lieber Herr Förster, dass ich die Schiffe hinter mir verbrenne", lachte der Fremde gut gelaunt. „Ich kann nun nicht zurück und bin in diesem tollen Schneegestöber auf Ihre Gastfreundschaft angewiesen. Wohl oder übel müssen Sie mir jetzt Zutritt gestatten."

Der Förster, dem die Art des Mannes gefiel, wehrte ab.

„Ist erledigt. Gehen Sie voran!"

Frau Wunderlich leuchtete ihnen durch den dunklen Flur in die Wohnstube, einen niedrigen Raum, dessen Wände mit Holztäfelung verkleidet waren. Die Möbel waren sehr einfach, aber alles glänzte vor Sauberkeit und der riesige Kachelofen in der Ecke strahlte eine angenehme Wärme aus.

Der Förster bot dem Fremden treuherzig die Hand.

„Willkommen also, Herr! Legen Sie ab und machen Sie es sich bequem! – Mutter, hast du die Suppe fertig? Sie muss heute für zwei Personen mehr langen."

„Ja, ja, ich gehe schon", versicherte die Försterin und lief geschäftig hinaus in die Küche.

Der Fremde hatte Pelz und Hut an einen Wandhaken neben der Tür gehängt.

„Bitte, meinetwegen keine Umstände!", widersprach er. „Ich bin nicht hungrig und ehe ich daran denken kann, meine Beine unter Ihren Tisch zu stecken, muss ich mich Ihnen doch erst vorstellen, damit Sie wissen, wer Ihnen so unvermutet in Ihre gemütliche Häuslichkeit hereinschneit. Gehört dieser junge Mann zum Haus?"

„Nein. Habe ihn unterwegs getroffen und ihn mitgenommen, um hier etwas mit ihm abzumachen."

„So besorgen Sie das nur vorher! Ich habe keine Eile."

„Ist mir recht, denn ich möchte den Eduard nicht warten lassen. Hunger tut weh!"

Der Förster gab Eduard, der bescheiden an der Tür stehen geblieben war, einen Wink, ihm hinaus in die Küche zu folgen. Dort stand Frau Wunderlich am Herd und rührte die dampfende Suppe.

„Hier, Mutter, bringe ich dir einen ganz hungrigen Gast. Gib dem Jungen vor allen Dingen einen Teller Suppe! Bei den Hausers steht es schlimm. – Setz dich da an den Tisch, Eduard! So, hier ist das Brot, hier die Butter und da ein Messer! Kannst ihm auch noch ein Stück Wurst bringen, Bärbchen."

Eduard setzte sich und langte zu. Die Försterin eilte geschäftig hin und her, den Hungrigen zu versorgen. Inzwischen erzählte ihr Mann, was er von Eduard gehört hatte. Auch die Begegnung im Wald erwähnte er. Und Frau Bärbchen machte große Augen dazu, in denen sich zunächst das helle Staunen und dann ein tiefes, ehrliches Mitleid spiegelte.

„O je, o je, ist das eine Not! Da muss man helfen, so gut man kann. Ich werde..."

„Ja", unterbrach sie der Förster, „du wirst dem Eduard dann ein Brot einpacken und etwas Mehl und so Verschiedenes. Vergiss auch nicht Holz und einen Sack Kohlen! Er mag sich die Sachen auf den Handschlitten laden. Ich will nur erst mal hineingehn und nach dem Fremden sehn. Scheint kein übler Mann zu sein, aber doch ein sonderbarer Heiliger, weil er gar so geheimnisvoll tut mit seinem Namen. Weißt du etwa was Genaueres, Bärbchen?"

„Nicht mehr, als was ich dir schon gesagt habe. Die beiden Koffer wurden vorausgeschickt und nun ist er selber da."

„Na, werde ihm also ein wenig auf den Zahn fühlen. Versorge mir den Eduard gut! Er mag sich nachher noch bei mir verabschieden."

Als Förster Wunderlich wieder ins Wohnzimmer trat, hatte es sich der Fremde auf dem Sofa bequem gemacht, als wäre er hier zu Haus. Er lachte dem Eintretenden vergnügt entgegen und hielt ihm die geöffnete Zigarrentasche hin.

„Bitte, Herr Förster, nehmen Sie eine, damit ich mir auch eine anbrennen kann! Ich habe verteufelten Appetit danach."

Aber Wunderlich lehnte ab.

„Danke, Herr! Mit diesen Dingern habe ich mich nie befreunden können. Ich bleibe bei meiner Pfeife. Rauchen Sie in Gottes Namen! Sehn Sie hier, ich zünde mir meinen gewohnten Tabak an. So, und nun können wir uns ein wenig miteinander beschäftigen. Der Junge wird inzwischen draußen gefüttert, der arme Teufel. Es geht ihm wirklich schlecht. Sind schlimme Zustände hier im Gebirge. Sie haben vermutlich gar keine Ahnung davon."

„Hm", machte der Fremde. „Ich glaube, ich kenne mich in diesen Dingen aus. Wer ist denn der junge Mensch?"

Damit war das Gespräch abermals bei Eduard Hauser angelangt. Der Förster wiederholte noch einmal genau den Bericht, den er schon seiner Frau in der Küche gegeben hatte. Auf diese Weise kam er selber wieder nicht auf seine Kosten. Er erfuhr immer noch nicht, wer der seltsame Gast seines Hauses nun eigentlich war. Und als er seine Erzählung von den Hausers und ihrer Not zu Ende gebracht hatte, kam Eduard aus der Küche herein, um sich beim Förster zu bedanken und zu verabschieden.

Aber man ließ ihn so schnell nicht fort. Der Fremde, dessen Mitleid mit der armen Weberfamilie erwacht war, hielt ihn noch eine Weile fest.

„Der Förster hat mir von Ihnen mancherlei erzählt. Sagen Sie, junger Mann, können Sie verschwiegen sein?"

Verwundert über die eigentümliche Frage, blickte Eduard Hauser auf den Fremden.

„Gewiss", sagte er zögernd.

„So nehmen Sie dies beides! Das eine ist der Betrag Ihrer Dahrlehnsschuld an Seidelmann und das andre soll für Sie sein, weil Sie der Versuchung zu stehlen so tapfer widerstanden haben."

Er griff zweimal in seine Börse und drückte Eduard erst in die Rechte und dann in die Linke einige Goldstücke.

Vor freudigem Schreck vergaß Eduard, die geöffneten Hände zu schließen.

„Schockschwerebrett!", rief der Förster. „Ist das Spaß oder Ernst, Herr?"

„Mein voller Ernst und für mich ein großer Spaß."

„Können Sie denn so ein Heidengeld mir nichts, dir nichts fortgeben?"

„Ich tue mir keinen Schaden dabei."

„Zum Kuckuck, Herr, das ist eine Sache! – He, Eduard was sagst du dazu? Dieser Seidelmann kriegt sein Sündengeld und für dich bleibt auch noch genug übrig. Sieh, nun wird noch alles gut. Morgen früh rede ich mit dem Obersteiger. Denke, dass er dir schon mir zuliebe Arbeit schaffen wird. – Ja, ja, mein Junge, der alte Herrgott lebt noch!"

Jetzt erst gewann Eduard die Sprache wieder. Eine solche Summe hatte er noch nie in den Händen gehabt.

„Herr", sagte er mit zitternder Stimme, „das kann ich nicht annehmen!"

„Lassen Sie mir nur die Freude!", wehrte der Fremde ab. „Ich bin nicht arm und helfe Ihnen gern. Aber ich stelle die Bedingung, dass Sie schweigen. Niemand als Ihr Vater darf erfahren, von wem Sie das haben; selbst Ihre Mutter braucht es nicht zu wissen, denn Frauen sind in Bezug auf Verschwiegenheit nicht immer zuverlässig."

Eduard spürte, dass ihm die freudige Erregung die Tränen in die Augen trieb. Erst jetzt schloss er die Finger um seinen Goldschatz. Dabei sah er wie träumend zu dem Geber auf.

„Und was soll ich meinem Vater antworten, wenn er mich nach Ihnen fragt?“

„Sagen Sie ihm, ich sei ein Vetter des Försters und bliebe einige Tage zu Besuch hier!“

Der alte Wunderlich machte große Augen, sagte jedoch nichts. Eduard aber steckte das Geld sorgfältig ein und erhaschte sich schüchtern die Hand des Fremden.

„Herr, ich weiß vor Glück nicht, was ich tun soll. Sie helfen uns aus großer Not. Gott hat Sie uns wie einen rettenden Engel gesandt. Ich möchte ihn bitten, dass ich Ihnen einmal meinen Dank beweisen kann.“

„Nun, vielleicht ist das möglich. Jetzt aber eilen Sie! Wer Glück bringt, der soll nicht zögern.“

Wie im Traum ging Eduard Hauser mit dem Förster hinaus.

Der Fremde hörte an der hellen, verwunderten Stimme der Försterin in der Küche, dass die beiden ihr das Geschehene erzählten. Er setzte sich wieder auf das Sofa und versank in tiefe Gedanken, bis der Förster mit seiner Frau zurückkehrte.

„Weiß Gott“, knurrte der alte Wunderlich, „wirklich wie ein Engel sind Sie gekommen; der Junge hat Recht. Sie sind ein braver Mann; aber was Sie da von dem Vetter sagten – hm – das stimmt nun doch nicht. Bärbchen ist ohne alle Verwandtschaft und auch ich kann in allen Töpfen herumstochern, ohne einen Menschen aufzugabeln, der mein Vetter wäre.“

Der Fremde strich sich lächelnd den schwarzen Bart.

„Allerdings bin ich nicht mit Ihnen verwandt, ich musste dem Burschen aber doch etwas antworten. Da hier kein Mensch wissen soll, wer ich bin, habe ich mich einfach für Ihren Vetter ausgegeben. Ich hoffe, das wird mich bei den Leuten im Ort am besten ausweisen und mir überflüssige Fragerei ersparen.“

„Das wohl, aber, hm, nehmen Sie mir's nicht übel – wenn ich schon auf diese Weise zu einer Vetternschaft komme, so möchte ich selber wenigstens wissen, wer denn eigentlich mein Gevatter ist!"

„Da haben Sie Recht. Ich werde Ihnen gern Rede stehn. Ist dieser Eduard Hauser bereits fort?"

„Ja. Er trabt wie ein Weihnachtsmann die Straße hinab."

„Was für Leute haben Sie sonst noch im Haus?"

„Den Försterburschen und einen alten Waldhüter."

„Wo stecken sie?"

„Sie schlafen schon, weil sie früh beizeiten hinaus müssen."

„So sind wir hier ungestört?"

„Das klingt ja außerordentlich geheimnisvoll. Aber Sie können unbesorgt sein. Der Bursche schläft wie ein Ratz, ihn brächten jetzt keine zehn Pferde aus den Federn. Und der Alte stört uns erst recht nicht. Der schläft zwar nicht mehr so fest, aber es fällt ihm im ganzen Leben nicht ein, uns zu belauschen. Ist eine treue und ehrliche Haut."

„Also kann ich frei reden. Sie wundern sich natürlich, wie ein völlig fremder Mensch mit zwei Koffern um diese Zeit seinen Einzug bei Ihnen halten kann, und so will ich zu meiner Entschuldigung sagen, dass ich von einem Mann geschickt werde, der ein guter Freund von Ihnen zu sein behauptet."

„Ein Freund? Hm! Bin in meinem Leben mit dem Wort Freund nicht sehr freigebig gewesen. Die Menschheit ist's nicht wert. Mein liebster Freund ist mir mein altes Bärbchen hier; 's gibt wohl auch noch einige, die mir gewogen sind – aber Freunde? Da habe ich wirklich nur einen einzigen, den ich so nenne. 's ist der alte Meyer, der früher Förster in Wildstein war."

„Jetzt wohnt er in Dresden, in der Elbstraße."

„Stimmt! Sie wissen wirklich Bescheid."

„Ja. Er sagte mir, dass Sie mich nicht von der Tür weisen würden."

„Das hat er gesagt, der alte Meyer? Ja, dann darf ich ihn auch nicht Lügen strafen. Also nochmals willkommen Herr! – Hast du die Koffer ins Stübchen schaffen lassen, Bärbchen, und auch alles hübsch vorgerichtet?"

„Natürlich!"

„Nun, so lauf geschwind und sieh nach, ob es noch etwas Essbares im Haus gibt oder ob uns der Eduard alles davongeschleppt hat! Sie müssen nämlich wissen, dass mein Bärbchen das Letzte hingibt, wenn sie jemand helfen kann."

Frau Wunderlich wollte sich entfernen, der Fremde aber hielt sie zurück.

„Halt! Ich habe Ihnen schon gesagt, dass ich nicht hungrig bin. Wenn es bei Ihnen mit dem Abendbrot nicht eilt, so möchte ich Ihnen erst sagen, weshalb ich zu Ihnen gekommen bin."

„Nun, mein Hunger ist noch zu ertragen. Und da Sie nun einmal geladen haben, so schießen Sie auch los!"

Die drei saßen jetzt beisammen wie gute alte Freunde. Wunderlich ließ seine Pfeife gewaltig qualmen, Frau Bärbchen faltete in Andacht und Spannung die Hände über der Schürze, der Fremde tat noch einen Zug an seiner Zigarre und begann seinen Bericht.

„Ich heiße Arndt, und da ich Gründe habe, hier als Ihr Vetter zu gelten, so bitte ich Sie, mich Vetter Arndt zu nennen."

„Wenn Sie es so wollen – gern. Also, Herr Vetter, was führt Sie zu uns?"

„Ich komme in einer wichtigen Angelegenheit. Sie sollen mir entdecken helfen, wer die geheimnisvolle Person ist, die man hier das Buschgespenst nennt. Ich muss Ihnen dabei verraten, dass ich eigentlich Detektiv bin."

Der Förster ließ einen leisen Pfiff hören.

„Ah – hm – so, so! Ein Geheimer!"

„Erraten! Und nun sagen Sie: Hat man hier wirklich keine Ahnung, wer das Buschgespenst ist?"

Wunderlich zog die Brauen hoch, erwiderte aber nichts. Das gab seiner Frau Gelegenheit, in das Gespräch einzugreifen. Sie gehörte zu den Leuten, denen ein Gruseln über den Rücken lief, sobald nur der Name des Buschgespenstes erwähnt wurde. So saß sie denn auch jetzt verängstigt da und blickte den Fremden scheu von der Seite an.

„Lieber Herr", sagte sie schüchtern, „ein Gespenst ist eben ein Gespenst oder meinetwegen ein Geist. Wie soll man da wissen..."

Im Gesicht des Fremden war ein überlegenes Lächeln aufgetaucht. Das sah Förster Wunderlich und darum fiel er seiner Frau in die Rede.

„Schwatz nicht, Bärbchen! Musst nicht denken, dass ein Herr Geheimer an Märchen glaubt! Hab' doch ich selber immer schon erklärt, dass es keine Gespenster gibt. Hinter diesem Geist, der die einfältigen Leute hier an der Grenze zum Fürchten macht, steckt ein Mensch von Fleisch und Blut. So viel ist klar."

Vetter Arndt nickte zu dieser Rede beifällig.

„Sie haben Recht, Herr Förster. Gespenster gibt es nicht. Wohl aber gibt es Menschen, die an Geistererscheinungen glauben, und andere, die sich solchen Aberglauben zu Nutze machen. Und solch ein Bursche ist das Buschgespenst. Darum war auch meine Frage berechtigt. Unsereiner hat ja Erfahrungen in derartigen Dingen. Ich wette, dass das Gespenst den Leuten, die es schrecken will, in den verschiedensten Masken erscheint. Können Sie mir darüber etwas sagen?"

„Hm", brummte der Förster, „das Buschgespenst soll weiß aussehn wie frisch gefallener Schnee und groß soll es sein wie ein Riese und soll feurige Augen haben wie rollende Räder. Aber da weiß keiner etwas Genaues. Das ist sicher alles nur Geschwätz. Das andere aber hat seine Richtigkeit: Es gibt hier einen Unbekannten, der sich als Beschützer der Pascher aufspielt. Der erscheint in kurzer, eng anliegender Jacke, mit breitkrempigem Hut und hohen Schaftstiefeln. Um den Leib trägt er einen Gurt mit Messer und Revolver, vor dem Gesicht eine Maske und über der Schulter hat er ein Gewehr hängen. Dieser Unbekannte behauptet, im Namen des Buschgespenstes zu erscheinen. Er presst Leute, die in Not sind, zur Pascherei, fördert und beschützt die Schmuggler auf alle Art und spielt denen übel mit, die etwas gegen das Treiben der Pascher unternehmen."

„Dann wiederhole ich meine Frage von vorhin", erklärte Arndt. „Hat man denn keine Ahnung, wer dieser Mann ist?"

„Keine. Er kommt, als hätte ihn plötzlich der Wind hergeweht, und verschwindet wieder, als hätte ihn die Erde verschluckt. Glauben Sie mir, Herr Vetter, es ist kein Wunder, dass sich die Dorfbewohner vor ihm fürchten!"

„Also ein gerissener und verwegener Verbrecher, bestimmt kein gewöhnlicher Mann."

„Nein, gewiss nicht. Es gehört schon ein tüchtiger Kerl dazu, solch eine verzweifelte Bande wie die Schmuggler zu leiten und im Zaum zu halten. Der Unbekannte scheint manchmal allwissend und allgegenwärtig zu sein, ein wahrer Teufel!"

„Lassen Sie den Teufel aus dem Spiel! Bleiben wir bei den Menschen! Ich hörte auf der letzten Haltestelle, dass hier gestern Abend wieder ein Verbrechen verübt worden ist."

„Ein Grenzoffizier ist erschossen worden", nickte Wunderlich, „jedenfalls von einem Untergebenen des Paschers."

„Und man hat keine Spur des Täters gefunden?"

Auf diese Frage wollte Wunderlich von dem Zettel erzählen, der in der Tasche des Toten gesteckt hatte; aber der neue Vetter wehrte ab.

„Weiß schon, weiß. Das ist natürlich nur ein Trick des Verbrechers, womit er sein Treiben verschleiern will. Er versteckt sich gewissermaßen hinter das Gespenst und macht sich die abergläubische Furcht der Grenzbewohner zu Nutze, wie ich schon sagte. Hier aber meinte ich eine regelrechte Fährte im Schnee. War da nichts zu sehn?"

„Der Wind hat alles verweht", erklärte Wunderlich. „Wir haben nach Kräften gesucht, ich war selber dabei. Vielleicht ist es möglich, im Frühling noch etwas zu finden, wenn der Schnee fortgetaut ist. Ach, mein Lieber Herr, es ist ein wahrer Jammer! Man möchte sich geradezu fürchten, jetzt hier im Wald zu wohnen. Ich habe mein Leben jedenfalls nur meiner Vorsicht zu verdanken; ich tue meine Pflicht als Förster und menge mich niemals in die Angelegenheiten der Pascher. Das ist allein Sache der Grenzbeamten."

„Wollen Sie mir damit andeuten, dass ich nicht auf Ihren Beistand rechnen kann? Meine Aufgabe ist es ja, das Geheimnis des Buschgespenstes zu lüften."

„Hm! So habe ich das nicht gemeint. Hier liegt ein gemeiner Mord vor und er ist in meinem Wald geschehn – da habe ich als Förster die Pflicht, den Fall aufzuklären. Nur glaube ich, Herr Vetter, es wird für die Geschichte von Vorteil sein, wenn ich mich bei den Nachforschungen nicht grad in den Vordergrund dränge. Sie werden mir darin später Recht geben."

„Mag sein, und ich verlange auch gar nicht mehr von Ihnen, als dass Sie mir heimlich helfen. Es darf ja auch von mir kein Mensch ahnen, weshalb ich hier bin."

Der Förster nickte bedächtig. Er begann sich für das Vorhaben des angeblichen Vetters zu erwärmen.

„Haben Sie schon einen Plan?", forschte er. „Auf welche Weise wollen Sie denn die Sache anpacken?"

„Darüber bin ich mir noch nicht klar. Vor allem werde ich mich hier ein wenig umsehn."

„So wünsche ich Ihnen Glück, Herr Vetter, obwohl ich am Gelingen zweifle."

„Sie zweifeln von vornherein? Weshalb?"

Der Förster überflog Arndts Gestalt mit einem prüfenden Blick.

„Hm, Sie sind kräftig gebaut und scheinen gewandt und beweglich zu sein. Aber ob Sie den Mühen und Gefahren gewachsen sind, denen Sie hier entgegengehn, das fragt sich noch. Sie müssen bedenken, man hat schon allerlei versucht, dem Buschgespenst auf die Spur zu kommen und das Treiben der Pascher zu unterbinden und alles war ohne Erfolg. Sollten Sie da mehr Glück haben?"

Arndt zuckte die Schultern.

„Das wird sich zeigen. Jedenfalls werde ich alles daransetzen, das geheimnisvolle Buschgespenst zu fangen, in dessen Händen die Fäden aller verbrecherischen Machenschaften hier an der Grenze zusammenlaufen. Ich weiß nicht, ob ich mich vor dem Unbekannten, Mann gegen Mann, fürchten müsste; auch kann ich nicht sagen, ob ich ihm, der doch jedenfalls ein gut Teil Verschlagenheit besitzt, an List gewachsen bin. Aber versucht muss es werden. Einen Vorteil habe ich dabei vor ihm voraus."

„Und der wäre?"

„Ich weiß um seine Schliche, er dagegen hat keine Ahnung von meiner Absicht."

Hier erlaubte sich der Förster, ein wenig überlegen zu lächeln, und da ihn sein Gast fragend ansah, bekannte er offen seine Zweifel.

„Vorläufig", sagte er, „vorläufig, Herr Vetter! Im Übrigen, meine ich, wird dieser gerissene Bursche mit der Zeit dahinter kommen, dass ein bestimmter Mann, nämlich Sie, ihm auf der Fährte liegt."

„Sie sagen: ein bestimmter Mann. Wie nun, wenn ich es fertig bringe, nicht immer als ein und derselbe zu erscheinen? Sie werden wohl wissen, dass eine gewisse Verwandlungskunst zu meinem Handwerk gehört."

Der Förster lächelte immer noch oder vielmehr schon wieder.

„Habe davon gehört, denke aber, dass man eine Perücke und einen falschen Bart ohne weiteres erkennt."

„So? Das denken Sie? Wollen einmal sehn!"

Arndt stand auf und trat an die Ofenbank, auf der ein gefülltes Waschbecken stand. Während er einen Zipfel seines Taschentuchs in das Wasser tauchte, fragte er über die Schulter zurück: „Für wie alt halten Sie mich?"

„Vierzig ungefähr."

„Und jetzt?"

Er griff sich an den Kopf, ein Ruck, er drehte sich um. Sein schwarzes Haar war plötzlich blond. Der Förster riss die Augen auf, während seine Frau einen Ruf der Überraschung ausstieß.

Arndt aber lächelte.

„Nun, hatten Sie bisher gemerkt, dass ich eine Perücke trug?"

„Nein, wahrhaftig nicht, und ich habe mir Sie genau angesehn, als ich noch nicht wusste, woran ich mit Ihnen war."

„Sehen Sie! Und nun will ich Ihnen noch mehr zeigen."

Der Fremde nahm auch noch den Bart ab. Dann fuhr er sich mit dem feuchten Taschentuch zwei-, dreimal wie glättend übers Gesicht.

„So. Was sagen sie nun, Herr Förster?"

„Heiliger Strohsack, das hätte ich allerdings nicht für möglich gehalten! Vorhin sahen Sie aus wie vierzig, dann wie dreißig und nun erscheinen Sie mir noch jünger. Das ist allerdings ein Kunststück, das Ihnen so leicht keiner nachmacht, Herr Geheimer! Jetzt glaube ich's fast, dass Sie einem Verbrecher, dem Sie auf der Spur sind, dreimal nacheinander vor der Nase herumspazieren können, ohne dass der Betreffende merkt, dass ihm immer nur ein und derselbe vor Augen steht. Meinst du nicht auch, Bärbchen?"

Die brave Försterin nickte nur. Worte fand sie nicht. Sie war ganz Staunen und Bewunderung. Arndt aber erzählte den schlichten Leuten, die in ihrem einsamen Weltwinkel so gut wir gar nicht mit dem lauten Treiben der Welt da draußen in Berührung kamen, von den Schlichen und Kniffen, deren er sich bei der Ausübung seines schweren, gefahrvollen Berufs bedienen musste. Er berichtete von allerlei Verkleidungsstücken, zum Beispiel von einem Rock, den man auch umgewendet tragen konnte, an dem einzelne Teile einzuschlagen waren, der vier Ärmel hatte, den man sogar in einen Mantel zu verwandeln vermochte. Er erzählte, wie man Gang, Stimme und Gebärde verändert, je nachdem man einen schlichten Mann oder einen hohen Herrn, einen Jüngling oder einen Greis darstellen will.

Das alles waren blanke Wunder für die Förstersleute. Ihre Achtung vor dem Vetter Arndt wuchs von Minute zu Minute und damit wuchs auch die Zuversicht des Försters in das Gelingen der Pläne, die hier gegen das Buschgespenst geschmiedet wurden.

Wunderlich dachte sich schon gänzlich hinein in die Ereignisse, die nun kommen würden, und begeisterte sich mehr und mehr für die Helferrolle, die er dabei spielen sollte. Im Lauf dieser Erwägungen kam ihm dann noch ein Bedenken, das er dem Vetter Arndt denn auch sogleich vortrug.

„Herr“, meinte er, „jetzt wird mir bald selber bange, ob ich Sie auch immer erkennen werde, wenn ich Ihnen da und dort einmal in einer Ihrer Masken begegne.“

„Gut, dass Sie daran denken“, nickte der Geheime. „Ich ersehe daraus, dass Sie mir brauchbare Dienste leisten werden. Wir müssen ein Erkennungszeichen ausmachen, und zwar eines, das keinem andern auffallen kann. Wie wäre es mit folgendem Vorschlag: Wenn wir uns am Tag von weitem sehn, werde ich mit der rechten Hand vom linken Ohr zum rechten greifen.“

„Hm. Und des Abends im Dunkeln?“

„In einem solchen Fall werde ich trachten, sofort nahe an Sie heranzukommen. Dann flüstere ich Ihnen zu: ‚Der Fremde‘. Sind Sie einverstanden?“

„Natürlich! Das gefällt mir sogar ganz ausgezeichnet. Es ist so recht abenteuerlich und klingt grad wie in einem Roman.“

„Also wären wir einig und hätten nur noch die Hauptsache zu erledigen: Kann ich nach all meinen Darlegungen nunmehr auf unbestimmte Zeit bei Ihnen wohnen?“

„Da braucht es doch keine Frage“, meinte Frau Barbara.

„Versteht sich von selbst“, brummte der Förster. „Sie arbeiten für eine gute Sache, an der ich den lebhaftesten Anteil nehme und dann – na ja, dann gefallen Sie mir überhaupt. Ich kann das nicht herausfinden und erklären; aber es ist mir grad, als wären wir schon lange Zeit miteinander bekannt.“

„Ja, so geht es einem zuweilen, lieber Herr Vetter.“

„Und nun immer noch etwas Wichtiges! Wie soll ich Sie bei der Behörde anmelden?“

„Das tue ich selber. Ich werde dafür sorgen, dass mir weder die Polizei noch die Grenzbeamten etwas in den Weg legen. Denn als Geheimer habe ich meine Ausweise. Das lassen Sie also getrost meine Sorge sein! Ich muss Sie nur noch bitten, einen Preis für Wohnung und Essen zu bestimmen.“

„Das fehlte noch! Einer, der kommt, den armen Leuten hier aus dem Elend zu helfen, soll mich bezahlen? Das wäre noch schöner. Sie kriegen, was wir selber haben, und das ist umsonst. Punktum!“

„Gut, abgemacht, und das Übrige vorbehalten! Hier meine Hand! Die Frau Muhme mag jetzt sehn, ob sie noch etwas zu essen für uns findet; Sie aber, Herr Vetter, zeigen mir vielleicht inzwischen einmal, wo ich hausen soll und wo meine Koffer sind.“

Die Försterin lief eilfertig in die Küche. Wunderlich aber erhob sich bedächtig.

„Kommen Sie! Das Fremdenstübchen befindet sich im ersten Stock. Vornehm sind wir nicht eingerichtet; aber ein weiches Bett werden Sie haben, einen Tisch, einen Stuhl, einen Spiegel und sogar einen Stiefelknecht. Den habe ich mir aus einem birkenen Zwiesel geschnitten.“

Er lachte und führte den Gast die Treppe hinauf in

einen kleinen behaglichen Raum, wo schon die Koffer standen.

Draußen war inzwischen der Mond aufgegangen und der Schneefall hatte aufgehört. Der Förster trat ans Fensterchen und deutete hinüber zum Wald.

„Sehn Sie da drüben die drei Riesentannen? Nahe bei der mittleren hat der ermordete Grenzer gelegen."

„Also gar nicht weit von hier?"

„Gar nicht. Wollen wir morgen Vormittag einmal zusammen hingehn?"

„Ich wollte dieselbe Frage soeben aussprechen. Wir gehen und Sie haben die Güte, mir an Ort und Stelle alles ausführlich zu berichten. Vielleicht komme ich dabei auf einen Gedanken."

Dann war der Mann, der das geheimnisvolle Buschgespenst zur Strecke bringen wollte, allein. Er stand am Fenster des Stübchens – das Licht hatte er ausgelöscht – und starrte sinnend hinaus in die Mondnacht, hinüber zu den drei Tannen, bei denen man den toten Grenzbeamten gefunden hatte.

Er sah, wie sich ein verlorener Mondstrahl im Geäst der riesigen Bäume fing und sich in ihrem schweren Schneebehang spiegelte. Mit leiblichen Augen sah er das. Darüber hinaus aber malte ihm die Fantasie ein vollständigeres Bild. Ihm war, als läge der Ermordete noch drüben im Schnee, und dann schien eine weiß verhüllte Gestalt neben der Leiche aufzutauchen, lautlos, gespenstisch. Und plötzlich hob sich die Rechte des Toten wie eine Schwurhand und eine dumpfe Stimme sagte: „Ich klage an, dich klage ich an, dich, das Buschgespenst!"

Da sank die weiße Gestalt in sich zusammen und an ihrer Stelle stand, wie durch Zauber geschaffen, ein Mann in Joppe, Filzhut und Schaftstiefeln, vor dem Gesicht eine Maske, über der Schulter ein Gewehr.

Und wieder ertönte die Stimme: „Ich klage an, dich klage ich an, das Buschgespenst!" Diesmal aber kam noch ein Nachsatz hinzu, der wie der Hilferuf eines Ertrinkenden klang: „Schandtat um Schandtat wird hier verübt. Wo bleibt der Rächer?"

Dem Mann am Fenster war es, als hallten die letzten Worte schaurig mahnend nach. Da richtete er sich hoch auf.

„Ich bin der Rächer", sprach er laut und deutlich vor sich hin. „Viel alte Schuld ist hier zu sühnen, Schuld auch, um die nur ich noch weiß. Und ich werde nicht ruhen, bis die Gerechtigkeit den Sieg errungen hat."

Er wendete sich aber vom Fenster, indessen draußen eine schwarze Wolke über den Mond zog. Ein Nachtvogel strich schweren Fluges an den alten Tannen vorbei und eilte hastig waldeinwärts, als wäre er ein Späher des Buschgespenstes und müsste seinem Herrn und Gebieter die Botschaft zutragen, dass im Forsthaus ein Fremder aufgetaucht sei, der sich unterfing, den Rächer zu spielen.

Unterdes hatte Eduard Hauser seinen Heimweg fast beendet. Bei dem Gedanken an die Seinigen schlug ihm das Herz laut vor Freude. Einen Schlitten voll Holz und Kohlen zog er hinter sich her, darauf einen großen Korb voll Esswaren – das waren Dinge, die ihm vor einer Stunde noch als unerreichbare Schätze erschienen waren.

Die Straße führte fast immer bergab. So stellte er sich auf die Kufen des Schlittens, ließ ihn laufen, was er laufen wollte, und lenkte ihn nur in den Kurven mit dem linken oder dem rechten Fuß.

An der Tür des Häuschens, das die Seidelmanns seinem Vater demnächst wegpfänden wollten, ließ er sein Gefährt einstweilen stehn und eilte in die Wohnstube. Hier saßen die Seinen fröstelnd um den Tisch. Beim Ofen aber kniete das Engelchen. Eduard traute kaum seinen Augen. Es war wirklich Angelika Hofmann, die sich da bemühte, mit einigen Scheiten Holz und einem kleinen Häufchen Kohlen ein Feuer anzufachen.

„Der Eduard kommt!“, riefen die Geschwister.
„Gott sei Dank!“, seufzte die Mutter; man sah ihr an, welche Angst sie um ihn ausgestanden hatte.
Engelchen sprang von der Diele auf.
„Aber, Eduard, wo warst du denn so lange? Wir alle haben große Sorge um dich gehabt.“
Eduard rieb sich die erstarrten Hände.
„Hu, abscheulich kalt! Zeit, dass ihr Feuer macht! – Hat euch der Nachbar ausgeholfen, Mutter?“
„Ein paar Scheitchen Holz und zwei Schaufeln Kohlen hat er uns geborgt. Mehr könnte er nicht tun, sagte er, weil er mit seinem Vorrat noch bis zum Winterende reichen müsse.“
„Habt ihr Kartoffeln gekocht?“, erkundigte sich Eduard weiter.
„Noch nicht. Das Holz wollte nicht brennen.“
„So, so, ihr habt also gehungert.“ Eduard war gar nicht wie sonst: Er brachte es fertig, zu all dem Elend, das er hier vor Augen hatte, zu schmunzeln. Und nun platzte er auch noch übermütig-froh heraus: „Und ich habe zu Abend gegessen wie ein König!“
„Was denn, was?“, drängten sich die Geschwister neugierig um ihn.
„Graupensuppe, eine große Schüssel voll und Butter und Brot und Wurst dazu!“
„Oooh!“, dehnten die Geschwister staunend und ein wenig sehnsüchtig und neidisch dazu.
Vater und Mutter sahen einander fragend an. Jetzt verstanden sie ihren Eduard nicht mehr. Auch das Engelchen machte ein verwundertes Gesicht.
Eduard aber lachte.
„Wartet, ihr sollt auch euer Teil haben!“
Er sprang hinaus und holte erst den Esskorb herein.
„Hier, Mutter, ist ein gutes Mittel gegen den Hunger!“
Mit diesen Worten war er schon wieder draußen, um das Holz und die Kohlen in den Abstellraum zu schaffen.

Nur etwas davon nahm er mit in die Stube, um einmal richtig einzuheizen.

Aber er kam vorerst gar nicht dazu. Gar zu fragend hingen aller Augen an ihm, Augen, in denen neben grenzenlosem Staunen die helle Freude zu lesen stand. Frau Hauser hatte stumm die Hände gefaltet. Engelchen wusste nicht, was das alles bedeuten sollte. Der Vater aber verschaffte sich kurz Gewissheit."

„Nun sag mal, Junge, woher hast du das alles?"

„Vom Förster Wunderlich und seiner Frau."

„Das begreife ich nicht. Die Wunderlichs sind gute Menschen, das weiß das ganze Dorf. Aber wie kommen sie dazu, dich so zu beschenken?"

„Das will ich euch erzählen. Vorher aber packt nur erst einmal aus und seht richtig nach, was ich alles mitgebracht habe! Da ist Brot und Butter und eine ganze Wurst, auch ein Stück Speck! Und da ist Mehl und Zucker und Kaffee!"

„Kaffee, Kaffee!", jubelten die Geschwister. Die Kleinen hatten früher schon einmal Kaffee zu trinken bekommen. Sie wussten, was für ein Genuss das war.

Es gab ein allgemeines Auspacken und Staunen und Jubeln. Dann musste die Mutter gleich das Brot anschneiden, um den ärgsten Hunger der Kinder zu stillen. Vater Hauser aber bestand darauf, wissen zu wollen, wie das alles zugegangen war. Er war ein Mann des nüchternen Verstandes und glaubte nicht recht an Märchen.

So erzählte denn Eduard, was er im Wald erlebt hatte. Er bekannte ganz offen, dass er beinahe zum Holzdieb geworden wäre. Auch davon sprach er, dass er eine Minute lang geglaubt hatte, zwischen den verschneiten Stämmen das Buschgespenst zu sehen. Schließlich kam er zu der Begegnung mit dem Förster.

Nun aber bog er ab. Er verschwieg das Zusammentreffen mit dem Fremden. Der Mann, der ihm die Goldstücke so freigebig in die Hand gedrückt hatte, sollte sich nicht über ihn ärgern müssen. Der Unbekannte hatte ihn zwar nur ermahnt, den Geber des Geldes nicht zu nennen, ausgenommen seinem Vater gegenüber. Aber Eduard entnahm daraus, dass es geraten sei, von dem Fremden vor der ganzen Familie überhaupt nicht zu sprechen. Also erzählte er nur, dass ihn die Wunderlichs gastlich aufgenommen und überdies auch noch reich beschenkt hätten, nachdem er ihnen von seiner Not berichtet hatte.

Engelchen war die Erste, die sich dazu äußerte.

„Das finde ich sehr anständig von dem Alten", erklärte sie. „Eine solche Tat hätte ich dem Brummbär eigentlich gar nicht zugetraut. Habe immer gedacht, er könnte nur mit mir freundlich sein, während er andre Leute meist anzuknurren pflegt."

Vater Hauser aber deutete sich die Freigebigkeit des Försters auf seine Art.

„Jetzt kann ich mir denken, wie alles gekommen ist. Wunderlich hat von dir gehört, wie dir die Seidelmanns mitgespielt haben. Da hat er gedacht: Wartet, euch will ich zeigen, dass die Hausers nicht bloß von eurer Gnade abhängig sind! Er ist nämlich nicht gut zu sprechen auf die Seidelmanns. Das weiß ich, er hat es mir selber einmal gesagt."

Die kleinen Geschwister kauten bereits an ihren Butterbroten. Die Mutter machte sich schon daran, Kartoffeln zu waschen und aufs Feuer zu setzen. Engelchen räumte die kostbaren Vorräte in den Schrank. Eduard aber saß am Tisch und strahlte einen um den andern der Reihe nach an.

Da war es ihm, als hätte er aus dem Mund der Mutter plötzlich einen leisen Seufzer vernommen. Das machte ihn stutzig. Was hatte denn die Mutter zu seufzen, wenn ihnen plötzlich das Glück ins Haus geschneit war? Er fragte sie offen darum und sie gab ihm ebenso rückhaltlos Bescheid.

„Sieh, Eduard, du hast uns gewiss eine große Freude

bereitet und ich bin dem lieben Herrgott von Herzen dankbar, dass er uns so unvermutet aus der ärgsten Not geholfen hat. Aber die Sorgen sind wir darum noch lange nicht los. Was soll denn weiterhin werden? Wie lange werden die Vorräte reichen? Es kommt ja nichts hinzu, wenn wir keinen Verdienst mehr haben. Und dann ist die Schuld fällig. Wie sollen wir denn die zurückzahlen? Eines Tages werden wir wieder nichts zu essen und obendrein nicht einmal mehr ein Dach über den Kopf haben."

Die Rede der Frau wischte mit einem Mal die heitere Stimmung wieder aus, die über den Menschen in dem kleinen Raum gelegen hatte. Finster drohend stand abermals die Sorge auf der Schwelle. Aber Eduard scheuchte sie von neuem mit einem raschen Wort hinweg, eigentlich mehr mit einer raschen Geste.

Er griff in die Tasche, in der die Goldstücke des Fremden steckten, und zählte die blanken runden Dinger eins nach dem andern lächelnd auf den Tisch.

„Da und da und da und da!" Es wurde eine ganze Reihe. „Langt das nun? Oder ist es nicht mehr, als wir brauchen, um Seidelmann zu bezahlen? Seht, das bleibt noch übrig, und der Förster hat mir auch noch versprochen, sich im Bergwerk beim Obersteiger für mich zu verwenden, dass ich dort Arbeit bekomme. Wollt ihr noch mehr?"

Jetzt freilich jubelte die Mutter auf in einem Glücksgefühl, wie es die schlichte Frau in ihrem ganzen Leben kaum je gekannt hatte. Das Engelchen erstarrte fast vor ehrfürchtigem Staunen. Nur Vater Hauser runzelte bedächtig die Stirn.

„Junge", sagte er mit ernster Betonung, „jetzt kommt mir aber die Geschichte ein wenig sonderbar vor. Das Geld kannst du nicht auch von Wunderlich haben."

„Hab' ich auch nicht."

„Sondern?"

„Das muss ich dir unter vier Augen erzählen, Vater."

Die Augen des alten Webers tauchten tief in die des Sohnes. Es war eine stumme Frage und eine stumme Antwort. Dann nickte der Vater.

„Ich misstraue dir nicht, Junge. Aber das musst du zugeben, das Gold liegt nicht auf der Straße. Also komm mit mir hinaus in die Kammer und sage mir, was du zu sagen hast!"

Eduard folgte dem Vater, nachdem er ihm das Geld in die Hand gedrückt hatte. Drüben berichtete er von dem Fremden, der im Schlitten gekommen und im Forsthaus abgestiegen war. Er wusste nicht viel über diesen Mann zu erzählen, nur eben, dass sich der Unbekannte als Vetter des Försters vorgestellt habe und so wunderbar hilfsbereit gewesen sei. Hauser schüttelte ein über das andere Mal den Kopf, fand aber keinen Grund, dem Sohn nicht zu glauben. So gingen die beiden schließlich wieder hinüber in die Stube, wo ihnen Blicke voll Spannung entgegensahen.

„Es ist gut", erklärte Hauser, „Eduard hat mir alles berichtet. Wir können das Geld getrost nehmen. Die Sache ist rechtlich und einwandfrei. Die Goldstücke sind das Geschenk eines edelmütigen Freundes der Armen. Und nun kommt! Wollen uns gemeinsam an den Tisch setzen und endlich einmal alle Sorge und Not vergessen!"

Das Feuer knisterte im Ofen und das Wasser begann im Topf zu singen. Nach und nach wurde es warm in dem niedrigen Raum und auch die Menschen wurden warm und lebendig. Umso merkwürdiger mutete es an, dass grad Engelchen, die doch überhaupt keine Sorgen hatte, so einsilbig dabeisaß.

Eduard hatte das bald bemerkt, und als sie heimging, begleitete er sie, um das geliehene Holz und die zwei Schaufeln Kohlen gleich wieder zurückzugeben. Dabei forschte er nach dem Grund ihrer Schweigsamkeit.

„Hat dich jemand von uns gekränkt, Engelchen?"

„Nein, Eduard, gewiss nicht."

„Du wurdest ernst, während wir fröhlich waren."

„Nur weil ich an den Vater dachte, der so unfreundlich gegen den deinigen war. Er hätte ihm die kleine Gefälligkeit am liebsten abgeschlagen."

„Und warum?"

Sie kannte den Grund, mochte ihn aber nicht nennen. Auch war ja die Ursache ihrer Schweigsamkeit eine ganz andre. Sie hatte an das Vergnügen gedacht, zu dem sie aufgefordert worden war. Das Paket mit dem Maskenanzug und der Einladungskarte des ‚Kasinos' war bereits bei ihr abgegeben worden. Sie hatte sich im Geist in den Ballsaal versetzt – und wie sehr stach dieses Bild gegen die ärmliche Stube der Hausers ab! Hatte der Vater nicht letzten Endes Recht mit seinen Vorhaltungen? Waren Hausers wirklich die Leute, mit denen sie verkehren durfte – sie, die sogar vom ‚Kasino' eine Einladung bekam?

„Kennst du den Grund?", drängte Eduard.

„Nein", antwortete sie zögernd. Es war das erste Mal, dass sie den Nachbarssohn belog. Eduard suchte inzwischen von sich aus nach einer Erklärung.

„Vielleicht sind wir deinem Vater nicht gut genug?", meinte er.

„Was du gleich denkst!", beugte sie schnell vor. „Möglich, dass er nur darum so kurz gegen deinen Vater war, weil er grad viel im Kopf hatte."

„Hat er etwa von den Seidelmanns ein schwieriges Muster erhalten? Ich will ihm gern helfen, die Fäden auszurechnen."

Das hatte Eduard schon oft getan, er war ein geschickterer Weber als Hofmann. Aber Engelchen wehrte ab.

„Die Sache betrifft gar nicht ihn, sondern mich."

„Dich? Wieso?"

Angelika reckte das kleine Näschen ein wenig stolz und hochmütig in die Luft.

„Ich habe ein Paket bekommen."

„Und das geht deinem Vater im Kopf herum? Das verstehe ich nicht. Sprich doch deutlicher! Du bist so sonderbar. Was war denn in dem Paket?"

Angelika war im Grund ihres Wesens ein braves, gutes Mädchen, aber sie hatte eine Charakterschwäche, die sie wohl von ihrem Vater ererbt hatte: Das war die Eitelkeit. Die Einladung des Unbekannten, der ein Mitglied des ‚Kasinos', also ein wohlhabender, vornehmer Mann sein musste, hatte ihr mächtig geschmeichelt. Darüber konnte sie sogar bis zu gewissem Grad ihre Zuneigung zu Eduard Hauser vergessen. Deshalb brachte sie es jetzt fertig, ein wenig mit ihm zu spielen, indem sie ihm die Neuigkeit, über die er sich gewiss nicht freute, so nach und nach mitteilte.

„Es hat eben eine ganz besondre Bewandtnis mit diesem Paket", zierte sie sich. „Rate einmal, was darin war!"

„Wie soll ich das wissen? Vermutlich ein Geschenk."

„Ja und nein. Das Paket enthielt ein Maskenkostüm."

„Ein ... was?"

„Ein Kleid, wie man es zu einem Maskenball trägt. Weißt du nicht, was das ist?"

Eduard wurde immer verwirrter. Was redete das Engelchen da von einem Maskenball? Er hatte gehört, dass am Fastnachtsdienstag im Gasthof des Orts ein solches Vergnügen stattfinden sollte, veranstaltet vom ‚Kasino'. Aber das war eine Sache, die ihn nichts anging. Die Mitglieder des ‚Kasinos' gehörten den Kreisen der Wohlhabenden an, die sich von den einfachen Webern ängstlich und überheblich abschlossen. Diesen Maskenball konnte das Engelchen also nicht meinen, denn die Hofmanns waren eben auch nur arme Weber.

Bald aber wurde er eines Bessern belehrt. Angelika tischte ihm brockenweise die volle Wahrheit auf. Da glaubte er zunächst, nicht recht gehört zu haben.

„Du willst auf den Kasinoball gehen? Du hast eine Einladung dazu bekommen? Von wem?"

„Das weiß ich nicht."

„Höre, Engelchen, darauf kann ich mir keinen Reim machen. Ein Mensch, der nicht einmal seinen Namen nennt, fordert dich zu einem Vergnügen auf und schickt dir sogar das Kostüm dazu und das findest du alles richtig und in Ordnung? Was sagen denn deine Eltern dazu?"

Gerade diesen Ton hätte der gute Eduard nicht anschlagen dürfen. Angelika war das einzige Kind und der gehätschelte Liebling des alten Hofmann. Darum konnte sie es nicht vertragen, dass jemand sie schulmeisterte – so nannte sie derartige Belehrungen. Sogleich stiegen in ihr Trotz und Verletztsein auf. Sie warf übermütig das hübsche Köpfchen zurück.

„Kannst sie ja selber fragen, was sie dazu sagen! Vielleicht gibt dir der Vater die richtige Antwort. Ich finde es unerhört, dass du mich wegen einer Sache tadeln willst, die selbst meine Eltern billigen. Dass du's nur weißt: Vater kennt den Herrn, der mir die Einladung geschickt hat, und ist stolz auf die Auszeichnung, die seiner Tochter widerfahren soll."

Eduard erschrak heftig vor dieser Strafrede.

„Aber Engelchen!", stammelte er.

„Ach was, du bist ja nur neidisch, dass du nicht auch dabei sein kannst. Wenn du mich wirklich so gern hättest, wie du immer tust, würdest du mir das harmlose Vergnügen gönnen."

Eduard in seinem Schreck und seiner Verwirrung lenkte ein.

„Ja, ja, ich gönne es dir ja auch. Mir war das alles nur so – so rätselhaft und ungewöhnlich."

„Ist auch etwas Ungewöhnliches, dass ein Mädchen aus Hohenthal eine Einladung zu einem Kasinoball bekommt."

„Nun ja – nun eben. Und deshalb – deshalb dachte ich..."

„Du dachtest, du müsstest mir dreinreden, und das war gar nicht nett von dir. Solltest dich lieber mit mir freuen! Ich war so stolz und wollte dich gerade fragen, ob du dir das Kostüm einmal ansehn willst."

„Ich will ja sowieso mit zu euch, um das Holz und die Kohlen abzuliefern."

„Nein, so geht das nicht. Gib mir das Geborgte nur her! Ich nehme es selber mit hinein. Es ist schon spät und der Vater könnte verdrießlich werden, wenn ich dich mitbringe und mich dir im Maskenanzug vorstelle."

„Ach so, du willst mir das Kleid gleich an dir vorführen? Das hätte ich freilich gern einmal gesehn."

Jetzt gefiel Eduard dem Engelchen wieder besser. Dass er neugierig darauf war, zu wissen, wie sie sich in dem schmucken Kleid ausnahm, das schmeichelte ihr. Darum machte sie ihm einen Vorschlag, der ungewöhnlich viel Entgegenkommen bedeutete.

„Ich will dir etwas sagen: Geh ruhig nach Haus! Vater wird sich jetzt bald zur Ruhe legen, dann ziehe ich mich um und komme noch einmal auf einen Husch hinüber zu euch. Mutter wird's erlauben. Also warte!"

„Ja, ja, ich warte." Eduard wusste nicht, ob er sich über diese Zusage freuen sollte oder nicht. Er wusste überhaupt nichts. „Auf Wiedersehn, Engelchen!"

Er gab ihr die Hand. Sie war eigentümlich kalt. Aber diese Kälte war nicht nur eine Wirkung des winterlichen Frostes; sie kam von innen heraus, von der großen seelischen Erregung, in der sich Eduard befand. Engelchen zuckte zusammen vor dieser Berührung und zog ihre Rechte rasch aus der seinigen. Dann nahm sie ihm hastig den Korb mit dem Holz und den Kohlen ab und verschwand in der Haustür.

Eine Weile stand er und sah ihr nach, bevor er sich zum Gehen wandte. In ihm war eine grenzenlose Leere. Mühsam sammelte er seine Gedanken. Er sann über sich und das Engelchen nach.

Schon als kleine Kinder hatten sie sich gekannt. Er war dem Mädchen ein Freund und ein guter Kamerad gewesen zu aller Zeit. Er hatte nie daran gedacht, sie auch nur einen einzigen Tag entbehren zu müssen; das lag für ihn überhaupt nicht im Bereich der Erwägung. So waren sie aufgewachsen miteinander und nebeneinander. Es war ihm nie eingefallen, sich dabei Rechenschaft über sein Herz zu geben. Bis heute mit einem Mal die doppelte Gewissheit niederschmetternd über ihn kam, dass er sie liebte mit jeder Faser seines Herzens und dass er sie verloren hatte, noch bevor er sich dieser Liebe bewusst geworden war.

So stand er da. Die eisige Kälte der Winternacht umwehte ihn, in seinen Schläfen pochte es, sein Herz hämmerte laut.

„Engelchen", seufzte er, „ich wollte, ich wäre tot!"

Als Engelchen daheim ins Wohnzimmer trat, waren ihre Eltern noch wach. Der Vater begann sogleich wieder von der Einladung zu sprechen und von dem Glück, das ihr daraus erwachsen könne; die Mutter breitete das mit goldenen und silbernen Flittern besetzte Kleid vor ihr aus und gab Ratschläge, wie es hier und da noch zu verschönern wäre.

Angelika war nur halb bei der Sache. Sie dachte an den Unbekannten, der sie als Balldame begehrte. Sicher war er ein vornehmer Herr und dazu ein heimlicher Verehrer von ihr. War das nicht bedeutsam genug, um deshalb die Jugendfreundschaft mit Eduard Hauser beiseite zu schieben? Es lag jetzt vielleicht in ihrer Hand, eine reiche Frau zu werden, sich und die Eltern mit einem Schlag herauszureißen aus der Enge und Bescheidenheit ihres bisherigen Lebens.

Den Weber Hofmann begann schließlich die Einsilbigkeit seiner Tochter und das Geplapper seiner Frau über Spitzen und Schleifen und Bändchen zu langweilen. Er stand auf, gähnte und dehnte sich.

„Ich geh' ins Nest. Ihr könnt ja an dem Putz noch herumbasteln, solange es euch gefällt. Verbrennt nur nicht unnütz die ganze Nacht über das Licht! Morgen ist auch noch ein Tag. Gute Nacht!"

Er trollte sich in die Schlafkammer. Jetzt wurde Engelchen munter. Sobald sie sicher war, dass sich der Vater ausgezogen und niedergelegt hatte, offenbarte sie der Mutter ihr Anliegen.

„Ich möchte das Kleid gern einmal anziehn und auf einen Sprung hinüberhuschen zu den Hausers."

„Jetzt noch? In der Kälte?"

„Ich nehme mein Tuch um! Ach, lass mir nur! Ich hab's den Hausers versprochen. Sie freuen sich darauf. Und ich bin doch auch stolz auf das Kleid und möchte mich wenigstens jemand im Dorf einmal so zeigen."

Da gab die Mutter nach, weil sie auch nicht frei war von törichtem Stolz auf die hübsche Tochter. Nach wenigen Minuten stand das Engelchen als Italienerin da. Die Mutter wollte sie von allen Seiten bestaunen, aber es blieb ihr nicht viel Zeit dazu. Engelchen nahm ihr Umschlagtuch aus dem Spind und huschte zur Tür hinaus. „In einem Viertelstündchen bin ich wieder zurück."

Dann trat sie drüben bei den Hausers in die Stube, wo Eduard allein auf sie gewartet hatte. Die Geschwister waren längst ins Bett gebracht worden und auch die alten Hausers hatten sich zur Ruhe gelegt, weil Eduard ihnen sagte, Engelchen würde noch einmal kommen und sich in einem neuen Kleid vorstellen, aber das sei eine Überraschung nur für ihn. Da gönnten sie ihrem großen Jungen die Freude, denn sie spürten, wie es um ihn stand, und meinten, der Eduard und das Engelchen würden schließlich allen Schwierigkeiten zum Trotz doch einmal ein Paar werden.

Eduard ließ die Gespielin eintreten. Zunächst sah er nur ihr strahlendes Gesicht und das große Umschlagetuch, das ihre Gestalt bis weit hinab verhüllte. Dann aber fiel diese Hülle und da stand Eduard geblendet und erschrocken zugleich.

Engelchen drehte und wendete sich vor ihm auf den Zehenspitzen, dass das kurze Röckchen flatterte. Sie wartete begierig auf den Ausruf des Entzückens, der ihrer Ansicht nach jetzt unbedingt kommen musste. Aber Eduard blieb still, befremdlich still, und als sie in seinen Zügen forschte, las sie dort alles andre, nur kein Entzücken.

„Nun, wie gefalle ich dir?", fragte sie ein wenig unsicher.

Da tat der Bursche einen tiefen Seufzer, denn es kostete ihn Mühe, so ehrlich zu sein, wie er hier sein musste.

„Gar nicht!", bekannte er.

Dem Mädchen stieg eine leise Röte ins Gesicht. Dazu zog sie ein Mäulchen.

„Dann hätte ich mir ja den Weg sparen können. Willst du mir nicht wenigstens sagen, weshalb ich dir nicht gefalle?"

Darauf holte Eduard schwer Atem. Es war nicht so leicht, das in Worte zu kleiden, was er empfand. Er war ein schlichter Dorfbursche und kannte die Frauen und Mädchen nicht anders, als er sie täglich sah, in ihren geschlossenen Blusen und den langen Röcken aus grobem Stoff. Das Maskenkostüm aber, das Angelika trug, ließ Hals und Arme frei, das Mieder war weit ausgeschnitten und das Röckchen reichte nur gerade bis zu den Knien.

„Ich kann das nicht so sagen", knurrte er verlegen und verdrossen. „Du wirst schon selber wissen, wie ich's meine. So – so bloß läuft doch kein anständiges Mädchen herum, noch dazu vor fremden Männern."

Damit hatte er nun freilich etwas Schlimmes angerichtet. Jetzt wusste das Engelchen, das sich verletzt und getroffen fühlte, nichts mehr von Jugendfreundschaft und Kameradschaft dem jungen Menschen gegenüber, der es wagte, ihr in dieser Weise die Wahrheit zu sagen. In ihren Zügen stand plötzlich abweisende Kälte. Mit einer schnippischen Geste fertigte sie ihn ab.

„Da sieht man, dass du nichts von der vornehmen Welt verstehst. Dieses Kleid hier ist die Tracht einer Italienerin. Solche Mieder und solche Röcke sind in Italien Mode.

Dort geht jedes Mädchen auf der Straße so. Aber davon hast du natürlich keine Ahnung. Es tut mir Leid, dass ich mir deinetwegen überhaupt den Weg hierher gemacht habe."

„Engelchen", unterbrach er sie, „sei doch vernünftig und..."

„Wärst du lieber vernünftig gewesen und hättest mir zum Dank für meinen guten Willen nicht solche Ungezogenheiten gesagt!"

„Ich war ja nur so sehr erschrocken. Ich – wahrhaftig, ich habe mich richtig geschämt."

„Schäm dich lieber, so etwas auszusprechen!"

„Ich habe mir vorgestellt, dass du beim Ball vor den fremden Männern so herumläufst. Wenn ich nur daran denke, ist mir's, als müsste ich ersticken. Engelchen, ich bitte ich, ich bitte dich von ganzem Herzen, geh nicht zu dem Vergnügen!"

Dieser Ton, aus dem flehende Angst und aufrichtige Liebe sprachen, hätte zu andrer Stunde gewiss Eindruck auf das Mädchen gemacht, die im Grund ihres Herzens Eduard ebenso liebte wie er sie, nur dass sie sich ihrer Liebe noch nicht bewusst geworden war. Jetzt aber war sie verletzt in ihrer Eitelkeit, war beleidigt und gereizt. Da ging die Erregung mit ihr durch. Sie stampfte zornig mit dem Fuß auf.

„Lass mich in Ruh mit deinen Redensarten! Es ist genau so, wie ich dir schon gesagt habe. Du gönnst mir das Vergnügen nicht und bist neidisch, dass du nicht dabei sein kannst. Du denkst überhaupt nur an dich. Deshalb soll ich auch zu Hause bleiben und mir den schönen Abend versagen. Aber das fällt mir gar nicht ein. Außerdem kann ich auch gar nicht anders, der Vater hat es mir geradezu befohlen, der Einladung zu folgen. So, nun weißt du Bescheid. Gute Nacht!"

Die Tür fiel hinter ihr ins Schloss. Eduard wollte noch etwas sagen, aber er brachte kein Wort über die Lippen. Er war körperlich und seelisch wie gelähmt. Lebendig war es nur in seinem Kopf, wo die unsinnigsten Gedanken einen tollen Wirbel vollführten.

Und aus diesem Wirbel heraus wuchs allmählich eine einzige klare Vorstellung: Engelchen weiß nicht, was sie tut. Sie läuft blind in eine furchtbare Gefahr hinein. Du bist ihr Kamerad gewesen von Jugend an, du musst sie beschützen, auch gegen ihren Willen!

Dann grübelte er über das Wie, grübelte die ganze Nacht hindurch, ohne dass sich ihm ein gangbarer Weg zeigte. Am andern Morgen war ihm der Kopf schwer und wirr, sodass er sich immer wieder zwingen musste, an der Freude der Eltern und Geschwister teilzunehmen, von denen so plötzlich die drückendste Not abgefallen war.

„Ich gehe zum Obersteiger und frage dort nach Arbeit", versicherte er dem Vater. Bei sich dachte er: ‚Und dann muss ich irgendetwas unternehmen für das Engelchen ... irgendetwas!'

3. Das arme Weberdorf

Am Sonntagmorgen hielten vor der Tür des Seidelmannschen Hauses zwei Lastwagen, von denen Arbeiter einige Webstühle abluden.

„Was willst du mit dem Zeug?", fragte der Rentner seinen Bruder. „Ist ja alles alt und abgenutzt."

Martin Seidelmann streichelte wohlgefällig sein Kinn. „Das verstehst du nicht. Diese Webstühle habe ich aus einer Konkursmasse erstanden, das Stück kostet mich bare acht Mark. Wer hier von mir Arbeit haben will, muss einen Stuhl von mir nehmen, entweder durch Kauf oder auf Miete. Ich gebe das Stück zu vierzig Mark ab, die Miete beträgt fünfzehn Mark das Jahr. Wird der Stuhl beschädigt, so ist der Mieter vertraglich gebunden, ihn auf seine Kosten wiederherstellen zu lassen oder vierzig Mark dafür zu zahlen."

Der Rentner machte ein Gesicht, worin alles Mögliche zu lesen stand: Staunen, Anerkennung und boshafter Spott zugleich.

„Du verstehst es, mit dem Pfund zu wuchern, das dir verliehen ist", sagte er.

Zur gleichen Zeit saß der junge Seidelmann im Kontor und schrieb einen Brief an seinen Freund Strauch, um ihm noch einige Ausweisungen für Dienstagabend zu geben. Es sollte doch beim Maskenball alles klappen.

Der Brief war nur kurz. Fritz klebte ihn zu, versah ihn mit der Anschrift und klingelte. Ein junger Bursche trat ein, der im Geschäft als Markthelfer tätig war.

„Du läufst jetzt zur Kreisstadt und gibst Kaufmann Strauch diesen Brief! Beeile dich, dass du bald wieder zurück bist!"

Der Markthelfer machte sich sofort auf den Weg. Er war von dem Auftrag nicht sonderlich entzückt, denn er hatte am gleichen Morgen in aller Frühe schon einen beschwerlichen Gang hinauf zur Bergwerksverwaltung tun müssen. Nun sollte er auch noch in die Stadt gehen und rasch wieder zurück sein.

Verdrossen stapfte der junge Mann durch den Schnee. Da sah er vor sich auf der Straße einen, der offenbar den gleichen Weg hatte. Als der Markthelfer in dem andern den jungen Hauser erkannte, setzte er sich in leichten Trab, um ihn einzuholen. Dann rief er ihn an.

„Heda, Hauser-Eduard, wart doch ein bisschen!"

Eduard war heute schon frühzeitig beim Obersteiger gewesen, hatte sich auf die Empfehlung des alten Wunderlich berufen und nach Arbeit gefragt, doch der Obersteiger hatte ihn trotzdem nicht angenommen. Darum hatte sich Eduard entschlossen, sein Glück in der Stadt zu versuchen.

Er blieb auf den Anruf stehn. Die beiden jungen Männer begrüßten sich kurz mit einem Händedruck.

„Willst auch in die Stadt?", fragte Eduard.

„Hab' einen Brief zu besorgen für den jungen Seidelmann."

„Und ich will mich drin einmal nach Arbeit umtun."

Der Markthelfer sah Eduard von der Seite an.

„So, so, nach Arbeit fragen! Noch dazu am Sonntag? Wird schwer halten. Die Zeiten sind schlecht; 's ist nirgends ein Unterkommen zu finden. Das ist auch der Grund, dass ich bei den Seidelmanns aushalte. Sonst könnten sie mir gestohlen bleiben, die Leuteschinder. Weiß der Teufel, warum sie hier das Heft so in der Hand haben! Alles können sie und alles bestimmen sie. Dir brauch ich das ja nicht zu erzählen. Dir haben sie ja übel genug mitgespielt. Erst kündigen sie dir die Aufträge und dann – wie war denn das im Bergwerk? Ich habe heute früh einen Brief hinaufschaffen müssen zur Verwaltung. Da hörte ich vorher im Kontor so einiges. Ich glaube, in dem Brief hat was von dir gestanden. Du würdest vielleicht um Arbeit nachfragen und man sollte dir keine geben, denn du seist ein unzuverlässiger Mensch. Was sagst du dazu?"

Jetzt wusste Eduard Hauser, wem er seinen Misserfolg beim Obersteiger verdankte.

„So eine Gemeinheit!“, sagte er zornig. „Möchte nur wissen, was sie gegen mich haben!“

Der Markthelfer zuckte die Achseln. Er konnte den Grund der Feindseligkeit seines Brotgebers gegen den armen Weberssohn erst recht nicht erraten und Eduard kam es nicht in den Sinn, auf dem Weg über Angelika eine Verbindung zu suchen.

So trotteten die beiden nebeneinander der Stadt zu. Wenn der Wind gar zu eisig pfiff und den Burschen den Atem versetzte, schlief das Gespräch ein. Dann aber lebte es wieder auf. Der Markthelfer sprach davon, dass der Brief, den er zu besorgen hatte, für den Kaufmann Strauch bestimmt sei.

„Den kennst du doch?“, meinte er. „Er ist mit Fritz Seidelmann zusammen im ‚Kasino‘. Wahrscheinlich handelt es sich um den Maskenball, der am Dienstag stattfinden soll. Ach, haben es die Leute gut! Unsereiner kann sich so was nicht leisten. Möchte nur wissen, wen unser Junior eingeladen hat. Strauch geht natürlich mit seiner Braut hin, mit der Marie Tannert.“

So schwatzte der junge Mensch weiter. Eduard gab ihm nur einsilbige Antworten. Er war nicht recht bei der Sache. Die Erwähnung des Maskenballs wühlte in ihm wieder alle Sorge um das Engelchen auf. So hörte er nur oberflächlich, was ihm der Markthelfer erzählte, aber er hörte es doch und er ahnte nicht, dass ihm das später von Nutzen sein sollte.

In der Stadt trennten sich die beiden. Der Markthelfer ging zum Kaufmann Strauch, Eduard aber fragte da und dort nach Arbeit, überall ohne Erfolg. Schließlich wurde er es müde, immer wieder an einer fremden Tür zu klingeln oder zu klopfen, sein Sprüchlein demütig herzusagen und sich mit einem kurzen Nein abfertigen zu lassen. An einer Straßenecke stand er und sann über sich und sein Leben nach.

Und seltsam, so arg ihn auch die Sorge um seine Zukunft und um das Los der Seinen bedrängte, immer wieder schob sich in den Vordergrund die Angst um das Engelchen. Immer wieder suchte er nach einer Möglichkeit, sie in den Gefahren zu beschützen, denen sie seiner Meinung nach auf dem Maskenfest ausgesetzt war.

Da kam ihm ein Gedanke. Erste Voraussetzung dafür, dass er sie überhaupt in seine Obhut nahm, war seine Teilnahme an dem Maskenball. Er musste selber hingehn. Aber wie sollte er das anfangen? Es handelte sich ja um eine geschlossene Gesellschaft. Erkennen würde man ihn dort zwar nicht, denn er konnte in Verkleidung kommen, mit einer Maske vor dem Gesicht. Aber er würde doch überzählig sein. Was war da zu tun?

Auf diese Frage fand Eduard zunächst keine Antwort. Wohl aber kam er zu dem Entschluss, sich auf alle Fälle am Dienstagabend beim ‚Kasino' einzudrängen. Mochte daraus werden, was wollte. Und so erkundigte er sich denn nach einem Maskenverleihgeschäft. Er hörte, dass es in der Stadt nur ein einziges gab, und ging hin. Die Geschäftsräume lagen im ersten Stock. Unten im Flur griff er erst noch einmal in die Tasche und zählte sein Geld. So reich war er noch nie gewesen. Von dem, was ihm der Fremde im Forsthaus geschenkt hatte, war noch eine ganze Menge übrig. Einen ansehnlichen Betrag davon hatte ihm der Vater als Taschengeld belassen. Das durfte er freilich nicht alles vertun. Aber etwas davon zu opfern, um das Engelchen beschützen zu können, dazu war er fest entschlossen. So stieg er die finstere Treppe empor.

Auf sein Klopfen erschien in dem Türspalt ein scharfknochiges Männergesicht mit einer riesigen Brille auf der Nase.

„Was soll's sein?", klang es aus einem breiten, farblosen Mund.

„Ich möchte einen Maskenanzug leihen."

„Bitte, kommen Sie herein! Es ist zwar Sonntag, aber wenn die Sache eilt, will ich eine Ausnahme machen."

Die Stube, in die Eduard trat, hing voll alter Kleider, die einen unangenehmen Geruch verbreiteten.

Der Händler musterte ihn.

„Für wen wollen Sie den Anzug?"

„Für mich."

„Hm. Es wird nicht mehr viel da sein. Die Herrschaften vom ‚Kasino' haben bereits meinen ganzen Bestand in Anspruch genommen. Wann brauchen Sie denn das Kostüm?"

„Dienstagabend."

„Ah, auch zum Kasinoball! Schade. Ich habe gestern noch die beiden besten Anzüge dem Kaufmann Strauch und seiner Braut versprochen. Er will als Türke gehen, Fräulein Tannert als Tscherkessin. Das heißt" – der Mann mit der riesigen Brille grinste verlegen – „das habe ich Ihnen nur so im Vertrauen gesagt. Eigentlich darf ich ja nichts verraten. Nicht einmal Fräulein Tannert weiß, dass ihr Verlobter einen Türkenanzug gewählt hat. Und nun wollen wir mal nachsehn, was für Sie noch da ist. Ich glaube, ich kann Ihnen nur einen Domino anbieten."

Eduard wusste nicht, was das war, aber er wollte sich keine Blöße geben. „Zeigen Sie ihn mir, bitte!"

„Einen Augenblick!"

Der Mann ging, Eduard blieb allein zurück. Sein Blick irrte zum Fenster hinaus auf einen winkligen Hof. Einer ist überzählig morgen auf dem Ball, dachte er. Muss dieser eine denn gerade ich sein? Wenn es nun ein anderer wäre und der andre bliebe weg, dann könnte ich an seine Stelle treten.

Vor ihm stand plötzlich ein halbfertiger Plan, so toll, so unausgereift, wie er nur der Herzensangst eines arglosen, einfachen Burschen um ein vergöttertes Mädchen entspringen konnte. Eduard sann dem seltsamen Einfall nach, da kam der Händler zurück. Was er Domino nannte, war ein schwarzer Mantel aus dünnem schlechtem Zeug mit einer Kapuze.

„Wollen Sie auch die Larve dazu?", fragte er. „Ich habe da eine seidne, die das ganze Gesicht bedeckt. Zusammen würde das vier Mark kosten."

„Ja, ja, ist mir recht", nickte Eduard gedankenlos.
„Wollen Sie die Sachen gleich mitnehmen?"
„Ich hole sie mir lieber übermorgen."
„Gut. Aber dann müssen Sie heut eine Mark anzahlen. Es ist zu meiner Sicherheit, weil ich die Maske nun nicht weitergeben kann."
Eduard zahlte und wendete sich zum Gehen. Da hielt ihn der Maskenverleiher noch einmal zurück.
„Ach bitte, Herr! Auf ein Wort! Mir fällt da etwas ein. Sie könnten mir einen Gefallen tun."
„Und das wäre?"
„Herr Strauch hat mir gestern, als er das Türkenkostüm bestellte, die Nadel gezeigt, die das ‚Kasino' für das Maskenfest als Ausweis beim Eintritt ausgibt. Er hat das Abzeichen dann versehentlich hier liegen lassen. Würden Sie es ihm wieder zustellen, damit er es nicht vermisst?"
‚Wunderbare Fügung', dachte Eduard und griff ohne Bedenken zu.
„Wird besorgt", sagte er und machte sich eilig davon. Er war jetzt voll froher Zuversicht, dass ihm sein Vorhaben in jeder Hinsicht gelingen müsse, und so vollführte er den unüberlegtesten Streich seines Lebens. Im nahe gelegenen Wirtshaus ‚Zum Goldenen Ochsen' trank er ein Glas Bier und ließ sich Tinte, Feder und Papier geben. Nach kurzem Zögern schrieb er folgenden Brief, wobei er sich bemühte, seine Schrift zu verstellen:

„Herr Kaufmann Strauch!
Wenn Sie den Maskenball des ‚Kasinos' besuchen, droht Ihnen schwere Gefahr. Stellen Sie sich krank und bleiben Sie zu Haus! Und sagen Sie vor allem keinem Menschen ein Wort davon, auch nicht von dieser Warnung! Selbst Marie Tannert muss glauben, Sie kommen am Dienstag zum Fest!
Ich weiß, dass Sie gehorchen.
Das Buschgespenst."

Diesen Brief versah er mit der Anschrift und steckte ihn in den nächsten Briefkasten.

Hierauf machte er sich auf den Heimweg.

Wie gesagt, der unüberlegteste Streich seines Lebens war dieser Brief. Hätte er am Tag zuvor in seiner Not die dürre Fichte im Wald wirklich abgesägt und mit heimgenommen, es wäre nicht ärger und nicht anfechtbarer gewesen. Nur mit dem Unterschied, dass sich der junge Mensch keines Unrechts bewusst war, als er sich mit Hilfe dieser Zeilen die Möglichkeit zu schaffen suchte, an Stelle des Kaufmanns Strauch am Dienstagabend unauffällig beim Kasinoball zu weilen, um das Engelchen beschützen zu können. Er wertete in seiner Aufregung nur den Zweck, nicht das Mittel.

Dabei hoffte er felsenfest auf das Gelingen seines Plans und dachte nicht im Entferntesten daran, dass sein Versuch fehlschlagen und die übelsten Folgen nach sich ziehen könne. Wie nun, wenn Strauch mit dem Drohbrief zur Polizei ging? Für Eduard lag das einfach nicht im Bereich des Möglichen. Wie er selbst das Buschgespenst abergläubisch fürchtete, so fürchteten es seiner Meinung nach die andern auch. Dabei konnte Kaufmann Strauch keine Ausnahme bilden. Strauch würde, so rechnete Eduard, furchtbar erschrecken, dem Fest fern bleiben und – schweigen.

Das musste sich ja spätestens am Dienstag zeigen, ob diese Berechnung stimmte oder nicht.

Am Morgen des gleichen Tages führte Förster Wunderlich seinen Gast in den Wald und an den Ort, wo die Leiche des Grenzbeamten gelegen hatte. Arndt besah sich alles aufmerksam und ließ seine Augen wiederholt über die drei Tannen und ihre nähere Umgebung schweifen.

„Hat man denn nicht wenigstens eine Spur gefunden, die bekundete, dass dem Mord ein Kampf vorangegangen ist oder dass die Leiche vielleicht hierher geschleppt wurde?“, fragte er schließlich.

„Keines von beiden."

„Hm. Sollte der Grenzer meuchlings erschossen worden sein? Dann hätte der Täter im Hinterhalt gelegen und das ist in diesem Gelände kaum möglich. Hier die drei einzelnen Tannen, drüben die freie Lichtung, links die Blöße und an den beiden andern Seiten der Wald mit den weit auseinander stehenden Stämmen – wo sollte sich denn da ein Versteck finden?"

„Hinter jedem Baum."

„Dann müsste der Mörder genau gewusst haben, wann und woher sein Opfer kam. Das ist aber nicht anzunehmen, da hier kein Weg vorüberführt. Wie weit haben denn die Herren vom Gericht die Umgebung abgesucht?"

„Bis hinüber zu den einzelnen Sträuchern dort."

„So haben sie angenommen, der Mord sei aus dem Hinterhalt verübt worden; ich aber bin andrer Meinung. Sehn Sie – hier hat eine Kugel, die nicht traf, den Stamm einer Tanne gestreift."

Arndt deutete dabei auf den betreffenden Baum. Der Förster betrachtete die Stelle.

„Wahrhaftig, es stimmt! Das ist uns allen entgangen."

„Nun weiter! Da hat das Opfer gelegen, hier ist die Kugelspur am Baum. Also muss der Schütze dort gestanden haben. Gehen wir einmal weiter!"

Der Förster folgte dem voranschreitenden Arndt, der alle Einzelheiten des Geländes genau musterte.

„Was suchen Sie denn?", fragte Wunderlich.

„Nichts Bestimmtes. Kommen Sie nur!"

So gingen sie mehrere hundert Schritte in grader Richtung fort. Plötzlich stutzte Arndt, blieb stehn, bückte sich und hob etwas auf.

„Was haben Sie da?", erkundigte sich der Förster.

„Hier, sehn Sie!"

Arndt hielt ihm ein dreieckiges Stück weiße Leinwand vor die Augen, das sein geübter Blick unter einem dichten Gestrüpp entdeckt hatte. Der Wind mochte es dorthin geweht haben, sonst wäre es wohl längst im Neuschnee begraben worden.

„Ein Fetzen Leinwand!", meinte Wunderlich enttäuscht. „Was soll das?"

„Ich denke, der Fund ist nicht ohne Bedeutung. Dieser Leinwandfetzen scheint von einem größern Stück, einem Tischtuch oder einem Betttuch abgerissen zu sein. Hier ist ein Buchstabe eingestickt, ein T! Nun werden Sie wohl zugeben, dass es nichts Außergewöhnliches ist, wenn man etwa ein Taschentuch im Wald findet, aber einen Fetzen von einem Betttuch – hm! – Was meinen Sie dazu?"

„Gar nichts, Herr Vetter. Ich bin ein Forstmann, kein Polizist."

„Können Sie sich wirklich nicht denken, wozu man jetzt, im Winter und des Nachts, hier im Wald ein Betttuch gebrauchen könnte?"

„Keine Ahnung."

„Nun, ringsum liegt tiefer Schnee. Den Paschern kommt alles darauf an, unbemerkt zu bleiben. Dunkle Kleidung sticht vom Schnee ab. Was liegt da näher, als dass sie sich ein Betttuch umhängen, um die Grenzer zu täuschen? Dann sind sie, besonders des Nachts, vom Schnee nicht zu unterscheiden."

„Schockschwerebrett! – Wenn Sie das so erklären, Herr Vetter, dann leuchtet mir's ein."

„Ich habe sogar selber ein Betttuch mitgebracht, um mich seiner bei meinen Streifen zu ganz demselben Zweck zu bedienen."

Die beiden gingen inzwischen einige Schritte weiter. Da ragte ein Stumpf aus dem Schnee, ein abgebrochener Wacholderknorren. Und an dem Stumpf hingen zwei weiße Leinenfädchen.

„Was schließen Sie daraus?", forschte Arndt weiter, dem es offenbar Spaß machte, dem Förster auf den Zahn zu fühlen.

„Dass die bewusste Betttuch-Ecke hier an dem Knorren abgerissen ist."

„Sehr richtig! Die Sache ist so, wie ich vermutete. Der Pascher wurde ertappt und entfloh, von dem Grenzbeamten verfolgt. Er war in ein Betttuch gehüllt und blieb damit hier hängen. Er riss sich los und eilte weiter. Dabei ging der Fetzen mit dem T verloren und wurde vom Wind unter jenes Gestrüpp dort geweht! Drüben bei den Tannen sah der Flüchtling ein, dass er nicht entkommen würde. Deshalb hielt er an, drehte sich um und schoss seinen Verfolger nieder."

„Heiliges Kanonenrohr, da..."

Doch Arndt ließ seinem ‚Vetter' keine Zeit, sein Erstaunen noch weiter zu bekräftigen.

„Vor allem müssen nun die Unterbeamten des Ermordeten vernommen werden. Sie können angeben, welchen Tagesbefehl sie von ihm erhalten haben. Sie werden auch wissen, ob er hier vorüberkommen musste, um die Posten nachzusehen, ob ihm also der Pascher aufgelauert haben kann, was ich, wie gesagt, nicht annehme, oder ob das Zusammentreffen zufällig war. Jedenfalls haben wir schon zweierlei gewonnen..."

„Gewonnen?"

„Ja, zwei wichtige Feststellungen. Glauben Sie, dass sich jemand ein fremdes Betttuch borgt, um es in der angegebenen Weise zu gebrauchen?"

„Nein. Es ist des Paschers Eigentum gewesen."

„Und da der Buchstabe T darauf steht?"

„Beginnt sein Name mit diesem Buchstaben."

„Sehen Sie, Herr Förster, das ist das Erste. Übrigens sind in dem Tuch jedenfalls zwei Buchstaben eingestickt gewesen. Der Anfangsbuchstabe des Vornamens war auch dabei, der Riss aber ist zwischen den beiden Buchstaben hindurchgegangen."

„Und was gewinnen wir als Zweites?"

„Da muss ich Sie vor allen Dingen fragen: Wohin flieht einer, wenn er verfolgt wird?"

„Natürlich dahin, wo er sicher und geborgen zu sein glaubt."

„Richtig! Er sucht seine Zufluchtsstätte zu erreichen. Der Mörder ist von hier in grader Linie zu den Tannen geflohen. In dieser Richtung liegt die Zufluchtsstätte, die er gesucht hat. Wenn wir dieser Linie folgen, müssen wir wenigstens in die Nähe des Ortes gelangen, wo er sich hat verbergen wollen."

„Herr Vetter, Herr Vetter! Sie sind ein verflixt findiger Kopf! Mir würden solche Schlüsse nicht so leicht einfallen."

„Übungssache. Und nun wollen wir unsre Untersuchung fortsetzen! Kommen Sie!"

Sie kehrten wieder zu den Tannen zurück und folgten der gedachten Linie weiter durch den Wald, dann quer über die Straße, die aus dem Dorf zum Forsthaus führte, und wieder in den Wald hinein. Arndt ging dabei sehr langsam und beobachtete jeden, auch den kleinsten Gegenstand genau. So verstrich über eine Viertelstunde. Sie näherten sich bereits dem Waldsaum, der sich zum Dorf hinzog, und gelangten an eine hohe Eiche, die einige hundert Jahre alt sein konnte. Schon war Arndt zwei, drei Schritte daran vorüber, da blieb er plötzlich stehen und musterte aufmerksam den Boden, der wohl einen halben Meter hoch mit Schnee bedeckt war.

„Was gibt's?", fragte der alte Wunderlich.

„Bemerken Sie hier die Löcher im Schnee? Das sind Fußtapfen, die sich schon wieder von neuem gefüllt haben. Sie kommen von allen Seiten auf die Eiche zu und gehen nach allen Seiten wieder auseinander. Hier haben sich mehrere Menschen zusammengefunden, ob zugleich oder einzeln, das ist leider nicht zu erkennen. Was haben sie hier gewollt? Sind es Pascher gewesen? – Hm! – Bildet die Eiche etwa den Ort regelmäßiger Zusammenkünfte? Wollen doch einmal den alten Stamm untersuchen!"

Beide konnten jedoch trotz allem Suchen nichts Auffälliges oder Ungewöhnliches an dem Baum entdecken. Ihre Mühe blieb ohne Erfolg.

„Lassen wir's genug sein für heut!", entschied Arndt schließlich. „Wollen aber diesen Baum auch fernerhin im Auge behalten. Wir können mit dem, was wir gefunden haben, leidlich zufrieden sein."

„Sie meinen, dass wir heimgehn?"

„Jawohl, ich wenigstens. Sie wollen wohl noch den Obersteiger aufsuchen."

„Ja. Ich muss dem Eduard Hauser Wort halten. Werde das gleich jetzt tun. Was fangen wir mit dem Betttuchfetzen an?"

„Wir übergeben ihn der Polizei. Ich möchte in der Sache jetzt noch nicht genannt werden. Tun Sie so, als hätten Sie den heutigen Ausflug allein unternommen und all diese Beobachtungen gemacht. Schlagen Sie auch vor, die Unterbeamten in der besprochenen Weise zu vernehmen."

„Schön! Soll ich etwas von der Eiche erwähnen?"

„Lieber nicht! Dieser Spur will ich selber folgen. Wozu soll ich andern die Gelegenheit geben, mir den Brei zu verderben? Hier ist der Leinenzipfel. Nehmen Sie ihn mit!"

So trennten sie sich. Arndt kehrte zur Försterei zurück, wo sich nach einiger Zeit auch Wunderlich wieder einstellte. Er erzählte, dass sein Gang zum Obersteiger nutzlos gewesen sei, und den Polizisten habe er gar nicht angetroffen, bei ihm wolle er sein Heil nach Tisch noch einmal versuchen. Im Bergwerk dagegen sei endgültig nichts zu machen, Eudard Hauser käme da nicht an.

Darüber war der Vormittag verflossen. Nach dem Mittagessen machte sich der Alte wieder auf den Weg. Arndt hatte sich in sein Stübchen zurückgezogen und saß mit einem Buch am Fenster, da sah er den Förster zurückkommen. Sofort ging er hinunter in die Wohnstube.

Der alte Wunderlich war aufgeregt, das merkte man ihm sogleich an. Er schleuderte die Pelzmütze auf den Tisch, ließ sich in einen Stuhl fallen und stöhnte. Frau

Barbara kannte das als ein sicheres Zeichen, dass ihm etwas Ärgerliches widerfahren war.

„Na, Alterchen?", fragte sie. „Was ist dir denn über die Leber gelaufen?"

„Viel, sehr viel!", knurrte er. „Zuerst muss ich euch melden, dass heut Nachmittag in der Schenke ein Vortrag stattfindet, gehalten von dem Herrn Rentner Seidelmann."

„Da geh ich hin! Den muss ich hören!", rief Arndt.

„Wünsche guten Appetit und viel Vergnügen! Ich bin nicht neugierig genug, solche Sachen mitzumachen. Kann dieses Geschwätz von allgemeiner Menschlichkeit und Brüderlichkeit nicht vertragen, und wenn ich in der Kneipe sitze, will ich vollends meine Ruhe haben."

„Und was hat's noch gegeben?", fragte Frau Barbara.

„Ein Unglück."

„Schon wieder. Erzähle!"

„Der kleine Beyer..."

„Der Schreiber bei Seidelmanns?"

„Ja. Das Herz könnte sich einem im Leib umdrehen! Du weißt doch, wie lange schon seine Frau bettlägerig ist."

„Freilich. Der Arzt hat wenig Hoffnung, dass sie jemals wieder aufkommt."

„Ja, da hat er Recht, denk dir, der Beyer ist tot."

Frau Barbara faltete vor Schreck die Hände.

„So plötzlich? – O Gott!"

„Gestern Abend nach dem Geschäft ist er ins Städtchen gegangen, um etwas für seine kranke Frau einzuholen. Auf dem Heimweg muss er vor Schwäche zusammengebrochen sein. Im Dunkeln fand ihn niemand und heut früh lag er erfroren neben der Landstraße. Mit einem Schlitten hat man ihn geholt."

„Und seine Frau?"

„Ja, ja, die Frau! Jetzt kommt das Schlimmste! Das Unglück sprach sich rasch herum und ehe der Schlitten eintraf, liefen schon die Leute nach Beyers Wohnung. Nicht etwa in schlechter Absicht! O nein! Trösten wollten sie. Oh, die Menschheit ist ja so gut, so liebevoll, so hilfsbereit! Und da stürzt denn ein halbes Dutzend Klatschbasen zu der Kranken in die Stube und schreit ihr vor, man habe ihren Mann tot aufgefunden, jeden Augenblick könne er gebracht werden."

„Unerhört!"

„Die arme Frau fährt vom Lager auf und stößt einen entsetzlichen Schrei aus. Sie fasst mit den Händen nach dem Herzen. Das Gesicht wird erst rot, dann weiß – und dann, nun ja, dann ist sie gleichfalls tot."

Frau Barbara schlug die Hände vor die Augen.

Der Förster sprang vom Stuhl auf und lief mit dröhnenden Schritten in der Stube hin und her. Auch Arndt war von einer heftigen Aufregung erfasst worden, von einer Erregung, die einem aufmerksamen Beobachter seltsam erscheinen musste. Er als Fremder, der eben erst hier im Gebirge angekommen war, stand doch der Angelegenheit vollkommen fern. Aber er verwandte kein Auge von dem Erzähler.

„Sind diese Beyers brave Leute?", erkundigte er sich.

„Sonderbare Frage!", knurrte Wunderlich. „Würde ich denn so in die Wolle geraten, wenn sie es nicht wären?"

Arndt überhörte die kleine Grobheit. Er forschte eifrig weiter.

„Sind Kinder da?"

„Vier Stück sogar, vier arme, ausgehungerte Würmer! Ach, ich möchte gleich der ganzen Welt den Kopf abhacken! Und wissen Sie, was man mit den Kindern gemacht hat? Ins Armenhaus hat man sie geschleppt, wo sie nichts lernen als die Bettelei. Sie müssen nämlich wissen, dass es dort noch schlimmer aussieht als bei den Kalmücken oder bei den Hottentotten. Ein Bund Stroh haben sie, worauf sie schlafen. Essen und Trinken sollen sie auch erhalten – ja, so steht's wenigstens auf dem Papier. Aber wer da nicht verhungern will, der muss hinaus auf die Dörfer und bei den Bauern fechten gehen."

„So etwas gibt's wirklich noch?"

„So etwas gibt's noch, Herr Vetter, freilich! Da ist hier im Ort zum Beispiel eine alte Frau; Löffler heißt sie, die hat sich redlich durch die Welt geschlagen, hat ihre Arbeit getan und bei den Seidelmanns lange die Aufwartung gehabt. Eines Tages zerspringt eine Lampe, das brennende Petroleum trifft das Gesicht der Frau und verbrennt ihr auch die Augen. Sie ist blind, kann nichts mehr sehn, nichts mehr verdienen."

„Und Seidelmanns?"

Der alte Wunderlich lacht laut auf.

„Seidelmanns? Hahaha! Die alte Löffler musste ins Armenhaus und nun ist sie über achtzig und tastet sich von einer Tür zur andern, um 'nen Bissen Brot zu erbetteln. Bedenken Sie, in solchem Wetter wie grad jetzt! Eines schönen Morgens wird man sie auch aus dem Schnee ziehn, tot, erfroren und kein Mensch wird ihr eine Träne nachweinen."

Arndt war nun ebenfalls aufgesprungen und maß erregt das Zimmer. Die Worte des Försters hatten in ihm einen Sturm entfesselt, dessen Gründe nicht ohne weiteres ersichtlich waren. Was Arndt jetzt bewegte, ließ sich nicht nur als allgemein menschliche Teilnahme deuten.

Aber er äußerte sich nicht darüber, sondern stieg schließlich wortlos hinauf in sein Stübchen. Dort nahm er etwas aus dem Koffer und verließ dann das Haus. Raschen Schrittes wandte er sich dem Dorf zu, jedoch nicht die Straße entlang, sondern durch den Wald.

An einer einsamen Stelle blieb er stehen und blickte sich vorsichtig um. Da er sich unbeobachtet fand, zog er die Jacke aus und wendete sie, ebenso die Mütze. Die vorher dunkle Jacke war jetzt grau, die Pelzmütze hatte sich in eine aus Plüsch verwandelt. Weiter zog er eine Perücke aus der Tasche und einen melierten Vollbart. Als er beides angelegt hatte, sah er aus wie ein Mann in den fünfzig. So setzte er seinen Weg fort.

Gedanken eigner Art erfüllten ihn.

Wie oft war er hier schon gegangen – vor langen Jahren, wenn er mit den Jugendgespielen durch den Wald tollte! Jeden Fußbreit Boden kannte er hier noch.

Und wie liebte er diesen Wald! Er hätte niederknien mögen auf die heilige Erde seiner Heimat.

Während er eilig dahinschritt, tauchte die Kindheit vor seinen geistigen Augen auf. Hohenthal, das arme Dorf der Weber und Bergleute, war die Stätte seiner Geburt gewesen. An den Vater konnte er sich nicht mehr erinnern; der war im Bergwerk verunglückt, als der Knabe kaum zwei Jahre zählte. Aber die Mutter – wie eine strahlende, gütige Fee lebte sie in seiner Erinnerung. Ja, wie eine Fee, obwohl sie das gleiche ärmliche Gewand getragen hatte wie die übrigen Dorfbewohner. Alle zwei Wochen einmal war sie ihm am Sonntagnachmittag auf ein kurzes Stündchen erschienen und hatte ihn in die Arme genommen und ihn geherzt. Dann war sie wieder auf vierzehn Tage verschwunden. Sie diente seit dem frühen Tod ihres Mannes bei dem reichen Seidelmann und unterstützte dessen Frau im Haushalt. Und Frau Seidelmann war eine strenge Herrin, die ihren Angestellten nur wenig Freiheit gestattete. Nicht einmal ihren Jungen, ihre einzige Freude, durfte sie bei sich behalten; sie musste ihn zu ihren Eltern tun, zu den alten Beyers. Und der Beyer, der jetzt auf so jämmerliche Art ums Leben gekommen war, der war ihr Bruder.

Der kleine Arndt war sieben Jahre alt gewesen, als der furchtbare Schlag kam, der das Leben seiner Mutter zerstörte. Eines Morgens kam der Polizist und holte sie aus dem Haus Seidelmanns. Sie sollte gestohlen haben. Sie, seine Mutter, seine Fee, sein Abgott! Ein kostbares Armband war abhanden gekommen, das Seidelmann tags zuvor seiner Frau zum Geschenk gemacht hatte. Und der

Verdacht fiel auf die junge Witwe, die zuletzt in dem Zimmer, wo der Schmuck aufbewahrt wurde, gesehen worden war. Freilich förderte die Haussuchung in der Kammer der Angeschuldigten und im Anwesen der alten Beyers nichts zu Tage. Aber die Anklage wurde trotzdem aufrechterhalten und die Beschuldigte wurde ins Untersuchungsgefängnis geschleppt.

Fassungslos stand der kleine Franz diesem Ereignis gegenüber. Mit seinen Fäustchen hatte er sich auf den Polizisten geworfen, der die Mutter nach der ergebnislosen Haussuchung bei den Großeltern fesselte. Das Ende war ein Weinkrampf gewesen und schließlich hatten die Großeltern ihn halb besinnungslos zu Bett gebracht.

Die Mutter hatte die Schande nicht lange überlebt. Die Scham und die Sorge um ihren Liebling zehrten ihre Lebenskraft auf, und noch war die Untersuchung nicht abgeschlossen, da trug man sie hinaus auf den Friedhof.

Da kurz danach auch die Großeltern starben, kam der Kleine ins Armenhaus; das war zur damaligen Zeit etwas Alltägliches. Aber man muss die Zustände in diesen Anstalten der ‚Wohltätigkeit' gekannt haben, um zu wissen, dass der Junge die Hölle zu ertragen hatte. Beiseite gestoßen und von jedermann mit scheelen Augen angesehen, ohne irgendwelchen Unterricht, so verlebte er die nächsten zwei Jahre.

Dann vollzog sich der große Umschwung in seinem Leben. Ein reiches, nicht mehr junges Gutsbesitzersehepaar kam in die Gegend. Es sah den hübschen, wenn auch verwahrlosten Knaben auf der Straße und fühlte sofort Teilnahme für ihn. Die beiden erkundigten sich nach den häuslichen Verhältnissen des Kindes und der Vorsteher der Anstalt glaubte, den beiden reinen Wein einschenken zu müssen. Seine Bemerkungen waren nur im Flüsterton gemacht, aber die scharfen Ohren des kleinen Franz verstanden sie doch.

„Die Mutter hat gestohlen und ist im Gefängnis gestorben."

Mit blitzenden Augen fuhr der Knabe auf.

„Das ist nicht wahr! Meine Mutter hat keinen Diebstahl begangen!“

Das Übrige verlor sich in heftigem Schluchzen und weinend lief das Kind davon.

Dieses offenkundige Ehrgefühl des Kleinen gab den Ausschlag. Das Ehepaar nahm ihn mit sich und ließ ihm eine sorgfältige Erziehung angedeihen. Und die braven Leute hatten es nicht zu bereuen. Immer mehr wuchs ihnen der Knabe ans Herz und schließlich taten sie den letzten Schritt zur Krönung ihres Liebeswerkes: Sie nahmen den Knaben an Kindes statt an.

Aber auch im Besitz eines neuen makellosen Namens vergaß Franz die Schatten der Vergangenheit nicht. Und tausend Mal gelobte er sich, den Namen seiner Eltern wieder ehrlich zu machen und seiner Mutter noch im Grab den guten Ruf wiederzugeben.

Franz war zwanzig Jahre alt, als seine Pflegeeltern hintereinander starben. Er sah sich auf einmal im Besitz eines Vermögens, das ihm wie eine reife Frucht in den Schoss gefallen war. Aber nicht das Geld reizte ihn, ebenso wenig die gesellschaftliche Stellung, die er sich nun in der großen Welt gewinnen konnte. Ihn trieb einzig der Gedanke an die Pflicht der toten Mutter gegenüber. Ihr wollte er sein Vermögen und seine Kraft weihen.

Ja, seine eigne Kraft! Nicht einem fremden Anwalt wollte er den Fall übergeben – nein, er selber übernahm es, das Geheimnis des Irrtums zu lüften, dem seine unglückselige Mutter zum Opfer gefallen sein musste. Freilich waren dazu erhebliche Vorbereitungen nötig. Eine zu lange Zeit war seit damals verstrichen und er selber war seiner Heimat und seinen Landsleuten fremd geworden. Auch waren Nachforschungen anzustellen, wozu einem Laien die Voraussetzungen fehlten, nämlich die Kenntnis des Rechts und all der Schliche und Kniffe, über die ein guter Detektiv verfügen muss.

Aber Franz war zäh. Er warf sich mit Feuereifer auf die Aufgabe, sich zum Detektiv heranzubilden. Und es zeigte sich bald, dass er zu diesem Beruf wie geschaffen war. In einigen verzwickten Fällen, in denen die geübte Polizei versagte, gab er ihr wertvolle Fingerzeige, die zur Ermittlung und Festnahme der Verbrecher führten. Dadurch erwarb er sich bei den Polizeibehörden großes Ansehen, worauf er, zumal er nicht zur Zunft gehörte, besonders stolz sein konnte.

Als dann das geheimnisvolle Buschgespenst von sich reden machte, bot er der Polizeiverwaltung seine Dienste an. Zuerst freilich vergebens. Aber als die Beamten bei der Fahndung nach dem Unheimlichen versagten, ja, als dieser rätselhafte Bösewicht sein Unwesen nur umso ärger trieb, als jetzt sogar ein Grenzoffizier ermordet wurde, zögerte man nicht länger, den erfolgreichen Außenseiter heranzuziehn.

So erhielt Franz endlich die Ermächtigung, sich an Ort und Stelle zu begeben und nach freiem Ermessen, wenn auch in behördlichem Auftrag, zu handeln.

Und nun war er hier in Hohenthal, um dem Schrecken der ganzen Gegend das Handwerk zu legen. Aber noch mehr lag ihm das Andenken an seine Mutter am Herzen. Würde es ihm gelingen, ihren Namen von dem Makel des Diebstahls zu reinigen? Franz war allen Schwierigkeiten zum Trotz voll Zuversicht. Vor zwei Tagen war er am Grab der Mutter gewesen und hatte sich und ihr gelobt, nicht eher zu rasten, bis die Aufgabe gelöst sei.

Arndt war derart mit seinen Gedanken beschäftigt, dass er zuletzt gar nicht mehr auf den Weg geachtet hatte, und so bemerkte er jetzt mit Erstaunen, dass Hohenthal schon vor ihm lag. Er schritt die Hauptgasse hinunter, an deren äußerem Aussehen sich in den letzten achtzehn Jahren kaum etwas geändert hatte, und klopfte am Pfarrhaus an. Als er dann grüßend in die Studierstube des Pfarrers trat, fand er dort einen alten, ehrwürdigen Mann mit mild blickenden Augen und einem Johannesgesicht.

„Was wünschen Sie?“, fragte der Geistliche, indem er eine Zeitung beiseite legte.

„Ich komme mit einer Bitte, Herr Pfarrer.“

„Wer da bittet, dem wird gegeben. Setzen Sie sich und tragen Sie mir Ihr Anliegen vor! Ich glaube, ich habe Sie noch nie gesehn. Sie scheinen nicht aus unsrer Gegend zu sein.“

„Ich bin allerdings hier fremd, Herr Pfarrer. Ich kam erst jetzt hier an und hörte von dem Unglück, das eine brave Familie betroffen hat.“

„Sie denken an die Beyers? Ja, das ist allerdings ein Herzeleid, eine Heimsuchung. Haben Sie einen Grund, Anteil an Beyers zu nehmen? Ich meine, besondern Anteil, über das Maß hinaus, das uns die allgemeine Nächstenliebe gebietet?“

„Ich fühle hier als Mitmensch“, wich Arndt aus. „Darum möchte ich etwas für die beklagenswerten Kinder tun. Ich hörte, dass sie sich im Armenhaus befinden.“

„Leider! Wer will oder vielmehr wer kann sich ihrer hier in dieser Gegend der armen Leute unentgeltlich annehmen?“

„Vielleicht gibt es eine Familie, die den Kleinen gegen ein Pflegegeld Aufnahme gewährt. Der Weber Hauser ist Ihnen doch bekannt? An ihn dachte ich. Ihm möchte ich sie am liebsten anvertrauen.“

„Hauser ist ein aufrechter Mann und ein ehrlicher Christ; er ist sehr arm und hat selber Kinder, aber für die Verwaisten wäre kein besserer Pflegevater zu finden als er. Überdies ist er verwandtschaftlich verbunden mit Beyers.“

„Nun, dann bitte ich, Herr Pfarrer, die nötigen Geldmittel von mir anzunehmen. Hier sind hundert Mark zur Beerdigung der Toten und hier zweihundert Mark, von denen Sie nach Bedarf an Hauser zahlen können! Endlich ist hier noch dieses Päckchen. Es enthält weitere fünfhundert Mark, die zur Aufbesserung der hiesigen Armenhausverhältnisse benützt werden sollen. Ich lege alles vertrauensvoll in Ihre Hände.“

Der Pfarrer starrte den Fremden zunächst sprachlos an.

„Herr“, sagte er endlich, „sind Sie denn so reich, dass Sie solche Summen zu verschenken haben?“

„Ich kann das Geld entbehren.“

„Ja, ja, ich glaube Ihnen. Sie müssen meine Frage verzeihn. – Ihr – Ihr Äußeres...“

„...ist nicht danach, ich weiß. Doch die Sache hat trotzdem ihre Richtigkeit. – Darf ich also hoffen, dass Sie meine Wünsche erfüllen?“

„Gewiss, gewiss! Ich werde die Kinder selber zu Hauser bringen. Und nun sagen Sie mir nur eins, werter Herr: Wem verdanke ich diese Gaben?“

„Gerade das liegt nicht in meinem Sinn, Herr Pfarrer. Ich möchte ungenannt bleiben. Fragt jemand nach dem Geber, so sagen Sie, das Geld käme von einem Unbekannten. Guten Abend!“

Im nächsten Augenblick war Arndt zur Tür hinaus.

Der Pfarrer stand starr und regungslos.

Da steckte seine Schwester den Kopf zur Tür hinein.

„Um Gottes willen, was ist denn mit dir?“

„Etwas ganz Ungewöhnliches ist mir begegnet“, stotterte er.

„Etwas Schlimmes? Was wollte der fremde Mensch bei dir? Ich habe ihn hereingelassen, weil er so höflich fragte.“

„Schon gut, du brauchst nicht zu erschrecken. Der Fremde hat mir etwas sehr Schönes gebracht. Er hatte das Aussehn eines einfachen Arbeiters, aber er muss etwas andres sein, denn er hat mir Geld gegeben, sehr viel Geld!“

„Viel Geld? Für wen denn?“

„Für die Beyers, und für – ach, lass das jetzt! Ich muss ihm nach! Ich muss mich bei ihm bedanken – ich muss ihn näher kennen lernen und ausführlicher mit ihm sprechen! Er soll erfahren, was uns hier Not tut! – Ich laufe ihm nach – du wirst nachher das Nötige hören!“

Mit diesen Worten eilte er zur Tür hinaus.

Vor dem Haus blickte er die Gasse hinauf und hinab, konnte aber niemand entdecken. Oder doch, da bog soeben ein schwarzbärtiger Mann um die Ecke und kam grad auf den Pfarrer zu.

„Guten Abend!“, grüßte er. „Nicht wahr, heut wird hier im Ort ein Vortrag gehalten? Wo ist das?“

„In der Schenke. Gehen Sie die Gasse hinab, so werden Sie das Gasthaus sehn! Es ist jetzt vier Uhr, um fünf beginnt der Vortrag. – Doch sagen Sie mir: Ist Ihnen nicht eben ein Mann begegnet, der von hier kam?“

„Ich wüsste nicht.“

Der Geistliche ahnte nicht, dass der, den er suchte, vor ihm stand. Während des kurzen Gesprächs des Pfarrers mit der Schwester hatte Arndt Zeit genug gehabt, in einem versteckten Winkel hinter dem Haus die Jacke zu wenden und sowohl die Kopfbedeckung als auch den Bart zu vertauschen.

Nun bedankte er sich höflich für die Auskunft und ging. Er hatte sich den Spaß gemacht, den Pfarrer nach der Schenke zu fragen, obgleich er den Weg dorthin genau kannte.

Im Wirtshaus herrschte reges Leben, sodass Arndts Erscheinen kaum beachtet wurde. Am Stammtisch der Gaststube saßen diejenigen von den Dorfbewohnern, die sich vor Beginn des Vortrags noch ein Glas Bier leisten konnten.

Arndt ging in den Saal hinauf. Dort warteten die Ärmeren auf die Ankunft des Rentners August Seidelmann. Er sah hier viele Gesichter, die der Hunger, die Sorge und das Elend gezeichnet hatten, junge und alte. Sie alle waren gekommen, weil sie sich entweder Trost, vielleicht gar Hilfe von dieser besonderen Stunde versprachen oder weil sie von den Seidelmanns abhängig waren und fürchteten, ihr Wegbleiben könne übel vermerkt werden.

Auf einer kleinen Bühne stand ein Klavier, daneben ein Notenpult, worauf ein Gesangbuch lag. Zu beiden Seiten waren gepolsterte Sessel aufgestellt, für wen, das wusste niemand zu sagen.

Ein Flüstern und Tuscheln war rings im Saal. Niemand wagte, eine laute Unterhaltung zu führen.

Arndt wurde auch hier nicht beachtet. Er gewann unbemerkt eine Ecke und ließ sich dort nieder.

Wohl eine halbe Stunde musste er noch warten. Der Raum füllte sich immer mehr und mehr. Dann kam ein Zug von mindestens zwölf Personen zur Tür herein: voran der Rentner Seidelmann im Gehrock. Ihm folgten die Inhaber der Firma Seidelmann, Vater und Sohn, sowie die Hausfrau, ferner die Angestellten und endlich die leitenden Beamten des Bergwerks ‚Gottes Segen'. Ohne Gruß schritten sie auf die Bühne und nahmen auf den Polstersesseln Platz.

Der Rentner aber trat hinter das Notenpult, schlug das Gesangbuch auf und machte die Anwesenden darauf aufmerksam, dass ein gemeinsamer Gesang seinem Vortrag vorangehn solle. Er las die Verse, die gesungen werden sollten, einzeln vor; Fritz Seidelmann, sein Neffe, setzte sich ans Klavier und spielte die Begleitung. Erst ließen sich nur einzelne Stimmen hören; bald aber fielen auch andre ein und endlich erklang das Lied laut und kräftig.

Nun erhob der Rentner Seidelmann seine Stimme zu dem Vortrag. Das Thema lautete: ‚Die Zeiten sind schwer – Brüderlichkeit tut Not.'

Man musste zugeben, dass der Rentner eine gute Rednergabe besaß. Er kannte die Leute, zu denen er sprach, er kannte auch ihre Verhältnisse. Er schilderte das Elend mit beredten und klugen Worten in seiner nackten, erschreckenden Wirklichkeit, aber er hütete sich, dessen wahre Ursachen aufzuzeigen. Er sprach vielmehr von dem Mangel an Brüderlichkeit und Opfersinn, der unter den Menschen herrsche. Und nun glitt er mit seinen Ausführungen hinüber auf ein Gebiet, wo er mit schönen Worten prunken und mit gefälligen Redensarten meisterlich spielen konnte, sodass es sich anhörte, als sei er in seinem Innern ganz erfüllt von Teilnahme an der Not der andern, während er in Wahrheit denen, die nahrhaftes Brot brauchten, nur Steine bot.

Aber die armen Weber, Bergleute und Häusler kannten das nicht. August Seidelmann war ja so wunderbar geschickt, sie jedoch waren arglos und einfältig in ihrem Urteil. Ihnen schien es wie ein Wunder, dass ein Vertreter der Klasse der Besitzenden so wohlwollend und scheinbar brüderlich zu ihnen sprach. Sie fühlten sich hingerissen und gerührt und dankten ihm am Schluss seines Vortrags mit aufrichtigem Beifall. Als er dann wieder zum Gesangbuch griff und noch eine Strophe des vorhin begonnenen Liedes anstimmte, fielen die Zuhörer fast mit Begeisterung ein.

Dann ließ sich der Rentner von einem Angestellten seines Bruders eine blecherne Büchse reichen und begann einzusammeln, zunächst bei seinen Verwandten. Man hörte die Geldstücke schwer in die Büchse fallen. Dann kamen die Angestellten dran und endlich ging er weiter, von Reihe zu Reihe.

Mehrere, die kein Geld bei sich trugen, borgten sich beim Nachbar eine Kleinigkeit; jedenfalls steuerten sie alle bei. So arm sie auch waren, sie wollten zeigen, dass sie nicht ohne Sinn für Brüderlichkeit seien. Viele opferten buchstäblich den letzten Pfennig, den sie besaßen. Zu Haus gab es ja noch Kartoffeln und Salz.

Auch der Pfarrer, der erst ziemlich spät erschienen war, warf seine Gabe in die Büchse.

Schließlich erklärte der Rentner, dass er als Anreger dieser wohltätigen Sammlung seinen Bruder, den Kaufmann Seidelmann, zum Kassenwart ernenne. Ihm übergab er angesichts der Versammlung die Büchse und dann entfernten sich die Ortsgrößen so stolz, wie sie gekommen waren, während die Armen zurückblieben, um sich noch eine Weile von dem Gehörten zu unterhalten.

Zu Haus öffneten die Seidelmanns die Büchse, um das Geld zu zählen.

„Sechsundzwanzig Mark!“, sagte der Kaufmann. „Das ist zwar nicht viel, aber es wird doch reichen, unsre Unkosten zu decken. So haben wir wenigstens nicht noch Schaden von deinem brüderlichen Einfall.“

Der Rentner sah dem Sprecher verweisend ins Gesicht. „Spar dir solche Worte! Du weißt ganz genau, dass ich mit meinem Vortrag einen sehr nützlichen Zweck verfolgt habe. Man muss den Leuten, denen das Wasser tagaus, tagein an der Kehle steht, wenigstens ab und zu eine schöne Geste bieten, damit unter ihnen nicht das Unkraut der Unzufriedenheit und der Aufsässigkeit wächst. Sonst könnten einmal böse Tage auch für andre kommen, die heute noch nicht zu klagen haben. Also bitte! Wir wollen abrechnen. Was hast du für Unkosten gehabt? Ich wüsste eigentlich nichts davon.“

„Ich habe das Klavier geliehen und es von meinen Arbeitern hinüberschaffen lassen. Das sind zwei Posten.“

„Und wie viel berechnest du dafür?“

„Ich denke, fünf Mark wären nicht zu viel.“

„Du bist wirklich bescheiden. Nun fehlt nur noch, dass sich Fritz sein Tastengeklimper auch noch bezahlen lässt.“

Der Sohn und Neffe meldete sich aus dem Hintergrund. „Ich verzichte, lieber Onkel“, erklärte er salbungsvoll. „Was ich getan habe, geschah aus Brüderlichkeit und Opfersinn.“

„Sehr gut!“, spottete der Rentner nun auch seinerseits. „Du bist ein gelehriger Starmatz. Du kannst gut nachplappern.“

Dann zog August Seidelmann einen Zettel aus der Tasche. „Hier habe ich meine Auslagen notiert. Acht Mark kosten mich allein die Eisenbahn und der Schlitten. Dazu kommt mein Verzehr unterwegs: ein Grog, ein Kaffee, zwei Kognak, ein Schnitzel mit Schmorkartoffeln. Ich denke, wenn ich dir die verlangten fünf Mark gebe" – dabei schob er seinem Bruder das Geld hin –, „dann wird es ungefähr stimmen zwischen uns. – Im Übrigen müssen wir uns jetzt wohl auf den Empfang der Gäste vorbereiten. Es war doch richtig, dass für heute Abend einige Herren zum Abendbrot gebeten sind?"

„Ja", nickte der Herr des Hauses, „der Pfarrer wird kommen, der Bürgermeister, der Knappschaftsarzt und noch ein paar andre Größen von Hohenthal. Ich denke, sie werden nicht mehr lange auf sich warten lassen. Wir können dann hinübergehn ins große Zimmer. Fritz muss leider noch auf einen Sprung fort, wie er mir sagte."

„Heut Abend noch?", wunderte sich der Rentner.

„Wohl oder übel, lieber Onkel." Fritz Seidelmann stand in der Tat schon wieder an der Tür. „Du weißt, dass unser Kasinoball bevorsteht. Es sind dafür noch allerlei Vorbereitungen zu treffen."

Damit verabschiedete sich Fritz vom Vater und Onkel und verließ wenige Minuten später das Haus.

Oben in dem großen Zimmer versammelten sich inzwischen nach und nach die Gäste. Man nahm an der reich gedeckten Tafel Platz. Martin Seidelmann bat den Pfarrer und den Bürgermeister, rechts und links von ihm Platz zu nehmen. Der Rentner unterhielt sich mit dem Knappschaftsarzt, der zugleich Armenarzt von Hohenthal war. Dieser viel geplagte Mann kam soeben erst wieder von einem Krankenbesuch. Er erzählte dem Rentner davon. Es handelte sich um eine arme, alte Frau.

„Was fehlt der Frau?", fragte August Seidelmann.

„Was soll ihr fehlen? Die Elendskrankheit hat sie, die Auszehrung, wie hier fast alle Leute."

„Keine Rettung?"

Der Arzt hob die Schultern.

„Wie soll man eine Kranke retten, für die die Gemeinde bezahlen muss? Man darf ihr ja nichts verschreiben."

Der Rentner zog die Brauen zusammen.

„Mein Lieber, sagen Sie das nicht! Sie haben voriges Jahr der Knappschaftskrankenkasse bedeutende Ausgaben verursacht."

„Meinen Sie etwa die achthundert Markt Gehalt, die ich bekomme?"

„Darüber rede ich nicht. Aber es sind einhundertvier Mark für den Apotheker verausgabt worden. Denken Sie, so viel Geld in einem einzigen Jahr!"

Der Arzt beugte sich zu dem Alten hinüber, sodass niemand hören konnte, was sie sprachen.

„Wissen Sie, Herr Seidelmann", flüsterte er, „für wie viele Kranke diese Summe reichen musste?"

„Das geht mich nichts an. Mich kümmert nur die verausgabte Summe. Ich bin der Bevollmächtigte des Barons Wildstein, des Hauptinhabers der Gruben, und meines Bruders, der mit Kapital an dem Bergwerk beteiligt ist, und habe deren Belange zu wahren."

„Sollen Sie auch. Aber Sie müssen dabei wenigstens einigermaßen auch den Tatsachen Rechnung tragen. Diese einhundertvier Mark sind für zweihundertunddreizehn Krankheitsfälle berechnet worden, Herr Seidelmann! Da haben also im Durchschnitt mehr als zwei Kranke nur für eine Mark Arznei erhalten. Nicht einmal fünfzig Pfennig auf den Kopf und Jahr! Das darf ich keinem Menschen sagen, sonst..."

„Das fehlte auch noch. Sie sind Beamter des Barons. Übrigens haben Sie nachgewiesen, dass es nur leichte Erkrankungen waren..."

„Oh, oh!", fiel ihm der Arzt in die Rede. „Soll ich etwa bekannt werden lassen, dass der Gesundheitszustand der Bevölkerung grad in meinem Bezirk der elendeste des ganzen Landes ist?"

Hier wurde das Gespräch unterbrochen. Der Hausherr feierte in einem Trinkspruch seinen Bruder und rühmte die edelmenschliche Gesinnung, die der Rentner heute in seinem Vortrag offenbart habe. Fröhlich klangen die Gläser aneinander.

Niemand bemerkte die alte Frau, die in diesem Augenblick eingetreten war und sich mit beiden Händen am Türpfosten hielt. Die Frau war blind. Ihr Haar hatte der Wind zerzaust und ihre Kleidung bestand nur aus dünnen Fetzen. Sie zitterte vor Frost an allen Gliedern.

Man setzte sich wieder, da entdeckte Martin Seidelmann den ungebetenen Gast.

„Was?", fuhr er auf. „Die alte Löffler? – Was will denn die bei uns?"

„Oh, nehmen Sie es mir nicht übel!", sagte die Frau, während ihr die zahnlosen Kinnladen vor Frost zusammenschlugen. „Ich suche den Herrn Pastor Seidelmann."

Der Rentner fühlte sich dadurch, dass sie ihn Pastor nannte, geschmeichelt. Er gab seinem Bruder, der eine heftige Erwiderung auf der Zunge hatte, einen Wink und stand auf.

„Ich bin der Gesuchte, liebe Frau. Was wollen Sie?"

„Ich war heut in der Schenke. Ein Junge hat mich hingeführt. Ich wollte..."

„Was? In der Schenke waren Sie?", frage er barsch. „Sind Sie nicht eine Bewohnerin des Armenhauses?"

„Ja, schon seit langer Zeit."

„Und da gehen Sie in die Schenke? Ich denke, Sie müssen zur bestimmten Zeit zu Hause sein?"

„Das wird bei uns nicht so genau genommen, weil wir uns selber um Brot bemühn müssen. Außerdem hatte ich den Hausvater um Erlaubnis gefragt. Ich wollte Ihre Rede hören."

„Ah! Das ist etwas andres! – Nun, was wollen Sie jetzt hier?"

Die Alte sann einige Augenblicke nach, um die rechten Worte zu finden.

„Herr Pastor", sagte sie dann zögernd, „Sie haben von der Not und dem Elend gesprochen und von der Hilfe, die es dagegen gibt. Not und Elend sind hier überall, aber zu den Elendesten gehöre ich."

„Ja. Sie sind schlimm dran. Blind zu sein, ist eine schwere Heimsuchung des Himmels. Beten Sie nur recht fleißig! Vielleicht lässt er Sie ein Mittel zur Heilung finden."

Hier räusperte sich der Pfarrer laut. Er war ein bescheidner, stiller Diener des Herrn, keine Kampfnatur; aber was er hörte, war ihm doch zu viel.

„Ach, Hilfe gibt es für mich keine", antwortete die Blinde. „Mir fehlen ja die Augäpfel. Ich habe sie im Dienst verloren. Könnte ich da nicht von meinem einstigen Arbeitgeber eine Unterstützung erhalten, Herr Pastor?"

„Wieso? Mein Bruder hat Ihnen den Arbeitslohn pünktlich bezahlt, solange Sie tätig waren. Wenn Sie nicht mehr arbeiten, haben Sie auch nichts mehr zu verlangen."

„Könnten Sie nicht ein gutes Wort für mich einlegen? Seit jenem Unglück führe ich das jämmerlichste Leben, das es nur geben kann. Die andern können hinausgehn auf die Dörfer, wo es eher ein Stückchen Brot gibt als hier. Ich aber taste mich im Ort von Haus zu Haus, wo lauter arme Leute wohnen. – Sie haben eine so schöne Rede gehalten, so schön und so rührend..."

„Die Rede hat Ihnen gefallen?"

„Oh, sehr! Sie sprachen von Brüderlichkeit und Hilfsbereitschaft. Da dachte ich: Du gehst nachher zu ihm. Wer so schön von der Nächstenliebe zu reden weiß, der hat sicherlich ein gutes Herz."

August Seidelmann zog seine Stirn in Falten.

„Sie kommen also betteln? Wissen Sie nicht, dass das ungehörig ist?"

Es sah aus, als horchte die Blinde in die Stille hinein, die angesichts der peinlichen Auseinandersetzung in dem großen Zimmer herrschte. In ihren erschlafften Zügen spiegelte sich eine lebhafte seelische Erregung. Und plötzlich huschte der Schein eines bitteren Lächelns über ihr Gesicht.

„Ach so, jetzt weiß ich, woran ich bin! Der Herr hat zwar viel schöne Worte in aller Öffentlichkeit für uns arme Leute gehabt, aber wenn's an Geben geht, sieht die Sache anders aus."

„Was wollen Sie damit sagen?", begehrte der Rentner auf.

Die Alte lehnte noch immer am Türpfosten und sprach wie über seinen Kopf hinweg, scheinbar in weite Ferne hinein.

„Was ich damit sagen will? Dass ich Sie für einen Engel gehalten habe, den der liebe Herrgott zu uns gesandt hat, und dass ich nun einsehe, wie einfältig ich war. Sie sind eben auch nur ein Mensch und nicht einmal einer von den gutherzigen."

Allmählich hatte die ganze Tafelrunde auf das Gespräch des Rentners mit der alten Löffler gelauscht und die letzten Worte brachten eine allgemeine Aufregung hervor.

„Unverschämtheit! Freches Weib!", ertönte es rund um den Tisch.

„Werft sie hinaus!", schrie der Rentner, indem er seine Hand gegen die unbequeme Bittstellerin ausstreckte.

In diesem Augenblick erhob sich der Pfarrer.

„Warten Sie, Frau Löffler!", sagte er so laut, dass jedermann ihn verstehen konnte. „Ich gehe mit Ihnen. Wer Sie in dieser Weise fortjagt, der treibt auch mich hinaus."

Er war schon an der Tür.

„Was? Sie wollen doch nicht etwa wegen dieses Weibes mein Haus verlassen?", fragte Martin Seidelmann verdutzt.

„Nicht wegen der Frau, sondern wegen der Behandlung, die ihr widerfährt. In einem christlichen Haus fertigt man einen demütig Bittenden, der in Not ist, nicht in dieser Weise ab. – Im Übrigen kann ich Ihnen erklären, dass der Blinden schon geholfen ist. Ich bin zwar nur ein karg besoldeter Pfarrer, aber ein Stückchen Brot und einen warmen Trunk habe ich doch für sie übrig."

„Sie greifen dem geordneten Gang der allgemeinen Fürsorge vor!", meldete sich der Rentner.

„Soll das ein Hinweis auf die Spende sein, die Sie heut für die Not leidenden gesammelt haben? Darf ich vielleicht fragen, wie viel die Sammlung ergeben hat?"

„Wir sind Ihnen keine Rechenschaft schuldig", erklärte August Seidelmann hochmütig. „Sie sind nicht von der Obrigkeit eingesetzt, die Verhältnisse unsrer Kasse zu prüfen."

„Gut. Aber warum sammeln Sie, wenn Sie jetzt behaupten, dass man mit Wohltaten der Fürsorge vorgreife?"

Bleich vor Wut trat der Rentner auf den Geistlichen zu.

„Herr Pfarrer, Sie haben heut meinen Vortrag gehört. Dabei haben Sie wohl auch bemerkt, dass ich mich wenigstens ebenso gut auf die Worte der Nächstenliebe verstehe wie Sie. Ich bin ein Christ, aber..."

„Nein, Sie sind kein wahrer Christ, Herr Seidelmann!", schnitt ihm der Pfarrer das Wort ab. „Sie tragen nur die Maske eines Christen und werfen lediglich mit schönen Worten der Nächstenliebe um sich, aber an den Taten lassen Sie es fehlen. Sonst würden Sie sich diesem Elend gegenüber anders verhalten. Ich als Seelsorger habe die heilige Pflicht, mich eines derartigen Falles anzunehmen. Wir sind einstweilen fertig miteinander, mein Herr! Und dieser Frau wird geholfen werden."

Eine gedrückte Stimmung lag über der ganzen Gesellschaft. Deshalb versuchte der Bruder des Rentners, der den Ruf seines Hauses retten und sich obendrein nicht gern mit dem Geistlichen verfeinden wollte, in letzter Minute zu vermitteln.

„Sie wollen die Löffler doch nicht für immer bei sich behalten, Herr Pfarrer?", fragte er unsicher.

„Das ist nicht nötig. Ich werde dafür sorgen, dass die Bewohner des Armenhauses überhaupt nicht mehr zu betteln und zu hungern brauchen."

„Ihren guten Willen in Ehren, Herr Pfarrer, aber wie wollen Sie das anfangen? Unsre Gemeinde ist zu arm, um mehr tun zu können als bisher."

Ein zufriedenes Lächeln breitete sich über das Gesicht des Geistlichen.

„Ich habe Geld genug!", antwortete er.

„Sie? Sie sind arm, so viel ich weiß!"

„Das bin ich auch; aber es hat sich eine mildtätige Seele gefunden, die eine beträchtliche Summe für unser Armenhaus stiftete."

„Das wäre – Wie viel denn?", spottete August Seidelmann.

„Ich durfte mich um Ihre Kasse nicht kümmern, mein Herr, und werde Ihnen nun auch über die meinige keine Auskünfte geben."

„Oh, das steht denn doch anders! Bei Ihnen handelt es sich um eine Gemeindeangelegenheit und mein Bruder, der Kaufmann Seidelmann, leitet das Armenwesen des Ortes. Unter seiner Verwaltung steht auch das Armenhaus. Sie werden ihm das, was Ihnen eingehändigt wurde, ausliefern."

„Leider ein Irrtum. Der Geber hat die Summe ausdrücklich mir in Verwaltung gegeben. Nur ich habe zu bestimmen, in welcher Weise darüber verfügt werden soll."

„So ist diesem Geber die Gemeindesatzung unbekannt. Wer ist überhaupt der Mann?"

„Auch darüber bin ich Ihnen keinen Bescheid schuldig, könnte Ihnen auch gar keinen geben, da mir selber der Spender fremd ist. Seinen Namen hat er mir nicht genannt. Ich werde mir diese ganze Angelegenheit reiflich überlegen, um in der nächsten Gemeinderatssitzung darüber berichten und meine Anträge stellen zu können. Gute Nacht, meine Herren!"

Der Pfarrer nahm die Blinde bei der Hand und führte sie hinaus.

Hinter ihm setzte eine lebhafte Unterhaltung ein. Das Peinliche des Auftritts war rasch überwunden, dagegen war mit der Erwähnung des unbekannten Wohltäters ein fesselnder Gesprächsstoff aufgetaucht, der nun auf das Ausführlichste erörtert wurde.

4. *Der Versucher*

Auch Eduard Hauser hatte mit seinem Vater den Vortrag August Seidelmanns angehört.

„Was sagst du dazu, Vater?", fragte Eduard auf dem Heimweg.

„Ein rauschendes Wasser, das keine Mühle treibt. Es tut sehr geräuschvoll, aber es ist nichts nütze."

„So denke ich auch. Der Redner hat mir nicht gefallen."

„Er ist ein Heuchler. Er mag seine Predigten lieber seinem Bruder und seinem Neffen halten. Die allein sind schuld an unserm Elend. Hast du Geld in die Sammelbüchse gegeben?"

„Zehn Pfennig."

„Ich auch. Er guckte einen so an und passte einem so scharf auf die Finger, dass man es gar nicht wagen konnte, nichts oder nur zwei Pfennig zu geben. Und wir brauchen das Geld doch selber so nötig."

„Gott wird helfen, Vater, wie er schon geholfen hat."

„Was tust du heut Abend? Gehst du noch zu Hofmanns hinüber?"

„Nein."

„Warum nicht? Du bist doch sonst alle Abende drüben."

„Hofmann sieht es nicht mehr gern."

„Ja, er ist unfreundlich zu uns. Das habe ich schon bemerkt, als ich Kohlen und Holz von ihm borgte. Ich glaube auch zu wissen, weshalb. Er wird denken, dass du Absichten auf Engelchen hast."

„Mag er denken, was er will!"

„Hat er denn nicht Recht?"

„Nein."

„Na, na! Angelika ist ein gutes, braves Mädchen. Wir haben sie alle gern und hätten nichts einzuwenden, wenn ihr beide später mal ein Paar werden wolltet. Oder hat's etwas zwischen euch gegeben?"

„Bitte, Vater, quäl mich nicht! Erspar mir die Antwort! Es muss überwunden werden und dann denke ich nicht mehr dran."

„Aha! Sie mag dich nicht. Hat sie vielleicht einen andern? Nun, mein Junge, ich menge mich nicht in diese Angelegenheit. Mir tut's nur Leid um eure Jugendfreundschaft. – Kommst du jetzt mit herein?"

Sie waren vor ihrem Häuschen angekommen.

„Nein, Vater. Ich gehe noch in den Wald."

„In den Wald? Was hast du denn dort noch zu tun?", fragte der alte Hauser erstaunt.

„Ich hatte vergessen, dass Wunderlichs Schlitten noch bei uns steht. Will ihn hinausschaffen."

„Heut Abend noch? Dazu ist doch morgen am Tag noch Zeit."

„Lass mich, Vater! Wenn ich mit mir allein bin, werde ich am besten fertig mit meinen Gedanken."

„Wie du willst. Komm aber bald zurück! Im Wald ist's gefährlich. – Denk an das Buschgespenst!"

Arndt war aus der Versammlung gradwegs nach der Försterei gegangen. Als sie beim Abendbrot saßen, fragte der alte Wunderlich nach dem Inhalt des Vortrags.

„Nichts Gescheites und nichts Zwingendes", erklärte Arndt. „Ich glaube, es war nur auf Geldschneiderei abgesehn."

„Möglich. Diesem Menschen ist alles zuzutrauen. Er hat wohl gar Geld gesammelt?"

„Gewiss."

„Der Teufel soll den Kerl reiten, wenn er die armen Hungerleider um ihre Pfennige prellt! Ich hänge ihn lebend an den Beinen auf, mit dem Kopf in einen Ameisenhaufen!"

„Das würde Ihnen jetzt im Winter schwer werden", lächelte der Gast.

„So warte ich den Sommer ab. Aber hängen soll er,

wenn er etwa...“, hier unterbrach sich der Förster. „Nanu, wohin denn schon wieder?“

Arndt hatte sich erhoben.

„In meine Stube, Herr Vetter. Bekümmern Sie sich nicht um mich! Es ist möglich, dass ich noch einmal in den Wald gehe.“

Draußen auf dem Flur begegnete ihm Eduard, der dem Förster melden wollte, dass er den Schlitten zurückgebracht habe. Arndt dankte dem Gruß des jungen Mannes und stieg die Treppen hinauf.

In seinem Zimmer trat er, ohne Licht anzuzünden, ans Fenster und schaute hinaus in die schneehelle Landschaft. Plötzlich stutzte er, zog sich rasch ein wenig vom Fenster zurück und blickte aus sicherer Entfernung wieder hinaus.

Was er da draußen sah, war ganz dazu angetan, einen halbwegs furchtsamen Menschen gruseln zu machen. Zwischen den drei Tannen, bei denen der ermordete Grenzoffizier gelegen hatte, und dem nahen Waldsaum stand im Schnee eine weiße Gestalt, regungslos, stumm. Der Mond zeichnete ihren Schatten breit und massig ab.

‚Das ist das Buschgespenst!‘, schoss es Arndt durch den Sinn. ‚Jetzt heißt es handeln!‘

Er öffnete rasch einen Koffer, nahm ein Betttuch und einige Verkleidungsgegenstände hervor und huschte hinaus zur Treppe.

Flink eilte er hinab und durch die vordere Tür ins Freie. Draußen wickelte er sich in das weiße Betttuch und schlug dann einen weiten Bogen um das Forsthaus, in der Absicht, dem Gespenst in den Rücken zu kommen. So gewann er den Wald, der hier ziemlich licht war. Als er sein Ziel erreicht hatte, nahm er das Tuch wieder ab, denn es sollte in der Hauptsache auf freiem Feld den gewünschten Schutz gegen Sicht gewähren. Hier gab es genug Büsche als Deckung und das Tuch war ihm da nur hinderlich.

Jetzt duckte sich Arndt und schob sich vorsichtig weiter. Richtig, da tauchte vor ihm die weiße Gestalt auf, eine Säule im Schnee, ein rätselhaftes Etwas.

Aha, dachte Arndt, so sieht das Buschgespenst aus! Der Kerl scheint auf Hauser zu warten. Ich darf den Vermummten auf keinen Fall aus den Augen lassen. Will er mit Eduard reden, so tut er es sicher nicht in der Nähe des Forsthauses, sondern wird warten, bis Eduard heraustritt, und dann unter den Bäumen schnell neben der Straße her vorauseilen, um den Jungen zu überraschen. Ich werde trachten mitzukommen, denn ich muss hören, was das Buschgespenst mit dem jungen Hauser zu sprechen hat.

Arndts Vermutung erwies sich als richtig. Als Eduard nach einiger Zeit aus dem Forsthaus trat, kam Leben in die weiße Säule. Sie schob sich am Waldrand fort wie ein Mensch, der durch den Schnee watet. Arndt folgte unbemerkt, indem er hinter jedem Baum Deckung suchte.

Eduard Hauser hatte keine Ahnung, dass er beobachtet wurde. Er schritt anscheinend tief in Gedanken versunken die Straße hinab, bis ihn plötzlich ein lautes, barsches „Halt" aus seinem Sinnen aufschreckte.

Schon dieses „Halt!" war geeignet, dem einsamen Wanderer Furcht einzuflößen, denn es ist nicht jedermanns Sache, sich in einer Mondnacht im Wald auf diese Weise überraschen zu lassen. Nun aber kam der Ruf von jener unheimlichen Gestalt, die genau so aus den Büschen hervortrat, wie sie der alte Gevatter den Hausers geschildert hatte. Sie schien fast überlebensgroß zu sein. Sie hatte menschliche Formen und doch wieder nicht. Und alles an ihr war weiß, selbst das Gesicht, in dem nur zwei dunkle Punkte, wohl die Augenhöhlen, zu erkennen waren und ein breiter, schwarzer Strich, dort, wo ein Mensch von Fleisch und Blut den Mund hat.

Eduard stand. Er hatte das Gefühl, als müsse ihm das Blut in den Adern gefrieren. Er schaute rechts, er schaute links. Sonst wagte er keine Bewegung. Und zu sprechen vermochte er gleich gar nicht. Er wartete einfach hilflos darauf, was das Buschgespenst nun wohl mit ihm beginnen würde.

„Was tust du hier?", kam die erste Frage von drüben.

„Ich gehe heim", würgte Eduard mühsam hervor.

„Wo warst du?"

„Im Forsthaus."

„Ich höre, dass du die Wahrheit sagst, und das ist gut für dich. Eine Lüge oder auch nur eine Ausrede könnte dich das Leben kosten. Merke dir das! Ich bin das Buschgespenst. Und wer bist du?"

„Ich heiße Eduard Hauser."

„Du arbeitest für Seidelmann?"

„Ich habe für das Geschäft gearbeitet, jetzt aber bin ich abgelohnt."

„Schlimm für einen armen Teufel, wie du einer bist. Ich weiß, dass du dir Sorgen um die Zukunft machst. Du läufst nach Arbeit umher und findest keine. Wie wäre es, wenn ich dir einen Verdienst bieten könnte?"

Das war eine Wendung der seltsamen Unterhaltung, die Eduard nicht erwartet hatte. So viel ihm bekannt war, kam von dem Buschgespenst nie etwas Gutes. Und nun bot es ihm plötzlich Hilfe in seiner Not.

Diese Erwägung ließen ein wenig die Scheu von ihm abfallen, die ihn bisher gelähmt hatte. Er machte unwillkürlich eine Bewegung mit der Hand und hob seine Stimme zu einem freudigen Ausruf.

„Wenn das wahr wäre!"

„Nun? Sprich weiter! Was wäre dann?"

„Dann würde ich jedem Menschen, der im Dorf Schlechtes über das Buschgespenst redet, entgegentreten und ihn einen Lügner heißen. Ich würde erzählen, dass das Buschgespenst ein guter Geist ist, der armen Menschen in ihrer Not beisteht."

„So, so", klang es in einem Ton zurück, der vermuten ließ, dass diesem Geist ein spöttisches Lächeln nicht fremd war.

„Dann will ich einmal versuchen, wie weit deine Worte ernst zu nehmen sind, Eduard Hauser. Hör zu! Ich biete dir Verdienst. Komm zu uns!"

Die letzten drei Worte hallten wie ein Lockruf durch den verschneiten Winterwald. Komm zu uns!, klang es wider in der Seele des jungen Menschen, der soeben so vertrauensvoll zu dem Buschgespenst gesprochen hatte. Aber seine zuversichtliche Freude war bereits gedämpft. Er fühlte plötzlich sein Herz klopfen in bangem Schreck. Und unsicher klang seine nächste Frage:

„Was heißt das: zu uns?"

„Narr, der du bist! Weißt du nicht, wessen Schutzherr das Buschgespenst ist?"

„Man sagt, dass es die Pascher, die Schmuggler beschützt."

„Das ist richtig. Und nun beantworte mir meinen Vorschlag!"

Eduard ließ den Kopf auf die Brust sinken und schwieg. Bis ihn das Buschgespenst noch einmal mahnte, jetzt aber mit unheimlich drohender Stimme.

„Antworte, du Wicht!"

Da zuckte Eduard zusammen. Seine Finger, die starr waren vom Frost, schlossen sich zu Fäusten zusammen. Das war das äußere Widerspiel eines inneren Vorgangs. Der Bursche raffte sich auf, selbst dem allmächtigen Buschgespenst gegenüber festzubleiben und sich um keinen Preis vom rechten Weg ablocken zu lassen, und sollte es sein Leben kosten.

„Ich kann nicht", stammelte er.

„Kannst nicht? Warum?"

„Weil – weil das Treiben der Pascher ungesetzlich ist."

„Schwatzhans du! Was kümmert dich Recht oder Unrecht? Ich sage dir, dass dir eine Ehre widerfährt, indem dich das Buschgespenst unter die Schar seiner Leute aufnehmen will. Darüber zu entscheiden, ob der Staat ein Recht hat, die lebensnotwendigsten Dinge mit hohen

Zöllen zu belegen, sodass sie immer teurer werden, das überlass getrost andern! Außerdem dächte ich, das Wasser stände dir und den Deinen dicht genug an der Kehle, sodass du froh sein müsstest, wenn sich dir schöne Einnahmen bieten. Merk auf! Du sollst, wenn du zu uns kommst, an einem Tag so viel verdienen wie sonst mitunter in Wochen. Als Aufgeld biete ich dir auf der Stelle einen Zwanzigmarkschein. Sei kein Narr und schlag ein!"

Die weiße Gestalt machte eine Bewegung auf Eduard zu, als wollte sie von ihm einen Handschlag entgegennehmen. Der Bursche aber wich einen Schritt zurück.

„Nein, nein, ich kann nicht! Lieber will ich sterben als unter die Schmuggler gehen, lieber tot sein als ehrlos!"

„So, ehrlos nennst du das? Und das wagst du mir auch noch zu sagen? Höre, Bürschchen, das kann dir an den Kragen gehen! Oder – wenn du wirklich so tapfer bist, wie du vorgibst, und den Tod nicht fürchtest, so bestehn auch noch andre Mittel, dich gefügig zu machen. Wenn du nicht in meinen Vorschlag willigst, wird es ein Mädchen büßen müssen, das du verteufelt gern hast."

„Ein – ein – Mädchen?"

„Ein so genanntes Engelchen! Ich sage dir nochmals: Ich bin das allmächtige Buschgespenst! Mich kostet es nur einen Wink, so wird die schöne Angelika wegen deiner Halsstarrigkeit wirklich unter die Engel versetzt. Du verstehst doch, wie ich das meine?"

Dieser Hieb saß. Eduard zuckte zusammen. Jetzt war sein Widerstand beinahe gebrochen.

„Nur das nicht, nur das nicht!", begann er zu bitten.

„Dein Betteln nützt dir nichts!", schnitt ihm das Buschgespenst das Wort ab. Angst und Aberglauben des Jungen waren ihm gerade recht und es nützte denn auch beides mit größter Unverfrorenheit aus. „Ich bin ein Geist und ein Geist hat kein Herz. Ich verlange eine klare Entscheidung von dir: ja oder nein?"

„Ich – ich kann nicht!"

„Dann muss das Engelchen sterben."

Ein Gedanke war in Eduard aufgezuckt. Er gab ihm Worte in seiner Verzweiflung.

„Dann wird Gott das Engelchen beschützen und Gott ist mächtiger als das Buschgespenst."

„Du bist ein Pfiffikus, mein Sohn", kam es seltsam gemütlich zurück. „Ich sehe immer mehr ein, wie gut wir dich gebrauchen können. Glaube also nicht, dass du mir aus dem Garn kommst! Aber ich will dir Bedenkzeit lassen. Wir sprechen uns einmal wieder. Meine Drohung bleibt vorläufig bestehn. Angelika Hofmann ist in Lebensgefahr, wenn du dich bis zu unsrer nächsten Begegnung nicht für meinen Vorschlag entscheidest. Und nun noch eins: Ich verlange Schweigen von dir. Davon, dass du dem Buschgespenst im Wald begegnet bist, kannst du meinetwegen erzählen. Die Leute sollen wissen, dass ich immer dort bin, wo es nötig ist. Aber du darfst nicht über das plaudern, was wir miteinander gesprochen haben. Verstanden? Verrätst du davon auch nur einem einzigen Menschen etwas, so werde ich mich an dir und deinen Angehörigen rächen!"

„Nein, nein, ich werde schweigen!", versicherte Eduard hastig.

„Es liegt in deinem Vorteil, dieses Versprechen zu halten. Mach, dass du fortkommst!"

Eduard ging, zwei, drei Schritte tat er, dann begann er zu laufen und verschwand im Wald. Das Buschgespenst aber stand noch lange unbeweglich und streckte hinter ihm her gebieterisch den Arm aus.

Eduard aber hastete nach Hohenthal. Als er den Ort erreichte, war es noch immer nicht allzu spät am Abend. Er zögerte, gleich heimzugehen, denn er wusste, dass er doch noch nicht schlafen konnte. Die Begegnung mit dem Buschgespenst beschäftigte ihn mehr, als er sich eingestehen mochte, und so schlenderte er denn langsam die Gasse hinauf.

Da kam ihm ein Mädchen entgegen, und als es an ihm vorbeihuschen wollte, erkannte er Angelika, obgleich sie sich wegen der Kälte ein Tuch um den Kopf geschlungen hatte.

„Engelchen!", rief er halblaut.

„Was gibt's?", fragte sie kurz. Dabei blieb sie zwar stehen, sah Eduard aber nicht an.

Er trat dicht an sie heran.

„Bleibt's bei dem, was du gesagt hast? Gehst du wirklich auf den Ball?"

„Ja."

„Gut, so gehe ich auch."

„Zu dem Fest?", lachte sie. „Das ist ja nur für geladene Gäste."

„Davon rede ich nicht. Unter die Pascher will ich gehen."

Jetzt erschrak Angelika sichtlich. Im nächsten Augenblick aber sagte sie sich, dass es doch nur eine leere Drohung sei.

„Wie wolltest du denn das anfangen?", erkundigte sie sich.

„Sehr einfach. Ich habe eben die Ehre gehabt, mit dem Buschgespenst zu sprechen!"

„Mein Gott! Und es hat dir nichts getan?"

„Was soll es mir tun? Es ist sogar sehr nett gewesen gegen mich und hat mir viel Geld versprochen."

„Das – das ist nicht möglich!"

„Es ist die volle Wahrheit. Ich könnte dir noch mehr erzählen, aber ich will nicht. Ich habe versprochen zu schweigen."

Engelchen blickte nachdenklich vor sich hin. Die Sache war ihr nicht ganz geheuer. Endlich hob sie den Kopf.

„Und du? Was wirst du tun?"

„Ich werde brav bleiben und der Versuchung standhalten. Wenn du klug bist, machst du es ebenso."

„Ich? Meinst du, ich würde je in Versuchung kommen zu schmuggeln?"

„Das nicht. Aber dein Bravsein wird auf die Probe gestellt werden – beim Maskenball."

Das war von Eduard nicht böse gemeint. Engelchen jedoch vermerkte es übel. Sie wandte sich schnippisch ab.

„Gute Nacht!"

Eduard seufzte. Bedrückt ging er weiter.

‚Ich muss unbedingt auf den Ball', sagte er sich. ‚Ich habe das Gefühl, dass sie dort in Gefahr schwebt. Koste es, was es wolle, ich muss das Engelchen beschützen!'

Als das Buschgespenst am Straßenrand Halt machte, um Eduard Hauser zu stellen, hatte sich Arndt so weit wie möglich herangeschlichen. Hinter einem dichten Eichengebüsch, das die dürren Blätter noch trug, fand er das passende Versteck. Er war hier der unheimlichen weißen Gestalt so nahe, dass er jedes Wort der Unterhaltung verstand und den Rätselhaften genau betrachten konnte.

Dabei bestätigte es sich, dass Arndt einen Mann vor sich hatte, der vom Kopf bis zu den Füßen tatsächlich in ein Betttuch gehüllt war. Der Lauscher vermochte das alles deutlich zu sehen, weil der Mond schien und obendrein der Schnee glitzerte und leuchtete. Diesen Umstand nutzte Arndt sogleich aus; er prüfte die Zipfel des Tuchs und bemerkte in einer Ecke die beiden Buchstaben M. T.

Als die seltsame Unterhaltung dem Ende zuging, zog er sich schleunigst zurück. Eduard verschwand und der Versucher sah ihm nach.

Es zuckte Franz Arndt in den Fingern. Jetzt hätte er den Unbekannten, der hier den Geist spielte, packen können. – Aber was hätte ihm das genützt? Hier galt es, eine ganze Verbrecherbande aufzuspüren und für immer unschädlich zu machen. Also musste man erst alle ihre Schliche kennen lernen und dazu gehörte Zeit und Geduld, vor allem noch gründlichere Nachforschungen. Besser, er ließ das Buschgespenst einstweilen laufen und schlich ihm nach.

So folgte er denn dem Vermummten, der sich wieder in Bewegung setzte, immer tiefer in den Wald hinein und stellte fest, dass jener die Richtung nach der bewussten Eiche einschlug. Dort machte sich der Unbekannte am Stamm zu schaffen und eilte weiter.

Schnell huschte auch Arndt zur Eiche hinüber und untersuchte den Stamm in der Gegend, wo die Hände des Verhüllten umhergetastet hatten; aber er entdeckte nichts.

Durch diese Verzögerung gewann das Buschgespenst einen bedeutenden Vorsprung; es verließ, als Arndt die Verfolgung wieder aufnahm, eben den Wald und schritt auf ein einsam liegendes Gebäude zu, das wegen seiner Ziegelmauern die Rote Mühle genannt wurde. Im Freien nahm Arndt sein Betttuch wieder über und folgte dem Unbekannten in schnellem Lauf.

Sie hatten gerade die baufällige Gartenmauer hinter der Mühle erreicht, als der Unheimliche plötzlich verschwunden war. Arndt strengte seine Augen vergebens an. Er dachte daran, sich an die Fährte des Vermummten zu halten, aber auch das führte nicht zum Ziel, denn hier gab es ringsum viele Fußspuren, die vermutlich von Bewohnern der Mühle herrührten.

Ärgerlich trat der Verfolger hinter eine Buschecke dicht bei der lückenhaften Gartenmauer, nahm das Betttuch ab und knöpfte es unter die Jacke. Dann schritt er kurz entschlossen dem Dorf zu. Er wollte sich die Stelle merken, wo ihm das Buschgespenst so plötzlich entwischt war. Mehr ließ sich jetzt nicht tun.

Als er einige Zeit später die Dorfstraße ein Stück entlanggegangen war, traf er auf Eduard Hauser, der seinen Weg nicht querfeldein genommen und darum mehr Zeit bis hierher gebraucht hatte. Höflich grüßend wollte der Bursche an Arndt vorüber, der aber blieb stehn und bot ihm die Hand.

„Nun, wie steht's daheim? Haben Sie Wort gehalten und geschwiegen, wie ich von Ihnen forderte?"

„Ja, Herr. Nur der Vater weiß, woher das Geld stammt."

„Und er hat sich darüber gefreut?"

„Ach, so sehr!"

„Da konnten Sie freilich auf ein Anerbieten verzichten, das zwar verlockend, aber durchaus nicht einwandfrei war."

Eduard wusste nicht, wie er sich diese Worte deuten sollte. Er sah den Fremden verständnislos an.

„Ich? Wieso?"

Arndt lächelte. Er gab seine Antwort so, als hätte er etwas ganz Nebensächliches oder etwas Selbstverständliches vorzubringen.

„Ich sah Sie draußen im Gespräch mit einem Mann. Er bot Ihnen ein Handgeld von zwanzig Mark, Sie aber schlugen es aus."

Eduard trat erschrocken einen Schritt zurück und maß Arndt mit ängstlichen Blicken.

„Sind Sie allwissend?", stammelte er.

„Nein, aber ich habe gute Ohren."

„Das verstehe ich nicht."

„Und es ist doch alles so einfach. Ich habe Sie belauscht."

„Mich und das – das Buschgespenst?"

„Sagen wir, Sie und den vermummten Halunken, der Sie zum Paschen verführen wollte."

„Herr", stotterte Eduard, „jetzt weiß ich nicht, ob ich mich vor Ihnen fürchten soll oder..."

„Fürchten?", unterbrach ihn Arndt. „Weshalb denn, mein Lieber? Ich will Ihnen anvertrauen, dass ich hier umherschleiche, weil ich das Buschgespenst fangen will."

„Fangen? Sie? Ah! So sind Sie einer von der Polizei?"

„Richtig geraten! Ich gebe das zu, weil ich weiß, dass Sie schweigen werden. Sie haben es abgeschlagen, von dem Verbrecher Handgeld zu nehmen. Gut, so will ich einmal sehn, ob Sie auch mir einen ähnlichen Antrag ablehnen werden. Wollen Sie sich fünfhundert Mark verdienen?"

„Fünf ... hundert Mark? Die soll ich mir verdienen? Schneit es denn plötzlich Geld? Oder ist Hohenthal verrückt geworden? – Ich glaube, ich träume das alles nur!"

„Nicht doch", belehrte ihn Arndt. „Ich sagte schon, dass ich das Buschgespenst fangen will; aber nicht nur den Anführer der Pascher, sondern auch alle seine Spießgesellen. Wenn Sie mir dabei helfen und wir haben Erfolg, zahle ich Ihnen eine Belohnung von fünfhundert Mark."

Eduard ließ einen tiefen Seufzer hören.

„Ich möchte schon mittun, aber ich fürchte, ich werde die fünfhundert Mark nie verdienen."

„Warum nicht?"

„Herr, ich bitte Sie, wer nimmt es mit dem Buschgespenst auf?"

„Ach was, Gespenst! Der Kerl, der Sie im Wald anhielt, war ein Mensch von Fleisch und Blut. Es gibt keine Gespenster!"

„Seit meiner Begegnung mit dem Buschgespenst sind mir auch Zweifel gekommen, dass es ein Geist ist. Doch wird der Schurke wohl kaum zu fassen sein."

„Wir werden sehn. Die Hauptsache ist jetzt, dass Sie sich mir als Helfer verpflichten."

„Mit Freuden!"

„Gut, abgemacht! Damit Sie sich nicht anderweit zu binden brauchen und immer zu meiner Verfügung sein können, werde ich Ihnen jede Woche dreißig Mark auszahlen."

„Dreißig? – Wöchentlich?"

„Ja, dreißig Mark!"

„Dreißig Mark?", wiederholte Eduard ungläubig. Eine solche Summe für sieben Tage erschien ihm märchenhaft hoch. „Was habe ich dafür zu tun?"

„Zunächst nichts. Überlegen Sie sich, wie wir etwas über das Buschgespenst erfahren können. Wir müssen vor allem wissen, wer der geheimnisvolle Schutzgeist der

Pascher ist. Sobald Sie einen guten Gedanken haben, kommen Sie zu mir in die Försterei."

„Darf der Förster davon wissen?"

„Er ja, sonst keiner! Ich habe vorläufig nur in der Stadt noch einen Vertrauensmann. Verschwiegenheit, das ist die erste Bedingung, die ich stelle. Reden Sie mit dem Förster über die geheimen Abmachungen, die wir getroffen haben, damit ich hier in der Gegend unerkannt bleibe, während es notwendig ist, dass wir untereinander uns jederzeit hinter die Maske schauen. Diese Abmachungen gelten auch für Sie. Und sodann suchen Sie zu erfahren, wessen Name hier im Ort mit den Buchstaben M. und T. beginnt."

„Steht das im Zusammenhang mit dem Buschgespenst?"

„Ja. Weiter verlange ich in allen Angelegenheiten unbedingte Aufrichtigkeit von Ihnen."

„Darauf können Sie sich verlassen.", beteuerte Eduard und in seinem Eifer kam dem gutherzigen Burschen ein Einfall. „Dafür will ich Ihnen sogleich einen Beweis liefern. Ich will Ihnen verraten, dass ich am Dienstag zum – Maskenball gehen muss."

„Zum Maskenball?", fragte Arndt verwundert. „Und Sie müssen? Warum müssen Sie?"

„Um – um – um einem Mädchen zu helfen."

„Ah! Sieh da! Es handelt sich wohl um Ihre Nachbarin Angelika Hofmann? Förster Wunderlich hat mir von dem hübschen Mädchen erzählt und jener Halunke da draußen nannte ja auch ihren Namen."

„Ja. Sie ist zum Ball eingeladen. Das ‚Kasino' aus der Nachbarstadt veranstaltet nämlich übermorgen in der Schenke ein Maskenfest. Ein Mitglied, das seinen Namen nicht verriet, hat Engelchen – ich meine Angelika Hofmann – dazu aufgefordert und ihr sogar ein italienisches Kostüm geschickt."

„Ich verstehe", lächelte Arndt. „sie haben das Engelchen gern. Die Sache gefällt Ihnen nicht, denn Sie sind nicht dabei. Der andre könnte Ihnen da ins Gehege kommen. Na ja, wenn wir ehrlich miteinander reden wollen, dürfen wir kein Blatt vor den Mund nehmen. Nun wollen Sie sich als Maske bei dem Fest einschmuggeln, um – na, sagen wir – das Engelchen zu beschützen."

Eduard senkte den Kopf. Er schämte sich ein wenig.

„Ja, so ist es."

„Ich will mich nicht in Ihre Herzensangelegenheiten drängen", fuhr Arndt fort, da Eduard seinem Blick auswich. „Tun Sie nur, was Ihnen Herz und Verstand eingeben – hören Sie? Nicht allein ihr Herz, sondern auch Ihr Verstand! Hier haben Sie die dreißig Mark für die erste Woche und hier sind noch fünf für den Maskenball! – Ich wünsche Ihnen viel Vergnügen und guten Erfolg!"

Er drückte ihm das Geld in die Hand und entzog sich schnell allen Dankesäußerungen.

5. *Die blaue Brille*

Im ‚Goldenen Ochsen', dem besten Wirtshaus der benachbarten Kreisstadt, kehrte um die Mittagszeit des nächsten Tages ein Gast ein, aus dem Herr Binder, der Wirt, nicht recht klug wurde. Man vermochte nicht zu unterscheiden, ob jener noch ein junger Mensch oder schon ein bejahrter Herr war. Er trug einen dunklen Mantel, dunklen Anzug und eine blaue Brille, die ihm das Aussehen eines Gelehrten gab.

Da sonst niemand in der Gaststube war, begann der Wirt ein Gespräch mit dem Unbekannten.

„Sie sind fremd hier?", fragte er so nebenbei. „Darf man erfahren, woher Sie kommen?"

„Von dorther!"

Die blaue Brille deutete mit dem Daumen über die Schulter; das hieß: von jenseits der Grenze.

Der Wirt kniff das rechte Auge ein und blinzelte den Gast ein Weilchen an.

„In Geschäften?"

„Möglich."

„Bedeutend?"

Der Fremde zuckte die Schultern.

„Je nachdem es ausfällt!"

„Das heißt, es ist mit dem Geschäft noch ungewiss?"

„Ganz recht."

„Das klingt ja fast so, als ob Sie schmuggeln wollten, Herr!", lachte der Wirt.

„Und Sie tun fast so, als ob das Schmuggeln ein todeswürdiges Verbrechen wäre", trumpfte der Gast auf.

Wieder kniff der Wirt das rechte Auge ein. So sah er aus wie ein alter Pfiffikus, der mehr weiß, als er sagen will. Fast konnte man meinen, die Pascherei sei ihm kein fremdes Handwerk. In Wahrheit lagen die Dinge anders.

Gestern hatte ihm nämlich sein Bruder, der in der Hauptstadt bei der Kriminalpolizei angestellt war, in einem eingeschriebenen Brief mitgeteilt, ein ‚Geheimer' werde kommen, um nach dem Buschgespenst zu forschen; er solle ihn unterstützen. Der behäbige Wirt hatte lange hin und her gegrübelt, wie er das anfangen könnte, aber es war ihm keine Erleuchtung gekommen. Der ‚Geheime' hatte sich bis zur Stunde noch nicht gemeldet. Dafür schneite ihm nun dieser Mensch ins Haus, der offenbar mit den Paschern ein Geschäft machen wollte. Herr Binder war nicht auf den Kopf gefallen. Kaum hatte er die Absicht des Fremden mit der blauen Brille herausgefühlt, als er auch schon einen Plan fertig hatte, wie er ihn als Lockvogel gebrauchen könnte, um das Buschgespenst auf den Leim zu führen.

„Nun, haben Sie keine Sorge!", schmunzelte er. „In den zehn Geboten steht meines Wissens nichts vom Schmuggeln."

„Sie scheinen ein heller Kopf zu sein, Herr Wirt!"

„Und Sie können mit mir offen reden, wie Ihnen ums Herz ist."

„So?", fragte die blaue Brille zögernd.

Der Wirt faltete gemütlich die dicken Hände auf dem Tisch. Sein Ton wurde immer vertraulicher.

„Ich will Ihnen was sagen, Herr! Anfangs hielt ich Sie für einen Gelehrten oder dergleichen. Jetzt weiß ich, woran ich mit Ihnen bin. Wir Leute hier an der Grenze haben unsre eigenen Anschauungen über – über gewisse Dinge. Sie können also beruhigt sein. Der, an den Sie sich wenden wollen, ist ein zuverlässiger Mann."

Der Fremde schien aber doch nicht recht zu trauen. Er machte ein abweisendes Gesicht.

„Ich verstehe Sie nicht", sagte er kühl. „Besser, wir reden von etwas anderm."

„Ganz nach Belieben", brummte der Wirt, „und nichts für ungut! – Wie gefällt es Ihnen hier bei uns?"

„Nicht übel. Nur – die Gegend scheint unsicher und verrufen zu sein. Schon auf der Fahrt hierher hörte ich von einer Art Landplage, die..."

„Ach, Sie meinen das Buschgespenst?“

„Ja. Man kann ins Gespräch kommen, mit wem man will – immer reden die Leute vom Buschgespenst.“

„Sie haben wohl noch nie etwas mit ihm zu tun gehabt?“

„Ich? Wieso?“

„Nun, Sie sind doch Kaufmann?“, lautete die Gegenfrage des pfiffigen Wirts. „Und Sie machen gewiss Geschäfte über die Grenze hinüber und herüber?“

„Die – die möchte ich erst machen“, kam es zögernd zurück.

„Na endlich ein offenes Wort! Wenn Sie nämlich gar so vorsichtig sind, mein Lieber, dann werden Sie nie erfahren, was Sie wissen wollen.“

„Was wäre denn das Ihrer Meinung nach?“

Der Wirt rückte vertraulich an den fremden Gast heran, sah ihm blinzelnd von der Seite her ins Gesicht und dämpfte behutsam seine Stimme.

„Sie wollen in Erfahrung bringen, wer hier das Buschgespenst spielt und wo der Betreffende zu finden ist. Sie möchten mit ihm in Geschäftsverbindung treten. Nur wagen Sie es nicht recht, Farbe zu bekennen, weil Sie nicht wissen, wie weit Sie mir über den Weg trauen dürfen. Ist es so oder nicht?“

Die letzte Frage klang sehr siegesbewusst und der Fremde streckte davor die Waffen.

„Ich will einmal alles auf eine Karte setzen“, gestand er, „und zugeben, dass Sie Recht haben. Nun müssen aber auch Sie offen Farbe bekennen und mir vor allen Dingen einen Beweis dafür liefern, dass Sie wirklich Verbindungen zum Buschgespenst haben. Also, wie steht es?“

Der Wirt zog bedeutsam die Brauen hoch.

„Sie werden noch staunen, lieber Herr, über was für prächtige Beziehungen ich verfüge. Bei mir sind Sie gerade an den richtigen Mann gekommen. Sie haben da entweder eine gute Nase gehabt oder man hat Ihnen einen Wink gegeben. Nein, nein, lassen Sie nur! Ich will gar nichts Näheres wissen. Die Hauptsache ist, dass Sie nun auch wirklich Vertrauen zu mir haben und mir über Ihre Angelegenheit reinen Wein einschenken. Ich habe da einige Fragen."

„Heraus damit!", rief der Fremde beinahe übermütig. Ihm schien plötzlich der Mut mächtig gewachsen zu sein. „Was wollen Sie wissen?"

„Soll die Ware herüber oder hinüber?"

„Hinüber."

„Gut. Ist es viel."

„Was heißt viel? Jedenfalls ist die Sendung kostbar."

„Dann wäre es allerdings nötig, dass Sie möglichst gleich mit dem zuständigen Mann selber sprechen."

„Das will ich ja. Sie brauchen mir nur zu sagen..."

„Halt! Nur nicht so hastig! Sie denken sich die Sache einfacher, als sie ist. Das Buschgespenst..."

„Unsinn!", fiel der Fremde dem Wirt in die Rede. „Wir beide brauchen einander doch nichts mehr vorzumachen. An das Buschgespenst mögen die Kinder und die alten Weiber glauben. Wir sind uns doch klar darüber, dass hinter diesem Popanz ganz einfach ein verwegner Kerl steckt, der Anführer der Schmugglerbande."

„Na ja", dehnte der Wirt. „Das mag sein, aber damit kommen wir immer noch nicht weiter. Niemand weiß, wer dieser Mann ist."

„Das wäre doch sonderbar."

„Sonderbar oder nicht, es ist so. Das Gesicht des Anführers hat noch keiner gesehn."

„Darauf lege ich auch gar keinen Wert. Nur sprechen will ich ihn. Führen Sie mich zu ihm!"

„Und Sie meinen, dass ich es mit Ihnen wirklich versuchen darf?"

„Sie alle werden mit mir die denkbar besten Geschäfte machen", spreizte sich der Fremde, der jetzt merklich jede Vorsicht fallen ließ.

Ein undeutliches Knurren antwortete ihm. Die massige Gestalt des Wirts hockte tief nachdenklich auf dem Stuhl.

„Also?“, drängte der Mann mit der blauen Brille.

„Sie sagen“, begann der Wirt zögernd, „die Sendung sei kostbar. Wie hoch ist der Wert?“

„Zunächst fünftausend Mark.“

„Hm! Der Mann, der Sie meldet, muss für Sie bürgen. Er muss Sie entweder selber kennen, also Ihren Namen wissen, oder Sie müssen, wenn Sie sich weiterhin in Dunkel hüllen wollen, Sicherheit leisten.“

„Wie viel wäre das?“

„Der zehnte Teil der ersten Sendung, also fünfhundert Mark.“

„Ich höre, Sie sind genau unterrichtet, Herr Wirt. Übernehmen Sie es, mich zu melden?“

„Wollen Sie mir Ihren Namen sagen?“

„Nein, ich ziehe vor, die fünfhundert Mark zu hinterlegen. Natürlich aber müssen Sie mir zunächst beweisen, dass Sie wirklich ein Eingeweihter sind.“

„Das ist recht und billig.“

„Dann bitte!“

„Oho, nicht so eilig!“, dämpfte der Wirt den Eifer seines Gastes. „Auch ich muss mich sichern. Ich will Ihnen einen Vorschlag machen: Kommen Sie heut Nacht Punkt zwölf Uhr zur letzten Scheune an der Bergstraße. Nachdem Sie mir dort die bewusste Summe ausgehändigt haben, werde ich Sie zum Buschgespenst bringen.“

„Sagen wir, zu dem Anführer der Schmuggler! Er ist dann in der Nähe?“

„Ich werde ihn benachrichtigen.“

„Und wann erhalte ich das Geld zurück?“

„Sobald Ihre Sendung in unsern Händen ist.“

Die blaue Brille trank den Rest des Bieres aus und erhob sich.

„So sind wir einig?“

„Einig!“, nickte der Wirt.
„Und – verschwiegen?“
„Ist Ehrensache.“
Der Fremde lächelte.
„Ist vor allem einfachstes Gebot der Klugheit auf beiden Seiten. Wir kennen einander jetzt und Sie wissen: Vor dem Richter ist der Hehler so gut wie der Stehler, in diesem Fall wie der Pascher.“
Die beiden tauschten einen Händedruck, dann zahlte der Mann mit der blauen Brille, stand auf und verließ gemächlich das Gastzimmer.
Auch der Wirt stand auf. Er schritt vergnügt in der Stube auf und ab.
„Das nenne ich eine glatte Sache“, kicherte er vor sich hin. „Das kam mir sehr gelegen.“
Er schnipste mit den Fingern. Jetzt war er gerüstet, jetzt mochte der ‚Geheime‘ kommen.
Er hatte diesen Gedanken kaum ausgedacht, als sich die Tür abermals öffnete.
Wieder trat ein Fremder ein. Er trug einen grauen Anzug und unter der grauen Wintermütze leuchtete blondes Haar hervor. Den Überzieher hatte er nur umgehängt.
Der Wirt grüßte höflich und tat die übliche Frage.
„Womit kann ich dienen?“
„Bitte, ein Glas Grog“, antwortete der Fremde mit tiefer Stimme; er hängte Überzieher und Mütze an einen Haken, strich sich den blonden Schnurrbart und ließ sich am nächsten Tisch nieder.
Binder ging hinaus und brachte nach kurzer Zeit den Grog. Der Gast kostete behaglich das heiße Getränk und nickte zufrieden.
„Ist heute vielleicht ein Mann mit schwarzem Anzug und blauer Brille bei Ihnen gewesen?“, fragte er dann wie beiläufig.
„Allerdings, mein Herr.“
„Er hatte etwa meine Gestalt und beinahe das Aussehn

eines Lehrers oder eines Gelehrten, nicht wahr? Was wollte er hier?"

Der Wirt stutzte und beschloss, vorsichtig zu sein.

„Er trank ein Glas Bier."

„Sonst wollte er nichts?"

„Nein."

„Mein Herr, Sie lügen!"

Binder erschrak. Er trat einen Schritt zurück und betrachtete misstrauisch den blonden Fremden, der sich nur mit seinem Grog zu beschäftigen schien und mit dem Löffel darin herumrührte.

„Wie – wie kommen Sie zu dieser Beschuldigung?", versuchte der Wirt aufzumucken.

„Weil dieser Mann Ihnen mitgeteilt hat, dass er ein Geschäft in Höhe von fünftausend Mark mit dem Buschgespenst machen möchte. Ist es nicht so?"

Jetzt konnte Binder seinen Schreck kaum noch verbergen.

„Wie? – Was?", stotterte er. „Ich – ich weiß kein Wort davon."

„Nun, so werde ich mich bei dem Betreffenden selber erkundigen."

Der Blonde war plötzlich recht ungemütlich geworden. Er warf das Geld für seine Zeche auf den Tisch, ließ aber den Grog stehn, griff nach Überrock und Mütze und entfernte sich, ohne dem Wirt noch einen Blick zu schenken.

Verdutzt stand Binder mitten in der Stube. Was sollte das alles bedeuten? War der zweite Gast ein Bekannter des ersten oder...?

Er dachte den Gedanken nicht zu Ende. Fürs Erste schien es ihm wichtiger, zu erfahren, wohin der Fremde ging. Darum eilte er zur Tür. Hier aber prallte er mit einem zusammen, der wie toll von draußen hereingestürmt kam; es war der Kaufmann mit der blauen Brille.

„Ah, Sie?", fragte der Wirt betreten. „Weshalb kommen Sie zurück?"

„Weil ich etwas vergessen habe. Ich wollte Ihnen nur sagen: Es wird ein Herr nach mir fragen. Er ist blond, trägt grauen Anzug und schwarzen Überzieher."

„Donner noch einmal, der war schon hier! Eben ist er fort, in dieser Minute!"

„Da muss ich ihm gleich nach. Guten Tag!"

„Halt, mein Herr, halt! Nicht so hastig! Wenn der andre nun inzwischen wiederkommt? Was soll ich ihm sagen?"

„Dass er sich den Teufel um mich zu kümmern hat!"

Mit diesen Worten schlug der Davoneilende die Tür hinter sich zu.

„Den Teufel um ihn kümmern", brummte der Wirt. „Gute Freunde sind die beiden auf keinen Fall."

Er trat vor das Haustor und blickte nach links, dann nach rechts; dort verschwand eben etwas um die Ecke, doch vermochte er nicht festzustellen, ob es der Gast mit der blauen Brille war.

„Der muss aber gelaufen sein, dass er schon um die Ecke ist!", murmelte Binder vor sich hin.

Ärgerlich kehrte er ins Gastzimmer zurück. Da stand noch der gute Grog, woran der Fremde kaum genippt hatte. Schade darum! Der Wirt beschloss, ihn nicht umkommen zu lassen.

Er betrachtete die gelbe Flüssigkeit im Glas mit Kennerblicken und führte sie zum Mund.

„Halt! Was fällt Ihnen ein?", klang es in diesem Augenblick hinter ihm.

Verdutzt wandte er sich um. Und fast wäre ihm das Glas aus der Hand gefallen, denn dort in der Tür stand – der Blonde.

„Ich denke, Sie sind fort?", rief der Wirt.

„Wie Sie sehen, bin ich wieder hier."

„Ich war ja eben draußen, da hätte ich Sie doch kommen sehn müssen."

„Wer weiß, wohin Sie geguckt haben. Aber, sagen Sie, war nicht der Schwarze mit der blauen Brille wieder da?"

„Ja, eben."
„So? Und was sagte er?"
„Sie hätten sich den Teufel um ihn zu kümmern!"
„Was? Na, dem will ich Anstand beibringen. Wohin ist er denn?"
„Ich glaube nach rechts."
„Danke."
Er stürzte hinaus. Der Wirt schüttelte hinter ihm drein den Kopf. Doch dann raffte er sich auf. Diesmal wollte er wissen, wohin der seltsame Mensch lief.
Aber als er das Tor erreichte, war, grad wie vorher, niemand auf der Straße zu entdecken.
„Verflixt – hat der Kerl Beine gemacht! Oder ich muss kurzsichtig geworden sein!", brummte der Wirt vor sich hin.
Er kehrte in die Stube zurück. Doch die Tür hatte sich kaum hinter ihm geschlossen, als die blaue Brille wieder eintrat.
„Nun, haben Sie inzwischen meinen Wunsch an den blonden Herrn weitergeben können?", fragte er lächelnd.
Der Wirt zitterte plötzlich am ganzen Körper.
„Herr", sagte er mit unsichrer Stimme, „ich weiß nicht mehr, wo mir der Kopf steht. Lassen Sie sich einmal anfassen! Ich muss mich überzeugen, ob Sie ein Mensch aus Fleisch und Blut sind." Er packte den Fremden beim Arm und atmete auf. „Ja, Gott sei Dank! Es hat seine Richtigkeit. Ich bin wenigstens nicht verrückt."
Die blaue Brille machte sich lachend von ihm frei.
„Aber ich glaube, ganz richtig ist's bei Ihnen da oben doch nicht mehr."
„Bei einer solchen Komödie mag der Teufel seinen Verstand behalten!", murmelte der Wirt wie gebrochen. „Ich kann nicht mehr. – Da fragt immer einer nach dem andern und diese Schafsköpfe mussten doch noch in der Tür mit den Schädeln zusammenstoßen!"
„Ich werde jetzt hier bleiben, bis der Schuft wieder-

kommt", erklärte der Fremde, indem er vollends ins Zimmer trat und die Tür hinter sich schloss.

„Ja, tun Sie mir den Gefallen! Ich weiß sonst wirklich nicht mehr, ob ich noch der Wirt zum ‚Goldenen Ochsen' bin oder..."

„...oder dieser Ochse selber!", lachte die blaue Brille. „Na, Spaß beiseite, Herr Wirt! Beruhigen Sie sich und geben Sie mir noch ein Bier!"

Als Binder diesem Wunsch nachgekommen war, ließ er sich mit einem Seufzer neben dem Gast auf einen Stuhl fallen, dass es krachte.

„Kennen Sie denn den Blonden?", fragte er unsicher.

„Hm! Eigentlich sollte ich's nicht verraten; aber da er Ihnen so übel mitgespielt hat, will ich's Ihnen sagen: Er ist Polizist."

Der Wirt machte große Augen. Ihm dämmerte eine böse Ahnung.

„Polizist?", wiederholte er. „Wohl gar ein Geheimer? – Wie heißt er denn?"

„Arndt, glaube ich."

„Arndt?", schrie der Wirt auf und bekam wieder das Zittern. Arndt! Das war doch der Mann, den ihm sein Bruder angemeldet hatte...

„Ja", fuhr inzwischen der Fremde in seinen Enthüllungen über den Blonden fort. „Er wird, wie man hört, bei dem alten Förster Wunderlich wohnen."

„Sonderbar."

„Sonderbar?", fragte die blaue Brille. „Weshalb?"

„Ich – ich meinte nur so."

Unter der blauen Brille hervor zuckte ein misstrauischer Blick.

„Kennen Sie diesen Arndt vielleicht?"

„Durchaus nicht", widersprach der Wirt in schlecht gespielter Treuherzigkeit.

„Na, dann hüten Sie sich vor ihm!"

„Hüten? Ich? Wieso?"

„Weil Sie ein Eingeweihter sind. Er kommt, um das Buschgespenst und seine Helfershelfer…“

Der Fremde beschrieb mit dem Zeigefinger einen Kreis um den Hals und wies dann zur Decke.

Dem guten Binder wurde es schwül und schwüler. Die Gedanken kamen und gingen in seinem Kopf und bildeten dabei ein wirres Durcheinander.

Wenn der Blonde der angekündigte Detektiv war, der das Buschgespenst samt den Paschern fangen wollte, dann war er natürlich auch dem Mann mit der blauen Brille schon auf der Spur. Dieser Mann aber war seinerseits schon wieder gewarnt. Er würde sich hüten, in irgendeine Falle zu gehen, auch in die, auf deren Herrichtung der Wirt des ‚Goldenen Ochsen‘ ein paar kurze Minuten lang so stolz gewesen war. Dann hatte Binder mit all seiner Pfiffigkeit weiter nichts erreicht, als dass er sich in Gefahr gebracht hatte, von den Schmugglern als Spitzel durchschaut zu werden und ihre Rachsucht auf sich zu lenken.

Um seine Verlegenheit zu verbergen, wandte er sich der Uhr zu, die stehen geblieben war. „Ah, die Uhr!“, sagte er ganz unvermittelt, stieg auf einen Stuhl und begann sie aufzuziehen. Dieser Beschäftigung gab er sich so andächtig hin, dass er nicht bemerkte, wie sich die blaue Brille indes hinter seinem Rücken mit Rock und Bart zu schaffen machte und auch die Mütze wendete. Dann fuhr sich der Fremde mit einem Läppchen einige Male übers Gesicht. Das alles geschah mit einer bewundernswerten Schnelligkeit, ohne dass der Mann dabei das Gespräch einschlafen ließ.

„Sie meinen also nicht, dass ihm das gelingt?“, fragte er leichthin.

„Auf keinen Fall!“, versicherte Binder.

„Es wäre auch jammerschade um unser Fünftausendmarkgeschäft.“

Der Wirt zog andächtig an der einen Gewichtskette.

„Ich werde ihn schon irreleiten."

„Tun Sie das mein Lieber! Es wird Ihnen wohl nicht schwer werden, Sie sind ein Pfiffikus und er hat ein ziemlich dummes Gesicht."

Nun ließ der Wirt auch das andre Gewicht in die Höhe schnurren und stieß behutsam und liebevoll das Pendel an. Dabei schwatzte er wacker drauflos.

„Ja, er ist schwerlich der rechte Mann, hier etwas auszurichten. Wer das Buschgespenst fangen will, der muss früh aufstehn. Ich bin neugierig, ob er wiederkommen wird. Mir liegt nichts daran. Er ist ein Dummkopf und außerdem habe ich Polizisten überhaupt nicht gern im Haus. Dieser Einfaltspinsel mag bleiben, wo der Pfeffer wächst. – So, da geht der alte Klapperkasten wieder und nun wollen wir..."

Er war vom Stuhl herabgestiegen und hatte sich umgedreht. Sogleich zog er ein unbeschreibliches Gesicht. Er stand wie erstarrt mit offenem Mund, denn der Mann, der da vor ihm beim Bier saß, war nicht mehr der Schwarze mit der blauen Brille, sondern der ‚Dummkopf', der ‚Einfaltspinsel' – der Blonde.

„War er inzwischen wieder da?", fragte der neue Gast so freundlich, als ob er sich eben erst niedergesetzt hätte. Seine Stimme klang ganz anders als die des Mannes mit der blauen Brille.

„We – we – wer denn?", stammelte der Wirt.

„Nun, der Schwarze", lächelte der Blonde scheinbar ganz arglos.

„Der sa – saß doch grad jetzt noch hi – hi – hi..."

„Haben Sie bald ausgehihit?", fragte der Gast geduldig. „Ich kann noch warten."

„I – i – ich weiß nicht mehr, woran ich bin."

„Das ist allerdings schlimm. Das ist ein böses Zeichen von Gedächtnisschwund und Altersschwäche. Zum Glück kann ich Ihnen auf die Sprünge helfen: Sie sind Herr Binder, der Wirt des ‚Goldenen Ochsen', und haben einen Bruder in der Hauptstadt bei der Kriminalpolizei. Setzen Sie sich her! – So! – Und nun sagen Sie mir, ob Sie in letzter Zeit vielleicht einen Brief von Ihrem Bruder erhalten haben!“

Der Wirt vom ‚Goldenen Ochsen‘ holte tief Atem. Er wusste nun, dass er den erwarteten Detektiv vor sich hatte, und streckte die Waffen.

„Ja, das stimmt.“

„Was stand denn in dem Brief?“, ging das Verhör weiter.

„Da Sie doch schon alles wissen, kann ich's ja sagen: Ein Geheimpolizist Arndt aus der Hauptstadt würde beim Förster Wunderlich absteigen und auch mich besuchen. Ich soll ihm allen Vorschub leisten.“

„Dieser Mann bin ich, mein lieber Herr Binder.“

„Das habe ich nun gemerkt. Überdies sprach der Schwarze mit der blauen Brille davon. Der ist ein ganz gefährlicher Bursche, der will doch paschen.“

„Er will nicht, er tut nur so, um das Buschgespenst ausfindig zu machen.“

Jetzt endlich kniff der ehrwürdige Wirt zum ‚Goldenen Ochsen‘ wieder einmal das eine Auge ein, denn jetzt kam ihm eine Erleuchtung.

„Ah, nun geht mir ein Licht auf!“, rief er. „Sie sind wohl gar Kollegen?“

„Noch mehr als das.“

„Und ich dachte, er wollte wirklich paschen, und habe ihm, um ihn dumm zu machen, einen gewaltigen Bären aufgebunden!“

„Das schadet nichts. Nur brauchten Sie ihm nicht grad zu sagen, dass ich ein Dummkopf und ein Einfaltspinsel sei.“

Der Wirt wehrte mit beiden Händen ab.

„Es war nicht so gemeint, Herr! Sie dürfen mir das nicht übel nehmen. – Sagen Sie mir lieber, wo Ihr Kollege geblieben ist?“

„Hier in meinem Anzug steckt er. Passen Sie auf!"

Arndt schlug die Schöße des Überrocks ein, zog ihn an, tat einen Griff an den Gürtel und sofort gingen zwei schwarze Hosenbeine nieder; dann vertauschte er den blonden Schopf mit einem schwarzen, setzte eine blaue Brille auf, wendete die Mütze und – der Schwarze stand vor dem Wirt. Sogar die Gesichtszüge schienen andre geworden zu sein.

Binder verfolgte diese Verwandlung mit Staunen und Freude zugleich. Jetzt hatte er sein seelisches Gleichgewicht wieder gefunden.

„Wer lässt sich so etwas träumen!", rief er begeistert. „Zwei Männer und doch ein und derselbe! Auf diese Weise allerdings – ja, da kann man auch einen Pfiffikus täuschen! Aber wie erklärt sich nun das: Ich bin Ihnen doch nachgelaufen und habe Sie nicht auf der Straße gesehn?"

„Ich bin gar nicht auf die Straße gekommen. Ich war immer nur in Ihrer Küche."

„In der Küche? Dort stecken doch meine Frau, mein Sohn und meine Tochter!"

„Gewiss. Die drei haben mir geholfen."

„Was? – Die haben es gewusst?"

„So ist es. Als ich hier ankam, waren Sie nicht zu Haus; daher stellte ich mich zunächst den Ihrigen vor. Die Verkleidung unternahm ich nur, um mich zu überzeugen, ob auch Ihre scharfen Augen und Ihr heller Kopf nicht hinter meine Schliche kämen."

„Meine scharfen Augen und mein heller Kopf!", wiederholte der Wirt und kraulte sich hinter den Ohren.

„Na, lassen Sie's gut sein – setzen Sie sich wieder zu mir! Ich freue mich, dass wir allein sind. Wir können doch ungestört sprechen?"

„Ganz ohne Sorgen. Jetzt kommen keine Gäste."

„Ihr Bruder hat mich zu Ihnen geschickt in der Überzeugung, dass Sie uns nützlich sein können."

„Sie sollen nicht enttäuscht werden. Ich weiß zwar noch

nicht genau, worum es sich handelt, wenn Sie aber wirklich das Buschgespenst fangen wollen, so bin ich dabei. Nur muss ich Ihnen doch sagen: Das ist sehr schwer und sehr gefährlich."

„Umso schöner der Erfolg, mein lieber Binder! Mit dem Buschgespenst muss und wird es in Kürze ein Ende haben."

„Und was soll ich dabei tun?"

„Einstweilen noch nichts Bestimmtes. Ich brauche nur allenthalben, bald hier, bald da, einen Menschen, auf den Verlass ist. Dabei hatte ich an Sie gedacht."

„Freut mich", versicherte der Wirt, „freut mich sehr."

„Und weiter möchte ich wissen, ob ich, wenn es sich nötig machen sollte, jederzeit bei Ihnen unterkommen kann."

„Ei versteht sich! Ein Fremdenzimmer ist stets frei."

„Recht so", nickte Arndt. „Das wäre einstweilen das Wichtigste. – Und jetzt muss ich aufbrechen. In einiger Zeit bin ich wieder da. Es würde mir lieb sein, wenn dann das Zimmer bereit wäre. In Verkleidung werde ich mich stets unauffällig als ‚der Fremde' zu erkennen geben."

Mit festem Händedruck verabschiedete er sich – und jetzt endlich konnte ihn der Wirt über die Straße schreiten sehen.

6. Botschaft in geheimer Schrift

Mehrere Stunden später betrat ein Mann mit rotem Haar und rotem Vollbart die Gaststube im ‚Goldenen Ochsen'. Er trug die übliche Kleidung der Gebirgsbewohner, machte aber doch nicht den Eindruck, als ob er ein einfacher Arbeiter wäre. Er gab dem Wirt einen Wink, ihm zu folgen, und so traten sie miteinander hinter die offene Kellertür.

„Was wünschen Sie, Herr?", fragte der Wirt.

„Der Fremde!", klang es leise zurück.

„Zum Teufel, in wievielerlei Gestalten laufen Sie denn eigentlich in der Weltgeschichte umher?", staunte Binder. „Doch Sie kommen mir grad recht. Ich habe Ihnen eine wichtige Mitteilung zu machen."

„Wirklich. So bald schon? Solche Bundesgenossen kann ich gebrauchen. Also, was gibt's?"

„Vor einer Stunde ungefähr waren zwei Männer da, die ich hier noch nie gesehn habe. Da ich durch Sie nun einmal misstrauisch gemacht war, ließ ich die beiden in der Gaststube allein, stellte mich aber draußen hinter die Tür und horchte. Sie sprachen gedämpft und ich verstand nur, dass von einer großen Eiche die Rede war, bei der sie sich Auskunft holen wollten. Vor vielleicht dreißig Minuten sind die beiden aufgebrochen."

„Vor dreißig Minuten? Dann habe ich keine Zeit zu verlieren. Zu Fuß ist der Weg zu weit. Kann man hier nicht irgendwo ein Pferd auftreiben?"

„Hm! Einen alten Klepper könnte ich Ihnen geben. Wollen Sie etwa reiten?"

„Gewiss."

„O weh, das ist gewagt! Der Braune hat seit Jahr und Tag keinen Menschen auf dem Rücken gehabt."

„Tut nichts, werde schon mit ihm fertig werden. Ich muss schnell heim und darf nichts unversucht lassen. Den Gaul bringe oder schicke ich morgen wieder."

„Ist schon gut", meinte der Wirt und eilte davon.

Wenige Minuten später trieb Arndt den Klepper zur Stadt hinaus in den dämmernden Abend.

Als er Dorf Hohenthal fast erreicht hatte, bog er ab; er wollte sich so im Ort nicht blicken lassen, um kein Aufsehen zu erregen. Dann lenkte er wieder in die Straße zum Forsthaus ein. Hier erblickte er nach kurzer Zeit vor sich einen Mann, den er bald einholte. Er hielt das Pferd an.

„Ah! Sie sind es!", rief er. „Guten Abend!"

Eduard Hauser musterte erstaunt Reiter und Pferd.

„Guten Abend!", gab er den Gruß zurück. „Womit kann ich dienen?"

„Dienen? Ach so! Sie kennen mich nicht." Arndt fuhr sich mit der rechten Hand vom linken Ohr zum rechten Ohr. „Ich bin..."

„Ah! Jetzt habe ich Sie freilich nicht erkannt. Gut, dass ich Sie treffe. Ich bin auf dem Weg zu Ihnen."

„Zu mir? So haben Sie etwas Wichtiges zu berichten?"

Der junge Hauser nickte eifrig.

„Ob ich Recht habe oder nicht, kann ich ja nicht sagen, aber ich glaube fast, eine bedeutsame Entdeckung gemacht zu haben, die..."

Arndt unterbrach ihn.

„Warten Sie! Ich merke schon, hier ist eine längere Besprechung nötig. Eigentlich habe ich ja nicht viel Zeit, weil ich schleunigst nach dem Forsthaus muss. Aber ich werde trotzdem absteigen und..."

Jetzt war es Eduard, der dem andern ins Wort fiel.

„Nicht doch! Reiten Sie nur im Schritt weiter! Es kann sogar schon ein ganz kräftiger Schritt sein. Ich habe eine gesunde Lunge und laufe nebenher. So verlieren Sie keine Zeit und können doch anhören, was ich Ihnen zu sagen habe."

„Einverstanden", nickte Arndt. „Vorwärts also! Und nun erzählen Sie!"

Eduard hielt sich mit der rechten Hand leicht am Zaumzeug des Gauls fest und stapfte so wacker neben dem Reiter her dem Wald zu. Dabei erstattete er ausführlich Bericht.

„Sie müssen wissen, dass ich heute leichtsinnig gewesen bin und in der Schenke ein Bier getrunken habe."

„Oho!", lächelte Arndt.

„Ja, das habe ich getan, aber ich hatte meine guten Gründe dazu. Ein Bekannter des Vaters bat mich, dem Wirt etwas auszurichten. So bin ich in die Schenke gekommen. Es war am zeitigen Nachmittag. Und nun passen Sie auf! Als ich in die Gaststube trete, sitzen da zwei Männer, die ich nicht kenne. Sie sind bestimmt nicht aus dem Ort. Ich sehe sie mir oberflächlich an und denke bei mir: Gefallen könnten dir die beiden eigentlich nicht! Da merke ich, dass mich der eine scharf mustert und sich dabei das Auge wischt. Das wäre mir noch nicht aufgefallen, aber dann machte es der andre genauso. Und dann ging plötzlich die Tür auf und es erschienen noch ein paar Einheimische; die wischten sich auch das Auge. Da wurde ich stutzig."

Arndt hörte dieser Erzählung aufmerksam zu und nickte vor sich hin.

„Ich muss Sie loben, Eduard Hauser. Sie haben eine gute Beobachtungsgabe. Jetzt vor allem eine Frage: Mit welcher Hand griffen die Leute nach welchem Auge?"

„Alle mit der rechten nach dem rechten."

„Also ein geheimes Erkennungszeichen. Und nun weiter! Wer waren die Einheimischen, die hinzukamen?"

„Leute, über die man nicht gerade gut spricht im Ort."

„Unterhielten sie sich mit den zwei Fremden?"

„Sie fingen ein Gespräch an und saßen dann alle an einem Tisch. Aber es wurde nichts Verdächtiges geredet. Ich habe eine ganze Weile zugehört. Zu diesem Zweck habe ich mir eben das Bier gekauft, ich wollte unauffällig bleiben können. Aber dann musste ich doch gehen.

Sonst wäre der Wirt misstrauisch geworden und die Einheimischen wohl auch. Man weiß doch, dass ich kein Geld habe, um mich in die Schenke zu setzen."

„Und was haben Sie weiter getan?", forschte Arndt. „Haben Sie sich etwa auf die Lauer gelegt, um zu sehn, was die Männer dann begannen?"

„Das wollte ich tun. Aber es dauerte mir schließlich zu lange. Und so bin ich auf einen andern Gedanken gekommen. Mir fiel die alte Eiche ein, bei der Ihrer Ansicht nach die Pascher geheime Zusammenkünfte abhalten. Der Förster Wunderlich hat mir davon erzählt, als ich ihn auf Ihr Geheiß nach dem Erkennungszeichen fragte. Ich konnte den Gedanken nicht loswerden, es gäbe da heut vielleicht ein Treffen der Schmuggler. Deshalb bin ich schleunigst heimgelaufen und habe mir ein Bettlaken geholt. Es steckt hier unter meiner Jacke. Und nun wollte ich zu Ihnen ins Forsthaus, um Sie aufzufordern, mit mir den Männern nachzuspüren."

„Das haben Sie alles ausgezeichnet gemacht", erklärte Arndt. „Vor allem finde ich es großartig, dass Sie sogar an das Betttuch gedacht haben. Kommen Sie mit zum Forsthaus! Nachher beobachten wir draußen den Platz bei der Eiche. Oder – ich habe noch einen besseren Einfall. Ich reite allein heim und komme später nach. Sie aber gehen voraus zur Eiche. Trauen Sie es sich zu, sich dort unbemerkt anschleichen zu können?"

„An die Eiche, meinen Sie? Oh, das traue ich mir schon zu! Kein Mensch soll mich bemerken."

„Nun, so wollen wir's versuchen. Gehen Sie also zur Eiche und beobachten Sie, was dort geschieht! Ich komme nach. Wenn ich mich recht entsinne, steht in unmittelbarer Nähe der Eiche eine große Tanne oder Fichte. Stimmt das?"

„Es ist eine Fichte."

„Ihre unteren Zweige sind sehr breit und dicht und hängen fast bis auf den Boden herab. Das gibt ein gutes

Versteck für Sie. Aber seien Sie vorsichtig, dass Sie den Schnee nicht von den Zweigen schütteln!"

Arndt ritt davon. Als er am Forsthaus abstieg, trat der Förster aus der Tür, um sich den unerwarteten Reiter genauer zu betrachten.

Lachend fuhr Arndt mit der rechten Hand vom linken zum rechten Ohr.

„Ich bin's, Herr Vetter!"

„Alle Teufel! Sie? Wo haben Sie denn diese Mähre aufgetrieben?"

„Sie stammt aus dem ‚Goldenen Ochsen'. Kann sie hier Unterkunft finden?"

„Also ein Ochsen-Gaul! Ei, freilich! Ich werde ihn in den Stall bringen. Morgen früh mag ihn der Försterbursche in die Stadt zurückbringen, wenn Sie ihn nicht mehr brauchen. Gehen Sie einstweilen in die warme Stube!"

„Danke. Ich muss gleich wieder fort. Lassen Sie mir, bitte, etwas zu essen auf meine Stube stellen, damit ich es bei der Rückkehr dort vorfinde!"

Der alte Wunderlich nickte zustimmend. Dann brachte er seinen Mund dicht an das Ohr des Geheimen.

„Vorsicht, Herr Vetter! Ein Grenzer war hier, ein junger Kerl, der zuweilen zu mir kommt. Er hat einen kleinen Narren an mir gefressen und weiß, dass ich dichthalte. Er sprach davon, dass es heut einen guten Fang geben würde."

„Nannte er den Ort?"

„Den wusste er selber noch nicht; aber aus den Vorbereitungen schließt er, dass es sich um einen ‚Finkenfang' handelt."

„Ich verstehe. Der Mann wollte nicht plaudern und doch deutlich sein. Er spielte auf den Ort an, der so genannt wird. Na, wir werden sehn."

Arndt eilte in sein Stübchen, legte seine Verkleidung ab, steckte alles Nötige zu sich und schlich auf Umwegen nach der Eiche. In ihrer Nähe kam ihm eine Gestalt entgegen und er fand grad noch Zeit, sich hinter einem Baum zu verstecken; die Gestalt huschte vorüber. Nun setzte Arndt seinen Weg mit doppelter Vorsicht fort und gelangte endlich an die breitästige Fichte.

Er bückte sich unter die schneebeladenen Zweige.

„Hier bin ich", hörte er die gedämpfte Stimme Eduard Hausers. „Kommen Sie her! Ich rücke zur Seite."

So vorsichtig schlüpfte Franz Arndt in das Versteck, dass sich die Zweige fast überhaupt nicht bewegten; kaum ein Stäubchen der Schneelast fiel herab. Dann lagen die beiden nebeneinander. Kein Mensch, selbst wenn er in nächster Nähe vorübergegangen wäre, hätte vermuten können, dass vier Augen und vier Ohren hier wachten.

„Unterwegs begegnete mir einer. War schon jemand hier?", fragte Arndt.

„Schon mehrere."

„Haben Sie nicht den einen oder den andern erkannt?"

„Nicht einen. Die Männer waren alle dicht vermummt. Sie machten sich am Stamm der Eiche zu schaffen und brannten dabei Streichhölzer an."

„Streichhölzer? Eine Unvorsichtigkeit, die man den Paschern eigentlich gar nicht zutrauen sollte! – Doch weiter! Was geschah dann?"

„Sie hielten etwas in der Hand, vermutlich ein Zettelchen, das sie lasen."

„Es muss irgendeine Weisung enthalten haben. Wurde der Zettel mitgenommen?"

„Nein. So viel ich beobachten konnte, haben sie ihn jeweils wieder an der alten Stelle versteckt."

„Es muss also doch ein Loch im Stamm der Eiche sein! Ich hab's nur nicht gefunden. Vielleicht ist's mit einem Stück Rinde künstlich verschlossen. Wir werden nachher – doch Halt! Still!"

Eine dunkle Gestalt kam durch den Schnee gestapft, trat an den Baum, langte mit der Hand hoch, zog sie wieder herab und brannte ein Streichholz an. Arndts scharfe Augen erkannten, dass der Mann jetzt einen Zettel in der Hand hielt, den er aufmerksam betrachtete. Dann erlosch das kleine Licht. Der Mann schien den Zettel wieder am alten Ort zu verbergen, schließlich ging er eilig davon.

„Haben Sie gut aufgepasst?“, fragte Arndt.

„Ja. Aber auch dieser Mann war nicht zu erkennen. Dafür weiß ich jetzt, in welcher Höhe sich das Versteck befindet. Soll ich hinaus und den Zettel holen?“

„Keine Übereilung! Warten wir noch!“

Es verging eine geraume Weile, dann glaubten sich die beiden Lauscher sicher. Sie erhoben sich und traten, in den Fußtapfen der andern schreitend, an die Eiche. Hauser griff am Stamm hoch.

„Hier ist ein kleines, dürres Aststümpfchen“, sagte er. „Ah, ich hab's! Man muss einfach dran ziehen. Es ist der Griff zu einem Kästchen, das hier in ein viereckiges Loch eingelassen ist. Sehn Sie, Herr Arndt?“

Er hielt etwas in der Hand.

Arndt wandte sich mit dem Rücken gegen das Dorf, breitete das Betttuch aus, das er mitgenommen hatte, legte es sich wie einen Mantel um und ließ so verstohlen seine kleine Blendlampe aufleuchten.

„Merkwürdiger Briefkasten!“, sagte er. „Na, wir sind auf dem Kriegspfad und da muss uns das Briefgeheimnis gleichgültig sein. Geben Sie bitte her! Aha, ein Befehl aus dem Hauptquartier: ‚Punkt ein Uhr im Haingrund.‘ Hm! Es sind gerissene Burschen, die wir gegen uns haben, und wir müssen uns hüten, ihnen jemals in die Finger zu geraten. Da streuen sie falsche Gerüchte aus, lassen die Grenzer wissen, es gäbe heut beim Finkenschlag etwas zu schnappen – und inzwischen machen sie ihren Raub in aller Gemütsruhe im Haingrund. Verdammte Kerle! – Fort also! Das Kästchen an seine Stelle! – Wir müssen zum Haingrund oder...“

Eduard Hauser hatte das Kästchen mit dem Zettel schon

wieder im Versteck untergebracht. Da zog ihn Arndt am Ärmel mit sich fort.

„Es kommt jemand. Ich hörte Äste knacken. Schnell wieder unter die Fichte, aber nur in den ausgetretenen Fußtapfen, damit unsre Spur von uns aus nicht unmittelbar dorthin läuft und uns verrät!"

Die beiden duckten sich mit ihren Bettüchern auf den Schnee und schlichen wieder unter die Fichte. In der Tat, nach kaum einer Minute nahte wieder ein Pascher, der beim Schein eines Streichhölzchens den Zettel las und sich dann entfernte. Bezeichnend für die genauen Anweisungen, nach denen die Schmuggler handelten, war es, dass keiner das abgebrannte Zündholz achtlos fortwarf. Auch bemühte sich jeder, so in den vorhandenen Spuren herumzutreten, dass keine klare Fährte blieb. Als der Mann außer Sehweite war, kroch Arndt unter dem Baum hervor.

„Würden Sie es noch ein Stündchen hier aushalten können?", fragte er Eduard dabei.

„Warum nicht?"

„Gut, so werde ich jetzt dem Finkenschlag einen Besuch machen."

„Werden Sie ihn auch finden?"

„Seien Sie ohne Sorge, Hauser! Verhalten Sie sich nur bis zu meiner Rückkehr ruhig! Ich würde hier gern noch warten, aber vom Finkenschlag bis zum Haingrund ist's eine gute Stunde. Man muss die Grenzer also sofort benachrichtigen, wenn der Streich der Pascher vereitelt werden soll. Ich kehre vermutlich nach Ablauf einer Stunde zurück."

Der Haingrund war ein bewaldetes Tal, das sich mitten durch den tiefen Forst im rechten Winkel zur Grenze hinzog. Ungefähr eine Stunde davon entfernt lag der Finkenfang, ein stiller, öder Platz im tiefen Wald, felsig und ohne Busch oder Baum. Als Arndt diesen Ort erreicht hatte, blieb er stehen und stieß einen Pfiff aus.

Nichts rührte sich.

Hinter einem nahen Felsstück kauerten zwei Grenzer als vorgeschobene Wachen.

„Ein schlauer Bursche!“, flüsterte der eine dem andern zu. „Er will prüfen, ob jemand hier ist.“

„Wir werden uns hüten, auf seinen Pfiff zu antworten. Dann wäre es mit dem Fang vorbei. Ihm können wir nichts tun und die andern reißen aus.“

Arndt pfiff abermals. Wieder ohne jeden Erfolg.

„Sind Grenzer hier?“, rief er jetzt laut.

„Ich möchte dem Frechdachs eins auf den Schnabel geben, dass er vergisst, ihn je wieder aufzureißen!“, brummte der eine Grenzbeamte. „Meinen Kolben auf deinen verdammten Schädel!“

Aber der Kamerad zupfte ihn am Koppel.

„Rasch um die andre Ecke! – Er kommt hier vorüber!“

Sie huschten um einen Felsvorsprung, denn Arndt näherte sich ihnen bedenklich. Er blieb stehen und betrachtete den Boden.

Die beiden Grenzer hörten, dass er ein kurzes, leises Lachen ausstieß.

„Bitte, meine Herren Grenzer“, sagte er jetzt halblaut, „ich habe Ihre Besuchskarte im Schnee gesehn. Ersparen Sie mir die Mühe, Ihren vier Fußtapfen nachzulaufen! Auch habe ich wenig Zeit. Ich suche Sie, um Ihnen eine wichtige Mitteilung zu machen.“

Aber auch diese Worte blieben ohne Antwort.

„Nun“, fuhr Arndt mit erhobener Stimme fort, „so werde ich ein Stück gradaus gehen, damit Sie sehn, dass ich nicht etwa einen Verbündeten hinter mir habe.“

Er setzte ruhig seinen Weg fort. Das schien das Vertrauen der beiden Posten zu stärken. Plötzlich erhob sich grad vor Arndt ein Mann aus dem Schnee. Er hielt den blanken Degen in der Rechten und einen Revolver in der Linken.

„Halt!“, gebot er mit unterdrückter Stimme. „Bleiben Sie stehn und sprechen Sie leise! Wer sind Sie?“

„Sie können Ihr Schießeisen ruhig wegnehmen. Diese Dinger haben manchmal die unangenehme Gewohnheit, von selber loszugehn, und es..."

In diesem Augenblick tauchten wie auf ein Zeichen mehrere Gestalten hinter verstreuten Felsstücken auf. Und noch immer zielte die Mündung des Revolvers auf Arndt.

„Wollen Sie uns etwa foppen?", rief der Grenzer gereizt.

„Foppen?", fragte Arndt zurück. „Das wäre ein schlechter Scherz bei dieser Kälte, zu dieser Stunde und an diesem Ort. Nein, ich komme, um Sie davor zu bewahren, dass andre Sie foppen!"

„Andre? Wieso?"

„Sie erwarten die Pascher hier, aber die denken nicht daran, zu kommen. Man hat Sie mit Vorbedacht irregeführt. Die Herrschaften, auf die Sie hier lauern, werden inzwischen durch den Haingrund ungestört über die Grenze gehen!"

„Treiben Sie Ihre Späßchen nicht zu weit, mein Herr!"

„Sie haben eine sonderbare Art, freiwillige Helfer zu behandeln", verwahrte sich Arndt. „Fürchten Sie sich etwa vor mir? Sie haben doch Ihre Leute und ich bin allein. Also seien Sie friedlich und betrachten Sie sich diese Karte!"

Der Offizier nahm die Karte mit ausgestrecktem Arm und warf einen Blick darauf; aber es war zu dunkel, um sie zu entziffern.

„Günther, die Laterne!"

Einer der Grenzer ließ den Schein einer bisher verdeckten Blendlaterne auf die Schriftzüge fallen.

„Inhaber dieses ist von allen Behörden auf Verlangen weitestgehend zu unterstützen."

Darunter stand, mitten durch den großen Stempel hindurch, der markige Namenszug des Polizeichefs der Kreisstadt.

„Donner und Doria!", murmelte der Grenzoffizier zwischen den Zähnen und stieß den Revolver in den Halfter. „Herr, warum sagen Sie das nicht gleich?"

„Weil Sie es vorzogen, zunächst verborgen zu bleiben und mir dann nur Misstrauen zu zeigen."

„Verzeihung, aber ich habe es hier mit ganz abgefeimten Leuten zu tun!“

„Weiß ich. Deshalb bin ich ja hier. Die Pascher versammeln sich Punkt ein Uhr im Haingrund.“

„Teufel auch! Und wir klappern hier seit einer Stunde mit den Zähnen und fangen Finken. Aber Sie werden zugeben, dass ich mich in einer keineswegs beneidenswerten Lage befinde. Entblöße ich diesen Platz, um meine Leute nach dem Haingrund zu führen, so...“

„...so jagen Sie den Paschern die Beute ab“, fiel Arndt ein.

„Oder“, meinte der Offizier, immer noch ein wenig misstrauisch, „sie schlagen mir ein Schnippchen und kommen ausgerechnet hierher!“

Arndt hob die Schultern.

„Sie verstehen, dass ich Ihnen nur Winke und Ratschläge geben kann. Die Befugnis, in Ihre Befehlsgewalt einzugreifen, besitze ich nicht. Die Entscheidung steht bei Ihnen. – Gute Nacht!“

Schon eine halbe Stunde später kroch Arndt wieder unter die Fichte zu Eduard Hauser.

„Ist noch etwas vorgefallen?“, fragte er mit leiser Stimme.

„Ein paar Schmuggler sind noch gekommen, um den Zettel zu lesen; aber seit etwa einer Viertelstunde ist alles still hier.“

„Ich schlage vor, wir warten trotzdem noch ein Weilchen. Frieren Sie sehr?“

„Es ist auszuhalten.“

So ließen sie wohl noch eine Viertelstunde verstreichen, dann erst wagten sie sich aus ihrem Versteck hervor und schritten hinüber nach der Eiche.

„Jetzt werden wir nach menschlichem Ermessen vor Überraschungen sicher sein“, meinte Arndt. „Sehn wir zuerst nochmals nach dem geheimen Briefbehältnis!“

Er zog das dürre Aststümpfchen heraus und hatte sogleich das Kästchen in der Hand.

„Licht!“, gebot er. „Hier ist meine kleine Laterne und da sind auch Zündhölzer. Brennen sie an!“

Eduard gehorchte und Arndt beleuchtete das Innere des Kästchens. Es enthielt noch immer den Zettel mit der Weisung zum Haingrund. Eduard wollte das winzige Ding schon in das Baumloch zurückschieben, da packte ihn Arndt beim Arm.

„Halt! Der Boden des Kästchens sieht fast aus, als wäre er mit Papier beklebt! – Richtig – und es steht etwas darauf!“

Er brachte das Licht näher heran und sah genauer hin.

„Es sind Ziffern“, sagte er endlich. „Warten Sie! Ich werde sie mir schnell abschreiben; allzu lange dürfen wir nicht mehr verweilen.“

Er zog sein Taschenbuch hervor und vermerkte sich folgende Zahlen:

25. 6. 8. 16. 6. 13. 20. 7.
15. 25. 6. 24. 21.
8. 23. 18. 25. 23. 18. 7.

Dann blies er die Laterne aus, steckte das Buch ein und schob das Kästchen an seinen Ort zurück.

„Wissen Sie, was diese Ziffern zu bedeuten haben?“, fragte Eduard.

„Vorläufig nicht. Aber ich denke, es ist eine Art Geheimschrift. Doch jetzt fort! Kommen Sie!“

„Wohin?“

„Ins Dorf. Dahin ist es näher als zum Forsthaus. Ich muss die Geheimschrift entziffern und kann Sie dabei vielleicht brauchen.“

„Dann gehen Sie auf ein Weilchen mit zu uns, Herr Arndt! Meine Eltern werden schon schlafen, die Geschwister erst recht.“

„Gut! Gehen wir zu Ihnen!“

Sie begegneten keinem Menschen und erreichten die

Wohnung Hausers unbemerkt. Arndt sah sich in dem ärmlichen Zimmer der Weberfamilie um und schüttelte den Kopf.

„So also wohnen, leben und arbeiten Sie!“, sagte er leise, wie in tiefer Rührung. „Hoffen wir, dass Sie bald am Ende aller Not sind!“

Sie setzten sich an den Tisch und Arndt zog sein Merkbuch hervor. Eduard schrieb auf Geheiß des Detektivs ebenfalls die Zahlen auf, um beim Entziffern zu helfen.

„Wie es scheint, sind es drei Worte“, meinte Arndt.

„Und jede Ziffer bedeutet einen Buchstaben?“

„Vielleicht. Aber für welchen Buchstaben steht die einzelne Ziffer? Das ist die Frage.“

„Wohl einfach dem Abc nach!“

„Das wäre allzu durchsichtig! Aber versuchen wir es einmal!“

Doch auf diese Weise ergaben die Ziffern der ersten Reihe kein vernünftiges Wort.

„Es geht nicht“, meinte Eduard enttäuscht.

„So schnell dürfen wir den Mut nicht sinken lassen“, lächelte Arndt. „Außerdem wird es wohl nicht grad eine sehr schwierige Geheimschrift sein, denn die Pascher sind keine gelehrten Leute. Der Schlüssel muss ihrer Bildung entsprechen, das heißt, auch das einfachste Mitglied der geheimen Gesellschaft muss die Schrift handhaben können und das ist möglicherweise ein Mann, der nur gerade lesen und schreiben gelernt hat.“

„Allerdings.“

„Und das Naheliegendste für solche Leute, wenn es doch etwas Schwieriges und Geheimes sein soll, wäre das Abc rückwärts.“

„Ah, rückwärts!“, rief Eduard eifrig. „Dann bedeutet also A 25 und Z 1?“

„So ist es.“

Eduard beugte sich eine Weile über die Buchstaben, dann fuhr er wieder hoch.

„Ich hab's!"

Er hatte die Zahlen in eine Reihe geschrieben und die Buchstaben darunter gesetzt, sodass es folgendermaßen aussah:

25	6	8	16	6	13	20	7
A	u	s	k	u	n	f	t

„Auskunft – richtig!", sagte Franz Arndt, der Eduard absichtlich gewähren ließ. Nun reihte er selber nach dem gleichen einfachen Schlüssel die entsprechenden Buchstaben unter die weiteren Zahlen.

So entstand folgendes Bild:

15	25	6	24	21
L	a	u	b	e

8	23	18	25	23	18	7
S	c	h	a	c	h	t

„Na, da sind wir schon einen Schritt weiter: Auskunft – Laube – Schacht!", schmunzelte Arndt. Doch dann zog er die Brauen hoch. „Aber, hm, Laube! Sollte es dort eine Laube geben, in der..."

„O nein!", fiel Eduard ein. „Nicht eine, sondern einen Laube gibt es dort! Der Schachtmeister heißt so."

„Prächtig! Schachtmeister Laube! – Was für ein Kerl ist das?"

„Unfreundlich und verschlagen", lautete Eduards Auskunft. „Man weiß grad nichts Schlechtes von ihm, aber auch nichts Gutes."

„Das sind meist die Schlimmsten. Wann hat er die Wache?"

„Nur des Nachts."

„Und wo wohnt er? Oben im Werk?"

„Ja. Seine Wohnung liegt einem alten Schuppen gegenüber, nahe bei der großen Esse. Wollen Sie mit ihm sprechen?"

„Später. Für heute können wir mit dem Erfolg unsrer Bemühungen zufrieden sein. Weiterhin beobachten Sie vor allem zweierlei: Zurückhaltung und Vorsicht! Gehen Sie nur dann zur Eiche, wenn Sie begründeten Verdacht hegen, und untersuchen Sie das Kästchen nicht ohne Not!"

„Ich werde mich ganz nach Ihren Weisungen richten. Wann brauchen Sie mich wieder?"

„Das kann ich jetzt noch nicht sagen. Eigentlich hatte ich an morgen Abend gedacht, aber da fällt mir ein, morgen ist ja der Maskenball."

Eduard Hauser, der eben noch so lebendig und tatkräftig gewesen war, senkte plötzlich wie schuldbewusst den Kopf.

„Ja, morgen ist der Maskenball."

„Und Sie wollen wirklich hingehn?"

„Ich muss doch."

Um Arndts Lippen spielte ein feines Lächeln.

„Nun freilich, Sie müssen! Herzensangelegenheiten sind in einem gewissen Lebensalter die allerwichtigsten Dinge. Ich habe auch gar nichts dagegen", fuhr er fort, da er sah, dass Eduard ihn so seltsam scheu von der Seite anblickte, „aber ich kann mir nicht helfen, mir ist die Sache ein wenig unbehaglich. Sie wollen da in eine geschlossene Gesellschaft hinein. Ich habe mir die Geschichte nämlich durch den Kopf gehen lassen. Sie wollen dort Ihr Engelchen beschützen. Wie denken Sie sich eigentlich das alles?"

„Das Beschützen?", fragte Eduard treuherzig.

Arndt lachte.

„Danach habe ich nun weniger gefragt. Ich meinte das Eindringen in die geschlossene Gesellschaft. Sprechen Sie sich doch einmal aus! Haben Sie Vertrauen zu mir!"

Eduard hatte gewiss kein schlechtes Gewissen gehabt, als er damals in der Stadt die Anstecknadel an sich nahm und jenen Brief schrieb, der mit dem Wort ‚Buschgespenst' unterzeichnet war, den Brief, der den Kaufmann Strauch vom Besuch des Maskenfestes fern halten sollte. Er hatte blind darauf zu gehandelt, wie es unüberlegte Jugend zu tun pflegt. Und wenn er sich dabei eines bedenklichen Kniffs bedient hatte, so war das nicht in seinem Wesen begründet, sondern in den Verhältnissen seiner Umgebung. Eduard Hauser war ein Kind des armen Weberdorfes Hohenthal, wo das Buschgespenst umging, wo die Leute sich vor diesem Popanz fürchteten und ihn als etwas notwendig Gegebenes, aber auch als etwas tatsächlich Vorhandenes hinnahmen, als ein Ding, mit dem man rechnen musste.

Das war eine Art Scheinwelt. Und sonderbar, vor den strengen, klaren Augen des Detektivs brach diese Scheinwelt im Innern Eduard Hausers plötzlich in sich zusammen. Der junge Mensch schämte sich instinktiv seiner Tat, fühlte, dass er, bewusst oder unbewusst, dem Gönner seinen Streich bisher verschwiegen hatte und kämpfte nun mit sich selbst um den Mut zum Geständnis.

Aber nun war er so weit. Er beichtete. Er erzählte Arndt von dem Brief.

Und nun erlebte er, was er im Stillen befürchtet hatte. Arndt machte fast ungläubige Augen. Seine Züge wurden streng und abweisend. Und streng und abweisend klang auch sein Wort.

„Das hätten Sie freilich nicht tun dürfen. Sie scheinen gar nicht zu wissen, dass Sie sich dadurch in vieler Hinsicht in große Gefahr begeben haben."

„Mit dem Brief?", fragte Eduard kleinlaut.

„Ja", sagte Arndt hart und kurz, „vor allem mit dem Brief: Sie sind doch kein Kind. Sie mussten wissen, was Sie tun. Der Brief ist eine Fälschung und noch mehr."

Der junge Mensch aus dem Gebirge begriff das kaum und zeigte damit dem Detektiv, der doch ein Sohn der gleichen Heimat war und in solchem Fall mitzufühlen verstand, mit dürftigen Worten die ganze Arglosigkeit seiner Seele auf. Und da Arndt auch hier der Verstehende war, strengte er kein langes Verhör an, sondern nahm Unabänderliches als unabänderlich.

„Gut", sagte er, „was geschehen ist, ist geschehn. Dieser Brief ist nun einmal da und wir müssen damit rechnen, auch mit den Folgen. Für den Maskenball dürfte das alles ganz günstig sein für Sie. Gehen Sie hin und wachen Sie über Ihrem Engelchen! Ich – ich werde mir wahrscheinlich erlauben, ein wenig die Oberaufsicht zu führen."

So kam es, dass Eduard Hauser an diesem Abend recht kleinlaut und gedemütigt zurückblieb, während sich Franz Arndt einigermaßen verdrießlich auf den Weg nach dem Forsthaus machte.

Er fand dort in seiner Stube das bestellte Abendbrot pünktlich bereit. Der Hunger war vorhanden, aber es schmeckte ihm nicht. Nach dem Essen nahm er ein Buch vor und dachte wieder zurück an die Ereignisse des Tages. Vor ihm gaukelten der Haingrund und der Finkenfang. Das war wie ein Gespenstertanz. So fand er keine Andacht zum Lesen und schließlich wurde er auch noch aufgeschreckt durch einen Schuss.

Bei dem einen Schuss blieb es übrigens nicht, es fielen noch mehrere. Arndt horchte durch das geschlossene Fenster. Das war Gewehrfeuer. Er wusste, worum es ging.

Und er war nicht der Einzige, der das hörte; denn schon nach kurzer Zeit polterte der schwere Schritt des Försters über den Flur und ein Finger pochte an der Tür.

„Schlafen Sie schon, Herr Vetter?"

„Nein. Bitte treten Sie ein!"

Der Alte schob sich in die Stube.

„Haben Sie das Schießen gehört?"

„Gewiss. Es war im Haingrund."

„Das wissen Sie?"

„Die Grenzer und die Pascher sind dort aneinander

geraten. Ich selber habe die Beamten darauf aufmerksam gemacht, dass das Buschgespenst heut durch den Haingrund über die Grenze gehen will."

Zu dieser Nachricht machte der brave Wunderlich große Augen. Er musterte seinen Gast mit ehrfürchtigem Staunen, denn ihm dämmerte jetzt die Gewissheit, dass es der Tatkraft dieses Mannes gelingen würde, endlich mit der Landplage der Grenzorte, mit dem Buschgespenst, aufzuräumen.

7. Ein Wagnis

Auch Eduard Hauser vermochte in dieser Nacht nicht zu schlafen. Freilich aus einem andern Grund als Vetter Arndt. Seine Gedanken weilten bei Angelika und das raubte ihm die Ruhe.

Am andern Morgen, dem Fastnachtsdienstag, fand er die Eltern und Geschwister mit den neuen Hausbewohnern, den Kindern des Schreibers Beyer, schon beim Kaffee. Da nicht genügend Stühle vorhanden waren, hatten sich die Kleinen auf eine alte Kiste gehockt.

Soeben klopfte es an die Tür und der alte Dorfbader trat ein.

„Guten Morgen!", grüßte das Männchen und rieb sich die frostroten Hände.

Er sog verwundert den Duft des Kaffees ein.

„Was ist denn das, Gevatter Hauser?", staunte er. „Ihr lebt ja heut in Saus und Braus! Das riecht ja bei euch wie Kindstaufe!"

„Ist auch beinahe so", lachte Frau Hauser. „Wollt Ihr eine Tasse mittrinken?"

„Oho, das ist eine feine Einladung! Zwei für eine und drei für zwei! Ihr scheint mir plötzlich reich geworden zu sein!", schmunzelte der Bader neugierig und quetschte sich auf die Ecke der Kiste, die die Kinder für ihn frei machten. „Solch einen ausgezeichneten Kaffee habe ich noch nie auch nur von fern gerochen. Und gar Zucker dazu? Na, das nehme ich natürlich an. Aber ich nehme es nicht umsonst. Ich bringe dafür großartige Neuigkeiten."

Neuigkeiten! Das Wort ließ die Familie Hauser aufhorchen. Der Bader sah sich plötzlich im Mittelpunkt der Aufmerksamkeit und lächelte geschmeichelt. Er dämpfte geheimnisvoll seine Stimme.

„Ich glaube, sie haben das Buschgespenst erwischt."

„Das Buschgespenst? – Erwischt?"

Das war wie ein atemloses Aufhorchen in der armseligen Weberstube. Bis Vater Hauser endlich ein Wort fand.

„Das weiße Waldgespenst?"

Mit überlegener Geste wehrte der Bader ab.

„Waldgespenst! Reden wir nicht mehr von dem Kinderschreck! Ich meine den Anführer der Pascher. Nichts andres ist ja das Buschgespenst. Das weiß ich nun aus zuverlässiger Quelle."

„So, so", machte der Weber. „Das habe ich freilich auch schon vermutet. Also – man hat diesen Anführer gefangen?"

Der Bader kroch ein wenig in sich zusammen.

„Den Anführer freilich noch nicht."

„Aber seine Leute?"

„Die auch noch nicht."

Eduard hätte am liebsten hell aufgelacht. Der alte Hauser war ärgerlich, seine Frau enttäuscht. Und die Kinder machten dumme Gesichter.

Da versuchte der Bader seine Ehre zu retten, setzte eine wichtige Miene auf und begann von neuem:

„Aber man hat die Pascher gestellt, gestellt, liebe Leute. Das ist schon etwas. Nachts im Haingrund ist das geschehn. Und nun kommt die Hauptsache. Die Grenzer, die immer im Dorf herumhorchen, erhielten gestern irgendwie die Nachricht zugetragen, am Finkenfang sei etwas los. Na, was tun die Leute? Sie machen sich auf und legen sich dort in Schnee und Kälte hinter die Felsbrocken, um die Pascher zu empfangen. Aber sie warten und warten und nichts ereignet sich. Da kommt plötzlich ein fremder Mann und sagt ihnen, sie würden hier nur zum Narren gehalten. Um ein Uhr würden die Pascher durch den Haingrund über die Grenze gehen."

Staunendes Schweigen folgte diesem Bericht. Die Tatsache an sich war schon unerhört. Weiter war – zum mindesten für Frau Hauser – mit einmal die Grenze zwischen Buschgespenst und Mensch verwischt. Hier sprachen ja

Tatsachen davon, dass dieses Buschgespenst wirklich nichts weiter sei als ein Anführer der Schmuggler. Und nun zum Dritten, die Erwähnung des geheimnisvollen Fremden, der die Grenzbeamten auf einen groben Irrtum hingewiesen hatte, auf eine Täuschung, der sie beinahe zum Opfer gefallen wären.

Eduard war der Erste, der die Sprache wieder fand.

„Ein Fremder?“, fragte er.

Der Bader nickte.

„Freilich, ein gänzlich Unbekannter. Die Grenzer haben ihm erst nicht getraut, aber schließlich sind sie doch nach dem Haingrund aufgebrochen und richtig, dort ist ihnen ein ganzer Pascherzug in die Hände gelaufen. Das heißt“ – der Berichterstatter dämpfte jetzt ein wenig den Überschwang seiner Freude – „die Kerle haben nur die Lasten weggeworfen und sind davongelaufen. So konnte das Paschergut beschlagnahmt werden. Gefangen hat man keinen und man weiß noch immer weiter nichts.“

Das war der Bericht des redseligen Baders über die Ereignisse der vergangenen Nacht. Er hatte mit einem frühern Kunden, einem Grenzer, gesprochen und von ihm alles erfahren.

Eduard Hauser hörte damit nicht allzu viel Neues. Er machte sich nach dem Mittagessen auf den Weg, seinen Domino für den Maskenball zu holen.

Unterwegs begegnete ihm ein alter Bauer mit dichtem Bart und eisgrauen Haaren, auf denen eine abgeschabte, zerrissene Pelzmütze saß. Der Mann qualmte mächtig aus einer dickköpfigen Pfeife.

„Guten Tag, Alter!“, grüßte Eduard.

„Schönen Dank, Junger! Woher des Wegs, wenn man fragen darf?“

„Ich komme von Hohenthal und will zur Stadt.“

„Bist wohl ein vornehmer Kerl?“

„Beinahe“, lachte Eduard, den die seltsame Art des Alten belustigte.

„Das sieht man dir an. Wer Maskenbälle mitmacht, der muss Geld in der Tasche haben."

Dabei blinzelte der Unbekannte Eduard listig zu, während er dem dicken Pfeifenkopf gewaltige Tabakswolken entlockte.

Der junge Hauser wusste nicht, wie ihm geschah. Er hatte den Alten noch niemals gesehen. Wie konnte dieser Fremde eine Ahnung davon haben, dass Eduard heute auf ein Maskenfest gehen wollte?

„Wie meinen Sie das?", fragte er endlich. „Wer sind Sie denn eigentlich?"

Da ließ der Unbekannte die Maske fallen. Das heißt, er sprach plötzlich mit unverstellter Stimme.

„Der Fremde! So, mein Junge, weißt du nun Bescheid? Nicht jeder ist, was er zu sein scheint. Merke dir das!"

Damit wandte er sich zum Weitergehen. Nur über die Schulter hinweg warf er Eduard noch einen Gruß zu.

„Ich Schafskopf!", staunte Eduard hinter ihm her. „Arndt war es, Franz Arndt! Darum also wusste er von dem Fest! Aber, das muss ich gestehn, ihn hätte sein eigner Bruder nicht erkannt!"

Als Eduard bei dem Maskenverleiher eintrat, hatte er ein wenig Herzklopfen. Er fürchtete, Strauch könnte seine Nadel, das Eintrittszeichen zum Kasinoball, vermisst und darum nachgefragt haben.

Während er unsicher um sich schaute, machte der Geschäftsmann eine höfliche Verbeugung.

„Heut kann ich Ihnen etwas Besseres bieten als den Domino, vorausgesetzt, dass Sie einige Mark mehr anlegen wollen."

„Und das wäre?", fragte Eduard mit einem heimlichen Seufzer der Erleichterung.

„Eine prächtige Charaktermaske. Dort! Ein Türke! Kaufmann Strauch hatte ihn für sich bestellt, musste aber leider in letzter Minute durch einen Boten absagen lassen."

Eduard horchte auf. Erstens passte ihm das ausgezeichnet. Jetzt konnte er, falls doch jemand wusste, welches Kostüm Strauch ursprünglich gewählt hatte, getrost an dessen Stelle beim Maskenball erscheinen. Zweitens hatte er nun die Gewissheit, dass Strauch wirklich nicht kam, dass der Brief, der dumme Brief, den Arndt so verurteilte, seine Wirkung getan hatte. Und drittens war es hiermit klar, dass Strauch seine Nadel entweder noch nicht vermisst oder wenigstens nicht zurückverlangt hatte.

Eduard frohlockte, aber er schob diese Gedanken zunächst wieder beiseite.

„Und der Preis?“, fragte er.

„Sechs Mark, abzüglich die Anzahlung.“

Heute brauchte Eduard ja nicht zu knausern. Er zählte die Summe auf den Tisch.

„Packen Sie das Kostüm ein! Hier ist das Geld.“

Dann ging er, froh, diesen Handel erledigt zu haben. Er war überhaupt in jeder Hinsicht froh. Sein Beginnen schien unter einem guten Stern zu stehen.

Als er Hohenthal wieder erreichte, vermied er die Hauptstraße; man sollte das Paket nicht sehen, das er trug. Er befürchtete, man könne erraten, was es enthielt. Daher schlug er den Weg hinter den Häusern ein.

Trotzdem gelang es ihm nicht, unbemerkt heimzukommen. Am Gartenpförtchen des Hofmannschen Grundstücks war Angelika damit beschäftigt, den Schnee wegzufegen und Bahn zu machen.

Ihr Gesicht wurde beim Anblick Eduards glühend rot. Sie wandte sich ab, um den Anschein zu erwecken, als hätte sie ihn nicht gesehen.

Eduard wusste, dass sie ihn nur nicht sehen wollte. Das gab ihm einen Stich durchs Herz. Er fühlte sich tief verletzt, blieb aber dennoch bei ihr stehen und flüsterte ihren Namen.

Engelchen aber drehte ihm weiter den Rücken zu und handhabte den Besen so emsig, dass der Schnee hoch aufstiebte.

„Engelchen!“, wiederholte er.

Sie tat, als hätte sie ihn auch jetzt nicht gehört.

„Angelika!“

Nun erst wandte sie sich ihm halb zu, arbeitete aber weiter, ohne aufzublicken.

„Fräulein Hofmann!“

Jetzt fuhr sie hoch.

„Was wünschen Sie, Herr Hauser?“

Da ging ihm das gute, treue Herz noch einmal auf. Er streckte ihr die Hand entgegen.

„Versöhnung will ich, Engelchen, Versöhnung! Schlag ein!“

Das Engelchen musste schon ein sehr schlechtes Gewissen haben, dass sie diese Herzenstöne nicht hörte und die dargebotene Hand übersah. Aber freilich, Stolz und Hoffart sind böse Dinge und vermögen im Grund einer arglosen Menschenseele gar wohl Schlimmes anzurichten. Also tat Angelika, was ihr einzig übrig blieb, da sie doch das eitle Vergnügen nicht einbüßen wollte. Sie schüttelte den Kopf.

„Ich weiß nicht, was Sie wollen...“

Da fiel ihr Eduard schon ins Wort.

„Aber Engelchen, meine Anrede war doch gar nicht so gemeint. Ich wollte doch nur – ich wollte dich nur aus deiner Starrheit aufreißen. Du hast mich ja gar nicht gesehn. Du hast mich ja gar nicht gehört. Und mir tat das Herz so weh. Engelchen, kannst du denn wirklich so schlecht mit mir sein?“

Sie verteidigte sich immer wieder mit leeren Worten.

„Ich bin nicht schlecht.“ Und da Eduard hierauf zunächst nichts sagte, spann sie schuldbewusst ihre Gedanken selber fort. „Ich weiß schon, was du denkst. Du rechnest es mir als Schlechtigkeit an, dass ich zum Maskenball gehen will, dass ich mir einmal ein Vergnügen leiste, wie es hier nicht alltäglich ist. Wenn du mich wirklich lieb hättest, wenn du nicht nur immer an dich selber dächtest, würdest du mir die harmlose Freude gönnen.“

Jetzt hatte Eduard seine Fassung wieder. Jetzt fand er auch das rechte Wort.

„Ich gönne dir alles, alles wirkliche Glück auf der Welt, Engelchen. Aber was du da suchst, das ist keine harmlose Freude. Das ist ein sehr fragwürdiges Vergnügen."

„So?"

In diesem Augenblick besaß Eduard sogar den Mut, ernstlich böse zu werden. Er trumpfte auf.

„Frag doch nicht so! Du weißt ganz genau, was ich meine. Wenn du mit mir zu einem Vergnügen gingst, so wäre das..."

Da schnitt ihm ein helles, halb übermütiges, halb keckes Lachen das Wort ab.

„Ja, freilich, mit Ihnen, Herr Eduard Hauser! Dann wäre allerdings alles anders. – Eifersucht, Eifersucht!"

Sie raffte wieder den Besen auf und huschte nach der Haustür. Über die Schulter hinweg rief sie dem Verblüfften zu:

„Nach dem Fest sprechen wir uns wieder! Vielleicht ist Ihre Eifersucht dann verraucht!"

Und – husch – war sie im Haus verschwunden.

Eduard strich sich mit der Hand über die Augen wie einer, der einen hässlichen Eindruck verwischen will. Er atmete tief und schwer. Nein, es war alles vorbei, es war alles aus.

Er stieg über den Gartenzaun des elterlichen Grundstücks und versteckte den Maskenanzug dort, wo das Futter für die Ziege aufbewahrt wurde. Die Seinen durften auf keinen Fall ahnen, mit welchen Absichten er sich für den Abend trug.

Der Fastnachtsdienstag pflegt überall ein Tag der Freude und Belustigung zu sein. Aber wer ihn mitfeiern will, braucht Geld, und so kamen denn die Weber, die am Sonnabend ihre Arbeit nicht fertig gehabt hatten, heute in Seidelmanns Kontor, um abzuliefern und den Lohn in

Empfang zu nehmen. Manche hatten sogar des Nachts gearbeitet, um für Fastnacht ein paar Groschen mehr zu erhaschen.

So gab es bei Seidelmann & Sohn am Nachmittag tüchtig zu tun. Erst als es dunkel wurde, ging der letzte Weber fort.

Seidelmanns aßen dann zeitig zu Abend. Nach der Mahlzeit begab sich Fritz abermals in den hinteren Kontorraum, um noch einige Einträge in die Bücher zu machen. Nach kurzer Zeit folgte ihm der Onkel.

„Lass dich nicht stören!", sagte er, indem er sich in einen Sessel fallen ließ. „Es ist nichts Wichtiges, was mich zu dir führt."

„Ich bin schon fertig."

Fritz legte die Feder weg und blickte August Seidelmann erwartungsvoll an.

„Es handelt sich nur um das heutige Vergnügen. Denkst du wirklich, dass das Mädel kommen wird?"

„Ganz gewiss."

„Frauen sind bisweilen launenhaft wie Aprilwetter."

„Mag sein, aber ein italienisches Kostüm lockt. Außerdem habe ich mich auch noch hinter den Vater gesteckt. Wenn sich die Tochter anders besinnen wollte, würde er dafür sorgen, dass sie Wort hält."

August Seidelmann stieß ein Grunzen aus, sein Gesicht glich in diesem Augenblick dem eines Fauns. Er spitzte den Mund, als sähe er ein leckeres Gericht vor sich. Der Neffe verstand diese Miene zu deuten und lachte frech.

„Ja, ja, die kleine Hofmann ist ein reizendes Ding. Und den Sekt habe ich schon kaltstellen lassen. Haha!"

„Nach solchem allen trachten die Heiden", sagte der Rentner, indem er aus alter Gewohnheit in seinen salbungsvollen Ton verfiel. „Sekt. Hm. Dieses Webermädel hat sicherlich noch niemals Sekt getrunken. Ich muss sagen, ich beneide dich um den heutigen Abend."

„Kann ich mir vorstellen", lachte Fritz.

Dem Onkel aber war mit dieser Bemerkung nicht gedient. Er zielte auf etwas andres ab. Und schließlich sagte er es auch geradeheraus:

„Du könntest mir eigentlich einen Gefallen tun, Fritz."

„Und das wäre?"

„Mich mitnehmen. Ich möchte das Fest mitmachen."

„Nee, lieber Onkel!", wehrte Fritz ab. „Geschlossene Gesellschaft!"

„Ach was! Ob ein Einziger mehr dabei ist, das macht doch nichts aus."

„Wir können keine Ausnahme zulassen, sonst würde schließlich jeder noch irgendjemand mitbringen wollen."

Hinter der Tür eines Wandschränkchens schlug dumpf eine Glocke an. Fritz blickte sich um und begann zu zählen.

„Eins – zwei – drei – vier ... Teufel, eine Erkundigung! Und ich habe jetzt keine Zeit."

„Wegen des Festes?"

„Ja. In einer halben Stunde muss ich gehen."

„Aber Auskunft muss doch gegeben werden."

„Freilich! Also tu mir den Gefallen und übernimm du das!"

„Eigentlich ein bisschen viel verlangt!", knurrte der Rentner. „Mir schlägst du meine Bitte rundweg ab und ich möchte..."

„Wenn du nicht willst, muss ich Vater rufen", unterbrach ihn Fritz kurzerhand. „Die Sache duldet keinen Aufschub."

Er ging schon zur Tür. Da lenkte der Onkel ein.

„Gut! Ich werde die Angelegenheit übernehmen. Ich weiß ja Bescheid. Gib die Antwort!"

Fritz zog einen Schlüssel aus der Tasche, öffnete damit jenes Wandschränkchen in der Ecke des Zimmers und langte zwischen Flaschen und Gläsern nach einem Griff, der zu irgendeinem Zweck in die Hinterwand des Schränkchens eingelassen war. Darauf verschloss er den Schrank wieder.

„Weiß der Kuckuck, wer da etwas will! – Die Laterne ist im Keller, alles Übrige auch. Hier der Schlüssel!"

August Seidelmann verließ den Raum. Er tappte sich in den finstern Keller hinab und brannte dort eine Laterne an. Im Hintergrund öffnete er eine Tür, schritt hindurch und verschloss sie wieder hinter sich.

Jetzt befand er sich in einem stollenartigen Gang, der unter der Erde fortzugehen schien. Neben der Tür stand eine alte Kiste, deren Schloss der Schlüssel ebenfalls öffnete. Bei dieser Kiste machte sich der Onkel erst eine Weile zu schaffen, bevor er langsam dem finstern Gang folgte.

Als die Hausers mit den vier Kindern des Schreibers Beyer um den Abendtisch saßen, war es Eduard, als hätte jemand leise am Fensterladen geklopft.

Niemand hatte darauf geachtet und Eduard benützte die nächste Gelegenheit, unauffällig hinauszugehen. Da sah er, dass er sich nicht getäuscht hatte. Arndt stand hinter dem Häuschen, an den Ziegenstall gelehnt, sodass er von keinem Unberufenen bemerkt werden konnte.

„Etwas Wichtiges?", fragte Eduard gespannt.

„Jetzt noch nicht", entgegnete Arndt. „Aber ich habe etwas vor, was Wichtiges zur Folge haben könnte. Sie gehen also bestimmt zum Maskenball?"

„Ja."

„Es ist möglich, dass ich Sie heute noch sprechen möchte."

„Wo und wann soll ich mich melden?"

„Ich komme in die Schenke und trinke dort ein Glas Bier."

Eduard schien dieser Vorschlag nicht recht zu gefallen. „Sie meinen, in die Gaststube?", fragte er zögernd. „Denken Sie, dass ich Sie dort in meinem Kostüm aufsuchen und mit Ihnen sprechen kann?"

Arndt lächelte. Der Eifer des jungen Mannes, der sich sichtlich bemühte, alles zu berücksichtigen, gefiel ihm.

Im Übrigen hatte er selber ja schon alles reiflich erwogen. Es war ihm weniger darum zu tun, seinen Gehilfen Eduard Hauser an diesem Abend nötigenfalls jederzeit bei der Hand zu haben; sondern er wollte vielmehr über seinen Schützling wachen, denn er ahnte, dass der Besuch des Maskenballs für Eduard wahrscheinlich nicht ganz glatt verlaufen würde. Es gab da zu viele Klippen und Gefahren.

„Aufsuchen sollen Sie mich nicht", erklärte er also. „Ich werde mich so setzen, dass Sie mich sehn können, sobald Sie nur einen Blick durch die Tür werfen. Wird es nicht eher, so können Sie ja einmal nach mir Ausschau halten, wenn Sie fortgehn. Natürlich stehe ich immer zu Ihrer Verfügung und..."

„Ach so!", fiel ihm Eduard in die Rede. Der junge Hauser verstand jetzt, wie es gemeint war. „Sie hegen Befürchtungen?"

„Ich liebe es, in allen Dingen vorsichtig zu sein. Das bringt mein Beruf so mit sich und das empfehle ich auch Ihnen. Es steht viel auf dem Spiel. Sie haben das Mädchen gern. Ein andrer wird den Abend über mit ihr tanzen. Da könnten Liebe und Eifersucht sie leicht zu einer Unüberlegtheit verleiten."

„Ich verspreche Ihnen..."

„Schon gut, schon gut!", wehrte Arndt ab. „Ich weiß, dass Sie die besten Vorsätze haben. Wollen abwarten, was daraus wird."

Arndt drückte dem jungen Mann die Hand und ging. Sein Weg führte ihn durchs Dorf hinaus zum Bergwerk. Dort schritt er an den einzelnen Gebäuden vorüber bis zu einem erleuchteten Fenster gegenüber der großen Esse.

Dass sich Arndt hier so gut zurechtfand, war die Folge sorgsamer Erkundigungen, die er am Nachmittag ganz unauffällig eingezogen hatte. Er war sogar schon einmal hier gewesen und hatte sich das Gelände aus sicherer Entfernung betrachtet.

Dann aber hatte er zur Durchführung seines Plans wohlweislich den Abend abgewartet. Er brauchte dazu den Schutz der Dunkelheit, denn er rechnete damit, dass sein Abenteuer möglicherweise nicht glatt verlaufen würde. Es war Gefahr dabei. Arndt wagte sich gewissermaßen in die Höhle des Löwen.

Er klopfte an die kleinen, von innen dicht verhängten Scheiben. Eine Stimme rief: „Komme gleich!“ Dann öffnete sich die Tür neben dem Fenster und ein Frauenkopf kam zum Vorschein.

„Was gibt's?“, fragte die Frau.

„Wohnt hier der Wächter Laube?“

„Ja.“

„Kann ich einige Worte mit ihm sprechen?“

„Kommen Sie nur herein!“

„Ich möchte ihm lieber hier draußen sagen, was ich zu sagen habe.“

„Aber es ist kalt und er sitzt beim Essen.“

„Macht nichts. Nötigenfalls warte ich eine Weile. Außerdem kann Ihr Mann das Essen doch auch ein paar Minuten stehen lassen.“

Das klang so bestimmt, dass die Frau keine Widerrede wagte. Sie verschwand und bald danach erschien der Wächter Laube, von dem Eduard im Zusammenhang mit der geheimen Botschaft für die Pascher gesprochen hatte.

„Warum wollen Sie denn nicht in die Stube kommen?“, fragte er mürrisch, indem er den Drücker der offenen Tür in der Hand behielt.

„Habe meine Gründe dazu“, erklärte Arndt bedeutsam. „Meine Angelegenheit ist von ganz besondrer Art. Schließen Sie nur die Tür!“

Der Wächter gehorchte zögernd, betrachtete dann den Fremden, so gut es die Dunkelheit gestattete, und bemerkte nun, dass der Unbekannte sich mit der rechten Hand das rechte Auge wischte.

„Ach so“, sagte er beruhigt und ahmte wie unabsichtlich die Gebärde des späten Besuches nach. „Was wünschen Sie denn?“

„Das müssen Sie sich nun eigentlich schon denken können.“

„Denken?“, stellte sich Laube arglos. „Warum?“

„Darum!“, sagte Arndt und wiederholte noch einmal das geheime Erkennungszeichen der Bande des Buschgespenstes. Dazu räusperte er sich auch noch viel sagend.

Aber Laube war ein vorsichtiger Mann. Er wiegte bedächtig den Kopf hin und her.

„Es könnte nichts schaden, wenn Sie sich etwas deutlicher ausdrücken wollten“, meinte er. „Wenn wir so weiter verhandeln, kommen wir nicht vom Fleck und frieren hier an bei Nacht und Kälte.“

„Dann rate ich Ihnen, sich hinterher einen warmen Grog zu verschaffen. Das hilft“, lächelte Arndt, zog sein Geldtäschchen hervor und reichte dem Wächter einen ganzen Taler.

Laube besah sich die Münze flüchtig und ließ sie in seine Tasche gleiten.

„Danke“, brummte er. „Sie scheinen kein übler Kaufmann zu sein. Sie wissen, dass man etwas ins Geschäft hineinstecken muss, wenn ein Gewinn herausspringen soll.“

„Damit treffen Sie den Nagel auf den Kopf“, nickte Arndt. „Ich denke tatsächlich an ein Geschäft, und zwar an ein sehr einträgliches.“

„So, so. Aber die Zeiten sind schlecht.“

„Weiß ich. Erst gestern Abend hat es hiesigen Unternehmern arg den Weizen verhagelt.“

„Gestern? Hier?“

„Freilich, im Haingrund.“

Nun spielte Laube noch einmal Komödie, um sich zu sichern.

„Herr“, fuhr er auf, „wovon sprechen Sie? Ich hoffe doch, Sie denken nicht gar, dass ich mit den Paschern etwas zu schaffen habe!“

Aber Arndt ließ sich nicht aus der Ruhe bringen. Er legte Laube lachend die Hand auf die Schulter.

„Natürlich denke ich das, lieber Freund. Sonst wäre ich doch nicht ausgerechnet zu Ihnen gekommen. Ich gehöre ja auch dazu – oder besser, ich möchte dazu gehören, ich möchte mich der Leute, die Sie da erwähnen, bedienen, um etwas über die Grenze zu bringen. Verstellen Sie sich doch nicht länger! Es ist ja schade um die Zeit. Sie sehn ja, dass ich in alles eingeweiht bin. Beantworten Sie mir einfach meine Frage: Kann ich den Anführer einmal sprechen?"

„Wen meinen Sie?"

„Ihn, den großen Unbekannten!"

„Kennen Sie ihn?"

„Nein, sonst hätte ich mir den Umweg über Sie ersparen können. Außerdem habe ich mir sagen lassen, dass ihn überhaupt keiner kennt."

Dem Wächter war die Sache noch immer nicht ganz geheuer. Aber Arndt gab nicht nach und so siegte zum Schluss seine Beharrlichkeit. Als noch ein zweiter Taler in Laubes Tasche geflossen war, führte er den Fremden zu einem Bretterschuppen und öffnete die Tür.

„Warten Sie da drin! Ich werde sehn, was sich tun lässt."

Arndt tat zwei Schritte in den Schuppen hinein. Da merkte er, dass der Raum zur größeren Hälfte mit Strohbündeln gefüllt war. Laube wollte sich entfernen und hinter Arndt die Tür schließen. Doch das gab der Detektiv nicht zu.

„Halt! Einsperren lasse ich mich nicht. Bedenken Sie gefälligst, dass ich ebenso vorsichtig sein muss wie Sie! Gehen Sie! Ich warte bei offener Tür."

An dem verhallenden Klang der Schritte merkte Arndt, dass Laube wirklich nach seiner Wohnung hinüberschritt. Eine Weile horchte der Detektiv noch, dann machte er es sich auf einem hohen Strohhaufen bequem. Er stützte den Kopf in beide Hände und überdachte seine Lage. Sie war nicht ungefährlich. Aber das war diesem Mann nichts Neues. Das liebte er sogar. Und so wartete er gespannt der Dinge, die nun kommen sollten.

Endlich nach einer halben Stunde, ließen sich leise Schritte hören. Dann sah Arndt eine Gestalt in den Schuppen treten; seine scharfen Augen hatten sich inzwischen derart an die Dunkelheit gewöhnt, dass er den Mann leidlich erkennen konnte. Er war mittelgroß, trug eine alte Joppe, deren Kragen sorgsam hochgeschlagen war, und auf dem Kopf einen schäbigen Filzhut, dessen Krempe rundum weit herabhing. Das Gesicht wurde von einer schwarzen Maske verdeckt, die Hände steckten in Handschuhen.

‚Dieser Mann ist sehr vorsichtig', stellte Arndt fest. ‚Ich werde mit ihm kein leichtes Spiel haben.' Dann wartete er auf eine Anrede.

„Ist jemand hier?", fragte der Vermummte mit tiefer, merklich verstellter Stimme.

Arndt ließ sich von seinem Strohhaufen herabgleiten und rutschte dem Unbekannten grad vor die Füße.

„Hier bin ich", sagte er, wobei auch er sich hütete, den wahren Klang seiner Stimme preiszugeben. Er hatte ja mindestens ebenso viel Grund wie der andere, hinterher nicht an der Sprache wieder erkannt zu werden.

„Was willst du von mir?"

„Über ein Geschäft verhandeln", erklärte Arndt.

„Das hat mir der Wächter schon gesagt und ich bin aus seinem Gerede nicht klug geworden. Ich ahne nur, dass du uns mit den Schmugglern verwechselst, die unter dem Oberbefehl des Buchgespenstes stehn. Doch du bist im Irrtum. Wir sind auch eine geheime Gesellschaft, aber unser Zweck ist es, den Paschern das Handwerk zu legen und das Buschgespenst zu entlarven. Ich merke, dass du mit den Schmugglern gemeinsame Sache machen willst. Darum werde ich dich festnehmen und der Polizei übergeben. Hüte dich! Denk nicht an Widerstand! Ich habe eine Waffe bei mir und draußen steht Laube mit dem schussfertigen Revolver. Du bist in unsrer Gewalt. Wir werden...“

So weit ließ Arndt den Vermummten schwatzen. Dann riss ihm die Geduld. Barsch fuhr er dazwischen.

„Spar dir die törichten Reden, Buschgespenst! Du und ich, wir tragen gleiche Kappen und tun gut daran, uns friedlich zu verständigen. Das gibt ein einträgliches Geschäft.“

„Ich bin nicht das Buschgespenst“, knurrte der andere.

„Das machst du mir nicht weis.“

„Ob du es glaubst oder nicht, es ist so.“

„Dann tut es mir Leid, mich und dich umsonst bemüht zu haben. Sechstausend Mark wären bei der Sache für uns beide zu verdienen gewesen.“

Die letzte Bemerkung warf Arndt scheinbar nur so nebenbei hin und doch enthielt gerade sie den Köder, womit er den Gegner fangen wollte. Er rechnete mit der Habgier des Pascherkönigs. Darum sprach er von dieser hohen Summe.

Und es zeigte sich sogleich, dass Arndt ein guter Menschenkenner war. Der Unbekannte lenkte ein.

„Sechstausend Mark? Ist das wahr?“

„Es ist sogar knapp gerechnet.“

„So viel würde bei – bei deinem Geschäft an Zoll gespart werden?“

„Bestimmt.“

„Und wer oder was bürgt mir dafür, dass du es ehrlich meinst?“

„Mein eigner Vorteil. Ich brauche euch.“

„Das sagst du. Aber du kannst auch ein Spion der Grenzer sein.“

Arndt lachte dem Mann in der Joppe gerade ins Gesicht.

„Mir scheint, ich bin aufrichtiger als du. Ich habe dir sofort bekannt, was ich will. Du aber hast dich anfangs gründlich verstellt. Jetzt endlich gibst du stillschweigend zu, für meine Zwecke der rechte Mann zu sein. Also sperr dich nicht länger unnütz!“

„Ich muss Sicherheit haben“, beharrte der andere.
„Die hast du bereits. Bedenke, dass ich Laube mit dem geheimen Gruß entgegengetreten bin!“
„Davon kannst du durch Verrat erfahren haben.“
„Lass mich ausreden! Weiter wusste ich, dass ich mich überhaupt an Laube zu wenden hatte. Das ist auch ein Beweis dafür, dass ich eingeweiht bin.“
„Gewiss, aber woher hast du das erfahren?“
„Die alte Eiche oben im Wald hat es mir erzählt.“
„Du kennst...“
„...das Versteck des Kästchens mit den geheimen Botschaften! Jawohl!“
„Hm“, brummte der Unterhändler der Pascher nachdenklich. Dann schlug er plötzlich einen ganz andern Ton an. Er wurde höflich. „Ich will Ihnen einen Vorschlag machen. Ich bin wirklich nicht der Anführer, kann also keine Entscheidung treffen. Aber ich werde Ihren Wunsch, mit uns in Verbindung zu treten, weiterleiten. Kommen Sie morgen wieder hierher!“
Arndt atmete auf. Er hatte fürs Erste genug erreicht. Aber er redete noch eine gute Weile mit dem Vermummten hin und her, ließ sich von ihm nähere Anweisungen geben und lockte dabei ganz unmerklich einige Angaben heraus, die wichtige Hinweise für ihn enthielten. Er lüftete bereits so nach und nach das strenge Geheimnis, womit sich das Buschgespenst umgab. Sein Gegner war noch immer vorsichtig, aber Arndt war der Klügere von beiden und so siegte seine Pfiffigkeit.
Zum Schluss benützte er eine Frage des Unbekannten nach Art und Menge der Warenposten, die angeblich über die Grenze zu schmuggeln seien, um scheinbar einen Zettel nachzuprüfen, den er sich für diesen Gang vorsorglich in die Brieftasche gesteckt hatte. Dabei zog er, um lesen zu können, die kleine Blendlaterne hervor, die er ständig unter dem Rock trug, und ließ ihr Licht aufleuchten. Das hatte einen doppelten Zweck. Einmal konnte so

das Auge des Paschers die vielen Banknoten gewahren, die Arndt absichtlich bei dem bewussten Zettel verwahrte. Das reizte wieder die Habgier, das lockte dazu, es mit diesem Auftraggeber zu versuchen. Arndt aber schaute weniger in seine Brieftasche als auf das Gesicht des andern, das von der Maske verhüllt wurde. In der Erregung rückte und schob der Schmuggler die Maske hin und her, um besser sehen zu können. Dadurch wurde ein Teil seines Gesichts frei.

Arndt blendete befriedigt die Lampe wieder ab. Seine List war geglückt, und während er sachlich die letzten Worte mit dem Mann in der Joppe wechselte, stellte er bei sich fest, dass er nun so ziemlich Bescheid wusste über das Buschgespenst.

Schließlich traten die beiden aus dem Schuppen hinaus in die Nacht.

„Auf morgen also!“, klang es hinter der Maske hervor.

„Auf morgen oder übermorgen – ganz, wie es meine Geschäfte erlauben“, erwiderte Arndt.

Dann ging er und verließ, ohne sich umzublicken, das Gelände des Hüttenwerks. Seitlich gewahrte er im Dunkeln eine Gestalt, das war Laube, der Wächter. Arndt tat, als hätte er ihn nicht bemerkt.

Er schlug den Weg ein, der hinterm Dorf nach der Straße und weiter zur Stadt führte. Das geschah für den Fall, dass man ihm nachschlich. Erst als er seiner Sache ganz sicher war, eilte er im Bogen zurück, wobei er hinter einem dichtverschneiten Buschwerk erst wieder sein Äußeres gründlich veränderte. Er wollte ja in die Schenke gehen, um Eduard Hauser zu überwachen. Da war es immerhin möglich, dass Laube dort auftauchte, um sich den anempfohlenen Grog zu kaufen. Also war Vorsicht geboten. Laube durfte im Wirtshaus den Mann nicht wieder erkennen, der vor kurzem mit dem Stellvertreter des Buschgespenstes verhandelt hatte.

8. Der Türke

Als Frau Hauser den Abendtisch abräumte, hörte man draußen das Schellengeläut vorüberfahrender Schlitten.

„Da kommen die Städter!", meinte der Weber.

„Das ‚Kasino'!", fügte seine Frau hinzu.

Bei diesen Worten warf sie einen besorgten Blick auf Eduard, der die Eltern in einer stillen Stunde doch noch in seine Herzensnöte eingeweiht hatte, ohne jedoch zu verraten, dass auch er selber den Kasinoball besuchen wollte.

„Wird Engelchen wirklich hingehn?", fragte ihn die Mutter.

Eduard gab sich Mühe, möglichst unbefangen zu erscheinen.

„Sie geht!", nickte er kurz.

„Das mag ein andrer verstehn", seufzte die Mutter. „Das Mädchen ist doch sonst nicht so unvernünftig."

Sie bekam keine Antwort, denn im selben Augenblick ging draußen die Haustür. Dann klopfte es und – Nachbar Hofmann, Angelikas Vater, trat über die Schwelle.

„Guten Abend!", grüßte er, aber seine Stimme klang kalt und unfreundlich.

Hauser schob ihm höflich einen Stuhl an den Tisch.

„Setzt dich Nachbar und sei uns willkommen!"

Hofmann trat zögernd näher und setzte sich wie einer, der sofort wieder gehen will, nur auf die vordere Hälfte des Stuhls.

„Danke! Ich will nicht stören und werde auch nicht lange bleiben."

„Stören? Wo denkst du hin?"

„Ich komme nämlich nur, um zu fragen..." Er stockte, denn es war ihm jetzt beinahe selber unangenehm, seine Sache vorzubringen. Doch er gab sich einen Ruck und überwand die anständige Regung. „Ich wollte – nach dem Holz wollte ich fragen."

„Ah, nach dem Arm voll Holz, den du uns am Sonnabend geborgt hast?“

„Ja. Es waren genau zwanzig Stück.“

„Ich dachte, die hätte dir Eduard neulich mit den Kohlen wiedergebracht.“

„Nein, mein Engelchen brachte nur die Hälfte wieder, zehn Scheite waren vergessen.“

„Dann mag sie dir ein Kind hinüberbringen.“

„Aber bald! Ich brauche mein Holz selber notwendig. Besser ist es überhaupt, ich nehme es gleich mit.“

„Das ist eine Kränkung, Nachbar!“

„Kränkung oder nicht, es muss so sein. Sieh, Hauser, dass ich dir's nur gleich sage: Es liegt mir nicht viel daran, wenn eins von euch zu mir hinüberkommt.“

Der alte Hauser horchte auf.

„Wie?“, fragte er. „Dir liegt nicht viel daran? Das begreife ich nicht. Wir sind doch allezeit gute Nachbarn gewesen.“

„Das ist richtig und wir brauchen nun auch nicht grad Feinde zu werden; aber es führt zu nichts Gutem, wenn es so fortgeht wie bisher.“

„Wieso? Was meinst du damit?“, erkundigte sich Hauser, dem es peinlich war, dass solche Dinge hier vor den Kindern erörtert wurden, die mit offenen Mäulchen in den Ecken umherstanden.

„Das fragst du noch? Dein Eduard hat heut wieder mit meiner Angelika gesprochen. Ich verbiete es ihm hiermit ein für alle Mal. Er liebäugelt mit ihr. Das mag ich nicht dulden, denn er ist kein Mann für meine Tochter.“

„Ach so, das ist es? Nun, darüber kann ich allerdings nicht mit dir rechten. Du bist Angelikas Vater und hast über ihren Umgang zu bestimmen.“

„Das denke ich auch. Es freut mich, dass du das einsiehst. Übrigens hat mir Seidelmann verboten, mit euch zu verkehren.“

„Seidelmann? Was geht den das an?“

„Das ist wohl seine Sache. Vielleicht hängt es damit zusammen, dass Angelika demnächst zu Seidelmanns ziehn wird."

„Ist das ein Scherz? Was soll sie denn dort?"

„Sie bekommt da eine schöne Stellung."

„Als was?"

„Als – hm, wie sagte Seidelmann nur gleich, als er mich gestern im Dorf ansprach? – Es ist etwas Besondres. Stütze der Hausfrau oder so."

„Das verstehe ich nicht. Aber ich habe das Gefühl, als stimmte da etwas nicht ganz. Nachbar, ich möchte dich warnen!"

„Ich brauche weder eine Warnung noch einen Rat. Ich weiß selber, was ich zu tun und zu lassen habe."

Damit schnitt Hofmann jede Erwiderung kurz ab. Das Ehepaar Hauser, das solcher Grobheit gegenüber wehrlos war, stand starr und stumm und sah schweigend zu, wie sich der Nachbar zum Gehen wendete.

In diesem Augenblick gab die Liebe zu seinem Engelchen dem jungen Hauser den Mut, in die Auseinandersetzung einzugreifen. Vielleicht befähigte ihn auch nicht allein seine Liebe dazu. Vielleicht hatte Arndt, der Mann, der das Buschgespenst fangen wollte, den männlichen Stolz in Eduard wachgerüttelt, indem er den Burschen aus drückender Not herausriss und ihm, der bisher von seinem Wert nicht sonderlich überzeugt sein konnte, den wichtigen Posten eines Helfers übertrug.

Wie dem auch sein mochte, Eduard trat vor und hielt Angelikas Vater mit rascher Gebärde zurück.

„Weiß Engelchen schon, dass sie zu Seidelmanns in Dienst gehen soll?"

„Nein. Ich hab's ihr noch nicht gesagt und ich möchte mir streng verbitten, dass du dich da irgendwie einmischst. Du hast gehört, was ich deinem Vater mitgeteilt habe. Meine Tochter geht dich nichts an. Warum fragst du überhaupt?"

„Weil ich mir denke, dass sie nicht einwilligen wird."

„Du musst das ja sehr genau wissen."

„Ich meine, Engelchen wird sich nicht leichtsinnig einem bösen Gerede aussetzen."

„Sprich nicht von Leichtsinn, Bursche!", brauste Hofmann auf. „Der Lohn, den Angelika bei Seidelmanns bekommt, ist mitzunehmen, und was das böse Gerede betrifft, so hat sich meine Tochter am meisten dadurch geschadet, dass sie mit dir verkehrte."

Er bückte sich am Ofen nieder, zählte zehn Scheite Holz ab, nahm sie unter den Arm und ging wortlos zur Tür hinaus.

Eduard starrte ihm nach, als hätte er einen Schlag ins Gesicht bekommen. Die Mutter war dem Weinen nahe und der Vater ließ die geballte Faust schwer auf die Tischplatte fallen.

„Nun ist's aber genug", grollte er. „Jetzt ist Schluss mit den Hofmanns. Merk dir das, Junge!"

Eduard wollte widersprechen. Da packte ihn die Mutter, die einen häuslichen Auftritt befürchtete, beim Arm und schob ihn sanft zur Tür.

„Geh ein wenig an die Luft, Eduard, und beruhige dich!", bat sie. „Musst die Zähne zusammenbeißen und tapfer sein. Geh!"

Eduard gehorchte. Es trieb ihn ohnedies fort, er wollte doch trotz allem und allem das Engelchen an diesem unglückseligen Abend beschützen.

Aber er fand noch nicht den Mut, das Türkengewand anzuziehen. ‚Erst noch einmal Ausschau halten, wie es in der Schenke steht', dachte er und schritt nachdenklich die Dorfgasse hinab.

Als er zum Wirtshaus kam, sah er, dass es da schon lustig zuging. Der Saal war hell erleuchtet. Musik erschallte. Die Gaststube schien überfüllt zu sein.

Langsam kehrte Eduard um. Ihm graute mit einem Mal vor dem lauten Treiben dieses Abends, sodass er am liebsten daheim geblieben wäre in seiner Kammer. Indes der Gedanke an Engelchen peitschte ihn wieder auf. Er durfte sie nicht ohne Schutz lassen.

Während er so grübelte, kam ihm plötzlich eine weibliche Gestalt entgegen, tief in ein weites Tuch gehüllt; sie wollte schnell an ihm vorüber, aber er erkannte sie doch.

„Engelchen!", rief er.

Doch sie hörte nicht. Da eilte er ihr nach und ergriff sie am Arm.

„Angelika, auf ein Wort nur! Ich habe etwas über dich gehört, was ich nicht glauben kann. Willst du wirklich zu Seidelmanns ziehn?"

„Zu Seidelmanns?", fragte sie überrascht. „Was soll ich dort?"

„Stütze der Hausfrau werden!"

„Wer hat das gesagt?"

„Dein Vater. Er war vorhin bei uns."

„Bei euch?" Das Staunen hielt Angelika fest. Sie schien in diesem Augenblick ihren Trotz fast vergessen zu haben. „Was wollte er bei euch?"

„Das restliche Holz zurückfordern, das wir vergessen hatten. Vor allem aber hat er mir verboten, jemals wieder mit dir zu sprechen."

„Von alledem weiß ich kein Wort."

„Nun, so erfährst du es jetzt. Wahrscheinlich berührt es dich auch gar nicht weiter. Du magst doch sowieso nichts mehr von mir wissen."

„Hat das mein Vater auch gesagt?"

„Nein. Das brauchte auch niemand zu sagen, das merke ich schon selber. Du gehst ja zum Maskenball."

„Natürlich!"

„Also habe ich doch Recht: Ich bin dir gleichgültig. Sonst könntest du mir nicht so wehtun."

„Das ist kleinliche Eifersucht."

„Nicht doch, Engelchen! Es ist Sorge um dich. Glaube mir, Engelchen, du passt nicht auf dieses Fest!"

Verletzt warf sie den Kopf in den Nacken.

„Meinst du etwa, das ‚Kasino' sei für mich zu fein?"

„Ach, du willst mich missverstehn! Ich meine natürlich, du findest dort deine Kreise nicht!"

„Wenn sie es nicht sind, können sie es doch noch werden", sagte sie gereizt. „Gute Nacht!"

Damit eilte sie fort. Das Band zwischen den beiden jungen Menschen war wieder zerrissen.

Eduard Hauser schritt gesenkten Hauptes die Straße hinauf. In ihm war alles tot und leer. Die einzige Regung seiner flügelmatten Seele war in diesem Augenblick ein grimmiger Zorn gegen den kecken Menschen, der es gewagt hatte, das Engelchen auf den Maskenball zu locken.

In solcher Stimmung betrat er das väterliche Heim, hörte, dass die jüngeren Geschwister und die Beyer-Kinder schon in den Betten lagen, und fand die Eltern gerüstet, ebenfalls zur Ruhe zu gehen. So wurde es ihm nicht schwer, auch weiterhin unbehelligt zu bleiben und das Haus noch einmal zu verlassen. Er holte das Türkenkostüm aus dem Versteck, zog es im Holzschuppen an, band sich die Maske vor, nahm einen alten Wetterkragen um, der im Flur hing und meist von Vater Hauser benützt wurde, und begab sich zum zweiten Mal ins Unterdorf, wo die Schenke stand.

Angelika hatte hier bereits die ersten Eindrücke dieses bedeutsamen Abends hinter sich. Sie war sehr selbstbewusst ins erste Stockwerk hinaufgestiegen und hatte sich dort von einer Garderobenfrau das große Umschlagtuch abnehmen lassen. Vom Saal her hörte sie Musik und Stimmengewirr. Als sie sich umdrehte, sah sie plötzlich durch ihre Maske hindurch in einem hohen Wandspiegel ihr Bild.

Sie stutzte, musterte die eigene Gestalt in dem leichten Maskenkleid und spürte ein jähes Zittern in allen Gliedern.

Ein seltsames Gefühl beschlich sie, etwa wie Reue darüber, dass sie der Einladung eines Unbekannten so blind gefolgt war. Ihr dämmerte die Erkenntnis, dass sie hierher nicht passte.

Warum hatte man sie eigentlich aufgefordert? Die Kreise, die sich hier vergnügen wollten, schlossen sich doch sonst ängstlich ab gegen die ärmere Klasse der Weber und Tagelöhner. Warum rief man sie, die doch auch nur die Tochter eines armen Webers war, sie, der die Seidelmanns die Stelle einer Dienstbotin in ihrem Haus antragen ließen?

Diese Fragen wirbelten Angelika mit einem Mal durch den Kopf und sie fand nur eine Antwort darauf: Weil du hübsch bist und den jungen Herren vom ‚Kasino' ein gefälliges Spielzeug für ein paar müßige Stunden zu sein scheinst.

Als sie so weit war, brannte ihr die Röte der Scham im Gesicht. Am liebsten hätte sie von der Frau, die mit einem eigenartigen Lächeln hinter ihr stand, das Umschlagtuch zurückgefordert und wäre davongelaufen. Dazu aber brachte sie den Mut nicht auf und so verharrte sie schweigend und unsicher zwischen Treppe und Saaleingang.

Da plötzlich tat sich die Tür zum Saal auf, ein Herr in der schneidigen Maske eines Reiteroffiziers trat heraus, hob überrascht den Kopf und eilte mit schnellen Schritten auf Angelika zu.

„Ah, da sind Sie ja, meine schöne Freundin! Endlich!"

Er erhaschte die Hand des Mädchens und küsste ihr ritterlich die Fingerspitzen. Sie ließ es verwirrt geschehen. Solche Huldigungen war sie nicht gewöhnt. Da legte der Offizier – es war Fritz Seidelmann, dessen Züge hinter einer seidenen Maske nicht zu erkennen waren – Angelikas Arm in den seinen und zog sie mit sich fort.

„Ich habe mit Sehnsucht auf dich gewartet, schöne Italienerin", flüsterte er ihr ins Ohr. „Hörst du, die Musik ruft zum Walzer! Dieser Tanz gehört natürlich mir."

Angelika ging nicht freiwillig mit dem Unbekannten, aber sie wehrte sich auch nicht. Sie war wie eine Puppe, die nicht fühlt, was mit ihr geschieht. Als der Lichterglanz des Saales durch die Öffnungen der Maske ihre Augen blendete, blieb sie stehen. Ringsum gewahrte sie tanzende Paare, Herren und Damen in bunten, oft seltsamen Kostümen, alle mit Masken vor den Gesichtern. Die Geigen lockten. Ein Kichern, Schwatzen und Lachen fröhlicher Stimmen war in dem weiten Raum.

Da legte der fremde Mann den Arm um Angelika und glitt mit ihr im Tanz in die lustige Menge hinein. Dabei fand das Mädchen Zeit, ihre Gedanken ein wenig zu sammeln und als die Musik schwieg, hatte sie die erste Frage für ihren Tänzer bereit.

„Sie wissen, wer ich bin?"

„Gewiss. Fräulein Angelika Hofmann."

„Sie haben mich an meinem Kostüm erkannt? Also sind Sie es, der mich eingeladen hat?"

„Ist alles richtig", nickte er, während er sie an der Längsseite des Saales hinführte.

„Darf ich nun Ihren Namen erfahren?", bat sie.

„O nein!", wehrte er ab. „Damit würden Sie sich und mir ja die Überraschung verderben, die für die Mitternachtsstunde vorbehalten bleibt. Um zwölf Uhr werden die Masken gelüftet."

Sie schwieg. Die Nähe des fremden Mannes bedrückte sie wie die ganze ungewohnte Umgebung. Freilich gefiel ihr auch die glänzende Pracht dieses Festes, bei dem ein Aufwand gemacht wurde, der für Hohenthal ganz außerordentlich war. Der Reiteroffizier führte sie zu einem kleinen Tischchen, ein wenig abseits von der Tanzfläche. Hier stand Wein in einem Kühler bereit, zwei Gläser dabei. Angelika musste mit ihrem Tänzer auf einen fröhlichen Abend und auf gute Kameradschaft anstoßen. Der Wein ging ihr sogleich wie ein Feuerstrom durchs Blut. Sie kannte solche Getränke bisher nur vom Hörensagen.

Nun begann der Unbekannte eine leichte Plauderei mit ihr. Ob sie gern gekommen sei, ob es ihr gefiele, ob die

Eltern sie bereitwillig fortgelassen hätten. Angelika bejahte alles.

Dann kam eine schwierige Frage.

„Und was hat Ihr Herzallerliebster dazu gesagt?", erkundigte sich Fritz Seidelmann.

Angelika senkte den Kopf. Sie wusste, dass diese Anspielung ihrem Nachbarsohn Eduard Hauser galt. Irgendwie empörte sie das.

„Nun?", drängte ihr Tänzer. „Wie hat er es aufgenommen?"

Da richtete sich Angelika trotzig auf.

„Ich weiß nicht, wovon Sie reden. Ich habe keinen Herzallerliebsten."

„Wirklich nicht?", lächelte der Offizier hinter seiner Maske. „Mich sollte es freuen, wenn Sie die Wahrheit sprächen. Dann wären Sie frei, dann könnte ich mich Ihnen als Ritter anbieten. Wie wäre es? Einverstanden, mein gnädiges Fräulein?"

Mein gnädiges Fräulein – wie das klang! Das unerfahrene Mädchen war damit leicht zu blenden. Welch eine prächtige Maske er trug und wie die Ringe an seinen Fingern funkelten!

„Ja!", sagte sie leise.

„So kommen Sie!"

Wieder führte er sie zum Tanz und hinterher zu einem Schanktisch, wo abermals Wein und andere Erfrischungen zu haben waren. Sie musste süßen Wein versuchen und von Leckereinen kosten, die sie in ihrem Leben noch nicht gesehen hatte.

Hier saßen und standen auch andere Paare umher und die Unterhaltung wurde allgemein. Scherze flogen von Gruppe zu Gruppe, von Tisch zu Tisch. Angelika glich in dem festlichen Treiben einer Traumwandlerin. Sie sah nichts und hörte nichts und doch saugte sie alles in ihre hungrige Seele ein: den verschwenderischen Lichterglanz, die Flitterpracht der Kostüme, die sorglose Heiterkeit ringsum, die Musik. Oh, wer doch auch so reich und vornehm sein und immer an solchen Vergnügungen teilnehmen könnte, dachte sie!

Verstohlen musterte sie ihren Tänzer, dem sie das alles hier verdankte. Wer war er nur? Aber sie vermochte es nicht zu erraten; doch bemerkte sie, dass er in diesem Kreis etwas zu gelten schien.

Wortlos saß sie an seiner Seite und ließ es sich gefallen, dass er ihre Hand in der seinen hielt.

Plötzlich aber ließ er sie los und wies auf einen Türken, der soeben am Eingang aufgetaucht war.

„Endlich!", sagte er und er erhob sich schnell. „Ich glaubte schon, er käme nicht mehr!"

„Wer?", fragte Engelchen.

„Der dort an der Tür, ein Freund von mir. Entschuldigen Sie mich bitte einen Augenblick!"

Er schritt durch den Saal, auf den Türken zu und drückte ihm die Hand.

„Na, da bist du ja! Wie bist du denn hergekommen?"

Eduard Hauser fühlte sich in seiner Verkleidung und in der fremden Umgebung durchaus nicht wohl und wurde das Gefühl nicht los, dass dieser Abend unglücklich enden werde. Als er aber den Reiteroffizier auf sich zusteuern sah, riss er sich zusammen. Sein Hirn arbeitete fieberhaft. Aus der Anrede des Fremden schloss er, dass er einen guten Freund Strauchs vor sich hatte, der sogar wusste, welche Maske Strauch tragen wollte. Er beschloss, so gleichmütig wie möglich aufzutreten.

„Es passte grad", lachte er frisch, „dass ich mit einem nach Hohenthal fahrenden Geschirr fortkam. Sonst wäre ich allerdings in Verlegenheit geraten."

Er war schon öfter bei Strauch gewesen und wusste, dass der junge Strauch ein wenig mit der Zunge anstieß; das ahmte er nach, so gut es gehen wollte. Übrigens wurde ja seine Stimme durch den Seidenbehang der Larve verändert und fast unkenntlich.

„Du bist ein fabelhaft echter Türke!", meinte der Offizier. „Bin wirklich neugierig, ob dich wenigstens deine Marie erkennen wird. Aber sag, wo hast du deine Ringe?"

„Abgezogen", redete sich Eduard rasch heraus.

„Aha, du Schlaukopf! Man könnte dich sonst daran erkennen!"

Eduard Hauser ließ einen schnellen Blick über die beringten Hände des andern gleiten. Deutete dieser Siegelring am Mittelfinger der rechten Hand nicht auf Fritz Seidelmann?

„Du bist heut schwerfällig wie ein Klotz!", murrte der andere vorwurfsvoll. Doch dann dämpfte er die Stimme. „Du fragst ja gar nicht, ob ich's erreicht habe!"

‚Erreicht?', überlegte Eduard flink. ‚Was erreicht?' Handelte es sich etwa um Engelchen? Jedenfalls durfte er nicht mit der Tür ins Haus fallen, er musste vorsichtig sein.

„Hm!", brummte er. „Nach deiner Stimmung zu urteilen, ist alles in schönster Ordnung."

„Ist's auch. Wie gefällt sie dir?"

„So leidlich!"

„Leidlich? Bist du blind? Vergleiche sie doch mit den andern! Sie ist unbedingt die Schönste hier! In diesem Kleid erkennt man erst ihre Schönheit."

Eduard hustete. Er brachte keine Silbe über die Lippen. Er hätte den dreisten Menschen niederschlagen mögen. Freilich, jetzt erst sah er ja selber, wie schön Angelika war – und grad heute sollte er sie verlieren...

„Was hüstelst du so spöttisch?", fragte Seidelmann. „Du hast Fischblut in den Adern. Ich aber sage dir, sie macht mich ganz verrückt! Ich werde alles dransetzen, sie zu gewinnen. Übrigens wird sie bald ständig in unserm Haus sein, so als Stütze der Hausfrau. Ich habe Vater diesen Vorschlag gemacht."

Jetzt wusste Eduard, dass er in der Tat mit dem jungen Seidelmann sprach.

„Wird sie denn auch in euer Haus kommen wollen?", erkundigte er sich scheinbar ruhig und gelassen.

„Was heißt wollen!“, wehrte Seidelmann mit bezeichnender Geste ab. „Ihr Vater ist einverstanden, also wird sie sich fügen müssen. Außerdem“ – er machte die Gebärde des Geldzählens – „außerdem soll es ja nicht umsonst sein. Alles in allem, du kannst mir glauben, dass ich mit dem Mädchen fertig werde. Noch heute Abend bekommt sie den ersten Kuss von mir.“

„Das wäre...“, fuhr Eduard auf. Dann hatte er sich wieder in der Gewalt. „...das wäre freilich ein glatter Sieg“, ergänzte er den Satz, der ursprünglich ganz anders lauten sollte.

Seidelmann lächelte geschmeichelt.

„Ja, ein glatter Sieg, lieber Freund. Du kannst uns ja unauffällig beobachten. Vielleicht gelingt es dir, Zeuge meines Erfolgs zu sein.“

Damit brach er das Gespräch ab, um wieder zu Angelika zurückzukehren. Eduard aber verlor sich im Getriebe um den Schanktisch.

Er befand sich in einer unbeschreiblichen Stimmung. Ihn quälte die Sorge um Engelchen, ihn folterte der mühsam zurückgedämmte Grimm gegen Fritz Seidelmann, der mit dem ahnungslosen Mädchen ein unwürdiges Spiel trieb, ihn beengte die fremde Umgebung, die ihn dazu nötigte, sich lustig und heiter zu geben, während es in seinem Innern ganz anders aussah.

Ab und zu trank er ein Glas Wein, vom Tanz aber hielt er sich fern. Mochten die andern von dem sonderbaren Türken denken, was sie wollten! Er fühlte sich einfach nicht im Stande, mit einem fremden Mädchen zu plaudern und zu scherzen. Außerdem sah er, dass er es in der Tanzkunst mit den Paaren dieses Festes nicht aufnehmen konnte. So trieb er sich scheinbar planlos umher und beobachtete in der Hauptsache verstohlen das Engelchen und ihren Ritter.

Die Eindrücke, die er dabei empfing, waren ganz dazu angetan, seine Sorge und seinen Grimm zu vermehren und in ihm den Entschluss reifen zu lassen, dem geliebten Mädchen, wenn es sein musste, mit einer raschen Tat beizuspringen. Was daraus werden würde, danach fragte er nicht.

Und gerade das war es, was Arndt, der reife, erfahrene Mann, befürchtet hatte. Die Dinge kamen wirklich so, wie sie Arndt vorausgesehen hatte.

Eduard Hauser erhaschte den Augenblick, da Fritz Seidelmann seine Italienerin am Arm aus dem Saal führte. Mit einem Husch war der Türke noch vor ihnen zur Tür hinaus und machte sich im Garderobenvorraum zu schaffen. Dieser Raum bildete zwischen den Kleiderständern und der Treppe einen Winkel, wo sich ein Mensch recht wohl verstecken konnte.

Dort verbarg sich Eduard in der Hoffnung, Angelika und Seidelmann würden auf dem freien Platz vor ihm eine Zeit verweilen. Hier waren sie ungestört, worauf Seidelmann natürlich Wert legte. Die Garderobenfrau schlief auf ihrem Stuhl, die Hände gefaltet, den Kopf tief auf die Brust gesenkt.

Jetzt trat das Paar durch die Flügeltür. Angelika Hofmann wollte die Treppe hinabsteigen. Da hielt Seidelmann sie zurück.

„Nicht doch! Was wollen Sie da unten? Dort würde Ihre Maske nur die Augen der Neugierigen auf sich ziehn. Außerdem könnten Sie sich bei der scharfen Luft in Ihrem leichten Kleid eine Erkältung holen. Bleiben wir doch hier!"

Das Mädchen zögerte und holte tief Atem.

„Mir ist so wirr im Kopf", klagte sie.

„Das kommt vom Tanzen und vom Weintrinken", beruhigte er sie. „Mir geht es genau so. Nehmen Sie doch die Maske ab! Das wir Ihnen Erleichterung schaffen."

Sie gehorchte.

„Es war entsetzlich heiß da drinnen", seufzte sie.

Er sah ihr entzückt in die Augen, die nun nicht mehr verhüllt waren.

„Sie sind es nur nicht gewöhnt, zu tanzen und zu trinken", wollte er sie belehren. „Ihr Vater ist kein Freund von Vergnügungen und dann fehlt Ihnen wohl auch das Geld dazu. Verzeihen Sie, das sollte keine Taktlosigkeit sein. Ich meine es so: Wenn Sie erst ganz in unserm Haus sind, wenn Sie sich..."

„In Ihrem Haus?", fiel ihm Angelika in die Rede.

Er erkannte seine Voreiligkeit, wollte sie verbessern, beschloss aber zuletzt, einfach offen zu sein.

„Ja, in unserm Haus", sagte er. Dann nahm er kurzerhand die Maske ab. „Ich will Ihnen zeigen, mit wem Sie reden. Ich bin Fritz Seidelmann."

Engelchen erblasste für eine Sekunde. Doch schon im nächsten Augenblick kehrte das Blut umso heißer in ihre Wangen zurück.

„Herr Seidelmann!", rief sie überrascht.

„Pst, Kind! Nicht so laut! Man darf uns hier nicht hören. Niemand soll doch wissen, dass wir beide..."

Er brach ab vor dem entsetzten Ausdruck in ihrem Gesicht.

„Bitte", sagte sie leise, aber bestimmt, „lassen Sie mich gehen!"

„Wohin denn?", stammelte er. „Zurück in den heißen Saal?"

„Nein. Ich muss heim."

Sie wollte sich von ihm freimachen. Er aber hielt sie fest.

„Bleiben Sie, bis Sie alles gehört haben, was ich Ihnen sagen muss! Seien Sie aufrichtig! Fürchten Sie sich vor mir?"

Sie blickte ihm fest ins Gesicht.

„Nein."

„Nun, warum wollen Sie dann fliehn?"

„Weil ich nicht zu Ihnen gehöre."

„Nicht zu mir gehören? Was heißt das? Ich liebe Sie, Angelika. Gehören Liebende nicht zueinander?"

„Das ist eine Redensart. Ich glaube Ihnen nicht."

„Soll ich Ihnen Beweise bringen?"

Angelika war plötzlich sehr ernst geworden. Es kam wie eine Ernüchterung über sie. Sie sah das Gesicht des jungen Kaufmanns hart neben dem ihrigen und sah, wie seine Augen mit einem seltsamen Ausdruck auf sie gerichtet waren. Diese Augen brachten sie zu der Erkenntnis, dass die Warnung Eduards doch wohl guten Grund gehabt hatte. Sie schämte sich und eine tiefe Glut übergoss ihr Gesicht und Nacken.

„Herr Seidelmann, lassen Sie mich!", bat sie tapfer. „Ich wiederhole, dass ich nicht zu Ihnen passe. Ich bin arm und Sie sind reich."

„Ach", flammte er auf. „Was gilt mir aller Reichtum vor dir? Ich werde dir beweisen, wie lieb ich dich habe. Hat dir dein Vater noch nicht gesagt, worüber ich mit ihm gesprochen habe?"

Angelika zuckte zusammen. Sollte seine Liebe in der Tat so groß sein, dass er schon bei ihrem Vater um sie angehalten hatte? Stolz und Eitelkeit verdunkelten noch einmal ihre bessere Einsicht.

„Sie haben – bei meinem Vater – um meine Hand...", stotterte sie.

„Nein, nein!", unterbrach er sie verlegen. „Erst mussten wir beide doch einig sein, nicht wahr? Aber ich habe von etwas anderm mit ihm gesprochen!"

Sie blickte ihn stumm und erwartungsvoll an; sie dachte dabei an Eduard, dachte daran, wie anders seine werbende Liebe sich zeigte.

„Möchtest du nicht immer in meiner Nähe sein?", flüsterte Seidelmann ihr zu.

„Wie meinen Sie das?", fragte Angelika zurück.

„In irgendeiner gut bezahlten Stellung in unserm Haus!"

Langsam wich die Farbe aus ihrem Gesicht. Das also – das war seine Liebe?

„Nein!", sagte sie kalt.

„O doch! Dein Vater hat es mir schon zugesagt!“, trumpfte er auf.

„Als Dienstmädchen?“

„Aber Angelika – sprich doch nicht so! Ich meine, als Hilfe meiner Mutter! Eine junge Dame in dieser Stellung kommt gleich nach der Hausfrau. Sie gehört zur Familie. Denk doch!“, schmeichelte er. „Dann sehn wir uns alle Tage und du bekommst zweihundert Mark Gehalt im Jahr!“

„Zweihundert Mark?“ In dieser Frage lag schon alles, was sie zu erwidern hatte. Er aber hörte nicht darauf.

„Und von mir erhältst du heimlich noch ebenso viel!“, versicherte er. „Eben, weil ich dich liebe! Weil ich dich zur Frau begehre! Aber dieser Wunsch kann jetzt leider noch nicht in Erfüllung gehen, da die Eltern vorläufig nichts davon wissen dürfen. Auch kennen wir beide uns noch zu wenig. Wir müssen uns erst noch mehr aneinander gewöhnen. Und dass das ohne Aufsehn geschehn kann, darum sollst du in unser Haus ziehn! Überleg einmal: Dann können wir abends heimlich miteinander plaudern!“

Engelchens Augen flammten auf. Entrüstung, Scham und Abscheu trieben ihr das Blut ins Gesicht. Stand sie wirklich so tief, dass man ihr das zu bieten wagte?

„Das also war Ihre Absicht?“, fragte sie. „Mich kaufen für vierhundert Mark jährlich?“

Sie schob Seidelmann mit einem Ruck beiseite. Wütend sah er sie an.

„Was? Du schlägst mein Angebot aus?“, knirschte er.

Angelika musste all ihren Mut zusammennehmen.

„Lassen Sie mich fort!“, drängte sie.

Da hatte er sich plötzlich gefasst.

„Noch eine kleine Minute!“, wiedersprach er. „Die werden Sie mir schon gewähren müssen. Denn Sie werden mir doch zugeben, dass ich ein gewisses Anrecht an Sie habe, mein Fräulein.“

Mit beißendem Hohn betonte er jetzt das ‚Sie‘ und das ‚Fräulein‘.

„Ein Anrecht?“, staunte Angelika, die solcher Art nicht gewachsen war.

„Ja, meine verehrte Dame, ein Anrecht! Ich habe Sie ins ‚Kasino‘ eingeladen, in eine vornehme Gesellschaft, in die Sie sonst nie gekommen wären, und das Kleid, das Sie tragen, habe ich bezahlt.“

Angelika stand dieser Beleidigung zunächst ratlos gegenüber.

„Ich habe Sie – ja nicht – darum gebeten!“, stammelte sie dann.

Er lachte roh auf.

„Aber Sie haben es angenommen, mein Schatz! Und Sie werden auch noch das andre annehmen, dessen bin ich sicher.“

Das geängstigte Mädchen wusste nicht mehr aus und ein. Sie drängte nach der Treppe, ohne an ihr Umschlagtuch zu denken. Und hätte sie daran gedacht, so hätte sie sich geschämt, jetzt die schlafende Garderobenfrau zu wecken.

„Ich will fort!“, bettelte sie unter Tränen.

Da pflanzte sich Fritz Seidelmann dreist vor ihr auf.

„So? Sie wollen fort? Nun, so muss ich Ihnen vorher noch etwas sagen. Meinetwegen gehen Sie! Aber ich mache Sie auf die Folgen aufmerksam. Sie wissen, dass ich als Verleger Ihren Vater in der Hand habe. Wenn Sie mein Entgegenkommen in dieser Weise missachten, können Sie mit Ihren Leuten betteln gehen. Dann gibt es keine Arbeit mehr bei uns für Ihre Familie. Dann erleben Sie, was die Hausers bereits erleben mussten. Dann sitzen Sie auf der Straße.“

Die Hausers! Dieses Wort gab Angelika die volle Besinnung und all ihren Mut zurück.

„Jetzt zeigen Sie Ihr wahres Gesicht, Herr Seidelmann!“, kam es mutig von ihren Lippen. „Jetzt offenbaren Sie Ihren wahren Charakter. Gewiss, die Hausers und wir,

wir sind nur arme Weber. Aber wir haben doch unsre Ehre. Die lassen wir uns von keinem rauben, auch von Ihnen nicht. Sie spielten vorhin auf Eduard Hauser an. Gut, ich will Ihnen die Wahrheit sagen. Er ist mir in der Tat lieb und wert. Er ist tausendmal besser als Sie. Nie wäre er einer gemeinen Handlungsweise fähig. Er hat mich vor dem Maskenball gewarnt, aber ich habe nicht gehört. Nun trage ich die Folgen davon. Aber Sie können sicher sein, nun weiß ich Bescheid. Ein zweites Mal verlocken Sie mich nicht. Sie sind kein Ehrenmann, Sie sind ein Schurke..."

Seidelmann stand bleich vor Zorn, die Fäuste geballt. Er sah, dass die schlafende Garderobefrau von Angelikas lautem, erregtem Sprechen erwacht war und alles mit anhörte. Das raubte ihm vollends die Besinnung. Er wollte auf Angelika zuspringen. Da legte sich plötzlich eine Hand derb auf seine Schulter.

„Lass das Mädchen in Ruhe, Seidelmann!", sagte eine männliche Stimme streng und gebietend.

Seidelmann fuhr herum.

„Strauch! Alle Teufel! Was fällt dir ein? Du bist wohl betrunken? Siehst du denn nicht, dass das dumme Frauenzimmer..."

Der Türke stellte sich breitbeinig vor Seidelmann hin und hielt ihm die Faust vor die Nase.

„Noch ein solches Wort, das mir nicht gefällt, und ich lehre dich, wie man mit einem anständigen Mädchen umgeht!"

„Aber Strauch!"

„Ach was, Strauch! – Die Komödie hat ein Ende!" Eduard riss sich die Maske vom Gesicht. „Schau her, ich bin..."

„Eduard!", schluchzte Angelika. „Du? – Oh, dem Himmel sei Dank!"

Fritz Seidelmann starrte den Türken an, als sähe er ein Gespenst. Dann aber sprang er mit einem Wutschrei auf ihn zu.

Eduard hatte das erwartet. Er schob das Mädchen mit der Linken beiseite und stieß den Angreifer mit der Rechten zurück.

Der Webersohn war auf diesen Ausgang der Auseinandersetzung vorbereitet, denn er hatte in seinem Winkel neben der Treppe jedes Wort mit angehört, das zwischen Seidelmann und Angelika gewechselt wurde, und es hatte ihn mehr als einmal gewaltige Anstrengung gekostet, nicht plötzlich hervorzutreten und dem unverschämten Menschen, der das Mädchen so peinigte, ein paar derbe Worte zu sagen. Noch lieber hätte er ihn gleich am Kragen gepackt und die Treppe hinabgeworfen.

Aber der heimliche Lauscher beherrschte sich. Die Gewissheit, dass da noch mehr kommen würde, dass es noch mehr Beweise der Flegelhaftigkeit Seidelmanns zu sammeln galt, legte seiner Ungeduld Zügel an. Außerdem dachte er bei aller Aufregung und Empörung in seinem Innern doch auch an den Mann, in dessen Dienst und Lohn er stand, an Arndt. Was würde sein Gönner dazu sagen, wenn Eduard Hauser, sein Helfer und Verbündeter, sich leichtfertig zu einer Unbesonnenheit hinreißen ließ?

Nein, so hart es ihm auch ankam, er, Eduard, musste sich beherrschen und warten.

Und so wartete er denn so lange, bis schließlich die Notlage des Mädchens ein Eingreifen erforderte, bis sich Engelchen in solcher Bedrängnis befand, dass Eduard ihr beispringen musste. Dann aber machte er reinen Tisch. Er wies Seidelmann in seine Schranken zurück, klärte ihn aber auch über seinen Irrtum auf und gab sich als Eduard Hauser zu erkennen.

In ihm war ein grenzenloser Mut, geboren aus der Freude über Engelchens Geständnis. Freimütig hatte sie es bekannt: Sie liebte den Nachbarsohn, obwohl er arm und wenig angesehen war, obwohl er ihr keine Geschenke versprechen, sie zu keinem glänzenden Fest führen konnte. Das Wissen um diese Liebe war für Eduard selige Gewissheit. Jetzt fürchtete er sich selbst vor dem Teufel nicht und wäre nötigenfalls bereit gewesen, um den Besitz Angelikas gegen eine Welt von Feinden zu kämpfen.

Was galt ihm da Fritz Seidelmann, der eitle, dreiste Bursche, der nur immer auf die Gewalt pochte, die sein Vater über die armen, abhängigen Weber von Hohenthal besaß! Die Hausers waren dieser Gewalt bereits entrückt, weil Eduard einen Helfer und Gönner hinter sich wusste, der ganz offenbar den Seidelmanns an Einfluss und Reichtum weit überlegen war, überlegen wohl auch an Klugheit und Umsicht.

Eduard drängte Seidelmann schroff beiseite und rief der erschrockenen Garderobefrau zu, sie solle ihm seinen Wetterkragen und Angelika das Umschlagtuch reichen. Die Frau gehorchte hastig. Seidelmann aber fuhr dazwischen.

„Halt, Bursche! So kommst du mir nicht fort. Du hast dich heimlich eingeschlichen in unsre Gesellschaft. In den Saal mit dir! Dort wirst du mir vor allen andern Rede und Antwort stehn."

Er packte Eduard am Arm. Der aber riss sich los und stieß Seidelmann derb zurück.

„Rühr mich nicht an, sonst stehe ich für nichts!", drohte der junge Hauser. „Wir sprechen ein andermal über diese Dinge. Jedenfalls hast du mehr zu bekennen als ich. Eigentlich verdienst du Prügel für deine Unverschämtheiten einem anständigen Mädchen gegenüber. Lass uns in Ruhe, sonst besinne ich mich darauf, meine Rechnung mit dir auf der Stelle auszugleichen!"

Eduard Hauser war plötzlich ein ganz andrer geworden. Mit großen, staunenden Augen, aus denen die Bewunderung für ihren Retter und Helden leuchtete, sah ihn Angelika an. Der für gewöhnlich so stille, bescheidene Mensch wuchs in diesen Minuten über sich hinaus.

Seidelmann mochte merken, dass es nicht geraten war, den Bogen zu überspannen und den Streit fortzusetzen.

„Er ist betrunken", knirschte er, zu der Garderobefrau gewendet.

Eduard war mit dem Mädchen schon auf der Treppe und hörte diese Worte nicht mehr. Sie gingen überhaupt fast unter in einem lauten Stimmengewirr, das von der offenen Saaltür kam. Dort waren soeben mehrere Herren und Damen aufgetaucht und fragten erregt nach der Ursache des Lärms in der Garderobe.

Seidelmann sah sich von ihnen umringt. Es war ihm reichlich ungelegen, ihnen so ohne weiteres Auskunft geben zu sollen.

„Nachher!", wehrte er ab. „Ich muss rasch einmal fort."

Damit ließ auch er sich seinen Mantel geben, streifte ihn über und eilte hinter dem Paar die Treppe hinunter. Unten erlebte er dann einen peinlichen Zwischenfall.

Aus der Tür der Gaststube – so wenigstens schien es Seidelmann – schoss in diesem Augenblick ein Unbekannter hervor und lief dem Eiligen so ungeschickt in den Weg, dass Seidelmann mit ihm zusammenprallte, ausglitt und schwer auf die Fliesen des Vorraums im Erdgeschoss schlug.

„Verzeihung!", entschuldigte sich der Fremde höflich und hastete weiter, auf die Straße hinaus.

Fritz Seidelmann fluchte. Er hatte sich keinen Schaden getan, aber alle Knochen im Leib schmerzten ihn. Mühsam richtete er sich auf und schleppte sich hinkend ins Freie.

Die frische Nachtluft wehte ihm um den Kopf und er begann, ruhig zu überlegen. Weder von dem Paar noch von dem tölpelhaften Fremden, den er heimlich ins Pfefferland wünschte, war eine Spur zu entdecken. Wohin hatte sich Eduard Hauser mit dem Mädchen gewendet? Auf der Straße würden die beiden nicht bleiben. Ihr Ziel war sicherlich das Hofmannsche Haus.

Seidelmann ballte die Fäuste vor Wut. Dieser Eduard, dieser Betteljunge, geleitete die schöne Angelika heim.

Er würde die Küsse ernten, die einem Fritz Seidelmann versagt waren. Empörend!

Vielleicht tuschelten die beiden noch miteinander im Flur des Hofmannschen Hauses. Was war da zu tun!

Hm! Dieses Haus kannte Fritz Seidelmann genau, hatte er es doch oft genug Angelikas wegen umschlichen. So reifte in ihm ein Plan: Er wollte den Weg hinter den Gärten nehmen, dann kam er noch vor dem Paar dort an und konnte sich einschleichen und verstecken.

Er kehrte in die Schenke zurück, ging durch den Hof in den Garten, sprang über den Zaun und rannte hinter den Dorfhäusern fort, bis er das kleine Gärtchen der Hofmanns erreichte. Nach kurzem Lauschen, ob auch alles ruhig sei, durchquerte er es und horchte an einem Fensterladen. Richtig, die Eltern, die ihr Goldkind in der Obhut des Herrn Seidelmann gut aufgehoben glaubten, waren schon schlafen gegangen. Einen Hund gab es nicht, er brauchte also keine Entdeckung zu fürchten.

Die Hintertür war nur mit einer hölzernen Klinke verschlossen, die ein Eingeweihter mit Hilfe einer Schnur auch von außen heben konnte. Das tat Fritz Seidelmann dann auch ohne Bedenken, schlich leise in den Flur, schloss die Tür wieder und kroch in den tiefen Winkel unter der Treppe. Hier konnte er das Übrige abwarten und schließlich, wenn er Glück hatte, alles hören, was im Hausflur von dem heimkehrenden Pärchen gesprochen wurde.

So rechnete Fritz Seidelmann und seine Rechnung stimmte. Er war noch nicht lange in seinem unbequemen Versteck, da vernahm er schon Schritte, die sich der Haustür näherten.

Eduard war mit Engelchen stumm und ohne sonderliche Hast heimgegangen. Den beiden jungen Menschen, deren Leben sonst so still dahinfloss, waren nach den erschütternden Ereignissen der letzten Stunde die Herzen so übervoll, dass sie die Flut ihrer Gedanken und Empfindungen scheu zurückdrängten, keinen Anfang zu einem Gespräch fanden und beide lieber gar nichts sagten.

Am Haus wollte sich Eduard verabschieden.

„Da sind wir. Gute Nacht, Engelchen. Schlaf wohl!"

Aber das Mädchen hielt ihn zurück.

„Eduard", schmeichelte sie. „Du willst schon fort! Soll das eine Strafe für mich sein?"

Der Bursche sah an ihr vorbei ins Leere und schwieg.

„Eduard!", begann Angelika von neuem. „Ich bin recht garstig zu dir gewesen. Doch du darfst nicht im Zorn von mir scheiden, das ertrüge ich nicht!"

„Ich bin nicht zornig, nicht einmal böse auf dich, Engelchen", versicherte Eduard.

„Und willst doch schon gehen? Mir ist so bange. Ich habe dir noch so viel zu sagen."

„Ein andermal, Engelchen! Sieh, du frierst, du wirst dich erkälten!"

In der Tat schauerte das Mädchen zusammen. Aber sie gab nicht nach.

„So komm auf ein paar Minuten mit ins Haus! Die Eltern schlafen schon."

„Wo denkst du hin?"

„Nur bis in den Flur!", bettelte sie und drückte seine Hand.

Sie zog den nur schwach Widerstrebenden hinter das Haus und öffnete die Tür, durch die vor wenigen Minuten Seidelmann geschlichen war.

„Da neben der Treppe steht die Waschbank. Vorsicht – stoß dich nicht! – Hier können wir uns einen Augenblick setzen!"

Stumm ließ Eduard alles geschehen. Die Nähe des geliebten Mädchens versetzte ihn in einen Glücksrausch. In diesem Zustand war er zu jedem Wagnis bereit; denn ein Wagnis war es, dass Eduard Hauser, dem Hofmann jeden Umgang mit seiner Tochter verboten hatte, bei

Nacht heimlich das Haus dieses Mannes betrat. Im Fall einer Überraschung setzte er sich der Gefahr aus, schmählich hinausgeworfen zu werden.

Dicht beieinander hockten sie auf der Bank und ahnten nicht, dass sich zwei Schritte von ihnen der befand, der ihr Glück hatte vernichten wollen.

Ein leises Geplauder hob an. Angelika, die plötzlich ganz voll Dankbarkeit gegen ihren Beschützer war, wollte vor allem wissen, wie er auf den Ball gekommen sei. Er aber wehrte ab.

„Davon nachher, Engelchen! Vorher gibt's etwas Wichtigeres. Weißt du, dass ich in den letzten Tagen recht unglücklich war?“

„Ich weiß es. Und ich war schuld! – Verzeih mir!“

Statt zu antworten, drückte er sie nur stumm an sich und küsste sie.

„Ich kann mich jetzt selber nicht begreifen, Eduard“, tuschelte Engelchen weiter. „Glaubst du das?“

„Ich verstehe es schon“, nickte Eduard ernsthaft. „Es stürmte zu viel auf dich ein. Dein Vater wollte es haben, dass du der Einladung des Unbekannten folgtest; das war das Erste. Und das Zweite war das schöne, flimmernde Kleid einer Italienerin – das hatte es dir angetan. Nicht wahr?“

„Ja“, gestand Angelika beschämt.

„Und das Dritte, Engelchen, ist das Schlimmste!“

„Das Dritte?“

„Ja. Fast möchte ich dir's gar nicht sagen. Du könntest mir sonst wieder gram werden.“

„So darfst du nicht denken, Eduard! Was ich heut erlebt habe, soll mir für alle Zukunft eine Lehre sein.“

„Das ist ein gutes Wort, Engelchen. Du machst mir das Herz leicht. Weißt du, dein Vater ist ein ordentlicher Mann, aber er hat etwas an sich von dem Pharisäer, der Gott dankt, dass er besser ist als andre Leute. Der Hochmutsteufel sitzt ihm im Nacken.“

„Und?"
„Du bist seine Tochter."
Das war ein freimütiges Bekenntnis, wie es Eduard Hauser früher dem Engelchen gegenüber nicht gewagt hätte. Jetzt aber glaubte er an ihre Läuterung und die Erwiderung Angelikas gab ihm Recht.
„Ja", nickte sie, „so ist mein Vater und so bin ich. Oder nein, Eduard, so war ich. Jetzt bin ich mit einem Schlag anders geworden. Jetzt weiß ich, wie lieb ich dich habe. Ich habe eingesehn, was für ein böses, hochmütiges Ding ich gewesen bin!"
„Du, mein liebes, schönes Engelchen!", strahlte Eduard glückselig.
„Und was du für ein prächtiger Mensch bist, Eduard, das habe ich bisher noch gar nicht geahnt. Als du diesem Seidelmann so tapfer entgegentratest, war ich ehrlich stolz auf dich. Und, glaube mir, jetzt ist mir klar, dass ich keinen andern zum Mann haben mag als dich!"
Eine Zeit lang war es nun still in dem finstern Flur und auf der Waschbank.
„Was wird aber dein Vater dazu sagen?", begann Eduard nach einer Weile wieder.
„Hab keine Sorge! Seidelmann hat ihm zwar den Kopf verdreht, aber wenn ich ihm von den Gemeinheiten dieses Menschen erzähle, wird er sich anders besinnen."
Fritz Seidelmann unter der Treppe hatte jedes Wort gehört. Er hätte mit beiden Fäusten dreinfahren mögen, doch die Vorsicht gebot ihm, sich zurückzuhalten. Und zur Vorsicht kam die Klugheit. Er hatte Angelikas erste Frage aufgefangen, worauf die Antwort noch immer ausstand und grad auf diese Antwort kam es ihm an. Also musste er warten.
Seine Geduld wurde denn auch sogleich belohnt.
„Nun aber erzähle mir endlich", begann soeben das Engelchen, „wie du in die geschlossene Gesellschaft gekommen bist! Darauf bin ich wirklich neugierig."

„Das war freilich eine schwierige Sache“, bekannte Eduard mit einem tiefen Seufzer. „Als du darauf bestandest, zum Ball zu gehen, wurde es mir angst um dich. Ich ahnte, dass man dir eine Schlinge legen würde, und ich wollte um jeden Preis zu deinem Schutz in der Nähe sein. Voraussetzung dazu war, dass ich mir Zutritt zu dem Fest verschaffe.“

„Und wie hast du das fertig gebracht?“

„Es wäre bestimmt aufgefallen, wenn einer versucht hätte, sich ohne Eintrittsgenehmigung in den Ballsaal einzuschmuggeln“, fuhr Eduard in seiner Darlegung fort. „Deshalb musste ich trachten, auf irgendeine Weise zu einem Abzeichen zu gelangen, wie es für dieses Fest vorgesehn war. Ich hatte Glück. Der Maskenverleiher, bei dem ich mir ein Kostüm aussuchen wollte, übergab mir solch ein Abzeichen, das Kaufmann Strauch versehentlich bei ihm liegen gelassen hatte, mit der Bitte, es ihm zuzustellen. Jetzt hatte ich, was ich brauchte, doch bestand die Gefahr, dass Strauch seinen Verlust bemerkte und sich hierwegen an den Maskenverleiher wenden würde. Das musste ich verhindern. Ich kam auf den Gedanken, Strauch zu veranlassen, dem Fest überhaupt fern zu bleiben. Ach, Engelchen, leicht ist mir das alles nicht geworden und ich habe auch nachträglich noch Kopfschmerzen wegen der Sache!“

Das klang so kläglich, dass Angelika stutzte.

„Was hast du denn getan?“, forschte sie besorgt.

Eduard gab sich einen Ruck. Jetzt hieß es, alles bekennen.

„Ich habe einen Brief an den Kaufmann Strauch geschrieben und ihm verboten, an dem Maskenball teilzunehmen. Dazu fügte ich die Mahnung, er dürfte die andern Mitglieder des ‚Kasinos‘ von seinem Wegbleiben ja nichts wissen lassen.“

„Du hast es ihm verboten? Und er hat gehorcht? Das ist seltsam!“

„Nicht so sehr, wie du denkst. Mir hätte er natürlich

nicht gehorcht, er hätte mich nur ausgelacht. Aber ich hatte einen Einfall. Ich habe meine Handschrift verstellt. Und weißt du, wie ich den Brief unterschrieben habe?"

„Nun?"

„Das Buschgespenst!"

„Mein Gott!", stammelte das Mädchen im ersten Schreck. Weiter wusste sie vorläufig nichts zu sagen. Sie hatte das dunkle Gefühl, ihr Held habe sich hier in ein sehr gewagtes Abenteuer eingelassen.

Eduard aber nahm seinen Bericht wieder auf.

„Ich habe getan, als stammte der Brief von dem Buschgespenst, und Strauch hat es offenbar geglaubt. Schon heute früh hörte ich, er habe sein Maskenkostüm, diesen Türkenanzug hier, wieder abbestellt. Das gab mir die Gewissheit, dass mein Plan geglückt war. Ich ließ mir also vom Maskenverleiher den freigewordenen ‚Türken' geben und ging an Stelle Strauchs auf den Ball. So bin ich vorläufig unbehelligt geblieben und sogar Fritz Seidelmann hat mich für Strauch gehalten und mit mir gesprochen, als wäre ich sein bester Freund. Das war an der Saaltür. Das hast du ja mit angesehn."

Jetzt siegte in Angelika die Freude über das gelungene Unternehmen.

„O Eduard", flüsterte sie, „das war eine kühne Tat! Ich bin stolz auf dich. Ich bewundere dich."

Der bewunderte Held aber seufzte.

„Nicht doch! Ich selber bin gar nicht so stolz auf mich. Der Brief macht mir gewaltige Sorgen. Ich habe ihn geschrieben, um Strauch zu verblüffen, um mir Zugang zu dem Fest zu verschaffen und dich beschützen zu können. Andre aber werden in der gefälschten Unterschrift möglicherweise eine strafbare Handlung sehn..."

„Das wäre!"

„Gewiss. Ich muss damit rechnen. Einer, der etwas von solchen Dingen versteht, hat mich darauf aufmerksam gemacht."

„Ach“, versuchte das Mädchen zu beschwichtigen, „wer will es denn herausbringen, dass du der Briefschreiber gewesen bist?“

Eduard legte die Stirn in Falten.

„Nun, dazu gehört nicht gerade viel. Ich bin an Stelle von Strauch mit seinem Abzeichen als Türke auf dem Ball gewesen, obwohl ich dort von Rechts wegen keinen Zutritt hatte. Also...! Seidelmann wird nicht so dumm sein, sich das Nötige nicht zu errechnen. Und vor ihm muss ich mich in Acht nehmen. Er wird mir den heutigen Abend nicht vergessen!“

„O Gott, ja!“, seufzte Angelika auf. „Und er hat viele Freunde. – Eduard“, sie schlang die Arme um seinen Hals, „mir ist angst um dich!“

„Ängstige dich nicht – ich stehe unter einem mächtigen Schutz!“

„Unter einem mächtigen Schutz?“

„Ja“, nickte Eduard, der im Gedanken an seinen Gönner allmählich die Sicherheit wiedergewann. „Seidelmann hat mich entlassen und um den Lohn betrogen. Er dachte, ich sollte in Not und Elend geraten; aber grad dieses Unglück ist mir zum Glück geworden. Der Förster hat uns über die erste Not hinweggeholfen und dann hat auch noch ein andrer sich unsrer angenommen.“

„Noch ein andrer? Wer?“

„Ein geheimnisvoller Fremder. Ich sollte eigentlich kein Wort davon verraten; aber ihr kommt wohl sehr bald auch in die Lage, Hilfe zu suchen, weil die Seidelmanns nun auch euch die Arbeit kündigen werden, und da will ich dir gestehn, dass ich einen kenne, der sicher Rat schaffen wird.“

„Wie du sprichst! Eduard, ich staune! Wer ist denn dein allmächtiger Helfer?“

„Das ist auch mir unbekannt.“

„Auch dir unbekannt? Das ist mir ein Rätsel. Du musst doch seinen Namen kennen, musst wissen, wo er sich aufhält und...“

„Gewiss, aber das darf ich nicht sagen. Ich stehe im Dienst des Fremden, und zwar gegen hohen Lohn. Zu meinen Pflichten gehört vor allem Verschwiegenheit. Aber – sieh, Engelchen, wir lieben uns und wir wollen ein Paar werden. Da darf ich's wohl wagen, dir wenigstens eine Andeutung zu machen, damit du keine Sorge um mich und auch um euch zu haben brauchst. Doch du darfst zu keinem Menschen davon plaudern, auch nicht zu den Eltern. Willst du mir das in die Hand versprechen?"

„Ich verspreche es."

„Wenn das gelingt, was wir planen, so bin ich sicher, dass der Fremde auf die Dauer für mich sorgen wird."

„Was wollt ihr denn tun?"

„Einen fangen."

„Wen?"

„Darüber muss ich allerdings schweigen."

Das Mädchen streifte den Sprecher mit einem ängstlichen Blick.

„O du, nun habe ich keine ruhige Minute mehr! Mir ahnt, was du mir verschweigst."

Betroffen merkte der Bursche, dass er schon zu viel geplaudert hatte, und so war er eifrig bemüht, den wohl begründeten Argwohn Angelikas, die natürlich an das Buschgespenst dachte, zu zerstreuen.

„Die Sache ist gar nicht so gefährlich, wie du denkst." Er machte absichtlich viele Worte und redete in einem fort, um keinen Widerspruch aufkommen zu lassen. „Einen Wink kann ich dir ja geben, nur Näheres darf ich nicht verraten. Es handelt sich um einen Mann, der drüben, jenseits der Grenze, aus dem Gefängnis ausgebrochen ist. Die Polizei glaubt, mit Sicherheit annehmen zu können, dass er sich in unsrer Gegend versteckt hält. Den wollen wir dingfest machen."

„Das erzählst du mir jetzt nur so", meinte Angelika misstrauisch.

„Nicht doch! Es ist wirklich so."

„Dann wäre dein Gönner also ein Polizist, vermutlich ein Geheimer?“

O weh, da hatte Eduard den Karren erst recht verfahren!

„Nein, nein“, widersprach er lebhaft. „Das ist alles ganz anders. Gib dich nur zufrieden, Engelchen! Ich kann nicht aus der Schule schwatzen. Jedenfalls brauchst du meinetwegen nichts zu fürchten, wenigstens um dieser Dinge willen nicht. Bedenklicher ist mir die Sache mit Fritz Seidelmann. Und dann habe ich vor allem Sorge, was dein Vater sagen wird.“

„Wegen heut Abend?“

„Nun ja. Seidelmann wird ihn hart herannehmen.“

„Darauf werde ich ihn vorbereiten. Alles erzähle ich ihm, alles; dann wird er erkennen, dass Seidelmann ein Schurke ist, und wird...“

„Und wird? Was denn, Engelchen?“

Sie schmiegte sich zutraulich an den Burschen.

„Weißt du, Eduard, ich glaube, dass der Vater dir zum Schluss dankbar ist für dein mutiges Eingreifen.“

„Ach, das wäre herrlich!“

„Ja, und dann erlaubt er dir wohl gar, uns wieder zu besuchen.“

„Und nimmt sein hässliches Verbot zurück“, ereiferte sich Eduard.

Angelika nickte versonnen.

„Und gibt womöglich seinen Segen dazu, dass...“

Das Mädchen stockte. Der Bursche aber vollendete wonnetrunken den Satz.

„...dass du einmal meine Frau wirst, mein liebes, goldiges Engelchen.“

So flüsterten die beiden noch eine geraume Weile miteinander. Endlich besannen sie sich darauf, dass es Zeit sei, sich zu trennen. Ein Kuss noch, dann huschte Eduard zur Tür hinaus, die Angelika hinter ihm sorgsam zuklinkte. Arglos suchte sie nun ihre Kammer auf, nicht ahnend, dass sie dabei im Flur des Hauses ganz dicht an Fritz Seidelmann vorüberging, der noch immer im Treppenwinkel auf der Lauer lag.

Eduard stieg indessen über den Zaun, der das Hofmannsche Grundstück von dem kleinen Garten der Hausers trennte. Da löste sich vom Stamm eines Baumes schattenhaft eine Gestalt ab und eine männliche Stimme rief Eduard an.

„Pst!"

Eduard stutzte. Er dachte schon, es wäre Fritz Seidelmann, der ihm hier auflauern wollte, und machte sich auf eine derbe Auseinandersetzung gefasst. Da klärte ihn der andre über seinen Irrtum auf.

„Ich bin es, der Fremde."

Es war in der Tat Arndt, der hier auf seinen Gehilfen gewartet hatte. Er war von der Schenke her die Straße entlanggekommen. Darum hatte er Seidelmann nicht bemerkt, der sich im Haus der Hofmanns einschlich. Arndt hatte zwar damit gerechnet, Seidelmann würde sich hier irgendwo verstecken, um Eduard Hauser abzufassen. Aber er war doch nicht ganz auf die richtige Vermutung gekommen. So meinte er denn bereits, sich umsonst bemüht zu haben, und wollte nun wenigstens noch ein paar Worte mit dem jungen Hauser sprechen.

Der Bursche in seiner frohen Erregung machte Miene, sogleich loszuschwatzen. Arndt aber kam ihm zuvor.

„Sie waren bei Hofmanns?"

„Ja, ich habe Angelika heimbegleitet und..."

„Schon gut! Haben Sie Seidelmann gesehn?"

„Seidelmann? Der ist doch in der Schenke."

Arndt lachte kurz.

„Das glaube ich nun weniger. Ich fürchte vielmehr, dass er hier irgendwo umherschleicht. Doch das lassen Sie meine Sorge sein! Berichten Sie lieber! Wie ist es gegangen? Sie hatten Unannehmlichkeiten?"

Eduard, der sich als Sieger fühlte, weil er an diesem denkwürdigen Abend sein Engelchen gewonnen hatte, tat stolz einen tiefen Atemzug.

„O nein!“, versicherte er. „Es gab zwar einen Zusammenstoß mit Seidelmann...“

„Das habe ich gemerkt.“

„...aber sonst ging alles nach Wunsch. Seidelmann hielt mich für Strauch...“

„Bis zuletzt?“

„Nein. Ich habe mich schließlich freiwillig zu erkennen gegeben.“

„So, so! Das müssen Sie mir genauer erzählen!“

Und Eduard Hauser erzählte. Arndt schwieg zu allem und ließ den jungen Menschen ruhig ausreden. Sein Gesicht legte sich dabei in bedenkliche Falten.

„Das wird ein Nachspiel haben“, sagte er dann, als Eduard mit seinem Bericht zu Ende war. „Ich muss Ihnen leider erklären, dass ich mit Ihnen nicht übermäßig zufrieden bin. Hoffentlich haben Sie nicht noch weitere Unvorsichtigkeiten begangen?“

Der Ton, in dem Arndt sprach, wirkte nach und nach dämpfend und ernüchternd auf den jungen Hauser. Er senkte den Kopf und schwieg. Da mahnte ihn Arndt noch einmal.

„Nun? Wie steht es?“

„Ich weiß nicht, wie Ihre Frage gemeint ist“, kam es kleinlaut zurück.

„So will ich ein wenig nachhelfen und deutlicher sein. Es ist eine alte Erfahrung, dass verliebte Leute blind und zu dummen Streichen, sagen wir, zu Unüberlegtheiten geneigt sind. Angelika Hofmann hat am Ausgang des Abenteuers doch sicher von Ihnen wissen wollen, wie Sie überhaupt auf den Maskenball gekommen sind. – Sie nicken Also! Darauf haben Sie ihr vermutlich die Geschichte von dem Abzeichen und dem Brief an Strauch anvertraut?“

„Das habe ich allerdings getan.“

„Und weiter?“

„Weiter hat sie Sorge um mich geäußert, weil mir Fritz

Seidelmann nun doch das Leben schwer machen würde, und wir haben auch die Lage der Hofmanns erörtert, denen Seidelmann nun bestimmt nicht mehr so freundlich gesinnt ist wie vorher."

Arndt erwies sich als ein ausgezeichneter Menschenkenner. Das alles hatte er bereits vorausgesehen und nun ahnte er noch mehr. Es war fast, als hätte er das Gespräch zwischen Angelika und Eduard im Flur des Hofmannschen Hauses mit angehört. Er nahm Eduard jetzt einfach das Wort aus dem Mund und ergänzte, ohne zu fragen, den Bericht.

„Und da haben Sie sich schließlich zum Trost für das besorgte Engelchen auf Ihren Freund und Gönner berufen, in dessen Dienst Sie stehn, um das Buschgespenst zu fangen. War es nicht so?"

„Nein, nein", wehrte sich Eduard hastig. „Das mit dem Buschgespenst habe ich nicht zugegeben."

„Sondern?"

„Ich habe gesagt, es handle sich um einen entsprungenen Verbrecher aus Böhmen."

„Das haben Sie großartig gemacht!"

Eduard sah unsicher auf. Er konnte wegen der Dunkelheit nicht in den Zügen des Detektivs lesen, aber es war ihm nicht ganz geheuer zu Mut.

„Wirklich großartig!", fuhr Arndt indessen fort. Und nun hörte es Eduard genau: Das war Spott, offener Spott. „Ihr Engelchen wird nun fest davon überzeugt sein, dass Sie ihr die Wahrheit gesagt haben. Weiß sie denn auch, dass ich der Mann bin, der beim Förster wohnt?"

„Keine Silbe davon!"

„Dass ich Geheimpolizist bin?"

„Das vermutet sie, aber ich habe es geleugnet."

„So, so! Nun, mein lieber Hauser, da haben Sie eine rechte Heldentat begangen. Gebe Gott, dass Angelika Hofmann jetzt vernünftiger ist als Sie und den Mund hält! Sonst könnte möglicherweise noch alles schief gehn."

„Ich werde sie morgen in aller Frühe noch einmal streng ermahnen, verschwiegen zu sein."

„Tun Sie das! Vielleicht nützt es etwas. Sagen Sie ihr, wenn sie plaudert, ginge es Ihnen an den Kragen! Das wird wahrscheinlich helfen."

„Ach", seufzte Eduard, „ich könnte doch gleich..."

„Gar nichts können Sie, mein Lieber. Verfügen Sie sich jetzt heim! Ich hatte eigentlich eine wichtige Mitteilung für Sie, aber mir ist vorläufig die Lust vergangen, Ihnen Geheimnisse anzuvertrauen. Sie sind augenblicklich nicht in der Verfassung, überlegsam damit zu verfahren. Gute Nacht jetzt! Morgen sprechen wir uns wieder."

Eduard stand da wie ein armer Sünder und starrte vor sich hin in den Schnee. Als er den Kopf endlich hob, war Arndt verschwunden. Der Hauser-Sohn bohrte den Blick ins Dunkel, da glaubte er die Gestalt seines Gönners drüben an Hofmanns Zaun noch einmal auftauchen zu sehen. Aber er rief Arndt nicht nach, lief auch nicht mehr zu ihm hin. Einstweilen war sein Mut gebrochen. Er ließ schlaff die Arme hängen.

Das war wieder eine Dummheit von ihm, oder es war auch keine. Jedenfalls hatte dieses Verhalten einen gewissen Einfluss auf die weitere Entwicklung der Dinge, denn der Mann, der da am Zaun entlang huschte, war gar nicht Arndt, sondern Fritz Seidelmann, der heimlich, den Kopf voll Neuigkeiten, die er soeben im Treppenwinkel erlauscht hatte.

Der junge Hauser sah die Gestalt des andern untertauchen im Dunkel der Nacht. Da fuhr ein Windstoß um die Hausecke, wirbelte den Schnee auf und machte den Burschen frösteln. Ein Unbehagen überfiel Eduard wie eine dumpfe Ahnung kommenden Unheils.

9. Es ist nichts so fein gesponnen...

Erst nachdem die Schritte Angelikas in ihrem Kämmerchen verklungen waren, hatte es Fritz Seidelmann gewagt, sein Versteck zu verlassen und sich hinauszuschleichen.

Schadenfreude und Rachsucht verzerrten sein Gesicht zur Fratze. Er war sehr zufrieden mit sich und seinem Einfall, dem verliebten Pärchen nachzuspüren. Nun hatte er allerlei Waffen gegen die beiden gewonnen und sie sollten es büßen, dass sie ihm an diesem denkwürdigen Fastnachtsabend so übel mitgespielt hatten.

Sie sollten auch noch mehr büßen, wenigstens der junge Hauser. Nur über das Wie war sich Seidelmann einstweilen noch nicht klar. Die Gedanken bildeten in seinem Kopf fürs Erste noch ein wirres Durcheinander.

In dieser Verfassung wollte Seidelmann soeben aus dem Schatten des Hauses hervortreten, als er ein Geflüster vernahm. Er fürchtete, auf seinen Feind zu stoßen, dessen Faust er, wenn es darauf ankam, bestimmt nicht gewachsen war, und duckte sich rasch. Dann kroch er vorsichtig dem Stimmenklang nach und bemerkte nun Arndt im Gespräch mit Hauser.

Der Detektiv war dem jungen Seidelmann ein Fremder und doch dämmerte bei seinem Anblick sogleich eine Ahnung in dem heimlichen Lauscher. War das nicht jener Tölpel, der ihm im Flur der Schenke so ungeschickt in die Quere gelaufen war und ihn grad zur Unzeit aufgehalten hatte? Seidelmann hatte den Fremden in jenem Augenblick nur ganz flüchtig gesehen. Dennoch glaubte er sich der Gestalt und der ganzen äußern Erscheinung, die er jetzt vor dem hellen Hintergrund der Schneelandschaft leidlich erkennen konnte, genau zu erinnern.

Jener Zusammenstoß im Wirtshausflur erschien Seidelmann plötzlich in einem ganz anderen Licht. Sollte nicht Ungeschick, sondern wohlberechnete Absicht den Mann da in seinen Weg geführt haben? Hatte dieser Mensch etwa dem jungen Hauser den Rückzug gedeckt?

Was hatten denn die beiden hier in Nacht und Einsamkeit miteinander zu verhandeln? Seidelmann kam nach und nach auf die richtige Spur. Sollte dieser Unbekannte vielleicht gar der Fremde sein, von dem der Hungerleider Hauser vorhin dem hochmütigen Frauenzimmer vorgeschwärmt hatte? Fritz Seidelmann krallte wütend die Fingernägel in die Handflächen und beschloss, den Mann nicht aus den Augen zu lassen.

So verharrte er denn in seiner gebückten Haltung, bis der Fremde sich entfernte.

Jetzt erst wagte Fritz Seidelmann, sich aufzurichten und dem Mann nachzuschleichen. Der Unbekannte schlug die Straße nach Osten ein und folgte ihr eine Strecke weit bis dahin, wo der Weg sich teilte und gradaus zum Nachbardorf, rechts zum Forsthaus führte. Hier war der Fremde plötzlich verschwunden.

Wohin?

Seidelmann blieb stehen und lauschte. Doch vergeblich. Der Erdboden schien den Verdächtigen verschlungen zu haben. Dieser Vorgang war wie ein Wunder, erklärte sich aber ziemlich einfach. Franz Arndt war ein Gegner, dem sein Verfolger nicht gewachsen war. Er besaß ein außerordentlich scharfes Gehör. Kurz nachdem er Eduard verlassen hatte, war es ihm gewesen, als schlürften leise Schritte in einiger Entfernung hinter ihm über den hart gefrorenen Schnee. Und er war ein Mann der schnellen Überlegungen; blieb er jetzt stehen, um zu lauschen, so verriet er seinen Verdacht – also schritt er langsam weiter. Nach einiger Zeit schnaubte er sich die Nase und ließ dabei wie versehentlich das Taschentuch fallen. Bei dieser Gelegenheit blickte er sich unauffällig um.

Da bemerkte er einen Mann hinter sich. Arndt dachte sogleich an Seidelmann, mit dessen Anwesenheit er ja rechnete. Er ging noch eine Strecke weiter, stolperte über seinen Stock und schaute sich abermals um. Der Mann war noch immer hinter ihm, jetzt aber ein wenig näher.

Das war kein Zufall, das musste er untersuchen. Es handelte sich bestimmt um einen Verfolger.

Arndt wartete, bis er an eine Stelle kam, wo dichtes Gebüsch zur Rechten sein Vorhaben begünstigte. Das war bei der oben erwähnten Wegteilung. Hier huschte er gedankenschnell nach rechts hinter die schützenden Sträucher, zog das Laken hervor, das er jederzeit zusammengefaltet bei sich trug und warf es über. Dann streckte er sich lang in den verschneiten Graben, der dicht hinter dem Gebüsch verlief. So war er von der weißen Fläche nicht zu unterscheiden.

Jetzt blieb der Verfolger stehen und lauschte in die Nacht hinein. Er schien nicht zu wissen, woran er war.

Und in der Tat: Fritz Seidelmann war fürs Erste ratlos. Als er keine Schritte mehr hörte und auch niemand mehr sah, nahm er schließlich an, der Fremde sei rascher ausgeschritten. Daher setzte er sich nach kurzem Zögern in Trab und hielt dabei den Blick suchend in die Ferne gerichtet.

Aber er kam nicht weit. Wie erwähnt, teilte sich der Weg gleich hinter den Büschen und nun war wieder guter Rat teuer für Seidelmann. Spuren waren hier, wo doch tagsüber vielfach Menschen gingen, auch im Schnee nicht zu unterscheiden. Wohin hatte sich nun der Fremde gewandt? Lief er ins Nachbardorf oder wollte er sich einstweilen im Wald verstecken?

Seidelmann kam zu keinem Entschluss und so tat er schließlich, was ihm in dieser Lage allein übrig blieb. Er trat den Rückweg nach Hohenthal an. Dabei fiel es ihm nicht ein, etwa das Gebüsch, hinter dem Arndt im Graben lag, von dem weißen Betttuch völlig verdeckt, einer genaueren Betrachtung zu unterziehen. Verdrossen trottete er feldein, ohne sich auch nur einmal umzuschauen.

Hinter ihm erhob sich vorsichtig Franz Arndt. Er lugte

um die Büsche. Richtig, Seidelmann war getäuscht worden und hatte die Verfolgung aufgegeben.

Arndt schmunzelte. Die Sache gefiel ihm. Jetzt war er außer Gefahr und beschloss, sogleich den Spieß umzudrehen und nun seinerseits dem jungen Seidelmann ein wenig nachzuspionieren. Die Achtlosigkeit des andern erleichterte ihm sein Vorhaben. Obendrein schützte ihn hier im freien, verschneiten Feld das weiße Tuch gegen Sicht. Und endlich hielt er sich wohlweislich in sorgsam abgemessener Entfernung von Seidelmann, während er ihm bedächtig folgte.

So erreichte er schließlich wieder den Ort Hohenthal. Hinter der Ecke des ersten Hauses nahm er seine Umhüllung ab und schlich Fritz Seidelmann weiter nach. Es war keine Gefahr dabei, denn es war gegen Mitternacht und niemand zeigte sich auf der Straße.

Bei Hausers Anwesen blieb Seidelmann stehen und pirschte sich dann hinter das Haus. Vergebens suchte Arndt zu ergrübeln, was er damit bezwecken könnte.

Er folgte vorsichtig und gewahrte, dass Fritz Seidelmann wohl eine Viertelstunde still und unbeweglich vor einem Fensterladen der Wohnstube stand und zu horchen schien; dann entfernte er sich. Auch jetzt hielt sich Arndt in immer gleichem Abstand hinter Seidelmann, bis der andere seine Wohnung erreichte und in der Haustür verschwand.

Arndt blieb überlegend stehen.

Soll ich umkehren oder nicht? Fragte er sich. Da oben brannte noch Licht. Man wartete also auf den Sohn und Neffen. Wahrscheinlich rechnete man damit, dass der junge Seidelmann vom Maskenball allerlei Neuigkeiten mit nach Hause bringen würde. Also gab es für den Detektiv hier eigentlich nichts mehr zu erkunden. Er hätte gehen können. Aber er blieb. Eine unerklärliche innere Spannung hielt ihn zurück. Ihm war es, als müsse nun erst noch etwas ganz Wichtiges kommen.

Nach einer Weile erlosch das Licht im Vorderzimmer des Obergeschosses, dafür erhellte sich zur ebenen Erde ein Fenster an der Gartenseite.

Arndt stutzte. Was hatte das zu bedeuten? Im Erdgeschoss lagen doch die Geschäftsräume, wie ihm Eduard Hauser einmal erzählt hatte. Sollte hier jetzt, so spät in der Nacht, ein Plauderstündchen stattfinden? Das war doch wohl kaum anzunehmen.

Arndt stieg kurz entschlossen über den Zaun. Er wollte der Sache auf den Grund gehen. Hier war sicherlich etwas Wichtiges zu erfahren. Ohne besonderen Anlass begab sich jetzt bestimmt keiner der Seidelmanns in die Geschäftsräume.

Es wurde dem gewandten Detektiv nicht schwer, das Dach eines niedrigen Schuppens zu erklettern, der dicht bei dem erleuchteten Fenster rechtwinklig an das Hauptgebäude stieß. Ein Schneerutsch hatte offenbar vor kurzem fast die Hälfte der leicht geneigten Fläche von ihrer weißen Last befreit. So konnte es Arndt wagen, das Dach zu betreten und in den Raum, der hinter dem eigentlichen Kontor lag und für gewöhnlich abgeschlossen war, hineinzusehen. Er erblickte in dem Zimmer die drei Seidelmanns, Vater, Sohn und Oheim. Fritz Seidelmann saß neben dem Rentner am Tisch und schien irgendeine Angelegenheit mit Eifer zu erörtern. Der Vater stand auf einem Stuhl an der Wand und nahm soeben ein Bild herab.

Hinter dem Bild zeigte sich ein großes, tiefes Loch in der Mauer, eine Art Geheimschrank. Seidelmann holte daraus eine Schachtel hervor und stellte sie auf den Tisch.

Zunächst entnahm er ihr einen glänzenden Gegenstand, den er beiseite legte, ein Schmuckstück, bei dessen Anblick die Augen des heimlichen Beobachters draußen auf dem Schuppendach jäh aufleuchteten. Dann kramte der Kaufmann aus der Schachtel etwas Schwarzes heraus. Mit Verwunderung stellte Arndt fest, dass es Spitzen waren, kostbare Spitzen, die Seidelmann dem Bruder und dem Sohn prüfend vor Augen hielt.

Weiter kam Arndt nicht mit seinen Beobachtungen. Aus irgendeinem Grund – vermutlich, weil drinnen allerlei geheime Dinge verhandelt wurden – sprang der Rentner plötzlich auf und trat hastig ans Fenster. Arndt glaubte sich schon entdeckt und duckte sich im ersten Schreck. Da sah er, dass sich die Seidelmanns offenbar jetzt erst darauf besonnen hatten, die Fenstervorhänge zuzuziehen. August Seidelmann besorgte das soeben schnell und ungeduldig und entzog damit die weiteren Vorgänge im Zimmer den Blicken des Detektivs.

Also kletterte Arndt von seinem Beobachtungsposten herab und machte sich auf den Heimweg zum Forsthaus. Er konnte mit dem Ergebnis der Bemühungen dieses Tages zufrieden sein und war es auch. Während er rüstig ausschritt, gingen ihm allerlei Gedanken durch den Kopf. Die erste Rolle darin spielte jenes Schmuckstück auf dem Tisch der Seidelmanns.

Dann tauchten zwei Fragen auf: Weshalb hatte Fritz Seidelmann vorhin so lange an dem Häuschen der Hausers gelauscht? Und was bezweckten die drei da drüben mit den schwarzen Spitzen?

Es wollte dem Detektiv keine Lösung dieser Rätsel einfallen. Vielleicht lag das daran, dass er immer wieder alles zwangsläufig in Verbindung brachte mit dem Buschgespenst, um das nun einmal in diesen Tagen all sein Sinnen kreiste.

Ja, wahrhaftig, all sein Sinnen.

Als er im Wald, der tief die Zweige der schneebeladenen Fichten hängen ließ, einmal kurz zur Seite schaute, glaubte er wieder eine weiße Gestalt zu erblicken, die ihn anstarrte. Aber es war nur ein mannshoher, verschneiter Busch. Dahinter stand schweigend die breite Wand des Waldes, von der sich soeben ein Schatten ablöste. Der schwebte lautlos zu einem einzelnen Baum, aus dem alsbald das Krächzen eines Raben zu dem nächtlichen Wanderer herüberschallte.

Fritz Seidelmann hatte bei seiner Heimkehr von dem Maskenfest und der misslungenen Verfolgung den Vater und den Oheim in der Tat noch wach gefunden.

Der Vater empfing ihn mit verdrießlicher Miene.

„Na, da bist du ja endlich!"

„Ja", nickte Fritz. „Es hat lange gedauert. Ich wundere mich, dass ihr noch wach seid und auf mich wartet."

„Hat seine Gründe", knurrte der Kaufmann. „Ich wollte noch ein Wort mit dir reden. Sag mal, was hast du denn heut Abend für dummes Zeug gemacht?"

„Dummes Zeug?", entrüstete sich der Sohn.

„Ja, ich meine den Auftritt mit dem jungen Hauser."

„Das war allerdings eine dumme Sache, für die ich aber nicht verantwortlich bin. Woher wisst ihr denn schon davon?"

„Das fragst du noch? Das ganze Nest weiß es bereits, vom Pfarrer an bis herab zum Nachtwächter. Es sind ja genug Leute dabei gewesen. Ich ging in der neunten Stunde noch auf einen Sprung zum Bürgermeister, um etwas mit ihm zu besprechen. Dort wurde ich aufgehalten. Die Zeit verstrich. Wie das so ist. Auf dem Heimweg traf ich den Mühlbauer. Er kam aus der Schenke und berichtete mir haarklein die Sache von dir, Hauser und der kleinen Hofmann. Kannst dir denken, wie schadenfroh der Halunke grinste. Und ich musste mir alles schweigend anhören. War eine Dummheit von dir, mein Junge, eine riesengroße Dummheit. Ich hätte dich für gescheiter gehalten."

Fritz Seidelmann biss sich auf die Lippen, dann fuhr er zornig auf.

„Hätte sich dieser Schuft, der Hauser, nicht eingeschlichen so wäre alles anders gekommen!"

Aber der Vater ließ die Widerrede nicht gelten.

„Die erste Schuld liegt bei dir", beharrte er. „Wie konntest du auch auf den verrückten Einfall kommen, die Tochter eines armseligen Webers zum Maskenball einzuladen! Wenn du schon in diese dumme Puppe vernarrt bist, musstest du sie noch lange nicht ins ‚Kasino' führen. Das war heller Blödsinn. Es gab andre Gelegenheiten, mit ihr schönzutun. Jetzt bist du im ganzen Ort der Hansnarr."

„Ich habe dich vorher von allem unterrichtet und du hast mir nicht dagegen gesprochen. Vergiss das nicht! Und der Onkel wusste doch ebenfalls darum!"

Jetzt endlich, da er mit ins Spiel gezogen wurde, mischte sich der Rentner August Seidelmann ein.

„Bitte, Fritz, lade mir keine Verantwortung auf! Du hast mir die Angelegenheit vorgetragen, gewiss, und ich hatte sogar nicht übel Lust, selber mit zu dem Vergnügen zu gehen. Gebe ich alles zu. Sonst aber kümmert mich die Sache nicht. Was hättest du mir wohl auch geantwortet, wenn ich über die Wahl deiner Dame für diesen Abend Bedenken geäußert hätte?"

Fritz Seidelmann wollte etwas erwidern. Aber der Vater kam ihm zuvor.

„Streitet euch nicht um müßige Dinge! Was geschehn ist, ist geschehn; daran lässt sich nichts mehr ändern. Hoffentlich hat die dumme Geschichte unserm Ansehn nicht geschadet. Ihr wisst..."

„Keine Sorge!", fiel ihm der Sohn in die Rede. „Wir werden dem jungen Hauser den Hieb zurückgeben, mit Zinsen sogar. Der erste Schritt dazu ist schon getan."

Der Vater schaute ihn misstrauisch von der Seite an.

„Hoffentlich nicht eine neue Dummheit!"

„O nein!" Fritz lachte überlegen. „Ich habe ein Gespräch zwischen dem Burschen und seinem Schätzchen belauscht und dabei allerlei wichtige Dinge in Erfahrung gebracht."

„Wird auch viel Gescheites sein", brummte der Kaufmann.

„Verliebtes Jungvolk schwatzt überhaupt nur törichtes Zeug“, fügte der Rentner hinzu.

Aber Fritz ließ sich nicht aus der Ruhe bringen.

„Hm“, meinte er, „töricht war es allerdings von Hauser, dass er so arglos drauflosredete, ohne sich zu vergewissern, ob nicht etwa unberufene Ohren alles mit anhörten. Er hat uns damit eine prächtige Waffe in die Hand gegeben.“

Und nun erzählte er zunächst von dem Kasino-Abzeichen, das Hauser vom Maskenverleiher ausgehändigt bekommen hatte, sowie von dem Brief, den Eduard an Strauch geschrieben und mit der verhängnisvollen Unterschrift ‚Das Buschgespenst‘ versehen hatte. Der Vater und der Onkel hörten ihm mit wachsender Spannung zu. Sie sagten zunächst kein Wort, aber in ihren Augen spiegelte sich der helle Triumph über den unbesonnenen Streich, den der verhasste junge Hauser da vollführt hatte.

„Und du bist deiner Sache auch sicher?“, fragte Martin Seidelmann, als Fritz endlich schwieg. „Der Brief ist wirklich vorhanden?“

„Gewiss, sonst hätte Hauser ja nicht an Stelle meines Freundes Strauch beim Fest erscheinen können. Übrigens, du sagst: vorhanden. Ich weiß natürlich nicht, ob Strauch das Schreiben aufbewahrt hat. Aber das ist wohl als sicher anzunehmen.“

„Sicher ist nichts. Du musst morgen sofort in die Stadt gehen und feststellen, ob Strauch den Brief noch besitzt.“

„Das ist das Richtige“, nickte August Seidelmann bedächtig. „Hier ist in der Tat eine glänzende Handhabe gegen diesen Eduard Hauser gegeben. Er hat sich selber als Buschgespenst bekannt. Großartig! Also ist er der Anführer der Pascher. Das schon kann ihm das Genick brechen. Noch besser wäre es, wenn man ihn auch noch anderweit in den Verdacht einer Schmugglertat bringen, ihm scheinbar etwas dergleichen nachweisen könnte...“

„Was nützt uns ein bloßer Verdacht?“, unterbrach ihn Fritz. „Paschen muss er, tatsächlich paschen!“

„Das tut er nicht“, hieß es dagegen.

„Er muss einfach. Und wenn er es selber auch nicht weiß!“

„Das ist albernes Gerede.“

„Nicht doch! Ich habe bereits vorhin auf dem Heimweg darüber nachgedacht. Mein Plan ist fertig. Passt auf! – Haben wir vielleicht feine Spitzen im Haus?“

„Gewiss. Was soll es damit?“

„Das will ich euch erklären. Ich sah vorhin bei den Hausers durch den Fensterladen. Der Bursche ging zu Bett. Seinen Werktagsrock sah ich in der Stube hängen.“

„Nun? Und?“

„Sehr einfach. Man schleicht sich bei den Hausers ein und steckt dem Schuft eine Partie Spitzen unter das Futter des Rocks. Auf den Verlust einiger Ellen darf es uns dabei nicht ankommen. Die Sache lohnt sich. Die Spitzen sind überaus fein, er bemerkt sie gar nicht. Dann schickt man ihn irgendwie über die Grenze und erstattet Anzeige gegen ihn. Er wird abgefasst. Es kommt heraus, dass er sich in jenem Brief als Buschgespenst unterschrieben hat...“

Der Onkel spreizte die Arme gegen die Decke und fuhr von seinem Stuhl auf.

„Alle Wetter, du bist ein gescheiter Kopf!“, rief er. „Ja, so wird's gemacht! Nicht wahr?“

Das galt seinem Bruder Martin, der denn auch sogleich zustimmte.

„Der Plan ist gut, gewiss. Nur hat die Sache einige Schwierigkeiten, die bedacht sein wollen. Kommt vor allen Dingen einmal mit hinunter ins Kontor! Dort besprechen wir die Angelegenheit weiter.“

Sie verlöschten das Licht und begaben sich in die Stube im Erdgeschoss, wo sie von Arndt beobachtet wurden.

Hier nahm Vater Seidelmann seine Rede wieder auf.

„Vor allem eine Frage: Kann man denn so ohne weiteres in die Wohnung der Hausers gelangen?“

„Nichts leichter als das", versicherte Fritz. „Die Hintertür macht keine Schwierigkeiten. Sie ist, wie üblich bei den Weberhäusern, nur mit einer Holzklinke versehn, die man von außen mit Hilfe einer Schnur heben kann. Und an der Stubentür befindet sich ein Schraubendrücker, wie wir auch einige haben. Das alles nehme ich schon auf mich. Aber es muss bald geschehn, möglichst noch diese Nacht."

Der Rentner war so begeistert, dass er schon über die erste Vorarbeit für den Streich hinausdachte.

„Kann man es nicht so einrichten, dass Hauser im entscheidenden Augenblick vor den Grenzern flieht oder sich gar an ihnen vergreift?", drängte er.

„Auch das wäre zu erwägen", nickte sein Neffe, „die Hauptsache aber sind erst einmal die Spitzen. Ich schlage vor, dass wir sofort ans Werk gehen."

Der Vater gab seine Einwilligung auf bedachtsamere Art.

„Dich treibt zwar nur der Hass wegen dieses dummen Frauenzimmers, aber du hast Recht. Eduard Hauser als Buschgespenst beim Paschen ertappt! Der Einfall ist köstlich. Beeil dich und versuch dein Glück! Mir juckt es in allen Gliedern, dieser Sippe eins auszuwischen."

„Auge um Auge, Zahn um Zahn!", faselte der Rentner mit unangebrachter Feierlichkeit, indem er lauernd auf seinen Neffen schielte.

Martin Seidelmann schob indessen einen Stuhl an die Wand und entnahm dem geheimen Behältnis hinter dem Bild die Schachtel und stellte sie auf den Tisch. Nachdem er den Deckel entfernt hatte, kramte er zunächst den Schmuck hervor, bei dessen Anblick Arndts Augen so seltsam aufleuchteten.

„Auch so ein Ding, an das sich allerlei Erinnerungen knüpfen", meinte er nachdenklich.

„Zum Kuckuck mit den Erinnerungen!", murrte der Rentner. „Ich an deiner Stelle hätte das Schmuckstück schon längst verkauft. Es liegt dir doch bloß im Weg herum."

„Dass ich ein Narr wäre! Es ist so viel davon gesprochen worden, dass ich es nicht wagen möchte, das Ding wegzugeben."

„Dann würde ich es wenigstens einschmelzen lassen."

„Unsinn! Es ist altdeutsche Goldschmiedekunst und hat so, wie es ist, dreimal mehr als Goldwert. Nein, für mich liegt es gut in dem Versteck!"

Nun holte der alte Seidelmann die schwarzen Spitzen hervor und zeigte sie prüfend Fritz und dem Bruder. Das war der Augenblick, da der Rentner aufsprang und die Fenstervorhänge zuzog, sodass Arndt die Vorgänge im Zimmer nicht weiter beobachten konnte. Es war ein Glück für die Seidelmanns und ein Schaden für Arndt und seinen Schützling Eduard Hauser, denn auf diese Weise blieben die dunklen Machenschaften der Seidelmanns in dieser Nacht unentdeckt.

Als die Fenstervorhänge geschlossen waren, ließ sich der Kaufmann von Fritz eine Schere reichen und schnitt von den schwarzen Spitzen einige Ellen ab. Inzwischen versah sich der junge Seidelmann mit einer kleinen Laterne und allem, was ihm nötig erschien; auch Schere, Nähnadel und Zwirn vergaß er nicht, um das losgetrennte Futter wieder annähen zu können. Vor allem steckte er die Spitzen ein. Nach diesen Vorbereitungen machte er sich auf den Weg, nur ein wenig später, nachdem Arndt das Seidelmannsche Grundstück verlassen hatte.

Fritz glaubte, Vater und Oheim würden sich zur Ruhe begeben; aber die Angelegenheit war ihnen zu wichtig und darum beschlossen sie, seine Rückkehr abzuwarten.

Es verging wohl über eine Stunde, bis er wiederkam.

„Nun, ist's geglückt?", fragten beide wie aus einem Mund.

„Oh, ganz gut!", berichtete er. „Nur der Rock machte mir zu schaffen. Ich bin kein Schneider und verstehe nicht viel vom Nähen."

Er gab noch eine kurze Schilderung vom Verlauf seines Unternehmens, dann setzte wieder der drängende Eifer des Rentners ein, der schmunzelnd und händereibend in der Hinterstube auf und ab ging.

„Das wäre also besorgt. Nun kommt die andre Frage. Wie bringen wir den Burschen über die Grenze? Hat er nicht Verwandte drüben?“

„Ja. Warum fragst du?“

„Man müsste einen Brief an ihn schreiben, worin er von diesen Verwandten eingeladen wird, hinüberzukommen.“

„Das ist zu umständlich. Der Brief müsste doch von der Post gebracht werden; wir wären also gezwungen, vorher über die Grenze zu gehn, um ihn drüben aufzugeben. Das kostete uns drei Tage.“

„Und Briefschreiben ist immer gefährlich“, erklärte der Vater. „Wer kann die Handschrift so verstellen, dass man ihr nichts anzumerken vermag?“

„Ich!“, sagte der Rentner stolz.

„Täusch dich nicht! Es gibt vereidigte Sachverständige, die auch dir hinter die Schliche kämen. Außerdem: Woher einen Verwandtenbrief Hausers kriegen, dessen Schrift du nachmachen könntest?“

„Gut! So sendet dem Burschen einen Boten, der angeblich von Hausers Verwandten kommt!“

„Auch das ist zu gefährlich. Wir haben da drüben niemand, auf den man sich unbedingt verlassen kann.“

Der Rentner stieß ein kurzes, überlegenes Lachen aus. „Ich habe euch wirklich für klüger gehalten. Muss dieser Bote denn ein Mann sein, der drüben wohnt? Hier habt ihr doch genug Leute, die ihr genau kennt und denen ihr vertrauen dürft.“

„Richtig. Aber der Bote muss die Verwandten Hausers kennen. Es wäre doch bestimmt damit zu rechnen, dass die Hausers tausend Fragen an ihn stellen, wenn er plötzlich mit der Einladung ins Haus schneit. Das ist der Übelstand. Und selbst wenn wir einen geeigneten Mann finden, so müsste er wieder den Hausers als einer bekannt sein, der mit ihren Verwandten jenseits der Grenze Fühlung hat. Das ist ein endloses Hin und Her von Bedingungen und Voraussetzungen, und wenn es zur Sache kommt, haben wir doch irgendetwas übersehn und fahren uns fest. Nein“, der Kaufmann Seidelmann sann einen Augenblick nach, „nein, wir müssen einen anderen, einen ganz sicheren Weg ausfindig machen. Wie wäre es, Fritz, wenn du morgen früh, sobald du mit Strauch gesprochen hast, einmal unsern Freund Spengler aufsuchtest? Er hält sich, wie ich genau weiß, zurzeit vorübergehend in der Kreisstadt auf und...“

„Großartig!“, fiel ihm der Sohn ins Wort. „Spengler! An den habe ich in diesem Augenblick gar nicht gedacht! Natürlich ist er der geeignete Mann. Er hat seinen Wohnsitz drüben und ist außerdem...“

„...und ist vor allem sehr umsichtig und gewandt, ein Mensch, der sich in jeder Lage zurechtfindet!“, ergänzte der Vater.

Der Rentner, der den erwähnten Spengler nicht kannte, warf seinen Verwandten einen forschenden Seitenblick zu.

„Ist dieser Spengler ein ... ein Geschäftsfreund?“

„Ganz recht, ein Geschäftsfreund!“, nickte Martin Seidelmann.

„Er ist Agent für dies und das“, fügte Fritz erklärend hinzu. „Er macht alles, wobei Geld zu verdienen ist.“

„Dann scheint er mir in der Tat der richtige Mann.“

„Gewiss. Ihm trage ich die Sache vor. Er ist durchaus vertrauenswürdig. Vor ihm brauche ich mich in nichts zu verstecken. Ist er denn wie üblich anzutreffen?“

Diese Frage galt dem Vater.

„Wie üblich“, meinte er bedeutungsvoll.

„Dann werde ich mich beizeiten auf den Weg machen, damit er nicht erst in Geschäften ausgeht. Das wird einen kurzen Schlaf geben diese Nacht.“ Fritz Seidelmann gähnte, dann aber leuchtete etwas in seinen Augen auf und er sprach lebhaft weiter. „Vorher habe ich euch nur noch eine weitere Mitteilung zu machen, mit der ich bisher absichtlich zurückgehalten habe. Ihr werdet staunen. Es ist also jetzt ausgemacht, dass Eduard Hauser als Buschgespenst entlarvt wird. So haben wir unsre Rache. Nun fragt es sich nur, was aus dem richtigen Buschgespenst wird."

Verblüffte, verständnislose Blicke prüften Fritz Seidelmann. Der aber lachte.

„Versteht ihr mich nicht? Hauser ist doch nicht in Wahrheit das Buschgespenst."

„Das wissen wir", brummte der Rentner.

„Aber", fuhr der junge Seidelmann triumphierend fort, „er hat es sich in den Kopf gesetzt, das Buschgespenst zu fangen."

Der Rentner lache nur. Sein Bruder aber, der Kaufmann Martin, knurrte:

„Was hat er?"

Darauf erzählte Fritz, was er über das Verhältnis Eduard Hausers zu seinem unbekannten Gönner und über die geheimen Absichten der beiden erlauscht hatte. Er sprach in diesem Zusammenhang endlich auch von seiner Begegnung mit dem Fremden im Flur der Schenke und von seinen letzten Beobachtungen draußen bei den Weberhäusern, besonders von der ergebnislosen Verfolgung des Fremden.

Diese Mitteilungen entfesselten eine gewaltige Erregung bei den beiden Zuhörern. Die nächtliche Unterredung hatte plötzlich einen neuen Antrieb gewonnen und dehnte sich nun so lange aus, dass Fritz fast gar nicht ins Bett kam und sich schließlich beim Tagesgrauen müde und verschlafen auf den Weg zur Stadt machte.

10. Eine Falle wird aufgestellt

Der nächste Tag war ein echter Aschermittwoch. Die Welt hatte an diesem Februarmorgen ein graues Gesicht. Fröstelnd trottete Fritz Seidelmann schon frühzeitig durch die Straßen und Gassen der Nachbarstadt. Es war ihm nichts daran gelegen, von einem, der ihn kannte, bemerkt zu werden. So kam er schließlich an die kleine Drogerie ‚Zum Blauen Stern', huschte durch einen weiten Torbogen in den Hof, den er eilig überquerte, und verschwand im Hinterhaus, wo er im ersten Stock an eine Tür klopfte.

Eine alte Frau öffnete ihm und führte ihn auf seine Frage nach dem Kaufmann Michalowski in eine Art Fremdenzimmer, wo ein beweglicher, untersetzter Mann in mittleren Jahren soeben damit beschäftigt war, zwischen Zähne bürsten und Scheitel frisieren seinen Morgenkaffee zu schlürfen. Der Mann mit der Zahnbürste in der Linken sah unwillig auf. Aber sein Blick erhellte sich sogleich, als er Fritz Seidelmann gewahrte.

„Ah, Sie sind es! Schön willkommen! Einen Augenblick! Stehe sofort zu Ihren Diensten. Bitte, nehmen Sie Platz!"

Damit nötigte er den Besucher auf ein altmodisches, wurmstichiges Sofa.

„Nun, mein lieber Freund, was bringen Sie? Hat Ihnen der Vater schon von unserem neuesten Geschäft erzählt? Wir beabsichtigen..."

Fritz unterbrach ihn.

„Nein, Herr Spengler, ich weiß noch nichts von dem Geschäft und ich komme in einer ganz andern Angelegenheit."

„So, so!" Spengler legte die Zahnbürste endgültig beiseite und kam an den Tisch, um den Rest seines Kaffees zu trinken. „Dann erzählen Sie mal! Was gibt es denn?"

Und Fritz Seidelmann erzählte, erzählte alles, was er über das Maskenfest, Eduard Hauser, Angelika Hofmann, den rätselhaften Fremden und seine damit zusammenhängenden Erlebnisse und Pläne vorzubringen hatte.

Spenglers Gesicht wurde ernst. Bei oberflächlicher Betrachtung machte er den Eindruck eines gutmütigen Lebemannes, seine immer lächelnden Züge gaben ihm fast etwas Freundliches. Jetzt aber hatten sich seine Brauen zusammengezogen und sein Blick war finster und drohend.

Sobald Fritz Seidelmann mit seinem Bericht zu Ende war, sprang er erregt vom Stuhl auf.

„Spitzen im Rock? Ohne es zu wissen? Das ist ein guter Einfall von Ihnen! Nun muss man ihn noch dazu bringen, in diesem Rock über die Grenze zu gehen."

„Das eben ist unser Plan. Es fehlt uns nur ein verschwiegener Mann, der den Burschen unter einem geeigneten Vorwand zu diesem Gang veranlasst."

„Hm", machte Spengler, „das wollte ich schon bewerkstelligen. Aber ich muss sagen, die Sache scheint mir so, wie sie geplant ist, noch nicht richtig reif. Passen Sie mal auf! Was kann diesem Hauser schon weiter geschehen, wenn man einige Spitzen bei ihm findet? Sie werden ihm allenfalls weggenommen und er macht sich lediglich verdächtig. Wegen des Briefs an Strauch wird er sich herausbeißen. Das alles bricht ihm den Hals noch lange nicht. Ja, man kann solche Ereignisse überhaupt nicht genau berechnen. Es können sogar Umstände eintreten, die seine Umschuld wahrscheinlich machen oder womöglich beweisen. Was dann? In diesem Fall könnte sich die Waffe, die wir führen, sogar gegen uns kehren."

„Oh, ich bin sehr vorsichtig gewesen!", meinte Fritz. „Kein Mensch dürfte sagen, dass man ihm die Spitzen heimlich eingenäht hat, oder gar, dass ich der Täter bin."

„Trau, schau, wem!", brummte Spengler. „Der Teufel hat oft gerade da sein Spiel, wo man am allerwenigsten an ihn denkt. Allzu große Zuversicht hat schon manchen gescheiten Kerl ins Verderben gebracht."

Fritz Seidelmann stand enttäuscht.

„So wollen Sie uns in dieser Sache nicht helfen?", fragte er verzagt.

Da aber wehrte Spengler eifrig ab.

„Wer sagt denn das? Der Bursche muss gehörig in die Patsche gebracht werden. Das steht fest. Ich will nur sicher gehen und bedenke darum alle Möglichkeiten. Wie nun, wenn man hinterher zufällig solche Spitzen bei Ihnen sieht oder findet?"

„Wer sollte sie bei uns suchen? Überdies haben wir sie so gut versteckt, dass kein Mensch sie zu entdecken vermag, und zur größern Sicherheit werde ich sogar den Zwirn, womit ich Hausers Rock wieder zugenäht habe, an dem gleichen Ort verstecken."

„Das kann ich nur loben; die Hauptsache aber wäre, dass Hauser sich nicht gutwillig untersuchen ließe, sondern sich widersetzte oder einen Fluchtversuch machte."

„Daran haben wir auch schon gedacht. Aber das wird nicht zu machen sein."

„In der Welt ist alles zu machen", versicherte Spengler. „Man darf nur kein Dummkopf sein. Lassen Sie mich nachdenken!"

Er schritt einige Male im Zimmer auf und ab. Dann blieb er plötzlich vor Fritz stehen.

„Könnte man diesen Hauser nicht wie zufällig irgendwo treffen? Aber es müsste bald sein. Vielleicht heute noch."

„Das ist einzurichten. Sie müssten mich zu diesem Zweck nach Hohenthal begleiten, natürlich ein wenig unkenntlich im Äußern. Sie wissen schon. Falls Sie dem Hauser etwas vormachen, um ihn auf den Leim zu führen, darf er hinterher nicht sagen können: ‚Der Mann, der mit mir gesprochen hat, sah so und so aus.' Wenn dann die Beschreibung auf einen gewissen Spengler alias Kaufmann Michalowski passt, wäre womöglich alles verraten."

„Ganz recht", nickte Spengler. „Wird besorgt. Und nun beschreiben Sie mir diesen Hauser einmal für alle Fälle möglichst genau!"

Fritz Seidelmann kam diesem Wunsch nach und Spengler hörte aufmerksam zu.

„Das genügt, ihn sofort zu erkennen“, sagte er zum Schluss. „Ich werde diesen Hauser auf mich nehmen. Er soll an mich denken! Ich werde ihn so einwickeln, dass ihm die Augen übergehn. Wissen Sie denn wirklich genau, dass er im Sold jenes Fremden steht?“

„Er sagte es selber. Und ich wüsste nicht, von wem er plötzlich Geld haben sollte, wenn nicht von diesem geheimnisvollen Schurken. Denn er ist sonst ein armer Teufel.“

„Schön!“, erklärte Spengler mit verblüffender Sicherheit. „So wird er mir sagen, wer dieser Fremde ist.“

„Was?“, rief Seidelmann. „Er selber soll es Ihnen sagen? Womöglich freiwillig? Wie wollen Sie das anfangen?“

„Sehr einfach. Ich gebe mich für einen Vertrauten des Fremden aus. Das führt am schnellsten und sichersten zum Ziel.“

„Wenn Hauser glaubt, was Sie sagen!“

„Dafür werde ich schon sorgen.“

„Und wie wollen Sie ihn dazu bringen, über die Grenze zu gehen und sich im gegebenen Augenblick den Beamten zu widersetzen?“

„Ich vertraue ihm ein Paket an, das niemand sehn darf, auch die Grenzer nicht.“

„Ein Päckchen mit Paschergut? Damit verraten Sie sich doch! Der Fremde verleitet ihn bestimmt nicht zum Paschen.“

„Wer redet denn von Paschergut?“, fragte Spengler im Ton der Überlegenheit. „Das Päckchen wird wichtige Urkunden enthalten, deren Inhalt aus amtlichen Gründen geheim bleiben muss. Hauser hat die Papiere deshalb auch vor den Grenzern zu verbergen.“

„Das ist, genau besehn, ein fauler Zauber. Verzeihn Sie das harte Wort, Herr Spengler! Doch es mag in diesem Fall hingehn. Der unerfahrene Bursche wird es glauben. Nun aber kommt eine andre Frage: Besitzen Sie denn solche Schriftstücke?“

Spengler lachte breit.

„Aber mein Bester! Wie können Sie so etwas fragen! Dazu braucht man doch nichts als etwas Papier, Tinte und Feder! Ich werde nachher anfertigen, was ich brauche. Der Wortlaut der Blätter, die ich vor Hauser sehn lasse, um seine Bedenken zu zerstreuen, wird so sein, dass er sogar gern auf den Leim geht. Er wird stolz darauf sein, dass ihm diese Schriftstücke anvertraut werden. Das ist abgemacht. – Nun zu etwas anderm: Wie soll es denn herauskommen, dass Strauch den Brief erhalten hat? Wie ich ihn kenne, wird er die Sache verschweigen."

„Gewiss. Aber ich will ihn jetzt eben aufsuchen, um ihn zur Anzeige zu bewegen."

„Das ist der richtige Weg", nickte Spengler bedächtig. „Im schlimmsten Fall erstatten Sie für Strauch die Anzeige. Aber reden Sie erst mit ihm! Ich fertige mir inzwischen die Schriftstücke an, die ich brauche, und mache mich ein wenig unkenntlich. Was ich dazu brauche, ist sofort beschafft."

„Ja, ja", sagte Fritz Seidelmann voll Bewunderung. „Sie sind ein Mann, der nicht in Verlegenheit zu bringen ist."

Spengler lachte.

„Bin ich. Stimmt. Doch hören Sie weiter! Wir treffen uns nachher, um gemeinsam nach Hohenthal zu wandern. Bis kurz vor den Ort können wir getrost beisammen bleiben."

„Und unser Treffpunkt hier in der Stadt?"

„Ich schlage die Straßenkreuzung unweit vom ‚Goldenen Ochsen' vor. In einer guten Stunde erwarte ich Sie dort. Ist es Ihnen recht so?"

„Abgemacht!"

Die beiden schieden mit einem kurzen, herzhaften Händedruck.

Wenige Minuten später erschien Fritz Seidelmann in der Wohnung seines Freundes Strauch, der den Besucher nicht gerade mit Begeisterung empfing.

„Na, alter Junge, was machst denn du für ein Gesicht?", fragte Seidelmann. „Du hast wohl schon gehört, was gestern geschehn ist?"

Strauch war sichtlich verlegen.

„Ja", meinte er. „Eine tolle Geschichte!"

„An der nur du schuld bist!"

„Ich?", versuchte der Verstimmte aufzubegehren.

Und Fritz Seidelmann nickte unbeirrt.

„Wer denn sonst? Es hat da gestern Abend einen Skandal gegeben, der allein auf deine Rechnung kommt. Versuche nicht, dich weiß zu waschen! Ich weiß alles. Sag mir lieber, weshalb du nicht beim Kasinoball warst!"

Strauch tat einen tiefen Seufzer und zog die Augenbrauen hoch.

„Tja, mein Lieber, das war nun freilich so eine Geschichte. Ich war krank, wahrhaftig ernstlich krank. Was glaubst du? Mein Herz, ach, mein Herz..."

Da lachte Fritz Seidelmann grob.

„Ja, ja, dein Herz! Das brachte den Mut nicht auf, dem Buschgespenst zu widersprechen."

Entgeistert starrte ihn der andre an.

„Was sagst du? Dem Buschgespenst?"

„Gewiss. Oder willst du es leugnen, einen Brief von dem geheimnisvollen Oberhaupt der Pascher erhalten zu haben?"

Strauch war starr. Das dunkle Geheimnis, sein Geheimnis, das ihm seit nunmehr zwei Tagen das Leben verbitterte, war also schon in den Händen eines andern! Was konnte daraus noch werden? Ein Frösteln lief ihm über den Rücken, wenn er an die Drohung des Buschgespenstes dachte. Und so sah er denn mit einem hilflos flehenden Blick zu Fritz Seidelmann auf, der spöttisch lächelnd vor ihm stand.

„Ich kann ja gar nicht leugnen", sagte er und senkte das Haupt. „Der Brief ist in meinen Händen..."

Sofort griff Seidelmann zu.

„Wirklich noch in deinen Händen? Das ist gut. Zeig mir das Schreiben!“

Strauch kramte den verhängnisvollen Brief umständlich aus seinem Schreibtisch hervor.

„Da!“, sagte er schließlich. Und Fritz Seidelmann sah sein Spiel gewonnen.

„Mit diesem Schreiben“, erklärte er und klopfte auf das Papier, dass es knisterte, „mit diesem Schreiben gehst du zur Kriminalpolizei und erstattest Anzeige!“

Da aber fuhr der gute Strauch in die Höhe, als hätte ihn eine Natter gebissen.

„Was? Anzeige erstatten! Bist du verrückt?“

„Erlaube mal!“

„Nun ja. Soll ich mir den Tod an den Hals holen? Das kannst du nicht von mir verlangen. Der Mann, der mit dem Buschgespenst anbindet, muss erst noch geboren werden. Bitte, hättest du vielleicht den Mut dazu?“

„Ich?“, fragte Seidelmann. „Mit Freuden werde ich dem Schurken das Handwerk legen. Das will ich dir beweisen.“

„So? Dann beweise es! Ich für meinen Teil...“

„Du für dein Teil sollst ja auch weiter nichts tun, als mir den Brief überlassen. Ich werde damit zur Kriminalpolizei gehen und die Anzeige...“

„Fritz, mach mich nicht unglücklich! Ich flehe dich an!“

„Ach was! Unsinn! Du bist ein Hasenfuß!“

„Und du weißt nicht, was du...“

„Ich weiß es sehr wohl. Lass mich handeln! Das Ganze ist ja eine Lächerlichkeit. Ich habe dir bereits gesagt, dass ich den Mut aufbringe, mit dem Buschgespenst anzubinden, und ich habe auch schon herausgebracht, wer der Briefschreiber ist.“

„Wer der...“, stotterte Strauch, „...wer das Buschgespenst ist?“

„Gewiss. Der junge Hauser aus Hohenthal ist es.“

„Hauser? Der Webersohn?“

„Kein andrer! Es geht ihm jetzt an den Kragen. In den nächsten Tagen wird man ihn an der Grenze beim Paschen ertappen. Dafür ist gesorgt."

Da hob ein tiefer Seufzer die Brust des überängstlichen Herrn Strauch.

„Gott sei Dank!", stammelte er. „Nun fällt mir eine Zentnerlast von der Seele. Wenn es so ist, überlasse ich dir gern alles Weitere."

„Und den Brief zur Anzeige?"

„Natürlich auch den Brief. Mach damit, was du willst! Nur bereite mir keine allzu großen Unannehmlichkeiten! Du weißt, man hat hier in der Stadt seinen Ruf zu vertreten. Und vor allem erzähle mir weiter! Also der Hauser ist es...?"

Damit war ein neuer Abschnitt der Unterhaltung eingeleitet. Fritz Seidelmann musste erzählen und er tat es eifrig, wenn auch sehr vorsichtig; denn er hütete sich, Strauch irgendetwas wissen zu lassen, was den Freund seiner Meinung nach nichts anging. Und der Schluss war, dass die beiden in Frieden und Freundschaft voneinander schieden, Seidelmann mit dem Brief in der Tasche, den er zur Kriminalpolizei tragen wollte.

Vorher jedoch begab er sich zunächst nach der Straßenkreuzung unweit vom ‚Goldenen Ochsen', um seinem Vertrauten Spengler, der dort vielleicht schon auf ihn wartete, das Ergebnis der Unterredung mit Strauch mitzuteilen.

Als er um die Ecke bog, stand da schon ein gut gekleideter, behäbiger Mann, in dem Seidelmann trotz des künstlichen Bartes, der Perücke und einer großen, entstellenden Brille sogleich seinen Verbündeten erkannte oder eigentlich mehr witterte. Es war in der Tat Spengler, der scheinbar gelangweilt die Straße hinabblickte, beim Erscheinen des jungen Seidelmann aber wie überrascht aufschaute.

„Was sehe ich? Fritz Seidelmann aus Hohenthal, der Sohn meines Geschäftsfreundes? Ist es möglich? Wo kommen Sie denn schon her zu dieser Stunde?"

Seidelmann stellte sich gleichfalls überrascht, weil man nicht wissen konnte, ob man irgendwoher zufällig beobachtet wurde. Dann aber kamen die beiden auf den eigentlichen Grund ihres Zusammentreffens zurück.

„Wie war es bei Strauch?", lautete Spenglers erste Erkundigung gedämpft.

„Strauch weigert sich, Anzeige zu erstatten", berichtete der andre. „Es ist mir aber gelungen, ihm den Brief abzulisten. Ich werde an seiner Stelle zur Kriminalpolizei gehen. Hier ist das Schreiben!"

Spengler überflog den Brief und nickte befriedigt vor sich hin.

„Es enthält ohne allen Zweifel eine Bedrohung und so scheint es mir unmöglich, dass Hauser straflos davonkommt. Wann werden Sie den entscheidenden Gang tun?"

„Gleich. Oder sind Sie andrer Ansicht?"

„Allerdings, denn in diesem Fall müsste ich hier wohl noch eine Stunde auf Sie warten. Wir wollen doch gemeinsam nach Hohenthal aufbrechen. Außerdem ist es vielleicht besser, Sie warten erst ab, welches Ergebnis ich erziele. Man könnte dann, je nachdem wie meine Rücksprache mit dem Burschen verläuft, der Kriminalpolizei gleich einen genauen Wink geben über Ort und Stunde, wo und wann sie das Buschgespenst auf frischer Tat zu ertappen vermag."

Diese Gründe musste Seidelmann gelten lassen, obwohl ihm der Gedanke nicht gefiel, erst noch einmal nach Haus zurückkehren zu sollen, ohne die hochwichtige Anzeige erstattet zu haben.

„Sie haben Recht", nickte er. „Nur halte ich es für nötig, Strauch von diesem Aufschub kurz zu verständigen. Er könnte sonst gar irgendeine Dummheit machen, die uns alles verdirbt und ... doch Halt!", unterbrach er sich. „Da sehe ich, dass das Schicksal eingreift und unsrer Sache die entscheidende Wendung geben will."

Er deutete nach rechts die Straße hinab.

„Bemerken Sie dort den jungen Mann mit dem Paket? Es ist der Hauser!“

„Unser Buschgespenst?“, rief Spengler freudig erstaunt. „Das trifft sich ja großartig! Wollen uns ein wenig in den Hauseingang hier zurückziehn, damit er uns nicht sieht!“

„Recht so! Und nun – ah, sehn Sie, er geht in das Haus da drüben. Ahnen Sie, was er da zu schaffen hat? Er will seinen Maskenanzug abliefern.“

„Wenn er wieder herauskommt, werde ich ihm folgen. Ich muss auf alle Fälle mit ihm sprechen“, erklärte Spengler in seiner kurzen, bestimmten Art. „Ihnen, mein lieber Seidelmann, rate ich, inzwischen schleunigst zu verschwinden. Es wäre verfehlt, wenn Sie der junge Mensch, an den ich mich heranpirschen will, in meiner Gesellschaft erblickt. Er hätte dann wohl von vornherein kein Vertrauen zu mir.“

Seidelmann war schon sprungbereit.

„Ja, ja, ich mache mich unsichtbar“, versicherte er eifrig. „Fragt sich nur, wann und wo wir uns wieder treffen.“

„Das muss sich finden. Sie können ja vorsichtig beobachten, wohin sich Hauser wendet, sobald er drüben beim Maskenverleiher fertig ist. Für alle Fälle können wir vereinbaren, dass wir in – na, sagen wir in zwei Stunden – wieder hier beim ‚Goldenen Ochsen‘ sind.“

„Abgemacht. Auf Wiedersehn!“

Damit eilte Fritz Seidelmann fort. Spengler aber wartete, bis der junge Hauser wieder auf der Straße erschien und überraschenderweise im ‚Goldenen Ochsen‘ verschwand. Dann schritt auch er bedächtig nach dem Wirtshaus hinüber, trat da ins Gastzimmer, setzte sich an einen Fensterplatz und ließ sich Bier geben.

Er sah, dass Eduard Hauser einen Kaffee bekam. Der junge Mensch war durchfroren von dem langen Marsch zur Stadt und genoss mit Behagen das warme Getränk. Bohnenkaffee war ja überhaupt im Leben des armen Burschen bisher ein fast unbekannter Genuss gewesen, ein

Genuss, den man sich erst neuerdings leisten konnte, seit man im Sold des Fremden stand.

Ach, des Fremden! Eduard Hauser durfte gar nicht daran denken, wie sehr er seinen Gönner enttäuscht und verstimmt hatte. Dieses Unglück verwirrte ihn so sehr, dass er nicht einmal die rechte Freude über den glücklichen Verlauf seiner Herzensangelegenheit mit dem Engelchen zu empfinden vermochte. Der junge Mensch sann immer wieder darüber nach, wie er wohl das Verfehlte gutmachen und es womöglich durch einen großen Dienst, den er Arndt leistete, ausgleichen könne.

Er ahnte in diesem Augenblick noch nicht, dass keine drei Schritte von ihm entfernt einer mit ihm im gleichen Zimmer saß, der ihm zu einem solchen Dienst verhelfen wollte, zu einer angeblich großen Gefälligkeit für den Fremden, und noch weniger ahnte Hauser, dass das alles nur eine Vorspiegelung, eine tückische Falle sein würde, die listige Feindschaft ihm stellte.

Und so wurde ihm denn seine Arglosigkeit zum Verhängnis.

Spengler tat zunächst so, als schenke er dem andern keinerlei Beachtung. Nach einer Weile aber wandte er sich halb herum und begann ein Gespräch mit dem Wirt. Er zog scheinbar Erkundigungen verschiedener Art ein und ließ dabei durchblicken, dass er ortsfremd sei.

„Der Herr ist wohl nicht aus dieser Gegend?“, forschte der Wirt nach einigen Fragen Spenglers.

„Nein. Ich bin von auswärts. Ich kam mit der Bahn und will nach Hohenthal. Wie weit ist es bis dorthin?“

Der Wirt, der vorher müßig am Fenster gestanden und beobachtet hatte, wie der Fremde mit Fritz Seidelmann sprach, wollte bereits den Mund auftun und sagen, der Herr habe ja soeben mit einem Bewohner von Hohenthal gesprochen, und das wäre dem braven Spengler nicht gerade angenehm gewesen. Da mischte sich Eduard Hauser ein.

„Sie werden es in anderthalb Stunden schaffen", meinte er zuvorkommend. „Ich bin von dort. Wenn Sie Wert darauf legen, könnte ich Ihnen sogar den Weg zeigen."

Spengler, der den Eindruck eines anständigen und wohlhabenden Mannes machte, warf einen freundlich forschenden Blick auf Hauser und nickte ihm dann dankbar zu.

„Das ist mir lieb, mein junger Freund. Eigentlich wollte ich mir einen Schlitten mieten; aber ich komme gradwegs aus Dresden, und wenn man so lange Zeit in der Bahn gesessen hat, ist einem eine Fußwanderung willkommen. Wollen Sie sich, bis wir aufbrechen, nicht zu mir setzen?"

Eduard nahm seinen Kaffee und leistete der Aufforderung Folge, während sich der Wirt zurückzog und seine beiden Gäste sich selbst überließ.

„Sind Sie in Hohenthal gut bekannt?", forschte Spengler.

„Ja. Ich bin dort geboren."

„Ah, da kann ich Sie ja gleich um eine Auskunft bitten. Kennen Sie dort vielleicht eine Familie Hauser? Es sollen überaus brave, wenn auch arme Leute sein."

Eduard errötete.

„Dieses Wort ehrt mich, mein Herr. Ich bin Hauser."

Spengler streckte ihm in gut gespielter Überraschung die Hand entgegen.

„Sollte man ein solches Zusammentreffen für möglich halten! Ein Hauser! Das freut mich! Darf ich nach Ihrem Vornamen fragen?"

„Ich heiße Eduard und bin der älteste Sohn..."

„...des Webers Hauser? Ich weiß Bescheid und muss in unsrer Begegnung nun erst recht die wunderbare Fügung bestaunen. Sie wollte ich in Hohenthal aufsuchen."

„Mich?", wunderte sich Eduard.

„Ja, Sie! Man hat mir einen sehr günstigen Bericht über Sie geliefert. Das veranlasst mich, Ihnen mein Vertrauen zu schenken."

Die Augen des Burschen wurden immer größer.

„Herr“, sagte er, „wer sind Sie? Ich...“

„Schon gut! Davon später!“, wurde lächelnd abgewehrt. „Sie werden sogleich merken, wie gut ich um Sie und Ihre Angelegenheit Bescheid weiß. Sie verkehren heimlich mit einem, der sich ein großes Ziel gesteckt hat?“

Eduard fuhr zurück. Er betrachtete den andern, als sähe er ihn jetzt erst; er blickte in ein lächelndes, wohlwollendes Gesicht und das beruhigte ihn.

„Mein Herr, ich weiß in der Tat nicht...“

„Dieser jemand hat Ihnen eine Summe ausgezahlt“, fuhr Spengler schnell fort.

„Ich verstehe Sie nicht. Ich weiß nicht, von wem Sie sprechen.“

Der andre nickte befriedigt vor sich hin.

„So ist es recht! Ich sehe, dass Sie verschwiegen sind, dass man sich auf Sie verlassen kann. Es ist mir sehr lieb, dass ich grad Sie hier treffe. Dadurch wird mir ein Weg erspart und ich kann gleich hier mit Ihnen sprechen. Sie müssen freilich Vertrauen zu mir fassen. Deshalb lesen Sie zunächst einmal dieses hier!“

Er brachte ein Päckchen zum Vorschein, das eine Anzahl sorgfältig zusammengefalteter Schriftstücke enthielt. Spengler öffnete das Päckchen, schlug eines der Papiere auseinander und schob es Eduard über den Tisch.

Der junge Hauser las es. Seine Verwunderung stieg dabei mit jeder Zeile. Als er mit dem Brief fertig war, fragte ihn Spengler im Ton eines Mannes, der seiner Sache vollständig gewiss ist:

„Nun, was halten Sie davon?“

Eduard blickte ihn mit dem Ausdruck größter Hochachtung an.

„Herr, Sie sind ein hoher Polizeibeamter!“, sagte er voll Ehrfurcht.

„Das war nicht schwer zu erraten. Ich will etwas andres wissen. Können Sie sich nun denken, worum es sich zwischen uns handelt?“

„Diese Schriftstücke enthalten vertrauliche Mitteilungen für die jenseitige Grenzbehörde“, erklärte der junge Mensch. „So viel verstehe ich. Was aber ich mit dieser Angelegenheit zu schaffen habe...“

Hier brach er ab und sah Spengler fragend an. Der erwiderte den offenen Blick mit einem unergründlichen Lächeln, das wohl eine Aufmunterung enthalten sollte.

„Nun? Weiter!“, drängte er. „Ist es denn gar so schwer?“

„Ich finde keine Beziehung zwischen diesen Papieren und mir.“

„Auch dann nicht, wenn Sie bedenken, dass Sie im Dienst eines Mannes stehn, über dessen geheime Absichten wir beide genau unterrichtet sind?“

Im Kopf des jungen Hauser verwirrten sich die Gedanken. Sein Gönner hatte also mit dieser Sache zu tun. ‚Aha‘, schoss es ihm durch den Sinn, ‚das ist die Angelegenheit, über die er gestern Abend eigentlich mit mir reden wollte, die er aber nur kurz erwähnte und dann doch verschwieg, weil ich ... weil ich mich als unzuverlässig erwiesen hatte!‘

Eduard tat wieder einmal einen tiefen Seufzer, einen der vielen Seufzer der Reue, die ihm seit der letzten Mitternacht schon entschlüpft waren. Und abermals festigte sich in ihm der Entschluss, nun aber seinen Mann zu stehen und zu zeigen, dass er auch schweigend und besonnen handeln konnte.

„Ich begreife“, sagte er endlich. „Sie stehn in laufender Verbindung mit meinem Gönner. Er hat Sie auf mich aufmerksam gemacht...“

„Sehr recht, sehr recht“, nickte Spengler.

„...und nun haben Sie für mich einen Auftrag, der sich auf diese Papiere bezieht. Sie können Vertrauen zu mir haben. Sie können mir jede Weisung geben. Ich werde nicht versagen.“

Darauf wieder das unergründliche Lächeln in Spenglers Gesicht. Wäre Eduard Hauser nur einigermaßen Menschenkenner gewesen, so hätte er gefühlt, dass da vor ihm gleichsam eine hässliche Spinne saß, die ihr tückisches Netz um ihn wob. Aber er war ein unerfahrener Bursche und so wurde er das Opfer dieser Spinne.

Spengler deckte jetzt scheinbar seine Karten auf.

„Diese Papiere sind, wie Sie richtig bemerkt haben, geheimer Art und von höchster Wichtigkeit; sie müssen über die Grenze gebracht werden, ohne dass jemand davon erfährt, ohne dass jemand ihren Inhalt kennen lernt. Wollen Sie das übernehmen?"

„Ich?"

„Ja, gewiss Sie!" Spenglers Blick wurde zürnend. „Fürchten Sie sich? Wollen Sie das große Vertrauen, das man höheren Orts in Sie setzt, enttäuschen?"

„Nein, nein!"

„Nun, so hören Sie mich an und lassen Sie ihren Worten vom guten Willen die Tat folgen! Ein sicherer und verschwiegener Mann, der zudem ein Kenner der Grenze ist, soll die Papiere unbemerkt hinüberschaffen. Das werden Sie besorgen und zwar in der kommenden Nacht. Sind Sie bereit dazu?"

Eduard nickte nur. Er war ganz klein geworden vor der Überlegenheit des andern und doch schwellte ein wunderbarer Stolz seine Brust.

„Das freut mich. Die Belohnung wird nicht ausbleiben", fuhr Spengler fort. „Man wird Sie im Auge behalten. Nachher gebe ich Ihnen Aufschluss über die Person, der Sie die Schriftstücke überbringen sollen. Vorher aber sagen Sie mir erst, wie oft Sie mit – mit Ihrem Gönner zusammenkommen!"

„Sooft er es für nötig hält."

„Wo wohnt er?"

„Herr", wich Eduard aus, „Sie kennen seinen Wohnort doch ebenso genau wie ich."

Spengler zwang sich zu einem Schmunzeln über die angeblich lobenswerte Verschwiegenheit des jungen Mannes.

„Natürlich kenne ich ihn“, lenkte er scheinbar ein, tastete aber sogleich wieder in andrer Richtung vor. „Wie weit sind eigentlich die Unternehmungen gegen das Buschgespenst vorgeschritten?“

„Das dürfte alles in dem Dienstbericht stehn, den Sie doch bestimmt zu lesen bekommen.“

„Zum Teufel, junger Mann, weichen Sie mir nicht so aus! Selbstverständlich habe ich das alles gelesen. Aber ich muss Sie doch schließlich auch was fragen dürfen und Sie müssen antworten.“

„Ich darf nichts antworten, was gegen die Weisungen verstößt, die man mir gegeben hat“, beharrte Eduard Hauser.

„Die Gewissenhaftigkeit selbst! Großartig!“, spottete Spengler, fuhr jedoch sogleich in einem andern Ton fort: „Aber Scherz beiseite! Ich wollte Ihnen nur ein wenig auf den Zahn fühlen und sie haben die Probe glänzend bestanden. Meine Anerkennung!“ Spengler streckte dem errötenden Burschen die Hand entgegen und drückte ihm herzhaft die Rechte. „Sie sind wirklich ein sehr verschwiegener junger Mann. Und nun wieder zur Sache! Sie tragen also die geheimen Papiere noch in dieser Nacht über die Grenze. Den Ort Breitenau kennen Sie natürlich. Am Eingang dieses Dorfes, dort wo der Wald aufhört, wird rechter Hand im Gebüsch zwischen 9 und 10 Uhr ein Mann auf Sie warten. Er wird Sie ansprechen und um den Weg nach Hohenthal fragen. Das ist das Erkennungszeichen. Diesem Mann händigen Sie die Schriftstücke aus! Nun aber kommt die Hauptsache für Sie. Sie müssen Ihren Gang über die Grenze so einrichten, dass niemand Sie bemerkt. Ist Ihnen ein Weg bekannt, wo Sie unauffällig durchzukommen glauben?“

„Der Föhrensteig“, ging Eduard Hauser ins Garn. „Ich denke, dort kann man es wagen.“

„Und wenn Sie doch auf einen Grenzbeamten stoßen?“

„Dann hat die Sache wohl keine Schwierigkeiten. Ich habe ja nichts Verzollbares bei mir.“

Spengler lächelte wieder einmal spöttisch und überlegen.

„O Sie harmlose Seele! Gewiss haben Sie nichts Verzollbares bei sich, wohl aber etwas, das nicht für die Augen Unberufener bestimmt ist, und dazu gehören in unserm Fall auch die Grenzbeamten."

„Sie dürfen wirklich die Papiere nicht sehn?"

„Wo denken Sie hin?", fuhr Spengler auf. Dann runzelte er finster die Stirn. „Hören Sie, junger Mann, mir kommen Bedenken. Sie nehmen die Sache zu leicht. Sie sind für uns vielleicht doch nicht der Richtige. Ich werde es mir noch überlegen."

Da aber unterbrach ihn Hauser hastig.

„Nein, nein! Versuchen Sie es mit mir!", bat er. Ihn quälte eine jähe Angst, er könne auch hier wieder versagen und sich die Gunst seines Gönners endgültig verscherzen. „Erklären Sie mir, was ich tun soll, und ich werde es ausführen! Ich werde auch einen Grenzbeamten um keinen Preis Einblick in die Schriftstücke gewinnen lassen."

Spengler zeigte sich wieder versöhnt und nickte.

„Gut. Ich freue mich, dass Sie im letzten Augenblick zur Einsicht kommen. Sonst hätte ich wirklich geglaubt, man wäre von Ihren Fähigkeiten allzu überzeugt gewesen. Sie dürfen, wenn Sie im Geheimdienst staatlicher Behörden stehn, nicht immer fragen, wieso und warum und ob und ob. Sie müssen Ihre Weisungen in Empfang nehmen und schweigend danach handeln. Solche Männer braucht der Staat. Sie verstehn mich nun?"

„Vollständig."

„Recht so! Und nun endlich zum Schluss! Ich werde die Schriftstücke einsiegeln. Alles, was dazu nötig ist, habe ich bei mir. Sie tragen die kostbaren Dinge über die Grenze und haften dafür, dass niemand, einfach niemand Einblick in die Papiere gewinnt. Was Sie tun, wenn Ihnen ein Grenzbeamter in die Quere kommt und sich allzu neugierig zeigt, ist dann Ihre Sache."

„Ist meine Sache“, nickte Hauser.

„Das heißt?“, fragte Spengler lauernd, weil er sein Opfer ganz sicher haben wollte.

„Das heißt, dass ich dann dem Beamten, der in diesem Fall ja im Unrecht ist, einfach entwischen würde.“

„Hm! Wird Ihnen das auch gelingen?“

„Oh“, strahlte Eduard Hauser, „was denken Sie! Ich bin flink. Ein Sprung ins Gebüsch, wo ich Weg und Steg, jeden Stein, jeden Baum besser kenne als auch der tüchtigste Grenzbeamte, ein rascher Sprung macht mich unsichtbar. Dann soll man nach mir suchen. Ich bringe die Papiere sicher hinüber, ohne dass jemand sie näher ansieht.“

„Schön“, nickte Spengler. „Ich will Ihnen noch sagen, dass Ihr Gönner von allem unterrichtet ist. Sie müssen sich aber, damit niemand Verdacht schöpft, vorerst von ihm fern halten, dürfen vorher nicht mit ihm sprechen. Hören Sie, nicht mit ihm sprechen! Begegnet er Ihnen zufällig, so winken Sie ab und verschwinden!“

„Ich verstehe.“

„Sie dürfen natürlich erst recht keinem andern Menschen von der Sache erzählen.“

„Wie werde ich!“

Das sagte Eduard Hauser sehr fest und dachte dabei: ‚Aha, er weiß schon, dass ich einmal unzuverlässig gewesen bin! Wunderbar, wie rasch sich diese Männer vom Geheimdienst untereinander verständigen!‘

„Sie werden die Bezahlung für diesen Sonderdienst von mir erhalten“, fuhr Spengler fort. „Wollen Sie eine Anweisung haben?“

„Nein, nein! Ich bin ja schon bezahlt.“

„Diese Sache ist Sonderleistung. Aber gut, lassen wir die Bezahlung, bis Sie Ihre Pflicht erfüllt haben! Ich weiß Sie dann schon zu finden. Das Geld ist Ihnen sicher. Sie bekommen vierzig Mark, dass Sie es im Voraus wissen.“

Schon wieder so viel Geld? Eduard Hauser fand überhaupt

keine Worte, er nickte nur. Inzwischen zog Spengler ein Stück Siegellack, einen Kerzenstummel, ein paar Zündhölzer und ein Petschaft hervor und verschloss den Brief mit den geheimnisvollen Schriftstücken. Dann drückte er Eduard Hauser die Hand.

„Gehen Sie jetzt und machen Sie Ihre Sache gut! Ihren Kaffee bezahle ich mit. Wann werden Sie aufbrechen?"

„Sobald es finster ist, also in der fünften Stunde."

„Recht so!"

Damit schob er den jungen Mann zur Tür hinaus.

Hauser hatte kaum die Gaststube verlassen, so bezahlte Spengler und ging gleichfalls. Zwei Straßen weiter stieß er auf Fritz Seidelmann, der gut aufgepasst hatte.

„Nun? Alles in Ordnung?"

„In bester Ordnung sogar."

Spengler erstattete genauen Bericht, während sie die Straße entlang schlenderten.

„Kommen Sie nun noch mit nach Hohenthal?", erkundigte sich Fritz Seidelmann.

Darauf lächelte Spengler.

„Vorläufig nicht. Aber wir sehn uns bald wieder. Nach allem andern fragen Sie nur Ihren Vater!"

Er ging. Seidelmann aber machte sich auf den Weg zur Kriminalpolizei. Der Kommissar, an den er verwiesen wurde, kannte ihn dem Namen nach und empfing ihn sehr liebenswürdig und zuvorkommend.

„Ich möchte mir einen Rat und eine Auskunft erbitten", begann Seidelmann.

Darauf machte der Kommissar eine höflich einladende Handbewegung.

„Bitte nehmen Sie Platz!"

Seidelmann setzte sich. Dann aber wusste er im Augenblick nicht, wie er beginnen sollte.

„Ist die Sache denn so schwierig? Was betrifft sie?", erkundigte sich der Beamte.

„Das – das Buschgespenst."

Seidelmann sprach das Wort nur zögernd aus. Kaum aber war es geschehn, so sprang der Kommissar überrascht auf.

„Das Buschgespenst? Alle Wetter! – Bitte sprechen Sie!"

Nun holte Fritz Seidelmann den Brief an Strauch aus der Tasche und reichte ihn dem Kommissar. Der überflog die wenigen Zeilen. Sein Gesicht nahm den Ausdruck der größten Spannung an. Dann warf er einen ernsten, forschenden Blick auf Fritz.

„Kennen Sie die Wichtigkeit dieser Zeilen, Herr Seidelmann?"

„Ich ahnte sie und deswegen ging ich zu Ihnen."

„Sehr gut! Und nun vor allem eine Frage: Wie kommen Sie zu diesem Schreiben?"

„Ich sah es bei meinem Freund, dem Kaufmann Strauch. Er zeigte mir den Brief vorhin. Sogleich riet ich ihm, das Schreiben der Behörde zu übergeben; aber er hegte Bedenken und meinte, es könne ihm an den Kragen gehen, wenn das Buschgespenst erfahre, dass er Anzeige erstattet habe."

„Hm – ja – immer wieder diese Furcht vor dem rätselhaften Buschgespenst! Das eben ist es, was uns so hindernd in den Weg tritt! Grad diejenigen, die uns vorteilhafte Winke geben könnten, unterlassen es aus Furcht vor der Rache des Verbrechers. Aber bitte, erklären Sie mir diesen Brief! Es ist mir da noch vieles unklar."

Fritz Seidelmann berichtete, was er für notwendig hielt.

„Kennen Sie die Handschrift?", fragte darauf der Beamte.

„Sie ist verstellt. Aber ich halte sie für die Schrift eines meiner jungen Heimarbeiter."

„Wie?", fragte der Kommissar sichtlich enttäuscht. „Einer Ihrer Arbeiter sollte das Buschgespenst sein? Ich habe mir das, aufrichtig gestanden, anders gedacht."

„Oh, der Kerl ist pfiffig genug dazu!"

„Hm, ein einfacher Weber? Ist mir beinahe unwahrscheinlich."

„Wieso? Der Betreffende heißt Eduard Hauser und ist als Pascher verdächtig, wenn man ihm bisher auch noch nichts beweisen konnte."

„Und wie steht es mit dem Ruf der Familie? Sind Vater und Mutter ordentlich?"

„Die Leute stellen sich arm, aber das kennt man ja."

„Haben Sie noch andre Beweise gegen den Mann?"

Darauf gab Seidelmann eine kurze, aber für seine Zwecke zurechtgestutzte Darstellung der Vorfälle nach dem Maskenball und erklärte, er habe Eduard Hauser, nachdem der Bursche sein Mädchen verlassen, im Gespräch mit einem Pascher belauscht.

„Ich hörte nicht alles, aber doch manches, was da gesprochen wurde."

„Redeten sie vom Schmuggel?"

„Ja. Der andre schien von jenseits der Grenze zu sein. Er machte eine Bestellung, wenn ich recht gehört habe, auf Spitzen."

„Ging Hauser darauf ein?"

„Sofort!"

Der Kommissar sann eine Weile schweigend vor sich hin.

„Wenn man den Schurken nur das Handwerk legen könnte!", sagte er endlich. „Aber es geht wie mit dem Teufel zu. – Die Kerle sind nicht zu fassen!"

„Nun, in diesem Fall wäre nichts leichter als das, Herr Kommissar", versicherte Seidelmann. „Ich hörte ja, wie die beiden genau die Zeit bestimmten. Und ich kenne auch den Ort, wo Hauser die Spitzen verstecken soll. Er will nach Einbruch der Dunkelheit am Föhrensteig sein."

„Am Föhrensteig? Das ist der Weg von Hohenthal über die Berge nach Breitenau, wenn ich recht unterrichtet bin."

„Ja. Der Föhrensteig selber ist eine hölzerne Brücke, die man über den Waldbach gelegt hat."

„Ich kenne sie. Wir haben dort schon einmal nach den Paschern und nach dem Buschgespenst gefahndet. Wird man dort auf Hauser warten?"

„Nein. Er trägt die Spitzen bis kurz vor Breitenau; die Dunkelheit und den Föhrensteig erwähnte er nur, um einen Wink in Bezug auf den Weg und auf die Zeit seines Eintreffens zu geben. Er will die Spitzen unter das Rockfutter nähen. Der andre mahnte ihn zur Vorsicht; er aber lachte und meinte, dass es keinem Menschen einfallen werde, das Futter zu untersuchen."

Der Beamte war begeistert von dem, was er da hörte. Er ging einige Male im Zimmer auf und ab und blieb dann dicht vor Seidelmann stehen.

„Sie haben der Behörde einen großen Dienst erwiesen. Endlich etwas Greifbares! Jetzt werden wir die Schlinge zuziehn. Wir werden dem Buschgespenst das Handwerk legen. Ich will Hauser noch heut greifen."

„Wie? Sie wollen selber..."

„Ja. Ich selber werde das berüchtigte Buschgespenst fangen. Wollen Sie sich daran beteiligen?"

Diese Frage hatte Fritz Seidelmann im Stillen ersehnt. Welch eine Genugtuung, wenn er bei der Verhaftung des verhassten Nebenbuhlers zugegen sein konnte! Aber er hütete sich, seinen Gefühlen Ausdruck zu geben.

„Wird denn das möglich sein?", erkundigte er sich.

„Weshalb nicht? Ihre Anwesenheit wird uns sogar nützlich sein, denn Sie kennen den Burschen am besten. Eine Frage nur: Können Sie reiten?"

„Leidlich."

„Schön. Ich werde einige Grenzer und Gendarmen aufbieten. Vorher habe ich noch einiges zu erledigen. Aber wenn wir dann reiten, treffen wir noch vor der Dämmerung beim Föhrensteig ein."

„Verzeihung, hier habe ich ein Bedenken, Herr Kommissar. Unser Weg führt durch Hausers Wohnort. Wenn er uns bemerkt, ahnt er die Gefahr."

„Wir reiten um Hohenthal herum, teilen uns und schlagen verschiedene Wege ein."

„Das mag angehn. Hoffentlich klappt alles. Ich brenne darauf, die Gegend endlich von dem Buschgespenst befreit zu sehn. Der Bursche ist aber unglaublich verwegen, und wenn am Föhrensteig nicht die allerbesten Maßregeln ergriffen werden, so schlüpft uns der Kerl doch noch durch die Finger."

„Verlieren wir keine Zeit mit solchen Bedenken!", unterbrach der Kommissar diese Einwände ein wenig selbstbewusst. „Wo werden Sie zu finden sein?"

„Im Gasthof ‚Zum Goldenen Ochsen'."

Die beiden trafen noch genaue Verabredungen. Dann empfahl sich Seidelmann und verließ das Amtsgebäude. In ihm war eine tolle Freude über den gelungenen Streich.

11. Nachts im Haingrund

Unterdessen befand sich Eduard Hauser auf dem Heimweg nach Hohenthal. Er ahnte nichts von der Wolke, die sich Gefahr drohend über ihm zusammenzog; im Gegenteil, er war voll Zuversicht, freute sich, dass ihm eine Gelegenheit geboten war, seinem Gönner einen wichtigen Dienst zu erweisen, und dachte zwischendurch sehnsüchtig an Angelika, deren Herz er nun endgültig gewonnen hatte. So verflogen ihm die anderthalb Stunden Weg wie wenige Minuten und er blieb verwundert stehen, als er seinen Heimatort vor sich sah.

Nach kurzer Überlegung beschloss er, durchs Dorf zu gehen, in der leisen Hoffnung, Engelchen unterwegs zu begegnen. Wenn nicht, wollte er langsam am Zaun des Hofmannschen Grundstücks hinschlendern; vielleicht erblickte sie ihn durchs Fenster und kam auf einen Augenblick heraus.

Er hatte sich auch wirklich nicht verrechnet. Zwar spähte er auf der Dorfstraße vergeblich nach dem Mädchen aus, als er aber an der hinteren Pforte des Hofmannschen Hauses stehen blieb, öffnete sich gleich darauf die Tür und Angelika huschte heraus. In seiner Freude merkte der Bursche gar nicht, dass sie keineswegs froh und heiter dreinschaute.

„Richtig!", lachte er ihr entgegen. „So habe ich es mir gewünscht! Du hast mich kommen sehn?"

„Ja", entgegnete sie einsilbig.

„Deine Eltern auch?"

„Nein, sonst hätte ich das Zimmer nicht verlassen dürfen."

„So ist dein Vater immer noch gegen mich?"

„Oh, womöglich ärger als vorher", seufzte sie. „Die Seidelmanns haben ihn ganz und gar beschwatzt. Komm mit hinter die Hecke dort, dass er uns nicht beisammen sieht, sonst gibt es einen bösen Auftritt!"

Sie zog Eduard hastig ein paar Schritte abseits, dann setzte sie ihren Bericht fort.

„Ja, es steht noch immer schlecht um unsre Sache. Als Vater erfuhr, was gestern geschehn ist, war es fast nicht zum Aushalten. Er schalt mich ein albernes Ding, und als ich ihm widersprach, drohte er mir sogar mit – mit Schlägen."

„Das soll er bleiben lassen!", knurrte Eduard.

„Und fortjagen will er mich – zu – zu Seidelmanns!"

„Als Stütze der Hausfrau, nicht wahr? Das ist stark! Aber warte nur, daraus wird nichts!"

„Und wenn er mich nun zwingt?"

„Das kann er nicht. Ich würde ein sehr ernstes Wort mit ihm sprechen."

„Er lässt dich ja gar nicht ins Haus."

„So schicke ich einen andern, den er wohl anhören wird. Hab nur keine Sorge und lass mich handeln! Vorläufig allerdings habe ich keine Zeit. Ich muss noch einen Botengang nach Breitenau machen."

„Nach Breitenau? Da kommst du ja, auf dem Rückweg wenigstens, in die Dunkelheit."

„Schadet nichts. Die Sache ist wichtig und wird gut bezahlt."

Engelchen sah ihren Herzallerliebsten von der Seite an, ein wenig prüfend und ein wenig neugierig.

„Ach so, du gehst für den Fremden...?"

Er aber war standhaft und ließ nichts aus sich herauslocken, wie er ihr ja auch bereits verschwiegen hatte, dass er erst bei Beginn der Dunkelheit aufbrechen, also den Wald nicht nur auf dem Rückweg im Finstern durchqueren wollte.

„Nein", sagte er, „mit dem Fremden hat das gar nichts zu tun. Überhaupt ... ich habe ihm mitgeteilt, dass ich zu dir von ihm gesprochen habe. Da war er sehr böse. Tu mir also die Liebe und hüte mein Geheimnis! Ich könnte sonst schlimmen Verdruss haben."

„Ich bin keine Plaudertasche“, fiel das Engelchen wieder einmal in den schnippischen Ton zurück, den sie früher bisweilen gegen Eduard angeschlagen hatte. Dann aber besann sie sich und in ihren Augen leuchtete es herzlich auf. „Geh mit Gott, Liebster! Und nimm dich im dunklen Wald vor dem Buschgespenst in Acht!“

Eduard nickte nur und drückte ihr die Hand.

„Ich warte auf dich“, fuhr sie fort, „Wenn es auch spät wird. Ich muss dich heut Abend noch einmal sprechen. Mir ist so bang, als sollte ein Unglück über uns kommen.“

„Nicht doch, Engelchen!“, wehrte er ab. „Das Glück, das Glück kommt zu uns!“

„Hoffentlich! – Also ich warte. Es wird sich schon ein Behelf finden lassen, dass ich gegen neun Uhr etwa noch einmal aus dem Haus kann. Dann komme ich zu euch an die Hintertür.“

„Das ist lieb. Ich freute mich auf heut Abend. Und nun leb wohl!“

„Leb wohl!“

Ein verstohlener Kuss noch, dann trennten sie sich.

Eduard ging zunächst heim, um den Eltern mitzuteilen, dass er am späten Nachmittag einen Gang nach Breitenau tun müsse. Über alles andere schwieg er sich pflichtgemäß aus.

Der Vater schüttelte sorgenvoll den Kopf.

„Du bist jetzt von lauter Geheimnissen umgeben. Das will mir nicht gefallen.“

„Du kannst ohne Sorge sein“, beruhigte ihn der Sohn. „Was ich tue, ist ehrlich und recht.“

„Das will ich wohl glauben, Eduard. Aber du gehst bei Nacht durch den Wald und über die Grenze. Denk an das Buschgespenst! Wie leicht geschieht da etwas und dann wissen wir uns keinen Rat, denn wir kennen deine Wege nicht.“

„Mir wird nichts geschehn, Vater, und solltet ihr zu

Haus einmal Rat oder Hilfe brauchen, wenn ich nicht da bin, so geht zum Förster! Er ist ein kluger Mann und immer hilfsbereit. Das hat er uns gegenüber ja bewiesen. Ich glaube, er hat mich gern. An ihn könnt ihr euch jederzeit wenden. Er weiß übrigens auch Bescheid um meinen Gönner, über den ich dir bisher immer nur Andeutungen machen durfte."

Eduard sagte das alles in wohl erwogener Absicht. Er hegte zwar keine ausgesprochene Besorgnis wegen des nächtlichen Abenteuers, das ihm bevorstand, aber er rechnete doch damit und musste damit rechnen, dass sich vielleicht irgendein unliebsamer Zwischenfall ereignete. Was dann? Die Eltern hatten ja in der Tat keine Ahnung, was sie beginnen sollten, wenn der Sohn etwa im Lauf der Nacht nicht zurückkam.

Oder geschah ihm heute nichts, so konnte schon der nächste Tag ein Missgeschick bringen. Eduard stand doch im Dienst des Fremden, der es sich zum Ziel gesetzt hatte, das Buschgespenst zu fangen. Das würde bestimmt nicht ohne irgendwelche Kämpfe und Gefahren abgehen. Auch für solche Fälle war vorzusorgen.

Nun aber konnte Eduard dem Vater doch unmöglich sagen: Wenn es einmal nötig werden sollte, wenn ihr euch keinen Rat wisst und ich entweder von den Leuten des Buschgespenstes gefangen oder verwundet bin, von schlimmeren Möglichkeiten ganz zu schweigen, so geht ins Forsthaus! Dort wohnt der Vetter Arndt, mein Gönner und Auftraggeber. Er ist Geheimpolizist und verfügt über ausgezeichnete Beziehungen und auch über reiche Geldmittel. Er wird euch auf keinen Fall im Stich lassen. – So offen durfte er nicht sprechen. Das wäre gegen seine Pflicht gewesen.

Also war es am klügsten, den Vater an den Förster zu verweisen. Wunderlich würde dann nötigenfalls schon die Verbindung mit Arndt herstellen. Darum wollte Eduard vorsichtshalber den Förster auch noch kurz von seinem nächtlichen Botengang verständigen. Er wollte es tun, ohne dabei gegen das Gebot seines unbekannten Auftraggebers aus der Stadt zu verstoßen, das heißt, ohne im Forsthaus ein Wort mit Arndt zu wechseln. Wie sich das einrichten ließ, musste der Augenblick ergeben.

So verstrichen die Stunden bis zum Einbruch der Dunkelheit. Eduard verbrachte sie in quälender Ungeduld. Die Spannung, die jedem vorher bekannten Abenteuer vorausgeht, lag wie ein Alp auf ihm. Endlich aber war es Zeit aufzubrechen.

Er verabschiedete sich von den Eltern und ging, schlug aber nicht gleich die Richtung zum Föhrensteig ein, sondern wendete sich zunächst zum Forsthaus.

Zum Glück – so dachte wenigstens Eduard – traf er hier nur den alten Wunderlich an.

„Der Herr Vetter ist ausgegangen“, meldete der Förster. „Vermutlich willst du zu ihm. Tut mir Leid. Du musst ein andermal wiederkommen, mein Junge.“

„Ist nicht nötig, Herr Förster“, erklärte Eduard, der froh war, dass sich alles so nach Wunsch fügte. „Ich habe nur für Sie eine Nachricht.“

„Für mich? Von wem?“

„So ist es nicht gemeint. Von mir aus möchte ich Ihnen etwas mitteilen.“

„Dann schieß los, mein Junge!“

„Ich muss jetzt noch hinüber nach Breitenau und...“

„Unsinn! Wer läuft bei Nacht und Nebel durch den Bergwald über die Grenze! Kein vernünftiger Mensch!“

„Ist nicht zu ändern, Herr Förster, und ist auch nicht so schlimm. Ich kenne den Weg und fürchte mich nicht.“

„Hm. Jetzt begreife ich, was du bei mir willst. Ich soll dich begleiten. Offen gestanden, passt es mir aber verteufelt schlecht. Ich sitze über einer Holzberechnung, die bis morgen früh fertig sein muss. Das Rechnen und Kritzeln auf dem Papier ist meine schwache Seite und ich weiß nicht...“

„Machen Sie sich keine Sorgen!“, unterbrach Eduard den Alten. „Ich gehe allein. Meine Absicht war es nur, Sie von dem Gang zu verständigen.“

„Weshalb?“

„Ja, wenn ich das sagen könnte. Ich hatte so das Gefühl, es wäre gut, wenn jemand wüsste, wo ich zu suchen bin.“

„Höre, mein Junge, das klingt fast wie eine böse Ahnung! Auf solch innere Stimmen soll man achten. Geh nicht! Kehre um! Ich rate dir gut.“

„Das glaube ich, Herr Förster, aber ich muss dennoch gehen. Ich habe es versprochen. Und die Botschaft, die ich hinübertragen soll, ist wichtig und eilig.“

„Darf man fragen, worum es sich handelt?“

„Verzeihung, Herr Förster, ich habe Schweigen gelobt.“

„Schon gut. Der Mann muss sein Wort halten und sein Maul dazu, wenn es nötig ist. Geh also in Gottes Namen!“

Sie schieden mit einem Händedruck. Der Förster wendete sich seufzend wieder seiner Holzberechnung zu. Eduard aber verfolgte eine kleine Strecke weit noch die Straße, dann bog er seitlich ab nach dem Föhrensteig.

Die Nacht war kalt und finster. Der Mond war fast ständig von Wolken verdeckt. Das gab ein mühseliges Wandern. Ein Glück, dass wenigstens der Schnee eine gewisse Helligkeit verbreitete. Er knirschte bisweilen unter den Tritten des jungen Mannes, der ruhig seinen Weg verfolgte.

Nach einiger Zeit vernahm er das Rauschen des Waldbachs, dessen Wasser unter der Eisdecke dahinschoss, und bald gelangte er an die schmale Brücke.

Sie bestand nur aus einer roh zugehauenen, jetzt eisbedeckten Bohle und es war nicht ungefährlich, im Dunkeln darüber hinwegzugehen. Deshalb setzte Eduard nur langsam und vorsichtig einen Fuß vor den andern.

So hatte er eben die Mitte der Brücke erreicht, als ihn eine laute Stimme von jenseits des Steigs anrief.

„Halt! Wer da?“

Er erschrak, obgleich er auf eine ähnliche Begegnung gefasst war. Es vergingen einige Augenblicke, bis er antwortete.

„Gut Freund!“, rief er ins Dunkel.

Dann überlegte er, was er beginnen sollte. Er mochte sich nicht durch wilde Flucht verdächtig machen und wollte doch einer weiteren Berührung mit Menschen ausweichen.

Während er noch zögerte, hörte er das Klirren von Waffen. Er hatte also Grenzer vor sich. Langsam trat er Schritt um Schritt zurück.

„Halt!“, tönte es ihm da auch im Rücken entgegen. „Wer da?“

„Gut Freund!“, antwortete er auch jetzt.

„Stehn bleiben! – Nicht rühren!“

Männer kamen auf beiden Ufern zwischen den Bäumen hervor.

O weh, der Bote mit den geheimen Papieren war regelrecht eingekreist! Was tun? Sollte er sich ergreifen lassen?

Nein!

Er machte trotz der Glätte auf der Bohle einen Satz über die Brücke an Land. Dann flog er mit einem gewaltigen Sprung mitten unter die überraschten Grenzer hinein, die im Dunkeln ebenso wenig sahen wie er. Heftig prallte er auf zwei Männer, stieß mit den Fäusten zu und – war hindurch.

„Feuer!“, befahl da eine scharfe Stimme.

Schüsse knallten.

Eduard war es, als würde er am Arm gepackt und zur Seite gerissen. Aber er raffte sich auf und stürmte weiter.

Es war ein unsinniges Beginnen, in dieser Finsternis durch den Wald zu rennen. Kaum hatte Eduard einige Sprünge getan, so krachte er mit dem Kopf an einen Baum und stürzte.

„Dort! – Da ist er! – Auf ihn! – Dort liegt er!“, schrieen die Verfolger durcheinander.

Laternen flammten auf und Männer warfen sich auf den Gehetzten, bevor er wieder in die Höhe kam. Dann vergingen ihm die Sinne. Der Anprall an den Baum war zu heftig gewesen. Aber seine Natur war kräftig, nach kaum zwei Minuten schlug er die Augen wieder auf und erblickte im schwachen Schein der Laterne etwa ein Dutzend Grenzer und Schutzleute. Er versuchte sich zu bewegen, aber da merkte er, dass er an den Händen gefesselt war; die Füße dagegen waren noch frei.

Vor ihm stand ein Beamter in der Uniform eines Polizeikommissars und musterte ihn scharf. Eduard erschrak heftig; denn der Mann mit dem strengen Blick und dem Schleppsäbel an der Linken hielt das versiegelte Päckchen in der Hand.

„Ah“, rief er soeben befriedigt, „er kommt schon wieder zu sich! Richtet ihn auf und lehnt ihn an einen Baum, aber gebt Acht! Wenn er den geringsten Versuch macht zu entwischen, schießt ihr ihn in die Beine!“

Zwei Polizisten packten Eduard an und stellten ihn auf die Füße.

„Wer sind Sie?“, fragte der Kommissar.

Jetzt half kein Leugnen mehr, das sah Eduard ein.

„Ich heiße Hauser“, bekannte er.

„Ausgezeichnet!“, lachte der Beamte grimmig. „Haben wir den Fuchs also doch erwischt! – Was tun Sie hier?“

„Ich will nach Breitenau.“

„In welcher Absicht?“

„Ich habe eine Botschaft auszurichten.“

„Von wem und an wen?“

„Das darf ich nicht sagen.“

„So? Also Heimlichkeiten? Das ist höchst verdächtig! Wissen Sie denn nicht, dass wir Sie zum Sprechen zwingen können?“

„Gewiss, aber Sie werden es nicht tun. Sie können doch nicht einen harmlosen Menschen...“

„Reden Sie kein dummes Zeug!“, unterbrach ihn der

Kommissar barsch. „Überhaupt brauchen wir Ihr Geständnis gar nicht. Das Päckchen hier wird sprechen. Ich werde es öffnen."

„Das werden Sie nicht tun", fuhr Eduard auf.

„Wer soll mich daran hindern? Sie etwa?"

„Ich bitte Sie ja nur, mein Geheimnis zu schonen. Der Umschlag enthält Privaturkunden, die keinem Unberufenen vor die Augen kommen dürfen!"

„Machen Sie sich nicht lächerlich! Polizei und Gericht sind keine Unberufenen!"

Der Kommissar ließ sich von einem Unterbeamten mit der Blendlaterne leuchten und öffnete das verhängnisvolle Päckchen.

„Hm. Nur Briefe und Schriftstücke! Kein Schmuggelgut! Deswegen braucht er nicht auszureißen. Na, man wird später prüfen, was die Papiere enthalten."

Zähneknirschend und zitternd vor Erregung hatte Eduard dulden müssen, dass sein Geheimnis oder vielmehr das seines Auftraggebers angetastet wurde.

„Sie sehn", keuchte er, „ich habe die Wahrheit gesprochen. Nun geben Sie mich wieder frei!"

„Nicht so hitzig, mein Söhnchen!", wehrte der Kommissar ab. „Wir sind noch nicht fertig miteinander. – Haben Sie außer diesen Schreibereien nichts anderes bei sich, kein zollpflichtiges Gut?"

„Nein."

„Sonderbar. Weshalb haben Sie dann die Flucht ergriffen und sich zur Wehr gesetzt?"

Eduard fühlte, dass er darauf keine genügende Erklärung geben konnte, und wurde unsicher.

„Die Schriften sollte niemand lesen, auch kein Beamter", brachte er endlich mühsam hervor. „Deshalb musste ich versprechen, falls ich Grenzern begegnen sollte, lieber zu fliehn, als das Päckchen in ihre Hände fallen zu lassen."

„Wem haben Sie das versprechen müssen?", forschte der

Kommissar. „Wer hat Ihnen den Umschlag mit den Papieren anvertraut?“

„Ein Herr, den ich in der Kreisstadt im ‚Goldenen Ochsen‘ kennen lernte“, gestand Eduard Hauser in seiner Bedrängnis.

„Wer war der Herr? Name? Stand?“

„Den Namen habe ich nicht erfahren. Der Herr war offenbar ein hoher Beamter der Geheimpolizei.“

Es war, als wollte der Kommissar dem Burschen mit seinem Blick bis in den tiefsten Winkel der Seele schauen. Da Eduard diesem Blick standhielt, erschien endlich ein helles, freundliches Licht in den forschenden Augen.

„So, so! Sie haben also eine ungewöhnliche Bekanntschaft gemacht, die zu einem geheimnisvollen Auftrag führte. Erzählen Sie mir die Sache genauer!“

Dieser Aufforderung musste Eduard Folge leisten, ob er wollte oder nicht. Er tat es mit größter Vorsicht und beachtlichem Geschick, indem er sich hütete, auch nur ein Wort über seinen Gönner Arndt und dessen Absichten einfließen zu lassen. Dass er dadurch zuletzt sich selbst schädigte, weil allein Arndt seine Unschuld vor der Behörde hätte erweisen oder doch mit Nachdruck verteidigen können, das ahnte der junge Hauser freilich nicht.

So fiel denn sein Bericht ein wenig unklar und verworren aus. Doch der Kommissar nickte trotzdem dazu.

„Das klingt zwar alles recht ungewöhnlich“, meinte er zum Schluss, „aber ich will es gelten lassen. Einem unerfahrenen Menschen wie Ihnen kann man dergleichen schon vormachen. Ich werde die Papiere behalten und die Sache weiter verfolgen. Im Übrigen aber, junger Freund, sind wir noch nicht fertig miteinander. Sie tun so harmlos, es spricht auch allerlei für Sie und doch – sind Sie vermutlich ein ganz durchtriebener Halunke.“

„Herr Kommissar!“, stammelte Eduard betroffen.

„Schon gut! Ich werde Ihnen sogleich beweisen, dass Sie trotz allem ein Pascher sind. Denken Sie an die Spitzen!“

„Woran...?“

Der Beamte winkte hinter sich ins Gebüsch. Darauf trat Fritz Seidelmann hinzu. In seinem Gesicht zuckte grimmiger Hass. Eduard Hauser aber fuhr zusammen.

„Jetzt ahnt mir Schlimmes“, sagte er unsicher. „Sooft mir etwas Böses widerfuhr, immer hatten die Seidelmanns ihre Hand im Spiel. Vielleicht ist es heut wieder so.“

„Werden sehn“, erwiderte der Beamte. „Herr Seidelmann hat Sie uns als Schmuggler angezeigt. Sie müssen ja wissen, wie weit Sie schuldig sind. Halten Sie still, Hauser!“

Er betastete die Rocksäume des jungen Mannes.

„Hm!“, meinte er dann. „Hier stimmt etwas nicht. Wollen doch einmal öffnen.“

Er zog sein Taschenmesser hervor und machte kurzerhand einen Schlitz in Eduards Rockfutter. Dann langte er mit der Hand in die Öffnung.

„Sie behaupten noch immer, nichts Verzollbares bei sich zu tragen?“, fragte er, während seine Rechte noch zwischen Futter und Stoff umhertastete.

„Ich kann es beschwören.“

„So, so! Und was ist das hier?“

Dabei zog der Beamte einen langen Streifen Spitze aus dem Rock des Burschen.

Eduard erschrak.

„Was – ist – das?“, wiederholte er, gedankenlos stammelnd, die Worte des Kommissars.

„Das sind die Spitzen, von denen ich vorher sprach, mein Junge! Darauf liegt hoher Zoll, wenigstens drüben für die Einfuhr. Sieh mich nicht so verständnislos an, Bursche! Du denkst wohl, der Einfuhrzoll nach Böhmen kümmert uns hier nicht? Das ist ein Irrtum, alter Freund. Die Zollbehörden arbeiten Hand in Hand. Du entgehst der Strafe nicht. Das ist der Schuldbeweis!“

Der Beamte hielt Eduard den bedeutsamen Fund dicht vor die Augen.

„Nun?“, forschte er, da der junge Hauser schwieg. „Wie kommt das in Ihren Rock?“

„Ich weiß es nicht“, beteuerte Eduard. „Ich kann jeden Eid ablegen, dass ich von diesen Spitzen keine Ahnung hatte.“

„Sie sind demnach überhaupt kein Pascher?“

„Nein.“

„Sie sind auch nicht – das Buschgespenst?“

„Das – Buschgespenst? – Wieso?“

„Nun, Sie haben es doch selber behauptet.“

„Ich? Ist mir nicht eingefallen!“

„Hm! Wollen Sie sich einmal dieses Schreiben ansehn?“ Der Kommissar hob die Laterne und hielt Eduard den verhängnisvollen Brief an Strauch vors Gesicht.

Der junge Hauser verfärbte sich.

„Aha!“, frohlockte der Beamte. „Da haben wir den Vogel gefangen. Heraus mit der Sprache! Wer hat diesen Brief geschrieben?“

„Ich“, gestand Hauser.

„Und Sie haben sich als Buschgespenst unterzeichnet!“

„Ja. Aber ich bin es nicht.“

„Und das soll ich Ihnen glauben? Machen Sie sich mit solch kindischen Ausreden doch nicht lächerlich!“

„Ich – ich wollte – ach, das hat seine ganz besondere Bewandtnis – ich wollte den Kaufmann Strauch nur einschüchtern. Daher wählte ich diese Unterschrift.“

Der Kommissar lachte wie über einen guten Witz. Er war tatsächlich in bester Laune. Endlich, endlich hatte er den Burschen ertappt, der ihm so viel Kopfzerbrechen und so manche schlaflose Nacht verursacht hatte.

„Sie unterzeichnen sich als Buschgespenst, Sie wollen sich bei Nacht und Nebel heimlich über die Grenze schleichen; als man Sie anruft, fliehn Sie vor den Grenzbeamten; man findet Spitzen bei Ihnen, die drüben hoch zu verzollen sind – mein Lieber, das genügt! Da helfen keine Ausreden mehr. – Habt gut Acht auf den Gefangnen, Leute!

Ihr wisst, er ist das Buschgespenst, ein gefährlicher Bursche, dem es auf ein Menschenleben nicht ankommt. Fort mit ihm!"

Das alles rauschte gleichsam über Eduard hinweg wie die Flut eines wild dahinbrausenden Stromes, gegen die es keinen Widerstand gibt. Der Gefesselte stand wie betäubt. Er fand kaum einen klaren Gedanken.

‚Der Brief, der unselige Brief!', zuckte es immer wieder auf in seinem Hirn. Der Brief war schuld. Er zeugte gegen den Schreiber.

Und dann das andre, die nächtliche Grenzüberschreitung und die Flucht vor den Beamten! Ach, warum hatte er grad diesen Auftrag übernehmen müssen!

Am verhängnisvollsten aber wurden ihm nun die Spitzen, die man in seinem Rock eingenäht gefunden hatte. Rätselhaft, woher sie stammten. Eduard zermarterte sich mit Grübeleien über den Ursprung des angeblichen Paschergutes und dabei dämmerte ihm eine ferne Ahnung von dem Schurkenstreich eines gehässigen Feindes.

Während er so stand, ohne sich zu regen, ohne ein Wort zu sprechen, verhandelte der Kommissar mit seinen Leuten und mit Fritz Seidelmann. Sie redeten leise untereinander, damit es der Gefangene nicht verstehen sollte. Der aber achtete gar nicht auf sie. Bis er sich endlich aufraffte und in wirren, unzusammenhängenden Sätzen seine Unschuld zu beteuern begann.

„Ich kann mich ja nicht wehren", brach er schließlich fast in Tränen aus. „Ich muss alles über mich ergehn lassen. Aber ich bin kein Pascher, kein Verbrecher. Ich habe nichts mit dem Buschgespenst zu schaffen. Ich – ich kann nur sagen, dass es irgendwie an den Tag kommen muss..."

„Schweigen Sie!", unterbrach ihn der Kommissar kurz und barsch. Er war jetzt von Seidelmann ganz gegen Hauser eingenommen worden. „Ihre Winkelzüge und Schliche helfen Ihnen nicht mehr. Zunächst haben wir Sie einmal. Gehen Sie lieber in sich, bereuen Sie! – Und nun vorwärts, Leute! Nach Hohenthal! Wir werden die Wohnung Hausers durchsuchen!"

„Herr, du mein Gott!", schrie Eduard auf.

„Sehn Sie, wie Sie erschrecken? Man wird neue Beweise Ihrer Schuld entdecken. Bekennen Sie sich schuldig?"

„Nein. Ich erschrecke nur um meiner Eltern willen. Haben Sie Erbarmen mit den alten Leuten! Sie können den Tod davontragen, wenn Sie mich als Gefangnen sehn!"

„Das ist Ihre eigne Schuld, Hauser. Auch das Elend Ihrer armen Eltern wird auf Ihr Gewissen kommen. Aber ich bin kein Unmensch. Ich werde Ihre Eltern vorbereiten, bevor wir bei ihnen eintreten. – Und nun ernstlich fort!"

Der Zug setzte sich in Bewegung. Einige der Beamten blieben zurück und führten dem Trupp die Pferde nach.

Der Marsch durch Wald und Feld dünkte Eduard eine Ewigkeit und doch näherten sie sich dem Ziel viel zu schnell.

Seine Eltern, seine armen Eltern!

Der Kommissar ließ sich von Eduard das Häuschen zeigen, wo die Hausers wohnten. Dann eilte er voraus.

Als er in den engen Flur trat, hatte man drinnen in der Stube gerade das Abendessen beendet und der alte Hauser betete.

Der Beamte zögerte und lauschte an der dünnwandigen Stubentür. Das Gebet des Webers kam tief aus einem gläubigen Herzen. Das fühlte der Lauscher und es wurde ihm eigentümlich zu Mute. Sollte das Buschgespenst der Sohn einer Familie sein, in der offenbar echte Frömmigkeit herrschte?

Er schob diese Gedanken mit Gewalt beiseite, klopfte an und trat ein.

Mit einem freundlichen „Guten Abend" näherte er sich dem Tisch, an dem die Bewohner des kleinen Hauses saßen. Das Ehepaar Hauser erhob sich höflich.

„Ich bin Kommissar der Kriminalpolizei und komme

in dienstlicher Angelegenheit“, sagte der Beamte und sah dabei die Hausers scharf an, um den Eindruck seiner Worte zu beobachten.

„Worum handelt es sich?“, fragte der Vater ruhig. „Sollen wir in irgendeiner Sache Zeugen sein?“

„Nein, es geht um Sie selber.“

„Um – uns?“

Der Kommissar verwandte noch immer keinen Blick von den Gesichtern der beiden.

„Sie paschen!“

Frau Hauser wurde vor Schreck weiß wie eine frisch getünchte Wand. Der Alte aber schüttelte lächelnd den Kopf.

„Erschrick nicht, Mutter! Wer weiß, welches törichte Gerede uns die Unannehmlichkeit eingetragen hat. Wir haben ein reines Gewissen. Was kann uns da geschehn?“

„Oh, es ist durchaus kein leeres Gerede, Herr Hauser!“, erklärte der Kommissar. „Ihr Sohn zählt zu den Schmugglern!“

„Mein Eduard? Für den stehe ich wie für mich selber.“

„Behaupten Sie nicht zu viel! Wo ist er jetzt?“

„Er ist nach Breitenau gegangen.“

„Was will er dort?“

„Er wird etwas zu besorgen haben.“

„Das heißt, er wird irgendetwas hinüberpaschen. Man hat ihn unterwegs erwischt.“

„Wieso erwischt? Doch nicht als Pascher?“

„Doch!“

Der alte Hauser lächelte noch immer.

„Ich weiß nicht, Herr, warum Sie mir das erzählen. Entweder handelt es sich um einen Irrtum, eine Verwechslung oder um einen schlechten Scherz.“

„Sie irren sich. Es ist Ernst, bitterer Ernst. Man hat sogar Schmuggelwaren bei Ihrem Sohn gefunden.“

„Glaubst du das, Mutter?“, fragte Hauser ruhig.

Frau Hauser schüttelte nur den Kopf.

„Ich auch nicht. Unser Junge hat saubere Finger, er ist kein Verbrecher. – Übrigens“ – das war mit einem seltsamen Seitenblick auf den Kommissar gesagt – „was hat man denn bei dem Jungen gefunden, Herr Kommissar?“

„Kostbare Spitzen. Im Rockfutter verborgen.“

Die Frau griff zitternd nach der Lehne eines Stuhls. Sie bewegte die Lippen, brachte aber kein Wort hervor. Der alte Weber dagegen schüttelte den Kopf wie einer, der klipp und klar mit überlegen nüchternem Verstand eine unmögliche Sache überdenkt.

„Spitzen!“, sagte er langsam, jedes Wort scheinbar schwer wägend. „Jetzt verstehe ich. Darauf liegt drüben hoher Einfuhrzoll. Aber die Angelegenheit stimmt nicht, kann nicht stimmen. Mit solch dummen Dingen hat unser Junge nichts zu schaffen.“

Der Kommissar ließ ihn gewähren. Er wartete ruhig ab und so richtete sich denn der schwer geprüfte Hauser schließlich mit einem Ruck auf und sah dem Beamten fest ins Gesicht.

„Wie ist das nun, Herr Kommissar? Sie haben unsern Eduard verhaftet?“

„Ja, er steht draußen.“

„Der arme Junge!“

„Wir müssen hier Haussuchung halten“, fuhr der Kommissar jetzt etwas strenger fort. „Ich wollte Sie nur vorbereiten, damit wir Sie nicht zu sehr erschrecken!“

Mutter Hauser stieß einen Schrei aus und verbarg ihr Gesicht in der Schürze. Hauser jedoch blieb ruhig, aber er atmete tief.

„Erschrecken? – Ja, ja. – Ich danke Ihnen, dass Sie so viel Rücksicht auf uns nehmen, Herr! Bringen Sie den Eduard nur getrost herein! Glauben Sie mir, Herr, er ist so unschuldig wie Sie oder ich.“

„Das wollen Sie wirklich so genau wissen?“

„Ja, Herr. Und sollte ich mich dennoch irren, so werde ich ihn dazu bringen, ein offnes Geständnis abzulegen.

Mir wird er gehorchen. Darauf können Sie sich verlassen."

Während Eduard mit seiner Bedeckung, bei der sich noch immer Fritz Seidelmann befand, draußen vor dem Haus stand, fühlte er oben am Arm einen stechenden Schmerz und zugleich bemerkte er, dass es ihm nass über die gefesselten Hände lief.

‚Ich muss verletzt sein', dachte er. Aber er kam nicht dazu, die Verwundung weiter zu beachten. Gaffer tauchten hier und da hinter den Zäunen auf, sodass dem Burschen jede Minute des Wartens unter Bedeckung zur Höllenqual wurde.

In diesem Augenblick befahl der Kommissar durch das Fenster, den Verhafteten hereinzubringen.

Zwei Grenzer führten Eduard in die Stube. Seidelmann folgte. Er hatte hier durchaus nichts mehr zu tun. Aber da keiner ihm wehrte, verschaffte er sich auch noch diesen Triumph. Die andern blieben im Flur.

„Herrgott", schrie Frau Hauser auf, als sie ihren Sohn erblickte, „du blutest ja!"

Sie wollte zu ihm eilen. Ihr Mann aber hielt sie zurück.

„Lass das, Mutter! Es ist besser, sein Leib ist verletzt, als seine Seele. Eduard, komm her!"

Das war nach Art der schwerblütigen, kernhaften Gebirgsbewohner aufrecht und streng gesagt. Der Kommissar vermerkte auch das, ließ aber den Dingen vorerst ihren Lauf. Der Sohn trat mit seinen Wächtern an den Vater heran.

„Hast du wirklich gepascht?", fragte der alte Hauser.

„Nein!"

„Aber man hat Spitzen bei dir gefunden." Er hob die Hand wie zum Schwur. „Eduard, im Angesicht dessen, der alles weiß und alles vergibt, antworte: Woher hast du diese Spitzen?"

„Ich habe nichts von ihnen gewusst. Sie steckten im Rockfutter. Ich kann es mir selber nicht erklären, wie sie hineingekommen sind."

Es war, als wollte ihn der Vater mit den Blicken durchbohren.

„Glaubst du ihm, Mutter?"

„Ja", hauchte die Frau, „er ist mein Junge und..."

„Gut", unterbrach sie der Mann. „Ich glaube auch, dass er unschuldig ist. Herr Kommissar, die Sache muss noch eine andre Bewandtnis haben. Wenn man meinen Sohn so ohne weiteres verhaftet, geschieht hier vielleicht ein größeres Verbrechen, als es das Schmuggeln je gewesen sein kann. Gott wird es fügen, dass der Schuldige entdeckt wird."

„Brennt ihn nur nicht weiß!", rief in diesem Augenblick Fritz Seidelmann von der Tür her. „Er hat sich ja in einem Brief selber als Buschgespenst unterschrieben."

Der alte Hauser wurde erst jetzt auf Seidelmann aufmerksam.

„Ah, Sie sind auch dabei? Jedenfalls haben Sie auch die Anzeige erstattet?"

„Das geht Sie nichts an! Aber es stimmt. Ich will das gar nicht leugnen. Jeder muss im Kampf gegen das Buschgespenst seine Pflicht tun."

„Nun, in Bezug auf Pflichterfüllung sind Sie allerdings ein Vorbild", spottete der alte Weber bitter. Dann wandte er sich wieder an Eduard. „Was ist das mit dem Brief, Eduard? Stimmt es?"

„Ja, Vater", nickte der Sohn und erzählte kurz, wie er dazu gekommen war, den Brief an Strauch zu schreiben und sich in der Unterschrift als Buschgespenst auszugeben.

Der Vater stand mit gerunzelter Stirn und hörte diese Beichte schweigend an. Aus den Augen der Mutter leuchtete das helle Entsetzen. Eduards jüngere Geschwister und die Beyer-Kinder drängten sich unbeachtet in einer Stubenecke zusammen wie ein Trupp verängstigter Tiere.

Der Kommissar ließ seine Blicke prüfend zwischen Vater und Sohn hin und her gehen. Die Eindrücke, die er hier empfing, bewiesen ihm, dass die Hausers unbedingt als ehrbare Leute anzusehen waren. Der Vater hielt seine Kinder in strenger Zucht. Ein solches Familienleben aber ist kein Nährboden für verbrecherische Triebe. Das wusste der erfahrene Kriminalbeamte und so zögerte er nicht, diesen Umstand bei seinen Schlussfolgerungen in Rechnung zu stellen.

Jetzt war Eduard mit seinem Bericht zu Ende. Der alte Hauser tadelte ihn ernst und rückhaltlos wegen seines Leichtsinns. Dann aber wandte er sich an den Kommissar.

„Sie sehn", sagte er, „der Junge hat unbedachtsam gehandelt und es geschieht ihm recht, dass er nun die Folgen zu spüren bekommt. Das wird ihn in Zukunft klug machen. Nur ist er darum noch lange kein Verbrecher. Das mit den Spitzen wird sich aufklären und Sie werden hier im Haus kein Paschergut finden, auch sonst nichts, was gegen Eduard zeugen könnte. Suchen Sie! Wir können das Ergebnis ruhig abwarten."

Darauf gab der Kommissar seinen Leuten den Befehl, mit der Haussuchung zu beginnen. Inzwischen durfte keine der im Zimmer versammelten Personen ihren Platz verlassen. So kam es, dass die Blicke der Hausers zum Fenster hinauswanderten in die nächtliche Dunkelheit.

Da sahen sie, dass drüben bei Hofmanns die Haustür geöffnet wurde. Heller Lichtschein drang daraus hervor. In diesem Schein wurde das Engelchen sichtbar, das anscheinend in großer Hast und Verwirrung auf die Straße eilte.

Gleich darauf gab es ein Geräusch im Flur, die Stubentür tat sich auf und herein trat Angelika, heftig schluchzend und in furchtbarer Erregung.

Sie hatte soeben eine schlimme Auseinandersetzung mit ihrem Vater gehabt, der sie abermals zwingen wollte, die Stellung bei Seidelmanns anzunehmen. Die Tochter wehrte sich dagegen und der Vater geriet in sinnlosen Zorn.

„Liegt dir vielleicht der Lump, der Eduard Hauser, im Sinn?“, tobte er.

„Eduard ist arm, aber kein Lump. Fritz Seidelmann, der reiche Verlegersohn, ist einer“, verteidigte sich die Tochter. „Eduard meint es ehrlich mit mir und du solltest dich schämen, ihn zu beschimpfen und mich an die Seidelmanns verschachern zu wollen.“

„Was sagst du, Mädel?“, brüllte Hofmann. „Verschachern nennst du das? Ich will dich Gehorsam lehren! Gleich morgen früh schaffe ich dich zu Seidelmanns!“

„Lebendig gehe ich nicht in das Haus dieses Schurken!“

„Dann hast du bei mir kein Heim mehr!“

„Es wird sich auf der weiten Erde wohl noch ein Plätzchen für mich finden.“

„So wagst du mit mir zu reden? Ich werde dir zeigen, wohin du gehörst!“

Der Streit hatte schon längere Zeit gewährt. Frau Hofmann war nicht daheim, sie war zu einer Bekannten gerufen worden, die plötzlich schwer erkrankt war, und so sah sich das Mädchen dem aufgeregten Vater ganz allein und schutzlos gegenüber. Seine Wut kannte jetzt keine Grenzen mehr, er drang mit erhobenen Fäusten auf Angelika ein.

Da stieß sie einen Schrei aus, riss die Tür auf und floh hinaus in die Nacht. Wohin sollte sie sich in ihrer Bedrängnis wenden? Sie überlegte nicht lange und eilte zu den Hausers hinüber.

In ihrer Erregung merkte sie zunächst gar nicht, dass auch hier etwas Ungewöhnliches vorging. Sie öffnete die Stubentür, erblickte Eduard, warf sich an seine Brust und schlang die Arme um ihn.

„Hilf mir! Der Vater will...“

Da erst sah sie, dass Eduard gefesselt war und dass Blut aus seinem Ärmel tropfte.

„Herrgott! Was ist mit dir?“, schrie sie auf.

Eduard ließ den Kopf hängen. Ein Zittern lief durch seine Gestalt, so sehr packten ihn Scham, Verzweiflung und Ratlosigkeit.

„Ach, Engelchen, man hat mich im Wald abgefangen und verhaftet!“

„Verhaftet? Dich? Weshalb?“

„Ich soll gepascht haben.“

„Das ist ja heller Unsinn!“

„Und ich soll das Buschgespenst sein. Der dort hat mich angezeigt!“

Er deutete mit einer Bewegung des Kopfes nach der Ecke hin, wo Fritz Seidelmann stand, die Lippen hämisch aufeinander gepresst, in den Augen ein Funkeln, das von Hass, Rachsucht und Schadenfreude sprach.

Mit einem Ruck fuhr Angelika herum. Sie erkannte Seidelmann, dessen Anwesenheit ihr bisher völlig entgangen war. Ihre Züge erstarrten. Ihre Hände ballten sich zu Fäusten.

„Der dort“, wiederholte sie tonlos Eduards Worte. „Freilich, der dort! An allem ist er schuld. Seinetwegen will mich der Vater schlagen und aus dem Haus jagen.“ Dann hob sie plötzlich die Arme und tat in wilder Erregung einen Schritt auf Seidelmann zu. „Oh, dieses Scheusal in Menschengestalt! Diese Bestie! Gott im Himmel soll ihn strafen, den Schurken, den Schleicher, den Ehrabschneider, den Betrüger...“

Der Kommissar wollte rasch dazwischentreten, weil er etwas Schlimmes kommen sah. Aber das Mädchen, das einfach nicht mehr wusste, was es tat, war schneller als er. Mit einem Griff hatte sie eines der Gewehre an sich gerissen, die neben ihr an der Wand lehnten. Die Schutzleute und Grenzbeamten hatten ihre Büchsen da abgestellt, um bei der Haussuchung nicht behindert zu sein.

Das Gewehr an sich reißen und damit auf Seidelmann eindringen war eins. Angelika dachte nicht etwa daran, zu schießen. Sie wollte nur zustoßen. Doch es kam anders.

Aus Versehen berührte ihre Hand den Abzug. Ein Schuss krachte. Dröhnend lief der Widerhall durch das kleine Haus. Seidelmann schrie auf, wankte und fiel hintenüber.

Das Engelchen stand ein, zwei Sekunden lang starr und bewegungslos. Dann entsank die Waffe ihrer Hand. Mit einem Wehlaut brach das Mädchen zusammen.

Der Kommissar, der auf sie zugesprungen war, um sie an einer Verzweiflungstat zu hindern, konnte sie gerade noch in seinen Armen auffangen. Dann ließ er sie langsam zu Boden gleiten.

Dem Knall des Schusses war ein vielstimmiger Schrei gefolgt; auch die Leute, die bei der Haussuchung in den einzelnen Räumen verstreut waren, eilten herbei. Die im Zimmer Versammelten drängten durcheinander. Es gab eine unbeschreibliche Verwirrung. Eduard kniete neben Angelika. Seine gefesselten Hände tasteten nach ihrem Gesicht.

Mit lauter Stimme gebot der Kommissar Ruhe. Seine erste Frage war an einen Grenzer gerichtet, der sich mit Seidelmann beschäftigte.

„Wie steht es? Ist er tot oder nur verletzt?“

Der Beamte bemühte sich, mit dem Taschentuch ein starkes Blutgerinnsel an Seidelmanns Kopf zu stillen.

„Kein Anlass zur Besorgnis!“, sagte er. „Er ist nur bewusstlos. Der Mann scheint mehr vor Schreck umgefallen zu sein. Hier an der linken Schläfe ist eine Wunde, von einem Schrotkorn gerissen.“

„Schrot? Aha, ich weiß Bescheid! Schrot ist auf der Pascherjagd oft wirksamer als eine Kugel. Aber wie konnte sich die Büchse so rasch entladen?“

„Das Gewehr gehört mir, Herr Kommissar. Ich habe am Föhrensteig geschossen, dann hastig wieder geladen und dabei wahrscheinlich nicht richtig gesichert.“

„Das setzt einen Verweis, mein Lieber. Ungesicherte Waffen – Sie wissen Bescheid! Und nun wollen wir mal nach der Wunde sehn!“

Seidelmann war in der Tat nur ohnmächtig. Die Blutung wurde gestillt, dann legte einer der Beamten auf Geheiß des Kommissars einen Notverband um Seidelmanns Stirn, worauf der Bewusstlose rasch wieder zu sich kam. Sein erster Griff war nach der verletzten Stelle.

„Herr Kommissar", sagte er wütend, „Sie sind Zeuge, dass dieses Frauenzimmer da auf mich geschossen hat!"

„Stimmt, Herr Seidelmann."

„Sie hat mich nur verwundet. Aber sie hätte mich auch töten können. Ich ersuche Sie, Ihre Pflicht zu tun und die Verbrecherin zu verhaften."

Der Beamte wehrte gelassen ab.

„Ruhe, Ruhe, Herr Seidelmann! Ich kenne meine Dienstvorschriften genau und werde pflichtgemäß handeln."

„Und ich werde..."

„Sie werden jetzt heim gehn und sich um Ihre Wunde kümmern", unterbrach ihn der Kommissar bestimmt.

„Oho, Sie wollen mich fortschicken?"

„Ich bitte Sie, meiner Weisung Folge zu leisten. Sie müssen auf Ihre Verletzung Rücksicht nehmen. Außerdem verschärft Ihre Anwesenheit hier nur unnötig die Lage und könnte leicht zu weitern Zwischenfällen führen."

„Das ist stark!"

„Das ist vorbeugend gehandelt."

„Aber man wird hier meine Aussagen brauchen."

„Hier nicht. Das kommt später. Bitte, Herr Seidelmann, erschweren Sie mir die Ausübung meines Amtes nicht unnütz und fügen Sie sich! Sie dürfen überzeugt sein, dass ich meine Pflicht auch dann tue, wenn Sie nicht anwesend sind. Sobald ich Sie brauche, werde ich Sie an die Amtsstelle rufen lassen."

Mit missvergnügtem Gesicht verschwand Fritz Seidelmann. Kurz darauf schlug Angelika die Augen auf und starrte verwundert um sich. Nur langsam dämmerte in ihr die Erinnerung an das Geschehene auf.

„Eduard", flüsterte sie, „habe ich wirklich geschossen?"
„Allerdings, Engelchen. Der Schuss ging plötzlich los."
Entsetzt wandte sie den Kopf zur Seite, um mit den Augen Seidelmann zu suchen. Da sie ihn nicht gewahrte, sprang sie mit einem Ruck auf.
„Man hat ihn fortgeschafft! Ich habe ihn erschossen!"
„Nein, nein", beruhigte Eduard die Entsetzte. „Nur ein Streifschuss an der Stirn, weiter nichts! Seidelmann ist nach Haus gegangen. Der Herr Kommissar hat es so angeordnet, damit nicht noch mehr Unheil entsteht."
„Gott sei Dank! Ich war so erbittert, ich wusste wirklich nicht, was ich tat. Und ich wollte ja auch gar nicht schießen, sondern ihn nur damit hinaustreiben."
Das Mädchen ließ sich auf einen Stuhl fallen und begann heftig zu weinen. Mutter Hauser legte den Arm um sie.
„Sei still, mein Kind, und beruhige dich! Unser Herrgott wird alles zum Besten lenken."
Der Kommissar hatte den Vorgang mit schweigender Aufmerksamkeit verfolgt.
„Wir wollen's hoffen, Frau Hauser", sagte er jetzt. „Der junge Seidelmann scheint Ihnen feindlich gesinnt zu sein?"
„Herr, ich sage nicht gern einem meiner Mitmenschen Übles nach", mischte sich der alte Hauser ein, „aber in diesem Fall wäre Schweigen eine Torheit. Beide Seidelmanns, Vater und Sohn, machen uns das Leben schwer, wo sie nur können."
„Und warum diese Feindschaft?"
„Wegen dieser da!"
Er deutete dabei auf Engelchen und berichtete kurz alles, was in letzter Zeit zwischen Seidelmann, Angelika und Eduard vorgefallen war.
Der Beamte sann ein Weilchen vor sich hin. Dann hob er plötzlich den Kopf.
„Wohin hängen Sie abends beim Schlafengehen Ihren Rock?", fragte er Eduard scheinbar ganz unvermittelt.

„Ich pflege ihn hier in der Stube auszuziehn und auch hier zu lassen."

„Ist nachts Ihr Haus gut verschlossen?"

„Herr Kommissar", warf der alte Hauser ein, „wir sind arme Leute. Wer will uns etwas nehmen? Die Weberhäuser hier im Gebirge sind alle so eingerichtet, dass man zum mindesten durch die Hintertür jederzeit hereinkommen kann."

„Auch des Nachts?"

„Ich sage ja: jederzeit."

„So, so! Hm! Ich werde mir diese Hintertür einmal ansehn."

Der Beamte ließ seinen Worten die Tat folgen. Als er dann wieder in die Wohnstube trat, hatten seine Leute soeben die Haussuchung beendet und meldeten, sie hätten nicht das Geringste gefunden, was auf Schmuggelei schließen lasse.

Der Kommissar schien das nicht anders erwartet zu haben und durch diese Meldung angenehm berührt zu sein. Er winkte seinen Leuten, die Stube zu verlassen, und wandte sich dann an Eduard.

„Ich will Ihnen gestehn, Hauser, dass sich meine Meinung über Sie in der letzten Viertelstunde gebessert hat; dennoch muss ich den gesetzlichen Vorschriften folgen."

„Sie werden mich mit nach der Stadt nehmen?"

„Vorläufig. Bis es sich aufgeklärt hat, wie die Spitzen in Ihren Rock gekommen sind."

„Mein Gott! Da werde ich wohl ewig in Haft bleiben."

„Ich will das nicht hoffen, Hauser. Ich habe so eine Ahnung, als sollte bald Licht in diese Geschichte kommen. Was ich mir noch nicht zusammenreimen kann, das ist Ihr Fluchtversuch im Wald; dem haben Sie es zuzuschreiben, dass ich Ihnen Ihre Fesseln noch nicht abnehmen kann."

„Aber darf man nicht wenigstens nach meiner Wunde sehn?"

„Ja. Dazu haben wir noch Zeit."

Angelika wollte das sogleich übernehmen, doch der Kommissar wehrte ab.

„Überlassen Sie das der Mutter, Fräulein Hofmann!"

„Warum?"

„Meine Pflicht, Fräulein!"

Engelchen blickte ihn ungewiss und fragend an.

„Sie haben auf einen Menschen geschossen", fügte der Beamte erläuternd hinzu.

„Ich wollte ja gar nicht!", beteuerte das Mädchen nochmals. „Aber dieser – ach, ich wollte ihn doch nur hinausjagen. Die Flinte ist ja von selber..."

„Na, so ganz von selber ist das Gewehr nun grad nicht losgegangen, Fräulein. Sie werden wohl an den Abzug geraten sein. Ich war ja Zeuge."

„Man wird doch nicht denken, dass ich ihm wirklich ans Leben wollte? Ich habe ja noch nie eine Waffe in der Hand gehabt!"

„Aber das böse Gesetz verlangt, Fräulein, dass die nähern Umstände dieses Zwischenfalls geklärt werden, und dazu bedarf es vor allen Dingen Ihrer Gegenwart."

„Ich werde gewiss kommen, sobald Sie mich bestellen."

Dem Kommissar war es darum zu tun, das Mädchen möglichst schonend von der Notwendigkeit auch ihrer Verhaftung zu verständigen. Er zog die Brauen hoch und räusperte sich.

„Hm! Und wenn ich Sie nun gleich jetzt bestelle?", fragte er schließlich.

„Gleich jetzt? In der Nacht?"

„Ja."

„O du lieber Himmel! Das wäre ja eine Verhaftung!"

„Wenn Sie es so nennen wollen, allerdings."

„Aber warum denn? Ich laufe Ihnen doch nicht davon."

„Das glaube ich Ihnen", wurde der Kommissar allmählich deutlicher, „und es wäre auch unklug von Ihnen, wenn Sie es täten. Sie müssen bedenken, dass Fritz Seidelmann Anzeige gegen Sie erstatten wird..."

„Anzeige?“

„Gewiss, vielleicht wegen Mordversuchs, zum mindesten aber wegen fahrlässiger Körperverletzung. Darum ist es besser, Sie vertrauen sich meinem Schutz an. Ich meine es wahrhaftig nur gut mit Ihnen.“

Dieser Trost verfehlte allerdings gänzlich seine Wirkung. Das Engelchen brach fast zusammen.

„O Gott, o Gott, verhaftet!“, stöhnte sie.

Dann aber kam ihr plötzlich ein andrer Gedanke. Sie sah auf und trat zu Eduard hin, der vor ihrem Jammer völlig verstummt war.

„Du und ich“, sagte sie leise, als wäre es nur für ihn bestimmt. „Mir scheint, es soll so sein, dass wir miteinander gehen.“

Er schaute sie leuchtenden Auges dankbar an.

„Engelchen!“ Das war wie ein unterdrückter Jubelruf.

Sie gab ihm den Blick zärtlich zurück.

„Miteinander ins Gefängnis“, fuhr sie fort und es war seltsamerweise keine Bitterkeit im Ton ihrer Rede. „Beim Vater habe ich ja sowieso kein Zuhause mehr. Komm!“

Da aber legte sich der Kommissar ins Mittel, der dieses ungewöhnliche Liebesgeflüster aufmerksam verfolgt hatte.

„Nicht so schnell, Fräulein Hofmann! Sie werden doch erst noch einmal heim gehn müssen.“

„Weshalb? Ich mag ja gar nicht.“

„Gleichviel, es muss sein. Ich werde Sie begleiten und ihren Eltern wenigstens kurz Bescheid sagen. Inzwischen packen Sie sich die nötigsten Kleider, etwas Wäsche und allerlei Kleinigkeiten zusammen, ohne die der Mensch auch in der Untersuchungshaft nicht sein kann.“

Er ließ Eduard unter der Aufsicht seiner Leute zurück, gab Weisung, einen Wagen für die beiden Häftlinge zu besorgen, und schritt dann mit dem Engelchen hinüber nach dem Haus der Hofmanns.

In der Nachbarschaft hatte es sich inzwischen herumgesprochen, dass man Hausers Eduard unter Bedeckung heimgebracht habe. Die Neugierigen waren rasch zusammengeströmt. Als dann Fritz Seidelmann erschien, hörten sie von ihm ausführlich, was sich zugetragen hatte. Die ungeheuerliche Kunde, Eduard Hauser sei als Pascher ertappt und als Buschgespenst entlarvt worden, verbreitete sich mit Windeseile unter den Gaffern. Auch dass Angelika Hofmann auf Seidelmann geschossen und ihn verwundet habe, wurde bereits erzählt und erörtert.

Soeben unterbreitete man Angelikas Vater die Schreckenskunde. Man hatte ihn aus seiner Wohnung geholt und fiel nun auf offener Straße mit der schlimmen Neuigkeit über ihn her. In diesem Augenblick tauchte der Kommissar mit Engelchen auf.

Er scheuchte die Menge mit einem barschen Wort auseinander und gab dem alten Hofmann einen Wink.

„Kommen Sie mit ins Haus! Ich habe mit Ihnen zu sprechen."

Drinnen im Wohnzimmer verständigte er den entsetzten Vater vom Stand der Dinge. Hofmann fuhr wütend auf. Es sei eine Ungerechtigkeit, seine Tochter in diese Geschichte zu verwickeln. Dem jungen Seidelmann sei ja gar nichts geschehn. Er verlange, dass Angelika auf der Stelle freigelassen werde. Den Burschen aber, den jungen Hauser, möge man seinetwegen hängen oder köpfen. Das sei ihm gleichgültig.

Weiter ließ ihn der Kommissar nicht schwatzen. Er machte ihm gründlich den Standpunkt klar.

„Mäßigen Sie sich, Herr Hofmann", sagte er, „sonst bringen Sie sich noch in Ungelegenheiten! Die Verhaftung Ihrer Tochter besteht zu Recht. Das Fräulein wird mir in die Kreisstadt folgen. Geschehn wird ihr vermutlich nicht viel. Die Sache ist zum Glück noch gut abgelaufen. Ihnen aber rate ich, sich ruhig zu verhalten und zu überdenken, inwieweit Sie selber Schuld tragen an der leidigen Entwicklung der Dinge."

Hofmann wurde durch den strengen Ton des Beamten

gehörig eingeschüchtert. Er jammerte und klagte zwar noch weiterhin, aber er begehrte nicht mehr auf. Seiner Tochter gegenüber war er plötzlich auffällig unsicher. Als Angelika ihre wenigen Habseligkeiten eingepackt hatte, wozu sie kaum eine Viertelstunde brauchte, schien er sich von ihr verabschieden zu wollen. Sie aber gab ihm nur kurz die Hand.

„Leb wohl, Vater! Grüß mir die Mutter! Sie soll mich einmal besuchen im Untersuchungsgefängnis!"

Hofmann wusste nicht, ob er wachte oder träumte. Die Tür schloss sich hinter dem Engelchen und dem Kommissar. Der Weber starrte den beiden nach, ohne ein Wort zu sagen. So verstrichen mehrere Minuten. Da klang von draußen das Rollen eines Wagens und Pferdegetrappel.

Eine wilde Angst überkam den Mann in der kleinen Stube. Er gab sich einen Ruck und eilte hinaus. Doch er fand die Straße leer. Der Wagen mit den Gefangenen war schon fort, die berittenen Beamten verschwanden gerade im Dunkel der Nacht und die Neugierigen hatten sich verlaufen, heimgeschickt von einem kurzen Befehl des Kommissars.

Der einsame Mann schaute sich ratlos um. Dann schritt er rasch auf das Haus der Nachbarn zu. Im Flur blieb er stehn und lauschte. Von drinnen klang die Stimme des alten Hauser. Er las aus dem Gesangbuch vor.

„Was Gott tut, das ist wohl getan,
es bleibt gerecht sein Wille..."

Hofmann wartete, bis das Lied zu Ende war, dann klopfte er an und trat ein. Die Hausers sahen ihm erstaunt entgegen.

„Das Engelchen ist fort", sagte Hofmann tonlos.

„Unser Junge auch", klang die Erwiderung.

„Verhaftet!"

„Das wissen wir."

„Mein Gott, wie soll ich das ertragen?", schrie Hofmann auf.

Der alte Hauser hob nur beschwichtigend oder abwehrend die Rechte.

„Geh zu deinem Gönner Seidelmann und lass dich von ihm trösten!"

„Das ... das sagst du mir, Nachbar? – Weiter nichts?"

„Ich hätte höchstens noch hinzuzufügen, dass du dir überlegen kannst, wie viel Schuld du selber daran trägst, dass alles so gekommen ist. Im Übrigen wiederhole ich deine eignen Worte: Wir passen nicht mehr zusammen. Geh!"

Hofmann stand eine Weile starr. Eine Entgegnung fand er nicht. Dann wandte er sich schweigend ab und wankte zur Tür hinaus.

„Aber, Vater", fragte Frau Hauser verwundert, „du schickst ihn fort ohne Trost? Das ist doch sonst nicht deine Art."

„Das ist sie auch jetzt noch nicht."

„Warum tust du es dann?"

„Ihm zuliebe. Er soll in sich gehen. Wenn er an den nächsten Abenden mit seiner Frau einsam zu Haus sitzt, wird er mit seinem Hochmut abrechnen und das wird ihm heilsam sein. Sobald er dann ein andrer Mensch geworden ist, sprechen wir uns wieder."

12. Die Stimme der Vergangenheit

Förster Wunderlich war seit Eduard Hausers kurzem Besuch aus der Unruhe nicht mehr herausgekommen. Die Holzberechnung wollte und wollte nicht stimmen; der Alte knurrte mit seiner Frau, knurrte mit dem Försterburschen und mit dem Waldhüter und war froh, als endlich Schritte im Flur erklangen und Arndt ins Zimmer trat.

„Gott sei Dank, dass Sie das sind, Herr Vetter!", begrüßte Wunderlich den Gast seines Hauses. „Der Eduard Hauser war vor einigen Stunden hier."

„So? Was wollte er denn?"

„Ja, das kann ich selber nicht sagen. Er rückte nicht mit der Sprache heraus. Es schien etwas Geheimnisvolles zu sein."

„Machten Sie ihn denn nicht darauf aufmerksam, dass er Ihnen auch wichtigste Meldungen anvertrauen dürfte, Herr Förster?"

„Ich hab' ihm schon zugeredet."

„Und er sagte dennoch nichts?"

„Nur, dass er einen Botengang nach Breitenau übernommen hätte, sonst kein Wort. Umso wichtiger muss also die Sache sein, da er sie nicht einmal mir anvertraut hat."

„Eine sonderbare Geschichte", meinte Arndt. „In der Nacht hinüber nach Breitenau! Das gibt mir zu denken. Möglich, dass es etwas gewesen ist, wobei er eigentlich meiner Hilfe oder doch meiner Gegenwart bedurft hätte! Hm – ich werde die Sache untersuchen."

Der Förster sah den Detektiv verdutzt an.

„Sie können doch unmöglich jetzt bei Nacht und Dunkelheit nach Breitenau laufen..."

„Denke ja gar nicht daran", unterbrach ihn Arndt.

„Denke gar nicht daran!" Der brave Förster schüttelte den Kopf. „Was wollen Sie denn sonst beginnen? Unsereiner sitzt hier, lässt vor Sorgen die Pfeife ausgehn und knobelt und klügelt, dass einem das Hirnschmalz kocht, und wenn es zur Sache kommt, springt trotz alledem nichts heraus. Und der Herr Vetter erklärt ganz einfach..."

Wunderlich war während dieser Rede im Zimmer auf und ab gelaufen. Jetzt blieb er stehen, stutzte und sah verwundert zur Tür, durch die soeben der Vetter Arndt verschwunden war.

„Ist das eine Art!", brummte der Alte.

Dann horchte er hinaus. Wahrhaftig, sein Gast war fortgegangen, fort in die Winternacht.

Der Sinn dieses Verfahrens wollte dem Förster nicht einleuchten. Arndt aber wusste gar wohl, was er tat. Er stapfte durch den Schnee eilig hinunter nach Hohenthal. Richtig, bei den Hausers war noch Licht. Das traf sich gut. Nun konnte er Näheres über Eduard und seinen seltsamen Botengang nach Breitenau erfahren.

Er trat in die Wohnstube, wo Vater und Mutter nach dem Weggang Hofmanns noch in ernstem Gespräch beisammen saßen und fragte nach Eduard.

„Der ist leider nicht zu Haus", erklärte der Vater.

„Und Sie wissen nicht, wo ich ihn treffen könnte?", erkundigte sich der Detektiv, der erfahren wollte, wie weit die Eltern in die Geheimnisse des Sohnes eingeweiht waren.

„Das weiß ich wohl", erwiderte der Alte, „glaube aber nicht, dass es Ihnen viel nützt, wenn Sie es erfahren. Darf ich fragen, wer Sie sind?"

„Verzeihung, dass ich mich nicht gleich vorstellte!", lächelte der Besucher. „Mein Name ist Arndt. Ich komme vom Förster Wunderlich. Der Förster sagte mir, Ihr Sohn habe dort vorgesprochen, und ich nehme an, dass wir einiges miteinander zu besprechen haben."

„Der Fremde aus dem Forsthaus!", rief Vater Hauser freudig erregt. „Gott sei Dank! Siehst du, Mutter, schickt uns der liebe Gott nicht gleich einen, den wir brauchen?"

„Sie brauchen mich also?“

„Und wie! Erst heute sprach mein Sohn davon, dass wir uns ins Forsthaus wenden sollten, wenn wir einmal in seiner Abwesenheit eines Rates bedürften.“

„Das hat er recht gemacht. – Nun, hier bin ich und ich stehe gern zur Verfügung!“

„Herr“, begann der alte Hauser, der schwerblütig und schwerfällig war wie die meisten Erzgebirgler, „Sie haben meinem Sohn erlaubt, mir einiges mitzuteilen. Ich weiß also, dass ich einen Mann vor mir habe, dem wir zu Dank verpflichtet sind und der uns wohl will. Unser Eduard ist verhaftet worden!“

Arndt stutzte.

„Was sagen Sie? Verhaftet?“

„Ja, Herr.“

„Das ist doch einfach nicht denkbar. Warum denn?“

„Als Pascher im Wald am Föhrensteig!“

„Unmöglich!“

„Und doch war es möglich, Herr! Man hat sogar behauptet, er sei das Buschgespenst. Man hat einen Brief entdeckt, den er unvorsichtigerweise geschrieben hat, einen Brief an den Kaufmann Strauch...“

„Ah! Das habe ich mir gedacht!“

„Wie? Sie wissen von dem Brief?“

„Eduard hat mir selber davon gesprochen.“

„Und Sie haben ihn nicht gewarnt?“

„Weil es zu spät war. Er hatte den Brief schon abgeschickt.“

„Und Sie wissen auch, zu welchem Zweck er den Brief geschrieben hat?“

„Ja, das weiß ich. Aber nun, bitte, weiter! Auf diesen Brief hin hat man ihn doch nicht verhaften können.“

„Nein, das nicht, aber man hat Paschergut bei ihm gefunden.“

Arndt schüttelte ruhig den Kopf.

„Ihr Eduard ist doch kein Pascher!“

„Bei Gott, das ist er nicht! Er selber war sich keines Unrechts bewusst; aber als er untersucht wurde, hat man die Ware doch bei ihm gefunden, und zwar im Rockfutter."

„Im Rockfutter? Was für Ware?"

„Spitzen, kostbare schwarze Spitzen!"

„Spitzen?"

„Ja. Und nun frage ich Sie: Woher soll Eduard diese Spitzen haben? Barer Unsinn! Das ist das Rätselhafte an der Sache."

„Hm!", machte Arndt. „Mich kümmert die Sache andersherum. Wie kommt es, dass man grad Eduards Rockfutter so genau untersucht hat?"

„Das hat Fritz Seidelmann veranlasst."

Arndt hob überrascht den Kopf.

„Fritz Seidelmann? Hat er etwa Ihren Sohn angezeigt?"

„Ja. Er hat sogar die Beamten bei der nächtlichen Streife begleitet."

„Das ergibt eine seltsame Rechnung", brummte Arndt nachdenklich. „Spitzen – Rockfutter – Seidelmann – Angelika – hm!"

Der alte Hauser stutzte. Nur weil der Name Angelika fiel, griff er zu.

„So wissen Sie auch schon von der Sache mit Engelchen?"

„Wie meinen Sie das?", fragte der Detektiv zurück. „Mir ist die ganze Maskenballgeschichte bekannt..."

„Nein, nein", unterbrach ihn der Weber. „Das Mädchen ist doch auch verhaftet worden."

„Nun hört aber doch alles auf! Was soll denn Fräulein Hofmann verbrochen haben?"

„Sie hat auf Fritz Seidelmann geschossen."

„Wann? Weshalb? Erzählen Sie!"

Hauser berichtete nun, wie sich der Zwischenfall zugetragen hatte, der zur Festnahme Angelikas führte. Zum Schluss übermannte ihn der Zorn und er brach in heftige Anklage gegen die Seidelmanns als die eigentlichen Urheber allen Unglücks aus. Doch Arndt ließ ihn nicht ausreden.

„So weit ich die Dinge übersehe“, erklärte er ruhig, „liegen sie für das Mädchen gar nicht so schlimm. Sie hat im Affekt gehandelt, wie der juristische Ausdruck lautet. Das macht sie weniger strafbar. Auch ist ja dem jungen Seidelmann nicht viel geschehn.“

„Freilich, dem Schurken hätte ich einen gründlicheren Denkzettel gegönnt.“

„Für das Mädchen ist es schon besser so, mein lieber Hauser. Natürlich verstehe ich Ihren Grimm. Ich weiß, wie Ihnen die Seidelmanns bereits mitgespielt haben.“

Da schüttelte der alte Hauser den Kopf.

„O nein, Herr, das wissen Sie nicht! Da kommen Dinge in Betracht, die weit zurückliegen.“

„Was für Dinge?“

„Ach, man spricht am besten gar nicht davon.“

„Und wenn ich Sie nun recht sehr darum bitte?“, drängte Arndt.

„Nun, Ihnen als dem Vertrauten Eduards will ich den Gefallen tun, obgleich ich nicht gern davon rede. Ein Vetter von mir hatte ein Mädchen geheiratet, dem Seidelmann – ich meine jetzt den Vater – nachstellte, obwohl er schon verheiratet war. Der Vetter verunglückte nach ein paar Jahren im Bergwerk und die Base kam zu Seidelmann in Stellung.“

Arndt atmete schwer.

„Weiter!“, bat er mit auffällig heiserer Stimme.

„Das Übrige ist bald erzählt. Seidelmann setzte seine Nachstellungen fort, wurde jedoch abgewiesen.“

„Aber warum blieb denn die – die junge Frau bei diesem Schurken?“

„Herr“, fragte Hauser zurück, „wissen Sie, was Armut heißt? Haben Sie jemals gehungert? Und, falls Sie selber auch ohne Klage darben sollten, würden Sie sich nicht sogar vor dem ärgsten Feind beugen, wenn Sie Ihr Kind dadurch vor der bittern Not bewahren könnten?"

„Ich verstehe. Ihre Base hatte ein Kind?"

„Einen Knaben. Fränzchen hieß er. Und so blieb sie im Dienst bei den Seidelmanns und wehrte sich tapfer."

„Das war brav von ihr."

„Brav wohl", nickte Hauser, „aber verhängnisvoll. Eines Tages wurde der Frau Seidelmann ein kostbares Armband gestohlen und ihr Mann beschuldigte meine Base des Diebstahls. Sie kam in Untersuchungshaft und starb bald darauf aus Gram."

Arndt hatte die Stirn in eine Hand gestützt und schwieg. Die Erzählung Hausers hatte ihn gepackt. Der alte Weber ahnte ja gar nicht, was er dem andern berichtete. Jetzt erst durchschaute Arndt das ganze Treiben, dem seine Mutter zum Opfer gefallen war. So also war es gewesen: Weil seine Mutter die Werbungen eines Schurken ausschlug, wurde sie von ihm aus gemeiner Rache in den Tod getrieben. Es bemächtigte sich seiner eine Stimmung, wie er sie noch nie im Leben gefühlt. Am liebsten wäre er mitten in der Nacht hingegangen und hätte Martin Seidelmann an der Kehle gepackt.

Dem Weber war die Bewegung Arndts nicht entgangen.

„Nicht wahr, das sind traurige Sachen?", fragte er. „Ja, es ist für uns arme Leute nicht gut, an diese alten Dinge zu rühren. Es wird einem dann manchmal fast zu schwer, das Leben weiter zu tragen..."

Arndt raffte sich auf.

„Und die Leute im Dorf?", forschte er. „Haben die an die Schuld Ihrer Verwandten geglaubt?"

„Kein Einziger. Aber es hatte ja keiner Gelegenheit, zu ihren Gunsten auszusagen, denn es kam zu keiner Verhandlung. Die Base starb kurz vorher – wie wir alle sagten: aus Gram."

„Und was ist aus dem Knaben geworden?"

„Aus dem Fränzchen? Der blieb erst bei den Großeltern. Als diese aber kurz darauf auch starben, wurde er ins Armenhaus gesteckt. Eine reiche Familie hat sich später seiner angenommen. Jedenfalls geht es ihm nicht schlecht, wenn er noch lebt. Wir hier in Hohenthal haben nie wieder etwas von ihm gehört."

Arndt hatte sich jetzt wieder vollständig in der Gewalt.

„Ich danke Ihnen, lieber Hauser, Ihre Erzählung hat mir über manches im Haus Seidelmann die Augen geöffnet. Ich sehe jetzt klarer als vorher. – Nun aber wieder zurück zu Ihrem Sohn! Haben Sie denn keine Ahnung, was Eduard eigentlich im Wald gewollt hat? Förster Wunderlich sprach von einem Botengang nach Breitenau."

„So ist es auch. Eduard kam gegen Mittag aus der Stadt heim und teilte mir mit, dass er am Spätnachmittag nach Breitenau müsse; er sagte mir aber nicht, was er dort wolle. Heut Abend jedoch, als man ihn verhaftet hatte, erzählte er, er habe im Gasthof ‚Zum Goldenen Ochsen' in der Kreisstadt einen Herrn getroffen, für den er ein Päckchen Urkunden nach Breitenau habe schaffen sollen."

„Was für Urkunden?"

„Das habe ich nicht erfahren. Der Kriminalkommissar hat die Papiere beschlagnahmt. Sie müssen doch eigentlich darum wissen?"

„Ich? Wieso?"

„Weil mir aus dem ganzen Hin und Her hervorzugehn schien, dass Eduards Auftraggeber mit Ihnen sehr gut bekannt sein müsse."

„Schwindel!", rief Arndt laut. „Jetzt beginne ich klar zu sehn. Man ist mir auf die Spur gekommen und Ihr Sohn ist in die Hände eines Betrügers gefallen, eines Feindes, der ihn verderben will!"

„So ähnlich haben wir's uns auch gedacht. Gott wird ihn in seinen Schutz nehmen."

„Nun", sagte Arndt grimmig, „hier kann ich Ihnen zu Ihrer Beruhigung versichern, dass Ihr Gebet schon erhört ist."

„Wie? Verstehe ich recht: schon erhört?"

„Ja. Sie brauchen keine Sorge um Eduard zu haben. Seine Haft wird nicht von langer Dauer sein."

„O Herr, wenn das wahr wäre!"

„Es ist wahr. Ihr Sohn ist unschuldig. Erst hat ihm jemand die Spitzen heimlich in den Rock genäht. Dann hat man ihn zu dem nächtlichen Botengang beschwatzt und ihm die Urkunden aufgeredet. So musste er schließlich grad ins Verderben laufen."

„Und wer will das beweisen?"

„Ich."

„Herr, wenn Sie das fertig brächten!"

„Es wird mir voraussichtlich nicht einmal allzu schwer werden."

„Oh, wenn Sie das sagen, Herr, dann ist Eduard schon so gut wie gerettet! Dann ist mir um ihn nicht mehr bange und um Engelchen auch nicht. Sie sind unser Retter in der Not. Gott lohne Ihnen, was Sie an uns tun!"

Arndt wehrte ab. Dann erhob er sich mit einem plötzlichen Entschluss und reichte dem Ehepaar Hauser zum Abschied die Hand.

„Also: Zuversicht und ein wenig Geduld! Sie können gewiss sein, dass Eduard bald wiederkommt."

Der Weber geleitete den späten Besucher noch bis vor die Haustür. Hierauf schritt Arndt eilig durchs Dorf, bog seitlich ab in der Richtung nach dem Wald und erreichte endlich wieder das Forsthaus.

In der Stube des Försters brannte noch Licht, und als Arndt die Haustür aufschloss, trat der alte Wunderlich in die Tür.

„Herein mit Ihnen, Sie Ausreißer!", rief er. „Wo bleiben Sie denn so lange?"

„Aber Alter!", ertönte drin die tadelnde Stimme der Försterin. „Was fällt dir ein, in diesem Ton mit dem Herrn Vetter zu sprechen! Er kann ja auch gar nichts dafür!"

„Das verstehst du nicht", knurrte Wunderlich, der ganz

ungewöhnlich erregt und deshalb wie ausgewechselt war. „Er mag nicht zur Unzeit draußen herumlaufen."

Damit schob er Arndt einfach in die Stube hinein.

Der Detektiv ließ sich das gutmütig gefallen.

„Was hat es denn gegeben?", fragte er ruhig. „Weshalb sollte ich denn nicht ausreißen, wie Sie es nennen?"

Jetzt besann sich der Förster. Er tat einen tiefen Seufzer und setzte eine klägliche Miene auf.

„Herr Vetter", sagte er, „wenn Sie wüssten, wie dringend wir Sie hier gebraucht haben! Meine Frau, das Bärbchen, ich, der Försterbub und der Waldhüter, überhaupt alle Leute im Forsthaus und im Dorf haben Sie gebraucht!"

„Wozu?"

„Ja, wozu! Sie werden starr sein vor Schreck, wenn Sie es hören. Der Hauser-Eduard ist futsch!"

„Hm!"

„Und das Engelchen von Hofmanns ist futsch! Die beiden sind ins Gefängnis geschleppt worden. Ins Gefängnis! Ist das nicht entsetzlich?"

Der Alte war so vom Mitleid gepackt, dass er vergaß, die halblange Försterpfeife, die ihm kaum einmal ausging, wieder zwischen die Zähne zu stecken. So stand er mitten im Zimmer und blickte erwartungsvoll auf Arndt.

Da sah er zu seinem Erstaunen, dass der Detektiv nicht im Geringsten aus der Fassung geriet.

„Das alles weiß ich schon", sagte Arndt. „Und ich habe in dieser Sache das Meinige bereits getan."

„Sie haben...?"

„Ja. Ich war bei den alten Hausers und habe mir genauen Bericht erstatten lassen über den Stand der Dinge. Dabei hat es sich herausgestellt, dass es mir wohl nicht schwer werden wird, den Fall aufzuklären und die Unschuld Eduards zu beweisen. Auch das Mädchen werde ich herausbeißen können."

„Donnerwetter!", staunte der Förster. „Das nenne ich eine rasche Tat!"

Und Frau Wunderlich nickte dazu, als wollte sie sagen: Siehst du, Alter, ich habe von Anfang an Vertrauen gehabt zu unserm Herrn Vetter!

Arndt aber lächelte.

„Sind Sie nun wieder ein wenig zufrieden mit mir, Herr Förster?"

Der Alte paffte bereits von neuem in gewaltigen Zügen vor sich hin. Er war also schon halb beruhigt und versöhnt. Aber ohne ein kleines Gebrumm ging es doch nicht ab.

„Hm", meinte er. „Sie haben da soeben viel versprochen. Werden Sie auch alles halten können?"

„Das wird sich zeigen", lautete der kurze Bescheid.

„Und darf man nicht Näheres erfahren? Was sagten die Hausers? Wie hat sich alles zugetragen? Einer von den Waldarbeitern brachte die schlimme Kunde mit aus dem Dorf. Gepascht haben soll der Eduard; das ist natürlich Unsinn. Und das Engelchen soll auf den Fritz Seidelmann geschossen haben. Tolle Geschichten, einfach toll!"

Jetzt endlich bequemte sich Arndt, aus seiner überlegenen Zurückhaltung herauszugehen und den Förstersleuten Genaueres zu erzählen. Er beachtete dabei die größte Vorsicht und hütete sich, auch nur ein Wort zu viel zu sagen. So kam es, dass die Zuhörer am Schluss noch viele Fragen hatten, die ihnen Arndt je nach Gutdünken beantwortete oder auch nicht.

Endlich wollte der Förster noch herausbringen, wie sich der Herr Vetter nun eigentlich das Rettungswerk für Eduard und Angelika dächte. Hier aber wurde Arndt plötzlich sehr einsilbig.

„Das werden Sie morgen oder übermorgen alles erleben", sagte er.

„Was?" Die Stirn Wunderlichs umwölkte sich wieder. „Morgen? Übermorgen? Ja, zum Kuckuck, Sie halten uns wohl zum Narren? Erst behaupten Sie so bestimmt, es würde Ihnen nicht schwer werden, die beiden herauszubeißen, und dann..."

„...dann verspreche ich Ihnen, dass Sie die Befreiung schon in den nächsten Tagen erleben sollen. Stimmt das etwa nicht zusammen?"

„Stimmen oder nicht!", knurrte Wunderlich. „Hören will ich, wie das geschehn soll. Ich mag mich nicht auf die Folter spannen lassen."

„Tut mir Leid, da kann ich Ihnen nicht helfen. Wissen Sie nicht, lieber Wunderlich, dass ein Mann zu gegebener Zeit schweigen muss wie das Grab?"

„Ah! So ist es gemeint! Genau wie der Eduard vor ein paar Stunden! Der war auch so geheimnisvoll und dann lief er grad in die Patsche."

„Das wird mir nicht geschehn. Das gelobe ich Ihnen. Morgen in aller Frühe fahre ich in die Kreisstadt..."

„Fahre ich, fahre ich! Womit? Etwa mit meinem Hundeschlitten?"

„Nein, mein Lieber, vielmehr mit einem richtigen Pferdeschlitten, den Sie mir rechtzeitig beschaffen werden. Es wird wohl einer in Hohenthal aufzutreiben sein. Ich selber kann da nicht herumfragen, weil es nicht auffallen soll. Ich muss vorsichtig sein."

„So, so! Also wird der alte Wunderlich doch gebraucht. Nun, ich werde mich an den Teichbauer wenden, ob er morgen für Sie fahren will."

„Recht so."

„Aber wissen darf man vorher nichts?"

„Nein. Dafür sollen Sie allerlei miterleben – morgen und übermorgen. Einverstanden, Herr Vetter?"

Brummend legte der Förster seine Hand in die dargebotene Rechte des Detektivs. Er war besiegt und streckte die Waffen und sein Bärbchen lächelte dazu wie zu all den kleinen Schrullen und Eigenarten ihres gestrengen Herrn Gemahls.

13. Förster Wunderlich auf der Pirsch

Am andern Morgen war Wunderlich zeitig auf den Beinen. Nach dem Grundsatz, dass eine Liebe der andern wert ist und eine Hand die andre wäscht, hatte ihm Vetter Arndt in der Nacht noch bei der Holzberechnung geholfen, die nach Heranziehung einer so tüchtigen Hilfskraft denn auch überraschend schnell fertig wurde. Darüber atmete der Förster gewaltig auf. Seine brummige Laune war gänzlich verflogen, und als er sich mit seinem Bärbchen ins Schlafzimmer zurückzog, sprach er bereits wieder von Arndt als von einem pfiffigen Kopf und einem äußerst brauchbaren Menschen.

Demzufolge strebte er am kommenden Morgen, kaum dass der Tag graute, doppelt willig nach Hohenthal und beredete den Teichbauer, sogleich seinen Schlitten anspannen zu lassen.

Der Herr Vetter, so erklärte Wunderlich, der bei ihm zu Besuch sei, habe dringend in der Stadt zu tun, und da auch er, der Förster, selber in Geschäften schleunigst dorthin müsse, wollten sie mitsammen fahren. Zu Fuß sei das bei dem Schnee und den schlechten Wegverhältnissen doch eine zu ungemütliche Sache.

Während nun Christian, der Knecht des Teichbauern, auf Geheiß seines Herrn die Pferde anschirrte, drang Wunderlich auch noch darauf, dass die Bäuerin zwei behäbige Wärmflaschen heiß machte und im Fußgestell des Schlittens verstaute. Decken lagen im Forsthaus schon bereit. So, nun konnte die Fahrt beginnen.

Es ging zunächst noch einmal zur Försterei zurück. Für ein Pferdegespann war der Umweg nicht groß und man gewann dadurch noch den Vorteil, dass Arndt auf diese Weise den Ort Hohenthal nicht erst zu durchqueren brauchte.

Oh, es war alles reiflich bedacht! Arndt war ja Detektiv und sein Helfer, der Förster Wunderlich, war auch nicht auf den Kopf gefallen.

Arndt hatte das Frühstück soeben beendet, ein Genuss, den Wunderlich heute schon lange hinter sich hatte, als der Schlitten vor dem Forsthaus hielt. Ohne langen Abschied von der Frau Försterin nahmen die beiden Männer hinter dem Knecht des Teichbauern in dem leichten Gefährt Platz und hinaus ging es in den schneehellen Morgen, durch prächtigen Winterwald und später über weiß glänzende Feldwege und Landstraßen.

Wunderlich war sehr redselig, so entsprach es seiner ausgezeichneten Laune. Er witterte das Abenteuer und freute sich darauf. Natürlich, er war doch nicht umsonst Jäger mit Leib und Seele. Auch Arndt zeigte sich angeregt und unterhaltsam. Die Reden gingen munter hin und her zwischen den beiden und der Detektiv wunderte sich im Stillen, dass der Förster keine einzige neugierige Frage in Bezug auf die kommenden Dinge mehr tat. Das gefiel ihm. Entweder hatten seine Belehrungen vom vergangenen Abend erstaunlich gefruchtet oder Wunderlich war klug genug, des Knechts wegen zu schweigen, der trotz des hellen Geläutes der Schlittenglocken jedes Wort seiner Fahrgäste hätte aufschnappen müssen.

Endlich, als sie den Saum der Kreisstadt schon erreicht hatten, öffnete Arndt den Mund zu einer näheren Weisung an den Lenker des Gefährts.

„Nach dem Gasthof ‚Zum Goldenen Ochsen'!", rief er Christian zu.

Der nickte nur und nahm den Weg nach dem gebotenen Ziel. Dann fuhr der Schlitten in den großen Torbogen der Wirtschaft ein. Im Hof kam der Stalldiener herbei. Er begrüßte Christian kameradschaftlich, zog dann seine Mütze und wollte dem Teichbauer aus dem Fahrzeug helfen. Da sah er zu seinem Erstaunen einen fremden Mann im Schlitten sitzen und neben ihm den alten Wunderlich, den Förster aus dem Wald bei Hohenthal.

Dass er auch Arndt schon einmal gesehen hatte, damals nämlich, als der Detektiv in der Küche mit der Wirtin sprach, vor der Überraschungskomödie, die er mit dem Wirt des ‚Goldenen Ochsen' aufführte, das ahnte der Brave freilich nicht.

Christian versorgte nun mit dem Stalldiener die Pferde. Sie wurden ausgespannt, während der Schlitten im Hof stehen blieb. Dann ging Christian mit dem andern in die kleine Stube im Hintergebäude, wo Dienstboten, Kutscher usw. sich aufzuhalten pflegten, wenn sie auf ihre Herrschaft warteten. Die beiden Fahrgäste aber begaben sich ins Gastzimmer.

Der Raum war menschenleer. Sie nahmen an demselben Fenstertisch Platz, an dem kürzlich Michalowski gesessen und Eduard Hauser übertölpelt hatte. Da ging die Tür hinter dem Schanktisch auf: Der Wirt erschien.

Er begrüßte den Förster als einen alten Bekannten, der freilich nur selten in der Stadt und noch seltener im ‚Goldenen Ochsen' auftauchte; denn die Dienstbezüge des guten Wunderlich gestattete ihm für seine Person keine großen Seitensprünge.

Als auch Arndt dem Wirt die Hand bot und ihn vertraulich ansprach, stutzte der Mann.

„Ja, freilich, Herr, ich sollte meinen, wir hätten uns auch schon gesehn. Die Stimme kommt mir bekannt vor. Aber ich weiß wahrhaftig nicht..."

„Denken Sie an den närrischen Kauz mit der blauen Brille!"

Der Wirt fuhr auf.

„Sie wären ... der Fremde...?"

„Ganz recht! Ich bin's."

Der Besitzer des ‚Goldenen Ochsen' brauchte eine Weile, um aus seiner Verblüffung herauszufinden. Verblüfft war aber auch der Förster. Arndt musste ihn erst mit wenigen Worten flüchtig darüber aufklären, dass der Herr Wirt und der Vetter Arndt schon einmal nähere Bekanntschaft miteinander gemacht hatten.

Nun folgte der ersten, kurzen Begrüßung eine zweite, herzlichere.

„Sie glauben nicht, wie sehr mich Ihr Besuch freut, meine Herren!“, versicherte der Wirt und fügte, zu Arndt gewendet, hinzu: „Ich habe mit Ihrem Besuch gerechnet, nachdem Sie sich fürs Erste bei mir nicht mehr sehn ließen. Sie sagten mir neulich, dass Sie das Buschgespenst suchen, und nun geht heut früh in der Stadt das Gerücht um, dass Sie Ihre Aufgabe schon gelöst hätten.“

„Aha!“, machte Arndt mit einer bezeichnenden Kopfbewegung gegen den Förster. „Man weiß schon!“

„Man munkelt, verehrter Herr“, verbesserte ihn der Wirt. „Bestimmtes weiß man nicht. Aber ich hoffe, das nun von Ihnen zu erfahren.“

„Sollen Sie erfahren, mein Lieber, sollen Sie. Sie werden sogar mehr zu hören bekommen, als irgendeiner von der Sache weiß. Vorerst aber bringen Sie uns einen heißen Kaffee! Die Morgenfahrt im Schlitten war kühl – trotz bester Verpackung. Ist Ihnen doch recht, Herr Vetter?“

Über diese Anrede, die dem Förster galt, wunderte sich der Wirt gewaltig. Dass der Alte aus dem Wald einen so hochbeamteten und tüchtigen Vetter besaß, war ihm bisher gänzlich unbekannt gewesen. Seine Hochachtung vor dem schlichten Mann stieg um viele Grade.

Indessen wiegte Wunderlich brummend den Kopf hin und her.

„Hm“, meinte er. „recht oder nicht! Ein heißer Kaffee, zumal kräftig gebraut und unverfälscht, ist an einem Tag wie heute nicht zu verachten. Aber...“

„Nun?“, forschte Arndt. „Aber? Heraus mit der Sprache!“

„Ein herzhafter Grog wäre mir noch lieber“, platzte der Förster los.

Arndt lachte.

„Also, dann einen herzhaften Grog für den Herrn Förster! Für mich bleibt's beim Kaffee!“

Der Wirt entfernte sich. Wunderlich holte die unvermeidliche Pfeife hervor, stopfte sie und setzte sie bedächtig in Brand. Arndt zündete sich eine Zigarre an.

„So", sagte Wunderlich dann. „Bis jetzt gefällt mir das Abenteuer ganz ausgezeichnet. Nun kann es weitergehen. Sie wollen dem Wirt jetzt alles erzählen?"

„Nur das Nötigste. In der Hauptsache will ich wichtige Auskünfte von ihm einholen."

„Und Sie meinen wirklich, er kann Ihnen nützlich sein?"

„Das meine ich. Entsinnen Sie sich nicht, dass ich Ihnen gestern Abend sagte, unser gemeinsamer Freund Eduard Hauser sei hier im ‚Goldenen Ochsen' von einem Unbekannten, der sicher ein falsches Spiel trieb, auf den Leim geführt worden? Ich denke, dass der Wirt die beiden gesehn, vielleicht sogar beobachtet hat, sich jenes Gauners erinnert und..."

„Kreuztürken!", fuhr der Förster dazwischen. „Da hat der Hund die Nase auf der Spur! Natürlich! Sie sind wirklich ein Pfiffikus, Herr Vetter." Dann kratzte er sich mit der Linken hinterm Ohr. „Ich muss gestehn, so nahe der Gedanke liegt, ich bin nicht drauf gekommen, obwohl ich doch gelernt habe, eine Fährte anzusprechen."

Hier wurde das Gespräch der beiden unterbrochen. Der Wirt brachte zunächst den Grog für Wunderlich und gleich danach auch den Kaffee für Arndt. Hierauf setzte er sich, ohne lange zu fragen, zu den beiden an den Tisch. Der Förster rückte sich auf seinem Stuhl zurecht mit dem Behagen eines Mannes, der im Theater nach dem letzten Klingelzeichen auf den Beginn eines spannenden Schauspiels wartet. Arndt aber wendete sich an den Wirt.

„Also Ihnen ist ein Gerücht zu Ohren gekommen, wonach man das Buschgespenst ertappt und hinter Schloss und Riegel gebracht haben soll?"

„So ist es. Man erzählt, es sei ein junger Bursche aus Hohenthal, der Sohn braver Webersleute."

„Und weiter?"

„Ach, es ist eine ganz unerhörte Geschichte! Auch ein

Mädel soll in die Angelegenheit verwickelt sein. Sie soll auf einen der Häscher des Verbrechers geschossen haben."

„Nun", meinte Arndt gelassen. „mir scheint, die Leute schwatzen da mehr, als sie verantworten können. Ich will Ihnen den wahren Sachverhalt erzählen. Aber wohlgemerkt, mein Lieber, was Sie jetzt von mir hören, bleibt vorläufig unter uns! Der Kuckuck soll Sie holen, wenn Sie gegen irgendjemand etwas davon verlauten lassen!"

„Wie werde ich, Herr! Mein Wort darauf, dass ich meinen Mund halte!"

„Das soll gelten", nickte Arndt. „Im Übrigen habe ich Vertrauen zu Ihnen, das wissen Sie ja von meinem ersten Besuch her. Und nun aufgepasst: Der junge Mann, den man als Buschgespenst verhaftet hat, ist unschuldig!"

„Oho!"

„Ich verbürge mich dafür und Sie wissen, wer ich bin. Er ist nämlich mein Gehilfe."

„Ihr Gehilfe?"

„Nun ja, er unterstützt mich beim Aufspüren des Buschgespenstes."

„Alle Wetter! Wir konnte es da geschehn, dass man ihn ins Gefängnis bringt?"

„Vorläufig nur in Untersuchungshaft, Herr Wirt. Das ist nämlich noch nicht dasselbe wie in Strafhaft."

„Immerhin! Es gehört doch eine gewaltige Eselei dazu, mit dem Falschen so umzuspringen."

„Es war eben ein Irrtum. Und wie nun, wenn dieser Irrtum von Feinden des jungen Mannes absichtlich herbeigeführt wurde?"

„Das wäre eine Schurkentat ohnegleichen. Den Haluken, der so etwas anrichtet, müsste man..."

„...erwischen und selber einsperren. Nicht wahr? Nun sehn Sie, gerade das will ich bewirken. Ich will den Schuft fangen und dazu brauche ich Ihre Hilfe, Herr Wirt."

„Meine Hilfe? Stehe gern zur Verfügung, mein Herr. Was soll ich tun?"

„Sie sollen mir den Mann beschreiben, der hier im ‚Goldenen Ochsen' einen arglosen jungen Menschen namens Eduard Hauser aus Hohenthal beschwatzt und in die Falle gelockt hat, worin der Unschuldige dann als Buschgespenst gefangen wurde."

Arndt brachte jedes Wort langsam und sorgfältig betont über die Lippen. Er war dabei so ruhig, als handle es sich um ein zwar wichtiges, jedoch nicht ungewöhnliches Geschäft. Wunderlich dagegen ließ vor Begeisterung über dieses Abenteuer fast seine Pfeife ausgehen. Andächtig beobachtete er den Wirt, der vor Überraschung den Mund aufsperrte und ihn eine geraume Weile wieder zu schließen vergaß.

So herrschte denn in dem Zimmer einige Sekunden lang eine lautlose Stille. Bis Arndt dem Staunen und Schweigen des Wirts und zugleich auch der Beobachterfreude des Försters ein Ende machte.

„Nun?", mahnte er. „Wie steht es? Entsinnen Sie sich des Mannes, von dem ich spreche? Er ist der Schurke, den ich suche."

Jetzt endlich klappte der Wirt seinen Mund zu, öffnete ihn jedoch sogleich wieder und tat einen tiefen Seufzer.

„Wenn ich das geahnt hätte!", war sein erstes Wort.

In Arndts Zügen löste sich die Spannung. Er erkannte, dass sein Verfahren von Erfolg begleitet war.

„Das heißt, Sie entsinnen sich des Vorgangs!", forschte er trotzdem noch.

„Und ob ich mich entsinne! Es war doch erst gestern, am Aschermittwoch-Morgen, da kam ein schmächtiger Bursche in die Gaststube, der schon vor ein paar Tagen einmal da gewesen war. Damals ließ er sich Tinte, Feder und Papier geben, um einen Brief zu schreiben."

„Ganz recht", nickte Arndt. „das war Hauser. Und weiter!"

„Kaum hatte er sich an einen Tisch am Fenster gesetzt und einen Kaffee bestellt, als ein zweiter Gast eintrat, den ich nicht kannte."

„Wie sah er aus?"

„Nur langsam, Herr! Immer der Reihe nach! Die Sache ist wichtig genug, sie gründlich und mit Bedacht zu behandeln. Also der Fremde! Er war mittelgroß, recht wohlgenährt, sehr anständig gekleidet und trug einen dichten Bart und eine große Brille. An seiner fleischigen Rechten bemerkte ich einen prächtigen Ring, wundervolle Goldschmiedekunst mit einem leuchtend grünen Stein. Kurz und gut, der Mann machte mir den Eindruck, als lohnte es sich auch für unsereinen, mit ihm die Börse zu tauschen."

„Bitte", unterbrach Arndt den Redefluss des Wirts. „eine Frage noch! Ich sollte meinen, Ihr Geschäft bringt es mit sich, dass Sie einige Übung darin haben, einen Menschen nach seinem Äußern zu beurteilen. Ist er ein anständiger Kerl oder ein Gauner? Welchen Beruf mag er etwa haben? Gebildet oder nicht? Na, und so weiter!"

„Ganz recht", war die Antwort. „Das ist allerdings meine Angewohnheit und ich muss sagen, ich habe schon oft erfahren, dass sich eine solche Schätzung, die ich hier und da anstelle, nachträglich als richtig erwies. Der Fremde sah mir etwa aus wie ein Getreide- oder Viehhändler. Viel Bildung besaß er bestimmt nicht, dafür aber sicher einen guten Geschäftssinn. Und wenn er auch nicht den Eindruck eines Gauners machte, so hätte ich ihm da, wo es sich lohnte, ein weites Gewissen recht wohl zugetraut."

„Das ist schon allerhand", lobte Arndt. „Ihre Mitteilungen sind mir äußerst wertvoll, Herr Wirt, und ich..."

„Abwarten, abwarten!", rief der andre eifrig dazwischen. „Die Hauptsache kommt ja erst noch. Sie werden staunen, mein Herr. Hören Sie nur weiter! – Also, der Mann setzte sich hier an den Fenstertisch und verlangte ein Bier. Gesprächig war er durchaus nicht und ich ließ ihn gewähren. Aber ich machte mir meine Gedanken über ihn, denn ich hatte vorher gesehn, dass er an der Straßenecke mit einem der bekanntesten Gesichter der Umgegend sprach, nämlich mit dem jungen Seidelmann aus Hohenthal, den hier jeder kennt."

„Aha", nickte Arndt, „ich weiß Bescheid! Die Seidelmanns sind auch mir bekannt."

„Umso besser. Da kann ich mir die Worte sparen. Also es war Fritz Seidelmann. Die beiden begrüßten sich gegenseitig mit freudig erstaunten Mienen wie zwei Leute, die sich nach langer Zeit zufällig einmal wieder begegnen. Seidelmann tat sehr vertraulich und dann erzählte mir mein Hausbursche, der zufällig an den beiden vorübergegangen ist und hingehorcht hat, Seidelmann habe den Dicken mit lachender Miene als seinen Freund Michalowski begrüßt."

„Da haben wir sogar den Namen! Das ist ja großartig! Wissen Sie etwa immer noch mehr?"

„Ei freilich! Die Sache geht noch weiter."

Hierauf berichtete der Wirt, auf welche Weise Michalowski und Eduard Hauser miteinander ins Gespräch gekommen waren. Der Wirt vergaß dabei auch nicht zu erwähnen, dass er sich über eine Frage des Fremden in Bezug auf Hohenthal gewundert habe, weil dieser Mann doch eben erst recht vertraulich mit einem gesprochen hatte, der von dort stammte, nämlich mit Seidelmann.

Der Förster lauschte gespannt und schmunzelte zu alledem, Arndt aber nickte dazu. Das Bild, das er sich von den dunklen Vorgängen gemacht hatte, die schließlich zu Hausers Verhaftung führten, rundete und ergänzte sich immer mehr. Alles schien da genau zueinander zu stimmen.

Nur der Schluss der Darstellung des Wirts ließ eine Unklarheit offen.

„Der Fremde wollte also nach Hohenthal", hieß es da, „und der junge Mann, der Eduard Hauser, sollte und wollte ihm den Weg zeigen. Aus der Sache ist aber offenbar nichts geworden. Wie schon gesagt, habe ich die beiden dann in der Gaststube allein gelassen, weil ich

Wichtigeres zu tun hatte, als einer Unterhaltung zuzuhören, der ich selbstverständlich keinerlei Bedeutung zumaß. Und als ich dann wieder ins Gastzimmer kam, war der Bursche verschwunden und der Dicke bezahlte für ihn. Sie sind nicht mitsammen aufgebrochen und ich weiß nicht, was es weiter gegeben hat."

Das war das Unklare, eine Klippe, über die der Detektiv freilich sogleich hinwegkam.

„Aber ich weiß es", lächelte er.

Darauf erzählte er, der Fremde habe dem unerfahrenen jungen Menschen angeblich hochwichtige und geheime Papiere zur Besorgung über die Grenze nach Breitenau aufgeschwatzt, obendrein unter Berufung auf ihn, den Vetter Arndt des Försters Wunderlich.

„Wie die Bande, die da an einem Strick zieht, hinter meine Beziehungen zu dem jungen Hauser gekommen ist, kann ich im Augenblick auch noch nicht sagen. Aber ich werde es herausbekommen und der saubern Gesellschaft gehörig auf die Finger klopfen", drohte Arndt in ehrlichem Grimm. „Eduard Hauser ist dann auch wirklich in der Dunkelheit zur Grenze gegangen und erwischt worden, erwischt von Leuten, die von Anfang an auf ihn lauerten, weil sie wussten, dass er kommen würde. Ja, die überhaupt mehr wussten als der arglose Bursche selber."

Jetzt erzählte er die Sache von den Spitzen und erklärte mit aller Bestimmtheit, man habe dem jungen Burschen das Paschergut heimlich hinter das Rockfutter genäht, um ihn zu verderben. In diesem Zusammenhang erwähnte er endlich auch den verhängnisvollen Brief an Strauch mit der Unterschrift ‚Das Buschgespenst'. So bedurfte es nur noch einer kurzen Erklärung darüber, wie Eduard zu solcher Torheit gekommen war, und der Wirt wusste alles. Auch Wunderlich war nun hinreichend unterrichtet.

Überflüssig zu sagen, dass die beiden ihrer hellen Entrüstung über eine solche Verkettung von Hinterlist und Niedertracht gründlich Luft machten. Der Wirt war dabei so im Zug, dass er gänzlich vergaß, danach zu fragen, wie es denn nun mit dem Mädchen stände, das in die Angelegenheit verwickelt sein sollte und angeblich auf einen der Häscher des ‚Buschgespenstes' geschossen hatte.

Er verstrickte sich in eine zornmütige, gut gemeinte, im Übrigen aber fruchtlose Auseinandersetzung mit Wunderlich, und Arndt beschloss, die Gelegenheit zu nützen und die beiden sich selbst zu überlassen.

„Meine Herren", sagte er, „was es hier noch zu erzählen gibt, können Sie ohne mich abmachen. Ich habe inzwischen einen wichtigen Gang zu erledigen."

Dabei war er schon aufgestanden und hatte nach Hut und Mantel gegriffen.

„Herr Vetter", wendete er sich an den Förster, „warten Sie hier auf mich und trinken Sie inzwischen noch einen Grog oder auch zwei auf mein Wohl! In einer Stunde hoffe ich wieder hier zu sein."

Ein paar Einwände tat er kurz ab, dann verschwand er. Es drängte ihn, zur Kriminalpolizei zu eilen und dort mit dem Kommissar zu sprechen, der die Sache Eduard Hausers und Angelika Hofmanns zu behandeln hatte.

Hinter ihm steckten im Gastzimmer des ‚Goldenen Ochsen' zwei die Köpfe zusammen: der Wirt und der Förster Wunderlich.

„Alle Achtung!", brach der brave Schankwirt in abgrundtiefe Bewunderung aus. „Das ist ein Mann!"

„Ein ganzer Kerl!", nickte der Förster und tat dabei so geschmeichelt, als gelte das Lob ihm selbst.

„Und dieser Mann ist wirklich Ihr Vetter?"

„Na gewiss. Sie haben es ja gehört."

„Wie lautet denn sein Amtstitel? Er ist doch nicht nur gewöhnlicher Detektiv, auch nicht Kriminalinspektor?"

Da saß Wunderlich plötzlich in der Klemme, weil der Wirt vom ‚Goldenen Ochsen' über den Beruf des angeblichen Verwandten vielleicht besser Bescheid wusste als der Gefragte. Aber der Förster ließ sich nicht verblüffen.

Er besann sich – bewusst oder unbewusst – darauf, dass man mit einem guten Jägerlatein in der ganzen Welt durchkommt. Also flunkerte er tapfer darauf los.

„Wo denken Sie hin, mein Lieber! Detektiv? Lächerlich! Kriminalinspektor? Pah! Direktor, sage ich Ihnen, sogar Generaldirektor!"

Der Wirt stutzte. Generaldirektor? Das gab es doch gar nicht bei der Kriminalpolizei.

„Das verstehe ich nicht", bekannte er offen.

„Ja, mein Bester, das versteht mancher nicht. Ich finde mich da selber kaum zurecht. Aber wenn man nun einmal solche Verwandtschaft hat, muss man sich auch in die schwierigsten Dinge hineinzudenken versuchen."

In dieser Tonart ging es weiter, und als der gute Förster Wunderlich schließlich beim dritten Glas Grog angelangt war, wurden seine Reden noch dunkler. Sein Latein trieb die üppigsten Blüten, sodass der Wirt vom ‚Goldenen Ochsen' schließlich verstimmt abwehrte.

„Nun hören Sie aber auf, Herr Förster! Zum Narren halten lasse ich mich nicht!"

Arndt saß inzwischen im Zimmer des Kriminalkommissars, der ihn zunächst abwartend und kühl begrüßte, dann aber, als der andre seinen behördlichen Ausweis vorzeigte, sehr höflich und liebenswürdig wurde.

„Darf ich bitten, mir Ihr Anliegen vorzutragen, Herr Arndt?"

„Ich komme wegen des jungen Mädchens und besonders wegen des jungen Mannes, die man in der vergangenen Nacht in Hohenthal festgenommen hat."

„Dachte mir's beinahe", nickte der Kommissar. „Das ist ja zurzeit die wichtigste Angelegenheit, die uns hier beschäftigt. Sie kennen die beiden?"

„Seit kurzer Zeit erst, aber doch sehr genau."

„Die Namen, die Familienverhältnisse, die nähern Umstände bei der Verhaftung?"

„Ich bin in alles eingeweiht."

„Und Sie wissen auch, dass der Verhaftete im dringenden Verdacht steht, das Buschgespenst zu sein?"

„Auch das ist mir nicht unbekannt. Aber man täuscht sich!"

„Sie meinen, mein Herr? Nun, das Gegenteil wäre erst zu beweisen. Eine Aufgabe, die ich mir nicht so leicht vorstelle, obgleich ich selber noch nicht darauf schwöre, dass wir das richtige Buschgespenst gepackt haben."

„Oh, der Beweis ist bald geführt! Eduard Hauser kann schon deshalb nicht das Buschgespenst sein, weil er meine rechte Hand ist."

„Wie? Der junge Hauser ist Ihre rechte Hand?"

„Gewiss. Ich halte mich seit einigen Tagen in dieser Gegend auf, weil es mich reizt, dem geheimnisvollen Buschgespenst nachzuspüren. Zu diesem Zweck musste ich mich der Unterstützung eines Einheimischen versichern. Besondere Umstände wiesen mich auf Eduard Hauser hin. Ich prüfte ihn unauffällig, fand ihn recht und brav und – nun ja, ich machte ihn zu meinem Gehilfen."

„Und jetzt verhaftet man ihn nahezu in Ihrer Gegenwart als Buschgespenst! Das ist wirklich köstlich!"

„Mir kommt die Sache gar nicht so ‚köstlich' vor", meinte Arndt ernst. „Hauser tut mir im Gegenteil Leid und deshalb komme ich zu Ihnen. Zu diesem Zweck kann ich mit verschiedenen Angaben und Beobachtungen dienen und ich hoffe, dass wir dadurch bald zu einem befriedigenden Ergebnis gelangen. Darf ich fragen, ob Sie von sich aus Verdacht gegen Hauser schöpften? Hielten Sie selber ihn für das Buschgespenst?"

„Nein. Ich wusste ja von diesem jungen Mann bis vor ganz kurzer Zeit überhaupt nichts."

„So sind sie erst von dritter Seite auf Hauser aufmerksam gemacht worden?"

„Ja."

„Wer hat das getan?“

„Fritz Seidelmann, der Sohn des Kaufmanns aus Hohenthal. Er kam zu mir und zeigte mir einen Brief, den Hauser an einen hiesigen Kaufmann namens Strauch geschrieben hat, unterzeichnet ‚Das Buschgespenst‘.“

„Ich weiß von diesem Brief.“

„Sie wissen davon? Das ist wichtig. Wie haben Sie davon erfahren?“

„Hauser hat mir selber davon erzählt. Er hielt seinen törichten Streich in verblüffender Arglosigkeit für einen guten Einfall, geriet aber dann bald in Sorge, dieser Brief könne ihm Ungelegenheiten bereiten.“

„Hm! Die Ungelegenheiten haben sich, wie Sie sehn, auch sehr bald eingestellt.“

„Ich hatte es befürchtet. Man wird amtlicherseits hoffentlich kein allzu großes Gewicht auf den Brief legen.“

„Sobald der wahre Sachverhalt deutlich zu Tage tritt, gewiss nicht, obwohl der Brief an sich unzweifelhaft Beweisgegenstand einer ungesetzlichen, einer strafbaren Handlung ist. Sie verstehn mich?“

„Vollkommen. Aber man muss berücksichtigen, dass Hauser die verfänglichen Zeilen in einer gewissen Herzensangst geschrieben hat!“

„Ich weiß. Sein Vater hat mir einiges erzählt und dann, als ich mit dem Pärchen hierher unterwegs war, haben mir die beiden Leutchen genug mitgeteilt und ich kam mehr und mehr zu der Überzeugung, dass Eduard Hauser...“

„...unschuldig und ein anständiger Mensch ist“, ergänzte Arndt.

„Gewiss“, gab der Kommissar zu. „Aber das Verfahren muss, da es einmal im Gang ist, seinen Lauf nehmen. Wir können den jungen Hauser erst freilassen, wenn wir Beweise für seine Unschuld in Händen haben. Können Sie diese Beweise liefern?“

„Ja, Herr Kommissar.“

Hierauf schilderte Arndt ausführlich seine Beobachtungen in jener Nacht im Haus der Seidelmanns vom Dach des Schuppens aus, verschwieg aber die Sache mit dem Schmuckstück.

Der Kommissar war diesen Darlegungen mit größter Spannung gefolgt.

„Ihre Berechnung erscheint so natürlich und folgerichtig, dass ich mich ihr fast anschließen möchte", sagte er dann, ohne danach zu fragen, warum Arndt an jenem Abend das Haus der Seidelmanns beschlichen hatte. „Aber", fuhr er fort, „zwischen Spitzen und Spitzen kann ein Unterschied sein."

„Kann", nickte Arndt. „Im vorliegenden Fall aber handelt es sich bestimmt um schwarze Spitzen mit einem fein gearbeiteten Muster von Halbmonden und Punkten zwischen Linien, die einander spitzwinklig schneiden. Stimmt es, Herr Kommissar?"

„In der Tat, es stimmt."

„Das wusste ich", fuhr der Detektiv fort. „Ich nehme an, dass Sie im Besitz der Spitze sind, die bei Hauser gefunden wurde. Sie muss mit dem Stück, von dem sie abgeschnitten wurde, genau zusammenpassen. Man muss also bei Seidelmann nachforschen. Und dann noch eins: Glauben Sie, dass Fritz Seidelmann bei Hausers erst nach Zwirn gesucht hat, als er die Spitze ins Rockfutter nähen wollte?"

„Keinesfalls. Vorausgesetzt, dass Ihre Rechnung stimmt, hat er Zwirn und Nadel von zu Haus mitgenommen."

„Wie haben Sie Hausers Rock geöffnet?", erkundigte sich der Detektiv weiter.

„Ich habe mit dem Taschenmesser einen Riss ins Futter geschnitten."

„Gut, gut! Die Naht ist also unverletzt geblieben?"

„Völlig unverletzt! Und man wird leicht erkennen, ob die ursprüngliche Naht von fremder Hand aufgetrennt und dann mit anderm Zwirn wieder genäht wurde. Wir wollen das sogleich untersuchen. Ich habe den Rock Hausers im Nebenzimmer hängen."

Der Beamte entfernte sich, kehrte nach kurzer Zeit mit dem Kleidungsstück zurück und breitete es auf dem Tisch aus.

Arndt prüfte das Futter sorgfältig.

„Meine Vermutung hat mich nicht getäuscht", sagte er schließlich. „Der Schneider hat mit Seide genäht; hier unten aber sehn Sie die Stelle, die geöffnet und in großen, eiligen Stichen mit ziemlich starkem Zwirn wieder geschlossen wurde."

„Man wird bei Seidelmanns nach solchem Zwirn suchen", nickte der Kommissar. „Wenn das alles so stimmt, liegt hier eine Gemeinheit und Niedertracht vor, wie sie mir in meiner Amtstätigkeit noch nicht vorgekommen ist."

„Und die auf noch Weiteres schließen lässt", meinte Arndt trocken.

„Und das wäre?"

„Weshalb geben sich die Seidelmanns solche Mühe, Hauser zum Buschgespenst zu stempeln?", lautete die Gegenfrage Arndts.

„Aus Hass, aus Rachsucht meinetwegen, Herr Arndt."

Der Detektiv lächelte. Er fühlte sich in diesem Augenblick dem Beamten überlegen, weil er in der Tat mehr wusste als der Kommissar.

„Gut, sagen wir: aus Rachsucht! Diese Rachsucht aber hat Formen angenommen, die weit über das gewöhnliche Maß hinaus gehn. Sie wissen doch, Herr Kommissar, dass der junge Hauser hier in der Stadt von einem Fremden angeblich hochwichtige Papiere empfing, die er heimlich über die Grenze bringen sollte?"

„Natürlich weiß ich das. Die Papiere sind ja in meinem Besitz und ich muss nach Durchsicht dieser Schriftstücke erklären, dass sie..."

„Nun?"

„...dass sie ohne jede Bedeutung sind. Sie enthalten bis auf ein niederträchtig ausgeklügeltes Schreiben, womit Hauser vermutlich übertölpelt wurde, nur flüchtig hingeworfenen Unsinn. Einige Blätter sind ganz leer."

Hier lächelte Arndt zum zweiten Mal.

„Sehn Sie, Herr Kommissar, das ist es, was ich zu hören erwartete. Hauser ist gröblich getäuscht worden."

Der Kommissar nickte bedächtig.

„Fragt sich nur, von wem!"

„Das kann ich Ihnen verraten. Der Betreffende nennt sich Michalowski."

Mit einem Ruck fuhr der Beamte hoch.

„Was sagen Sie?"

„Der Mann nennt sich Michalowski."

„Sie kennen den Namen des Betrügers?"

„Vorläufig nur den Namen, weiter noch nichts. Aber ich habe eine Personalbeschreibung des Mannes und hoffe, dem Halunken auf die Spur zu kommen, der bestimmt nicht damit gerechnet hat, dass man ihn ausfindig macht. Sonst hätte er sich gehütet, jenes ausgeklügelte Überrumpelungsschreiben in die Hände der Polizei fallen zu lassen. Er ist übrigens ein Freund und Bekannter der Familie Seidelmann."

Der Kommissar pfiff durch die Zähne.

„Weht der Wind daher? – Herr Arndt, darüber müssen Sie mir genauer berichten."

Und Arndt berichtete, berichtete so überzeugend, dass ihm der Beamte zum Schluss die Hand drückte.

„Sie haben uns da einen großen Dienst geleistet, Herr – Herr Kollege. Ich sehe jetzt allmählich deutlicher. Der junge Hauser wird nicht lange in Untersuchungshaft sitzen, sein Fall ist ja beinahe schon geklärt. Nur ... ich weiß nicht, ob Sie ahnen, woran es noch immer fehlt?"

„Noch fehlen die Beweise für die Schuld der Gegenseite. Ich verstehe Sie vollkommen. Die Beweise sind jetzt vor allem zu beschaffen. Was ich dabei tun kann, soll geschehn. Ich werde trachten, diesen Herrn Michalowski ausfindig zu machen."

„Dasselbe werden wir amtlicherseits auch versuchen. Ich denke, Herr Kollege, wir haben in dieser Angelegenheit noch nicht die letzte Unterredung miteinander gehabt."

„Stehe ganz zu Ihrer Verfügung, Herr Kommissar."

„Und wo sind Sie zu erreichen?"

„Ich wohne in Hohenthal, das heißt, abseits vom Ort, beim Förster Wunderlich."

Die beiden trennten sich. Arndt begab sich wieder nach dem Gasthaus ‚Zum Goldenen Ochsen'. Hier erwartete ihn eine große Überraschung. Der Wirt stand allein im Gastzimmer. Der Förster war nirgends zu erblicken.

„Ausgeflogen?", wunderte sich Arndt. „Wie kommt das?"

Er war fast ein wenig ärgerlich über die Eigenmächtigkeit seines Begleiters. Aber es genügte eine kurze Erklärung des Wirts, um die Sache sogleich in einem ganz andern Licht erscheinen zu lassen.

„Es hat sich in Ihrer Abwesenheit etwas Hochwichtiges ereignet, Herr", lautete der Bescheid. „Denken Sie sich: Wir sitzen hier, der Förster schon beim dritten Glas Grog, und schwatzen gemütlich von allem möglichen Dingen, da vermisst Wunderlich auf einmal seinen Tabaksbeutel. Er meint, er habe ihn vielleicht im Schlitten liegen lassen, und geht hinaus, um nachzusehn. Ich schaue inzwischen zum Fenster hinaus, als sich plötzlich die Tür auftut und ein neuer Gast über die Schwelle tritt.

Der Mann setzte sich gar nicht erst, sondern trank nur im Stehen einen Schnaps. Dabei brachte er scheinbar so nebenbei das Gespräch auf die Seidelmanns. Das fiel mir auf. Seidelmanns – Hohenthal – die Ereignisse der vergangenen Nacht – das alles beschäftigt einen nun mal. Deshalb sah ich mir den Fremden etwas genauer an und nun denken Sie, was ich da entdeckte! An der Hand, die vor mir nach dem Schnapsglas griff, funkelte ein Ring, den ich sofort wieder erkannte. ‚Das ist der Ring, den gestern Michalowski trug', schoss es mir durch den Sinn. Dieser leuchtend grüne Stein!

Im Augenblick war ich wie verwirrt, aber ich fasste mich rasch und passte auf. Ich verglich die Gestalt des Fremden mit der Erscheinung Michalowskis: mittelgroß, gut genährt, anständig gekleidet! Stimmte alles. Nur der Bart und die große Brille fehlten. Ich wusste nicht recht, woran ich war. Da fiel mein Blick wieder auf die fleischige Hand mit dem Ring. Freilich, sagte ich mir, das ist doch Michalowski! Und als der Mann bezahlte und wieder ging, sah ich es auch an der Haltung und am Gang, dass ich mich nicht irrte.

Sie können sich vorstellen, dass mir sogleich allerlei Pläne auftauchen. Da schob sich Wunderlich zur Hintertür herein. Er hatte seinen Tabaksbeutel gefunden und zeigte ihn schmunzelnd vor. Ich aber kehrte mich nicht dran.

‚Still!', unterbrach ich ihn. ‚Es gibt Wichtigeres zu besprechen. Michalowski war soeben hier. Da draußen – sehn Sie – da geht er über die Straße! Schnell, laufen Sie ihm unauffällig nach! Er kennt Sie nicht, so können Sie ihn heimlich beobachten. Stellen sie fest, wohin er sich wendet!'

Im Nu war der Förster im Mantel, hatte die Mütze auf dem Kopf und huschte zur Tür hinaus, hoffentlich hat er mich richtig verstanden. Zum Reden blieb uns ja keine Zeit mehr.

Ich habe ihn jedenfalls auf die Fährte gesetzt und nun müssen wir das Weitere abwarten."

„Das haben Sie fein gemacht", schmunzelte Arndt. „Wenn es Wunderlich halbwegs schlau anfängt, werden wir dem Kerl hinter seine Schliche kommen."

Die überraschende Kunde erregte den Detektiv, der sich sonst nicht so schnell aus der Fassung bringen ließ, so sehr, dass er sich nicht setzen mochte, sondern sinnend im Zimmer auf und ab ging, die Hände auf dem Rücken. Allerlei Erwägungen durchkreuzten sein Hirn. Der Wirt sah ihm schweigend zu und störte ihn nicht.

Dann aber unterbrach er plötzlich mit einem lauten Ruf die Stille.

„Da kommt Wunderlich zurück!"

Und wirklich, die Tür tat sich auf, der Förster trat herein. Er strahlte übers ganze Gesicht.

„Mahlzeit, Herr Vetter!", lachte er. „Melde mich zurück von der Pirsch. Erfolg auf der ganzen Linie. Der Fuchsbau ist ausgekundschaftet."

„Wahrhaftig? Sie haben die Wohnung des Herrn Michalowski ausfindig gemacht?"

„Habe ich, Herr Vetter. War doch Ehrensache. Bin ihm nachgeschlichen und habe ihn nicht wieder aus den Augen gelassen, zwei, drei, vier Straßen entlang, bis in die Seilergasse. Dort bog er in die weite Torfahrt des Hauses ein, das nach der bekannten Drogerie ‚Zum Blauen Stern' genannt wird. Er überschritt den Hof und verschwand im Hintergebäude. Ich wartete eine Weile. Michalowski kam nicht wieder. ‚Sollte er hier wohnen?', dachte ich. Schließlich betrat ich den Drogenladen und kaufte mir eine Tüte Insektenpulver.

‚Für den Hund', sagte ich zu dem Geschäftsinhaber. ‚Das Vieh hat Ungeziefer.'

So kamen wir ins Gespräch und ich konnte schließlich ganz unauffällig die Frage anbringen, um die es mir zu tun war.

‚Ich sah da eben einen Herrn durch die Torfahrt gehen, den ich dem Namen nach von Hohenthal her kenne. Er ist, wenn ich mich recht erinnere, mit dem Kaufmann Seidelmann befreundet und...'

Mehr brauchte ich gar nicht zu sagen. Der Drogist fiel mir sogleich in die Rede.

‚Ah, sie meinen Herrn Michalowski?'

‚Ganz recht. Wohnt er etwa hier im Haus?‘

‚Zurzeit wieder einmal. Sie wissen doch, er stammt von drüben, von jenseits der Grenze, ist aber oft in Geschäften hier in der Stadt. Dann bleibt er regelmäßig bei der Witwe Hempel im Hinterhaus.‘

‚Ach so, er ist ab und zu längere Zeit hier?‘

‚Drei- oder viermal im Jahr, immer für eine Woche und mehr. Wenn ich recht unterrichtet bin, ist er Großhändler in Garn und Stoffen aller Art.‘

‚So, so‘, sagte ich. ‚Ich weiß das nicht. Geht mich auch nichts an. Ich fragte nur, weil ich ihn in Hohenthal mal mit den Seidelmanns beisammen gesehn habe und da hörte, das sei ein gewisser Herr Michalowski.‘

Na, ich wusste nun genug, bezahlte das Insektenpulver für meinen Hund, der mir die ungerechtfertigte Verleumdung hoffentlich nicht übel nehmen wird, steckte die Tüte ein und ging. Und nun bin ich hier und stehe für neue Dienste zur Verfügung, Herr Vetter. Meine Grogs habe ich mir wohl ehrlich verdient?“

„Alle drei, lieber Wunderlich! Ich muss Sie gewaltig loben. Sie scheinen mir Ihren Beruf verfehlt zu haben. An Ihnen ist ein Detektiv verloren gegangen.“

Der schöne Erfolg, den der brave Förster so gänzlich überraschenderweise erzielt hatte, brachte es mit sich, dass Arndt gleich noch einmal zur Kriminalpolizei ging und dem Kommissar mitteilte, er habe die Wohnung Michalowskis ausgekundschaftet. Der Beamte war natürlich freudig überrascht, obwohl er den Detektiv im Geheimen ein wenig beneidete. Er hätte den großen Vorteil nicht ungern auf der Seite seiner Leute gebucht. Doch es ging um die Sache und der war hier entschieden gedient worden.

Arndt und der Kommissar besprachen sich darauf fast noch eine ganze Stunde lang. Es war dabei auch noch einmal von den Spitzen die Rede, die sich nach Arndts Angaben im Besitz der Seidelmanns befanden.

„Ich werde danach suchen lassen", erklärte der Beamte. Arndt aber widersprach.

„Dazu würde ich vorläufig nicht raten. Die Seidelmanns würden dann sogleich wissen, dass man hinter ihre Machenschaften gekommen ist, würden ihren Helfer Michalowski benachrichtigen und uns die weiteren Nachforschungen in jeder Weise erschweren."

Das leuchtete dem Kommissar ein. Er versprach, die Sache vorerst noch ein paar Tage ruhen zu lassen. Im Übrigen sicherte er Arndt zu, er würde dem jungen Hauser und auch Angelika Hofmann ihre Lage so viel wie irgend möglich erleichtern. Es sei ja nur noch eine Frage kurzer Zeit, wann man zunächst einmal Eduard Hauser, später aber gewiss auch das Mädchen aus der Untersuchungshaft entlassen könne.

Nun erst waren die Geschäfte des Detektivs in der Stadt einstweilen beendet. Im Hof des ‚Goldenen Ochsen' bestieg man wieder den Schlitten zur frohen Rückfahrt nach dem Forsthaus im Hohenthaler Wald.

Unterwegs hatte Wunderlich trotz seiner ausgezeichneten Laune doch wieder etwas zu knurren und zu brummen.

„Sie haben mir da mit Ihren Heimlichkeiten eine nette Suppe eingebrockt, Herr Vetter", meinte er scheinbar arg verdrießlich, in Wahrheit aber verstohlen schmunzelnd.

„Das wäre?", forschte Arndt.

„Wir sind doch Vettern vor den Leuten?"

„Na gewiss. Habe ich mich im ‚Goldenen Ochsen' etwa nicht danach betragen?"

„Das schon, aber Sie haben mich nur ganz flüchtig in Ihre Absichten und in Ihre Verhältnisse eingeweiht. Nun fragt mich der Schenkwirt, der verwünschte Giftmischer, nach dem Beruf meines Vetters aus. Dabei weiß der Kerl längst mehr über diese Dinge als ich und so werde ich in die Enge getrieben. Nein, lachen Sie nicht, mein Lieber! Das war nicht nett von Ihnen."

„Was heißt: nicht nett?“, beruhigte Arndt den Alten. „Ich konnte doch nicht vorzeitig meine sämtlichen Karten aufdecken.“

Mehr sagte er nicht, sondern deutete mit einem bezeichnenden Kopfnicken auf Christian, den Knecht, der wieder nicht hören durfte, dass Arndt Detektiv war und dass es hier um die Jagd auf das Buschgespenst ging.

Dem trug der Förster denn auch Rechnung. Er machte nur eine kurze Handbewegung, dann aber beugte er sich seitlich zu Arndt hinüber und flüsterte ihm ins Ohr:

„Und was wird nun aus dem wirklichen Buschgespenst?“

Die Antwort kam ebenso leise und verstohlen:

„Das fangen wir in den nächsten Tagen, vielleicht schon heut oder morgen.“

„Heißa! Dabei will ich mittun!“

„Ist bereits ausgemachte Sache. Sie kommen mit. Haben Sie heut Abend Zeit?“

„Zu solchem Zweck immer.“

„Dann sollen Sie heute noch etwas erleben. Ich habe nämlich ein Stelldichein mit dem Buschgespenst. Dabei werden Sie mich begleiten.“

14. Tu das Schwerste zuerst!

Ungefähr um die Zeit, als Fritz Seidelmann mit dem Kaufmann Spengler, der sich in der Kreisstadt Michalowski nannte, im Gasthof ‚Zum Goldenen Ochsen' saß, ging der Knappschaftsarzt Dr. Werner durch Hohenthal. Er trat in ein armseliges Häuschen und öffnete im Flur eine Tür. Ein übler Dunst schlug ihm entgegen, sodass er fast zögerte einzutreten.

„Guten Tag, Herr Doktor!"

Ein bleicher, hohlwangiger Mann stand hinter einem Tisch, worauf ein Reißbrett lag, vom Stuhl auf.

„Aber, Wilhelmi, was für eine Pestluft haben Sie hier?", tadelte der Arzt.

Der Mann zuckte traurig die Schultern.

„Ich kann nichts dafür."

„So lüften Sie doch!"

„Es ist so kalt, Herr Doktor, und die da schüttelt das Fieber! Darf ich unter solchen Umständen lüften?"

Er deutete in eine Stubenecke. Dort lagen auf erbärmlichen Lagerstätten eine Frau und drei Kinder, die zum Erschrecken elend und abgezehrt aussahen. Man konnte das deutlich erkennen, da die fieberglühenden Körper, vom Schüttelforst bebend, nur notdürftig mit alten Kleidungsstücken bedeckt waren.

„Und doch müssen Sie lüften!", beharrte der Arzt.

„Kalt, kalt!", rief die kranke Frau.

„Hören Sie es?", seufzte der Mann. „Bitte, schließen Sie die Tür! Es zieht. Meine Frau und die Kleinen können den Tod davon haben."

„So feuern Sie doch!"

Der Mann hob abermals die Schultern.

„Womit denn, Herr Doktor? Kohlen und Holz kosten Geld."

„Nun, Sie verdienen ja!"

„Gewiss, ich verdiene. Wissen Sie auch, wie viel?"

Wilhelmi trat zur Tür und schloss sie, dem missbilligenden Blick des Arztes zum Trotz.

„Jedenfalls so viel, wie Sie brauchen. Sie sind doch Musterzeichner. Das ist ein lohnendes Geschäft."

„Musterzeichner bei der Firma Seidelmann & Sohn!", sagte Wilhelmi bitter. „Ahnen Sie, was das heißt?"

Der Arzt biss sich auf die Lippen und schwieg, denn er ahnte in diesem Fall nicht nur, sondern glaubte zu wissen. Seit Jahren übte er nun schon sein schwieriges Amt als Knappschafts- und Armenarzt in Hohenthal und Umgebung aus. Dabei kam er mit allen Schichten der Bevölkerung in Berührung, lernte Arm und Reich, Hoch und Niedrig kennen, traf mit braven, rechtlichen Menschen, aber auch mit Halunken zusammen. Und wenn er der Wahrheit die Ehre geben wollte, so musste er gestehen, dass er die Seidelmanns nicht zu den Braven und Rechtlichen zu zählen vermochte.

Ihm fielen zahlreiche Erlebnisse ein. Er erinnerte sich auch jenes Auftritts am Abend nach dem Vortrag des Rentners Seidelmann, da die arme Frau im Haus des wohlhabenden Unternehmers erschien und auf schändliche Art und Weise hinausgewiesen wurde. Der Ortspfarrer hatte damals nicht umsonst mit ihr einen Kreis verlassen, wo von Nächstenliebe und sozialem Gerechtigkeitsgefühl auch nicht ein Hauch zu spüren war.

„Ja, ich verstehe", nickte der jetzt zu Wilhelmis vorwurfsvoller Frage. „Wie viel verdienen Sie denn?"

Der Mann wies auf das Reißbrett.

„Hier sehn Sie fünf neue Muster! Ich habe sie entworfen und ausgeführt und insgesamt zwei Wochen daran gearbeitet. Herr Seidelmann wird mir für jedes vier Mark bezahlen, also zusammen zwanzig Mark. Verdienen aber wird er mit diesen Mustern, die das Gesetz für ihn schützt, Tausende!"

„Immerhin! Zwanzig Mark sind keine Kleinigkeit!"

„Keine Kleinigkeit? Ach, du lieber Herrgott! Für die

Woche zehn Mark und dabei sechs Menschen im Haushalt, darunter vier Kranke!“

Der Zeichner deutete zur Erklärung seiner Zahlenangaben hinter den kalten Ofen, wo auf einem niedrigen Schemel noch eine alte Frau hockte, die sich bis zu den Hüften fröstelnd in ein zerrissenes Flanelltuch gewickelt hatte. Es war die Schwiegermutter Wilhelmis.

„Hm! – Und wie geht's mit den Kranken?“

„Wie zuvor. Gebessert hat sich ihr Zustand nicht, eher verschlechtert.“

„Wollen sehn.“

Der Arzt trat zu der Frau und untersuchte sie flüchtig.

„Allerdings noch nicht besser“, sagte er. „Ich kann Ihnen nur immer wieder raten, sorgen Sie für Wärme! – Und wie steht's mit der Arznei?“

„Ich habe sie noch nicht geholt.“

„Nicht? – Warum nicht? Ich habe doch die Anweisung dazu ausgefertigt und angeordnet, sie in die Apotheke zu tragen.“

Wilhelmi richtete sich auf.

„Angeordnet schon, Herr Doktor, und ich war auch dort, doch verweigerte man mir die Arznei, weil ich die drei Mark dafür nicht zahlen konnte. Überdies bin ich noch vier Mark schuldig für die vorherige Arznei. Woher soll ich das Geld nehmen? Ich habe keinen Pfennig in der Tasche.“

„Das ist freilich schlimm!“, seufzte der Arzt. „Aber die Arznei wird dringend gebraucht. Was tun wir da?“

„Vielleicht weiß ich einen Ausweg, Herr Doktor. Sie sind doch nicht nur Knappschafts-, sondern auch Armenarzt. Könnten Sie nicht befürworten, dass ich das Heilmittel umsonst erhalte – oder doch wenigstens vorläufig nochmals geborgt?“

Dr. Werner zuckte die Achseln.

„Ja, freilich kann ich das versuchen. Es ist – wie die Dinge hier liegen – sogar meine Pflicht. Aber den Erfolg will ich nicht verbürgen, mein Bester. Sie wissen, die Gemeinde ist arm. Sie muss bei solchen Gesuchen immer erst diejenigen berücksichtigen, die ganz ohne Verdienst sind. Und Sie stehn immerhin noch in Arbeit. Sagen Sie, haben Sie denn schon einmal mit Herrn Seidelmann über Ihre Lage gesprochen?"

Das Gesicht Wilhelmis verdüsterte sich und seine Lippen pressten sich aufeinander.

„Ja", antwortete er. „Er will nicht, dass sich seine Arbeitnehmer an den Armenarzt wenden."

„Das Recht dazu ist ihm nicht abzusprechen, solange er seine Leute einigermaßen bezahlt. Meines Erachtens gibt es für Sie nur einen Rat: Suchen Sie sich andre Arbeit!"

„Ich habe nichts andres gelernt."

„So zeichnen Sie für einen andern Unternehmer!"

„Gibt es hier einen? Und so leicht findet man auch nicht Arbeit, wenn man bei Seidelmann aufhört. Dafür sorgen die Herren Seidelmann schon."

Das abgehärmte Gesicht Wilhelmis hatte einen starren Ausdruck angenommen. Er war jedenfalls ein braver Mann, aber unter dem Druck böser Erfahrungen verschlossen und verbittert geworden.

„So entscheiden Sie sich!", meinte der Arzt. „Soll ich Sie als Hilfsbedürftigen melden?"

„Ich bin nun wieder unschlüssig geworden, Herr Doktor. Was dann, wenn ich daraufhin keine Arbeit mehr bekomme?"

Einen Augenblick überlegte der Arzt.

„Und wie wäre es", schlug er vor, „wenn Sie sich von Herrn Seidelmann einen kleinen Vorschuss geben ließen?"

„Den erhalte ich nicht. Er hat mir schon vier Mark vorgestreckt."

„Heiliger Himmel!", rief der Arzt außer sich. „Das ist ja rein zum Verzweifeln!"

Er wendete sich wieder den Lagerstätten am äußersten

Zimmerende zu und begann die Kranken, diesmal auch die Kleinen, genauer zu untersuchen. Doch er fuhr schon nach wenigen Augenblicken wieder hoch.

„Aber Wilhelmi! – Das eine Kind ist ja am Ersticken! Haben Sie denn das nicht gemerkt? Hier muss sofort geschnitten werden!"

Der Musterzeichner fuhr mit der Hand nach dem Herzen.

„Doch, Herr Doktor. Aber Sie können mir keinen Vorwurf machen. Ich habe nicht weniger als fünfmal zu Ihnen geschickt und einmal bin ich selber bei Ihnen gewesen."

„Ja, ja, ich war nicht daheim."

„Ich habe Ihrer Frau erzählt, wie die Dinge hier stehn, und Sie haben mir durch sie sagen lassen, dass Sie kommen würden, wenn es nötig sei."

„Wie konnte ich ahnen, dass es so dringlich war!"

„Man hat Ihrer Frau mitgeteilt, dass das Leben des Kindes auf dem Spiel steht."

„Nun ja", beschwichtigte der Arzt, während er sein Besteck aus der Tasche zog, dazu ein Fläschchen mit einer keimtötenden Lösung. „Jeder, der zu mir kommt, pflegt seine Angelegenheit so dringlich wie möglich darzustellen. Wenn man da immer gleich springen wollte, wäre man in einem Monat tot gehetzt. Und nun kommen Sie her und halten Sie das Kleine! Ich werde den Schnitt vornehmen."

Der Musterzeichner gehorchte und der Arzt machte im Rachen des kranken Kindes einen Schnitt, sodass es wieder einigermaßen frei atmen konnte.

„So", sagte er dann. „Nun will ich Ihnen erklären, wie Sie dem Kind die nötige Nahrung zuführen. Sie verschaffen sich ein Stück Darm und binden es an eine Federspule. Diese wird dem Kranken in den Mund gesteckt und in den Darm gießen Sie Milch."

„Milch?"

„Ja und Fleischbrühe."

„Schön! Fleischbrühe!", nickte der Musterzeichner grimmig.

„Besonders notwendig aber ist die Arznei. Die müssen Sie unbedingt holen. Die Frau bekommt zweistündlich einen Esslöffel voll und jedes Kind halb so viel."

„Dann ist beim dritten Mal Einnehmen die Flasche für drei Mark verbraucht."

„So holen Sie noch eine zweite! Ich werde sofort die nötigen Schritte in Ihrer Angelegenheit unternehmen und im Gemeindeamt vorsprechen. Wegen Milch und Fleischbrühe schicken Sie Ihre Schwiegermutter zu meiner Frau! Und dann sehn Sie zu, dass Sie von Seidelmann recht bald Ihren Lohn bekommen, damit Sie Holz und Kohlen und weitere Lebensmittel einkaufen können! Vielleicht gibt er Ihnen doch noch einmal einen kleinen Vorschuss dazu. Sie müssen die Zähne zusammenbeißen, Wilhelmi, und den Mut nicht verlieren! So geht das hier nicht weiter."

Dr. Werner ging.

Der Musterzeichner trat an das zugefrorene Fenster, hauchte eine Öffnung ins Eis und blickte dem Arzt nach. Es war ihm, als müsse er sich durch einen wilden Schrei Luft machen. Plötzlich faltete er unwillkürlich die Hände.

„Herr, hilf uns! Wir verderben!"

Dieses Stoßgebet wollte sich ihm auf die Lippen drängen, aber er unterdrückte es wieder. Früher hatte er gebetet, später aber, im tiefsten Elend, war ihm der Glaube an Gott und die Menschen zerschlagen worden.

Da fühlte er plötzlich eine Hand auf der Schulter. Seine Schwiegermutter war zu ihm getreten. Sie war eine gläubige Frau; sie hatte mit ihm gedarbt, gelitten und gefroren und hatte trotzdem noch stets ein Trostwort für ihn gefunden. Sie kannte ihn und wusste, was in ihm vorging. Sie hatte das alte, zerlesene Gesangbuch in der Hand, hielt dem Verzweifelten, ohne ein Wort zu sagen, eine aufgeschlagene Seite vor und deutete mit dem hagern, abgezehrten Finger auf eine Stelle, die irgendein Trostwort enthielt.

„Was soll das?“, fragte er bitter. „Lass doch das alte Buch! Das kann uns keine Hilfe bringen!“

„Das Buch nicht“, beharrte die Greisin, „wohl aber der, von dem darin die Rede ist.“

„Gott?“ Es zuckte verächtlich um die Lippen des Mannes.

„Mein Sohn, versündige dich nicht!“, mahnte die Alte. „Er ließ Elias durch die Raben speisen, er sättigte fünftausend Menschen mit fünf Broten und zwei Fischen, darum...“

„Lass gut sein, Mutter!“, fiel ihr der Schwiegersohn in die Rede. „Ich wäre froh, wenn ich jetzt nur ein Brot hätte – auf die Fische verzichte ich von vornherein! Hast du gehört, was der Doktor sagte? Milch, Fleischbrühe und vielleicht auch Arznei will er mir fürs Erste verschaffen. Dann aber kommen neue und immer neue Ausgaben. Und weißt du, wie viel Geld ich habe?“

„Vorläufig keins.“

„Keinen Heller! Keinen roten Pfennig! – Na, dann kauf du mal Holz, Kohlen, Licht! Und ohne Licht kann ich in der nächsten Nacht nicht arbeiten und muss doch die Musterzeichnungen zu Ende bringen.“

„Willst du es nicht noch einmal mit Seidelmann versuchen?“, bat die Alte vorsichtig. „Der Arzt ermahnte dich auch dazu.“

„Es hat doch keinen Zweck. Seidelmann gibt nichts.“

„So erinnere ihn an die Hilfskasse!“

„Welche Hilfskasse?“

„Die Armenkasse, für die man am Sonntag gesammelt hat.“

Wilhelmi wollte grimmig auflachen.

„Ich war am Sonntag nicht in der Schenke, als der Rentner seinen Vortrag hielt; aber ich denke, bei der hiesigen Armutei wird nicht viel zusammengekommen sein.“

„O doch, ein jeder hat gegeben! Es hat sich schwerlich einer ausgeschlossen.“

„Ah! Du also wohl auch nicht?“

Die alte Frau errötete, als wäre sie bei einem schlechten Streich ertappt worden.

„Konnte ich anders?", fragte sie scheu.

„Ich denke, du hast kein Geld?"

„Zwei Pfennige hatte ich. – Komm, lass dir erzählen! Als du dachtest, ich schliefe, habe ich für die Frau des Lehrers ein Paar Strümpfe gestrickt. Das kann man auch im Dunkeln."

Wilhelmi zog die Brauen zusammen.

„So, so – statt im Bett, das fast nur noch ein Lumpenhaufen ist, auszuruhn und dich einigermaßen zu erwärmen, opferst du Ruhe und Gesundheit! Wie viel hat dir denn die heimliche Arbeit eingebracht?"

„Dreißig Pfennig."

„Gut! Das ist dein Verdienst und ich habe nicht danach zu fragen, wie du das Geld verwendest. Aber neugierig bin ich doch, was du damit gemacht hast."

„Das will ich dir lieber nicht sagen", versuchte die Greisin auszuweichen. Als der Mann aber die Stirn kraus zog, fuhr sie schnell fort: „Du erinnerst dich doch, dass ich dieser Tage im Kommodenkasten hinten unter alten Sachen ein paar Zigarren gefunden habe?"

„Ja. Sieben Stück. Ich muss sie in glücklicheren Zeiten einmal hineingelegt und dann vergessen haben."

„Meinst du?", lächelte die Alte. „Nun, ich will dir die Wahrheit sagen. So etwas vergisst ein Raucher wie du wohl nicht! Du hattest kurz vorher geäußert, du möchtest um alles gern wieder einmal eine Zigarre rauchen."

„Na ja, man lässt sich eben einmal gehen und dann fahren solch dumme Worte heraus."

„Nun sieh, daraufhin habe ich mich nach einer Arbeit umgesehn, um ein paar Pfennige zu verdienen."

Wilhelmi starrte die Greisin an, als wollte er ihr auf den Grund der Seele schauen.

„Und was hast du mit dem Geld gemacht?", fragte er langsam.

„Zigarren gekauft – pst, nicht schimpfen! Nur von der billigsten Sorte, sieben Stück für achtundzwanzig Pfennige."

„Und dann sagtest du, du hättest sie gefunden?"

„Ja."

Ihre Augen glänzten. Sie hatte mit den Ihren gehungert und gedarbt, sie hatte Nächte geopfert, um ihrem Schwiegersohn einen unbesonnen ausgesprochenen Wunsch zu erfüllen. Ihn übermannte die Rührung. Er musste sich abwenden, um die aufsteigenden Tränen zu verbergen. Dann aber drehte er sich rasch wieder um, zog die Greisin an sich und drückte ihr einen Kuss auf die weißen Haare.

„Mutter", sagte er, „wahrhaftig, du bist eine rechte Mutter! – Und – das mit den Zigarren – das verpflichtet mich. Du bist so selbstlos und opferbereit und ich mag mich nicht von dir beschämen lassen. Ich gehe zu Seidelmann. Es ist ein schwerer Gang, aber wenn ich dabei an deinen Strickstrumpf und deine Zigarren denke, dann wird er mir leichter werden."

„Wann willst du gehen?"

„Jetzt gleich! Sonst schwindet womöglich mein Mut wieder."

„Recht so!", lobte die Alte. „Meine Großmutter sagte immer: Tu das Schwerste zuerst!"

Martin Seidelmann befand sich in seinem Geschäftszimmer und blickte kaum auf, als der Musterzeichner Wilhelmi höflich anklopfte und bescheiden über die Schwelle trat.

„Bringen Sie die neuen Muster?", fragte Seidelmann über die Schulter hinweg.

Dem Zeichner sank bei diesem Ton sogleich wieder der mühsam errungene Mut.

„Noch nicht", gestand er zaghaft. „Sie werden erst morgen früh fertig."

„So. Was verschafft mir dann schon heut die Ehre?"

Wilhelmi wollte bei dem verletzenden Spott, der aus

dieser Frage klang, beleidigt auffahren, aber er dachte an die sieben Zigarren, an all das Elend daheim und beherrschte sich.

„Meine Frau liegt mit den Kindern schwer krank darnieder. Soeben war der Arzt da und sagte, ich müsste unbedingt für Heizung, kräftige Nahrung und vor allem für Arznei sorgen. Er hat sich bereit erklärt, mir fürs Erste unter die Arme zu greifen. Weiterhin aber müsse ich mich selber kümmern. Und so bin ich denn – so habe ich – ach, Herr Seidelmann, sehn Sie mich doch nicht so finster an, als wäre ich Ihr schlimmster Feind! Sie sollen mir doch helfen! Ich weiß keinen andern Rat. Morgen früh bringe ich die Muster. Heut aber brauche ich dringend ein paar Mark. Würden Sie mir das Geld nicht vorschießen, Herr Seidelmann?"

„Nein", klang es kurz und kalt zurück.

„Der Betrag ist Ihnen doch sicher."

„Sie sind mir schon vier Mark schuldig."

„Gewiss, aber Sie sind reich und Ihnen ist es doch gleich, ob Sie mir morgen vier Mark oder acht oder zehn abziehn."

„Nein, das ist mir nicht gleich. Ein Geschäftsmann muss streng nach kaufmännischen Grundsätzen handeln. Weicht er davon ab, so hat er bestimmt Verdruss davon."

„Ich bin mir nicht bewusst, Ihnen jemals Verdruss bereitet zu haben", wendete Wilhelmi ein.

„O doch, mein Bester!"

„Wann wäre das gewesen?"

„Jetzt, soeben! Sie wissen, dass es mein Grundsatz ist, niemals Vorschüsse zu gewähren. Ich habe mich bei Ihnen zu einer Ausnahme verleiten lassen und schon verlangen Sie, anstatt zurückzuzahlen, einen zweiten Vorschuss. Das ist verdrießlich genug, mein Lieber! Wenn ich das einreißen ließe, hätte ich am Ende den Verlust zu tragen und Sie kämen gar nicht aus den Schulden heraus. Sehn Sie ein, dass ich Ihnen um Ihres eignen Wohles willen die Bitte abschlagen muss?"

„Aber Herr Seidelmann! Stellen Sie sich doch vor: die Kranken! Die Kälte! Ich brauche doch den kleinen Betrag, bei Gott, zur Linderung der allerhöchsten Not!"

„Erzählen Sie keine Geschichten, mein Freund!", wehrte der Kaufmann ärgerlich ab. „Ihr kleinen Leute steckt immer in der allergrößten Not und denkt, dass wir, die wir uns durch Tüchtigkeit und zähe Sparsamkeit hochgearbeitet haben, nur dazu da sind, eure verluderten Familienkassen wieder in Schuss zu bringen. Lasst mich mit eurem Gejammer in Frieden! Haltet lieber eure Einkünfte zusammen!"

Wilhelmi biss sich auf die Lippen. Er verschluckte eine bittere Entgegnung, denn er dachte wieder an daheim, vor allem an den Rat, den ihm die Greisin gegeben hatte.

„Nun, so komme ich mit einer zweiten Bitte", würgte er hervor.

„Noch eine? Sie wird doch nicht etwa mit der ersten verwandt sein?"

„Leider doch", gestand der Zeichner; beim Weitersprechen vermochte er nicht ganz das Zittern seiner Stimme zu verbergen.

„Los denn!", drängte Seidelmann ungeduldig. „Sie sehn, ich habe keine Zeit für unnütze Redereien."

„Herr Seidelmann, Sie kennen mich. Es kann mir kein Mensch etwas Unrechtes nachsagen. Ich habe stets Ehrgefühl bewiesen und war ich einmal in Not, so ließ ich es keinen Menschen merken. Ich habe noch nie gebettelt. Mein ganzes Wesen sträubt sich dagegen..."

„Zur Sache! Sparen Sie sich die lange Einleitung! Was wollen Sie?"

„Heut ist mir das Wasser bis an den Hals gestiegen, Herr Seidelmann", fuhr Wilhelmi fort, indem er sich selbst gleichsam vorwärtspeitschte von Satz zu Satz. „Ich muss für die Meinen stehn, ich bin Familienvater. Darum darf ich nichts unversucht lassen, um Rat zu schaffen. Sie verweigern mir den Vorschuss. Gut, ich bescheide mich.

Aber ich frage: Würden Sie mir auch eine kleine Unterstützung, ein – Almosen verweigern?"

„Ein Almosen? Wie meinen Sie das?"

„Ich dachte an ein Geschenk aus der Armenkasse, für die Ihr Herr Bruder am Sonntag gesammelt hat."

„Das ist nicht meine Sache. Da müssen Sie sich an meinen Bruder wenden. Er ist freilich im Augenblick nicht zu sprechen. Kommen Sie am Abend wieder!"

In den Zügen Wilhelmis spiegelten sich Schreck, Qual und Verzweiflung.

„Herr Seidelmann", stöhnte er, „Sie wissen nicht, was Sie von mir verlangen! Ich soll bis zum Abend warten, mich zermartern in Sorge und Ungewissheit. Das ist zu viel! Das ertrage ich nicht! Ich flehe Sie an, machen Sie mit mir eine Ausnahme! Ihr Herr Bruder ist ein guter Mann; er würde mich bestimmt nicht abweisen und er wird Ihnen sicherlich nicht zürnen, wenn Sie einmal zu meinen Gunsten ohne seine Genehmigung über einige Mark verfügen."

„Mensch, wie denken Sie sich das eigentlich?", brauste Seidelmann auf. „Ich verwalte zwar die Kasse, darf Zahlungen aber nur auf Anweisung des Vorstehers leisten. Außerdem möchte ich Sie fragen, ob Sie an der Versammlung am Sonntag überhaupt teilgenommen haben?"

„Nein", gestand der Zeichner. „Ich hatte meine Arbeit und..."

„Schon gut!", unterbrach ihn Seidelmann. „Da die Dinge so liegen, brauchen Sie sich keine Hoffnung zu machen – Sie werden nichts bekommen."

„Mein Gott, weshalb nicht?"

„Weil selbstverständlich die Teilnehmer an der Versammlung, die sich zu den hohen Zielen meines Bruders bekannt haben, zuerst berücksichtigt werden müssen, und Sie können sich denken, dass genug Gesuche solcher Art eingehn."

Wilhelmi holte Atem.

„Das verstehe ich, Herr Seidelmann“, sagte er gedrückt. „Die Not hier im Gebirge ist groß. Aber Sie dürfen mir glauben, dass meine Familie augenblicklich zu denen zählt, die eine Unterstützung am dringendsten brauchen. Nein, bitte, lassen Sie mich ausreden! Ich selber konnte die Versammlung am Sonntag unmöglich besuchen, aber meine Schwiegermutter ist dort gewesen. Ich weiß bestimmt, dass sie für die Sammlung, die da veranstaltet wurde, sogar ihre letzten zwei Pfennige geopfert hat. Also gehört sie auf alle Fälle zu denen, die sich durch die Tat zu den hohen Zielen Ihres Herrn Bruders bekannt haben. Nehmen Sie darum an, ich spräche im Namen der alten Frau, die mit mir Not leidet! Wäre es nicht auf diese Weise zu bewerkstelligen, dass...“

„Sie sind sehr erfinderisch, mein lieber Wilhelmi“, lächelte Seidelmann und ein hässlicher, grausamer Zug erschien dabei in seinem Gesicht. Es sah aus, als weidete er sich bewusst an den Qualen des Mannes, der da als demütiger Bittsteller vor ihm stand, als empfände er Genugtuung darüber, dem Zeichner diese bittere Stunde bereiten zu können. „Sie entdecken immer neue Winkelzüge, um einen Ausweg aus Ihrer Verlegenheit zu finden. Ich muss Ihnen jedoch erklären, dass es so, wie Sie sich das denken, nicht geht.“

In diesem Augenblick hob Wilhelmi den Kopf. Ein, zwei Sekunden lang las er in den Zügen seines Peinigers und er erschrak. Was ihm hier entgegenblitzte, war unerbittliche Härte. Da war gewiss keine Hilfe zu erhoffen.

Die Gestalt des Zeichners straffte sich. Der feste Entschluss, sich nicht länger unnütz quälen zu lassen, prägte sich in seinen Mienen aus. Schon tat er den Mund auf zu dem entscheidenden Wort, das die fruchtlose Unterredung beenden sollte, da lenkte Seidelmann, der im Gesicht und in der Haltung des andern zu lesen schien, plötzlich ein.

„Wilhelmi“, sagte er und stellte sich vor den Zeichner hin. „sie wissen, dass ich Ihnen stets wohlgesinnt war.“

Der Angeredete blickte ihn misstrauisch an, denn diesen Ton kannte er an dem Kaufmann nicht.

„Ist es so oder nicht?", fuhr Martin Seidelmann fort.

„Sie wissen andererseits auch, dass ich stets gut gearbeitet habe", antwortete Wilhelmi ausweichend.

„Arbeit hin, Arbeit her – Ihretwegen kann ich meine Grundsätze nicht umstoßen; aber die Sache lässt sich vielleicht auf andre Weise regeln. Wie haben Sie jetzt gearbeitet? Nach den Farben oder ins Ganze?"

„Ins Ganze."

„So sind also einige Muster von den fünf fertig?"

„Vier bereits. Das letzte habe ich gestern Vormittag angefangen."

„So schneiden Sie doch die vier ab und bringen Sie mir die Blätter herüber! Ich kann Ihnen dann Ihren Lohn zahlen, ohne meine Grundsätze zu verletzen und mich der Gefahr eines Verlustes auszusetzen."

„Das wäre ein Ausweg!", atmete Wilhelmi erleichtert auf. „Daran habe ich noch gar nicht gedacht."

„Also gehen Sie! Ich werde Sie hier erwarten."

Wilhelmi eilte fort und kam nach kurzer Zeit atemlos wieder.

„Na, lassen Sie sehn!", sagte Seidelmann gnädig.

Er nahm die Blätter in die Hand und betrachtete sie. Sein Gesicht bekam dabei einen finstern, unzufriedenen Ausdruck. Er trat ans Fenster, um besser sehen zu können.

„Hm!", brummte er enttäuscht.

Wilhelmi fühlte plötzlich seine ganze Hoffnung schwinden. Und schon wandte sich Seidelmann zu ihm um.

„Sind das Erstzeichnungen?", fragte der Kaufmann, wobei er Wilhelmi prüfend ansah. „Ich meine: Sind das Ihre eignen Entwürfe und Gedanken?"

„Gewiss."

„Sie haben nicht etwa Ähnliches schon vorher gesehn?"

„Aber, Herr Seidelmann, was sollen diese Fragen? Alle

Muster, die ich liefere, sind doch immer meine Erfindungen."

„Hm! – In diesem Fall scheinen Sie sich zu irren. Besinnen Sie sich!"

„Ich kann mich keines Musters erinnern, das einem der vier ähnlich wäre."

„So, so! Und doch lag eines hier, als Sie das letzte Mal bei mir waren."

Wilhelmi zuckte wie unter einem Peitschenhieb zusammen.

„Das – das habe ich – nicht gesehn", stotterte er.

„Es lag dort auf dem Tisch, grad vor Ihren Augen."

„Bei Gott, ich weiß davon nicht das Geringste."

„Lassen Sie den lieben Gott aus dem Spiel, mein Lieber! Ich will Ihnen die Sache erklären. Ein Musterzeichner hatte bei mir um Arbeit nachgefragt und schickte mir eine seiner Zeichnungen ein. Sie lag da drüben auf dem Tisch, vor Ihrer Nase. Dort! Die Farben und Linien sind offenbar in Ihrem Hirn haften geblieben – vielleicht ohne dass Sie sich dessen bewusst waren."

„Unmöglich!"

„Aber es muss doch so sein, denn alle diese vier Zeichnungen sind jenem Muster durchaus ähnlich."

„So etwas – nein, Herr Seidelmann, so etwas könnte mir gar nicht zustoßen!"

„Verschwören Sie das nicht! Das kann sogar dem größten Künstler, dem besten und zuverlässigsten Arbeiter geschehn."

„Wollen Sie bitte meine Zeichnungen mit der andern vergleichen?"

„Das geht leider nicht, denn ich habe die Zeichnung wieder zurückgeschickt."

Wilhelmi ließ ratlos den Kopf sinken.

„Auch das noch!", stöhnte er.

„Ja, es ist schlimm für Sie und Sie tun mir Leid. Aber ich kann es nicht ändern. Unter diesen Verhältnissen ist Ihre Arbeit natürlich unbrauchbar für mich."

Diesem harten Entscheid folgte ein kurzes Schweigen. Dann machte Wilhelmi noch einen letzten Versuch, seine Sache zu retten.

„Ist denn ein Vergleich meiner Arbeiten mit jener Zeichnung ganz und gar unmöglich, Herr Seidelmann?"

„Grad unmöglich nicht. Wir müssten Ihre Arbeit einsenden oder jenes Muster wiederkommen lassen. Was wäre Ihnen lieber?"

„Begreiflicherweise das Zweite. Dann könnte ich mich selber überzeugen."

„Hm, mein Bester, misstrauen Sie mir etwa?"

„Aber, Herr Seidelmann, wie dürfte ich...!"

„Schon gut. Bleiben wir bei der Sache! Selbst im günstigsten Fall verstreicht Zeit. Für jetzt muss ich also dabei bleiben, dass ich Ihre Arbeit nicht brauchen kann."

„Und – und das Geld?"

„Sie können doch nicht verlangen, dass ich eine Arbeit bezahle, die für mich wertlos ist?"

Der Musterzeichner drehte die Mütze in den Händen. Er hätte grad hinaus schreien mögen vor Verzweiflung. Doch er bezwang sich und raffte sich noch zu einer letzten Frage auf.

„Und der Vorschuss, Herr Seidelmann?"

Martin Seidelmann fuhr entrüstet auf.

„Vorschuss? – Diese Frage habe ich jetzt allerdings nicht mehr erwartet! Ich habe Ihnen keinen Vorschuss gegeben, als ich überzeugt war, dass Sie morgen Arbeit bringen würden; ich kann ihn nun noch viel weniger gewähren, da ich weiß, dass Wochen vergehn, bevor Sie Neues liefern."

„Und wovon soll ich bis dahin leben?"

„Da siehe du zu!", sagte Seidelmann in einem Tonfall, der auch den gutmütigsten und geduldigsten Menschen in Wut bringen musste.

Die Zähne des Musterzeichners knirschten aufeinander.

„Wissen Sie, wem das Wort galt, das Sie da ausgesprochen haben?", fragte er mit bebender Stimme.

„Es ist eine Redensart.“

„Zur Redensart geworden, Herr Seidelmann. Ursprünglich ist es ein Bibelwort. Diese Antwort erhielt Judas Ischariot, als er seine Tat bereute und den Priestern die dreißig Silberlinge vor die Füße warf.“

„Mag sein.“

„Darauf ging er hin und erhängte sich. Soll ich etwa das Gleiche tun?“

„Mein Lieber, was sollte Ihr Tod Ihrer Familie nützen?“, fragte Seidelmann kalt, fast spöttisch. „Solche Lagen sind Prüfungen, aus denen der Mensch gestärkt und geläutert hervorgeht.“

„Oder in denen er untergeht. Wenn Gott wirklich die Liebe ist, so kann er einen Menschen nicht derart in Versuchung führen.“

„Das sind unnütze Erörterungen, für die ich keine Zeit habe. Bemühen Sie sich, bitte, nicht weiter!“

„Und was wird mit diesen vier Zeichnungen?“

„Die behalte ich einstweilen zum Vergleich mit jener andern Arbeit hier. So war es doch Ihr Wunsch. Sie bekommen dann Bescheid. Für heut sind wir fertig miteinander.“

Er wandte sich ab. Wilhelmi war es, als sei ihm die Kehle zugeschnürt. Er wankte hinaus.

Draußen aber wehte ihm die winterliche Kälte entgegen, das brachte ihn wieder zu sich. Er bleib stehn und blickte die Straße hinab.

‚Was nun?‘, fragte er sich.

Er dachte an zu Haus und ein Grauen überlief ihn, wenn er sich vorstellte, wie er nun dort mit leeren Händen über die Schwelle treten würde. Der Jammer der Seinen würde ihm wieder das Herz zerreißen und er konnte ihnen keinen Trost zusprechen. Im Gegenteil, er musste ihnen die furchtbare Botschaft bringen, dass er auch morgen und übermorgen und all die nächsten Tage kein Geld haben würde.

Eine namenlose Bitterkeit stieg in dem gequälten Mann

auf. Er sollte wieder von vorn anfangen mit der Arbeit, sollte neue Muster ersinnen und ausführen! Daran war ja einfach nicht zu denken ohne Nahrung, ohne Licht, ohne eine warme Stube und ohne Geld für die Arznei, die den Kranken helfen sollte.

So trottete er gesenkten Hauptes dahin, fand sich plötzlich vor seiner Wohnung und weiterhin in der Stube, wo sein Zeichentisch stand, wo in der Ecke die Frau und die Kinder lagen. Die Schwiegermutter brauchte ihn nicht nach dem Erfolg seines Bittgangs zu fragen. Sie sah es ihm an, wie die Dinge standen. Deshalb zog sie ihn beiseite; er sollte ihr wenigstens so berichten, dass es die kranke Frau nicht hörte.

Als Wilhelmi der Greisin all sein Unglück und seinen Jammer geschildert hatte, strich sie ihm tröstend mit der welken Hand über die Stirn.

„Und doch darfst du Mut und Gottvertrauen nicht verlieren!“, mahnte sie. „Bleib eine Weile hier! Ich werde inzwischen zu Dr. Werners Frau gehen und holen, was er uns versprochen hat. Wenn ich wiederkomme, übernehme ich die Wache bei den Kranken, du aber machst dich einmal auf den Weg nach der Roten Mühle zu deinem Bruder. Wenn er dir auch nicht helfen kann, so sprich dich wenigstens aus mit ihm! Auch das ist unter Umständen eine Wohltat!“

Wilhelmi nickte. Er war mit allem einverstanden und zu allem bereit, sein Wille und seine Tatkraft waren gebrochen.

So wartete er fast eine Stunde auf die Rückkehr der alten Frau. Als sie kam, brachte sie auf einem kleinen Handelsschlitten ein Brot mit, einen Topf mit Milch und einen mit Fleischbrühe, etwas Butter und sogar vier Eier. Auch einen Sack voll Kohlen und ein großes Bündel Holz schleppte sie herbei. Sie war voll Dank gegen die guten Arztleute, die ihr das alles geschenkt hatten.

Unter ihren Reden, die auch beruhigend zu der Kranken hinüberklangen, heiterte sich die Stimmung des Zeichners ein wenig auf. Willig ließ er sich zur Tür hinausschieben und machte sich auf nach der Roten Mühle, zu seinem Bruder. Der befand sich zwar selber in Not, aber er war seelensgut. Er gab, wenn er auch nicht helfen konnte, vielleicht einen Rat und auf alle Fälle hatte er wenigstens ein freundliches, teilnehmendes Wort.

15. In der Roten Mühle

So schritt Wilhelmi auf dem Seitenweg aus dem Dorf hinaus, der zum Haingrund führte; doch ehe man diesen erreichte, kam man an eine Mühle, die als Rohbau aus roten Ziegeln errichtet war. Daher wurde sie in der Umgegend die Rote Mühle genannt.

Sie lag am Waldrand vor einem steilen Hang und war ein altes, halb verfallenes Gebäude. Der Müller hatte hier lange Jahre als Knappe gearbeitet und dann die Tochter seines Meisters geheiratet. So war die Mühle als Erbe auf ihn gekommen, allerdings mit allen Schulden, die darauf lasteten.

Der neue Müller war fleißig und geschickt und hatte bis vor etlichen Jahren die Hoffnung hegen dürfen, sich emporarbeiten zu können. Da aber hatte der Besitzer des Kohlenschachts ‚Gottes Segen', Baron von Wildstein, ganz in der Nähe eine riesige Dampfmühle nach amerikanischem Muster errichtet und seit dieser Zeit stand die Rote Mühle oft wochenlang unbeschäftigt.

Wilhelmi schritt das Tal entlang und sah bald den Rauch aus dem Schornstein des alten Bauwerks steigen.

‚Sie können sich wenigstens eine warme Stube leisten', dachte er bei sich.

Als er dann in den Flur des Hauses trat, stieg ihm ein angenehmer, verlockender Duft in die Nase.

‚Braten?', wunderte er sich. ‚Und noch dazu von Wild, wie es scheint. Wie kommt der Bruder dazu? Er wird doch nicht etwa...'

Wilhelmi klopfte an und von drinnen erscholl ein lautes „Herein!" Der Besucher klinkte die Tür auf und fand seinen Bruder und dessen Frau beim Essen.

Der Müller war dem Zeichner ähnlich, aber viel besser genährt als jener; seine Frau war beinahe dick zu nennen. Dennoch sah man es den Gesichtern der beiden an, dass auch sie nicht von Sorgen verschont waren.

„Du kommst grad zur rechten Zeit!", rief der Müller. „Da setz dich und iss mit uns!"

„Das duftet ja nach Wildbraten!"

„Rehkeule ist es!"

„Wie kommst du denn zu solch einem teuren Essen?"

„Ein Geschenk."

„Von wem?"

„Das ist mein Geheimnis."

„Dann – möchte ich lieber nicht..."

„Unsinn! Ich bin nicht unter die Wilddiebe gegangen. Setz dich nur und greif zu!"

Der Zeichner gehorchte, freilich noch ein wenig zögernd. Die Müllerin holte einen Teller nebst einem Besteck für ihn und nahm dann wieder am Tisch Platz.

Wilhelmi hatte seine Bedenken wegen der Herkunft des Bratens bald überwunden. Er griff heißhungrig zu und schnitt sich ein Stück ab. Doch als er im Begriff stand, den ersten Bissen zum Mund zu führen, zögerte er plötzlich wieder.

„Was denn?", fragte der Müller.

„Ich kann nicht. – Meine Frau und meine Kinder!"

Er legte Messer und Gabel wieder aus der Hand und lehnte sich seufzend zurück.

Der Müller schüttelte verwundert den Kopf, die Frau aber nickte vor sich hin.

„Ich glaube, ich weiß, was ihm fehlt. Er kann nicht essen, weil Frau und Kinder zu Haus nichts zu beißen haben. Nicht wahr, Schwager?"

„Ja", gestand der Zeichner. „Ich würde an dem Bissen ersticken."

Sein Bruder lachte verlegen.

„Ja, ja, so bist du! Äußerlich ein harter Kerl und innerlich weich wie Gänseschmalz. Aber wenn es nur das ist, so greif getrost zu! Wir haben auch für deine Frau und deine Kinder noch genug. Wir haben ein ganzes Reh geschenkt erhalten."

„Ein ganzes Reh? Etwa vom Förster Wunderlich? Dem sähe eine solche Guttat ähnlich und wenn er sich darum selber ein paar leckere Mahlzeiten versagen müsste."

„Ich sage jetzt nicht ja und nicht nein. Erst essen wir und dann sollst du alles erfahren."

Wilhelmi ließ sich nun nicht länger bitten und in kurzer Zeit hatte er sein Stück Fleisch verzehrt.

„Du schlägst ja heut eine mordsmäßige Klinge!", lachte der Müller. „Hast wohl Fastenzeit gehabt?"

„Allerdings", seufzte der Bruder. „Mir ist's die letzte Zeit elend ergangen."

„Und da kommst du nicht früher zu uns?"

„Was sollte ich bei euch? Ich weiß doch, ihr habt selber eure Sorgen."

Die Müllerin musterte ihren Schwager mit einem teilnahmsvollen Blick.

„Geht es wirklich so schlecht zu Haus?", fragte sie leise.

„Leider", nickte der Zeichner. „Uns ist es nicht so wohl geworden wie euch. Ihr habt einen Braten, eine warme Stube und – wie ich am Klappern der Mühle höre – auch Arbeit."

„Gott sei Dank, Arbeit haben wir!", sagte der Müller. „Wenn es nur so bliebe!"

Die Müllerin ließ den Kopf sinken, als wollte sie eine Bemerkung unterdrücken, die sich auf die Lippen drängte.

In diesem Augenblick ertönte draußen die Klingel. Der Müller musste hinaus, um frisch aufzuschütten.

„Dir liegt eine Sorge auf dem Herzen?", forschte der Zeichner, als er mit der Müllerin allein war.

„Und schwer!", seufzte die Frau.

„Darf man erfahren, was es ist?"

„Er wird es dir wohl selber sagen. Und ich bitte dich um Gottes willen, Schwager, rate ihm ab!"

„Plant der Bruder etwas Schlimmes?"

„Ja, ja! Tu mir den Gefallen und biete alles auf, ihn davon abzubringen!"

Gleich darauf wurde das Gespräch der beiden wieder unterbrochen; der Müller kam zurück und warf einen fragenden Blick auf seine Frau.

„Na, sie hat dir wahrscheinlich schon ihre Not geklagt", meinte er gutmütig lächelnd. „Trag ab, Pauline, und komm bald wieder! Eheleute müssen aufrichtig sein gegeneinander. Du sollst auch hören, was der Bruder dazu sagt."

Sie räumte ab und nahm dann wieder bei den beiden Männern Platz.

„Also daheim geht's schlecht?", begann der Müller.

„Schlechter als jemals."

„Dass ihr nichts zu beißen habt, hast du schon gesagt. Bei uns war's übrigens auch so weit."

„Und die Frau und die Kinder liegen krank auf den Tod."

Der Müllerin traten die Tränen in die Augen. Wilhelmi sah es und nun war es ihm nicht möglich, sich selber zu beherrschen. Er legte die Arme auf den Tisch, bettete den Kopf darauf und weinte still in sich hinein.

Der Müller wollte ein tröstendes Wort sprechen, aber seine Frau winkte ihm ab. Sie hatte Recht. Wenn man sich einmal ausweint, wird das Herz leicht.

So ließen sie den Zeichner gewähren, bis er den Kopf von selber wieder hob und sich die Tränen trocknete.

„Ihr dürft euch nicht wundern, dass es hier einmal losbricht", sagte er, als müsste er sich entschuldigen. „Daheim darf ich mir doch nichts merken lassen."

„Recht so, Schwager", nickte die Müllerin. „Schütte uns nur getrost dein Herz aus!"

So redete sich Wilhelmi denn seinen ganzen Jammer von der Seele. Zum Schluss erzählte er auch ausführlich, wie es ihm bei Martin Seidelmann ergangen war.

Da schlug der Müller plötzlich mit der Faust auf den Tisch.

„Das ist schlecht, grundschlecht! Das hätte ich ihm nicht zugetraut – denn zu uns ist er freundlicher gewesen."

„Zu euch? Inwiefern?“

„Er hat uns Arbeit geschickt. Wir mahlen für ihn, darum geht heut unsre Mühle nach langer Zeit einmal wieder.“

„Für Seidelmann?“, staunte der Zeichner. „Wozu braucht er denn so viel Mehl und woher nimmt er die Körner? Seine Familie ist doch nicht so groß, dass er wegen des Brotmehls zum Müller gehen muss.“

„Es ist Berechnung dabei. Er hat Getreide von jenseits der Grenze erhalten, ich mahle es und er verkauft das Mehl im Großen. Er sagt, er käme dabei gut auf seine Kosten.“

„Wo liegt denn das Getreide?“

„Oben in der Dampfmühle. Die können es aber allein nicht schaffen, weil die Sache eilt, und deshalb soll ich helfen. So habe ich denn für längere Zeit zu tun und er hat mir, um das Geschäft festzumachen, gleich hundert Mark Vorschuss gegeben.“

„Hundert...? Unglaublich! Das sieht ihm doch gar nicht ähnlich!“

Die Müllerin warf ihrem Mann einen verstohlenen Blick zu, winkte mit den Augen zum Schwager hinüber und machte dann so, dass der Zeichner es nicht merkte, mit den Fingern die Gebärde des Geldzählens.

„Du siehst also“, fuhr der Müller daraufhin fort, „dass wir für die nächste Zeit keine Sorgen haben. Hm – vierzig Mark könnte ich schließlich entbehren. Wenn du sie brauchst, kannst du sie haben.“

Wilhelmi sprang vom Stuhl auf und starrte den Bruder und die Schwägerin an wie ein Träumender.

„Herr des Himmels – vierzig Mark! – Das kann – das kann doch nicht Wirklichkeit sein!“

Es hatte fast den Anschein, als wäre der Auftritt dem Müller peinlich.

„Nun?“, fragte er. „Willst du?“

„Und ob ich will! Oh, das werde ich euch nie vergessen! Jetzt wird mir leichter ums Herz! Nun können wir essen und heizen und auch Arznei kaufen! – Ich bin wie neu geboren. Es ist mir, als wäre mir ein rettender Engel erschienen."

„Na, na", lächelte die Müllerin. „Wir sind auch nur Menschen und überdies ist's ja unsere Pflicht zu helfen, wenn es möglich ist."

„O du gutes Herz! – Aber nun lasst mich fort! Daheim sind sie im Elend! – Ich darf sie keine Sekunde länger in Sorgen lassen!"

Der Zeichner wollte sich schon nach der Tür wenden, obwohl er ja die vierzig Mark noch gar nicht erhalten hatte; der Müller jedoch wehrte ab und deutete auf den Stuhl, von dem der Bruder aufgestanden war.

„Noch ein Weilchen!", bat er. „So schlimm es bei dir zu Haus auch aussehn mag, ein paar Minuten werden sie es schon noch aushalten. Ich muss dir etwas erzählen und dich dann um deinen Rat fragen, denn ich möchte gern wissen, was du zu der Sache meinst."

Der Zeichner setzte sich wieder und der Müller kratzte sich verlegen hinterm linken Ohr.

„Na, Pauline", wendete er sich schließlich an seine Frau, „wie soll ich nun anfangen? 's ist doch eine sehr bedenkliche Geschichte!"

„Ja", nickte sie, „eine sehr bedenkliche Geschichte!"

„Worum handelt es sich denn?", fragte Wilhelmi.

„Hm! Um ein Geschäft."

„Mit wem?"

„Mit – hm! – na, heraus damit: mit dem Buschgespenst!"

Der Müller sah seinem Bruder erwartungsvoll ins Gesicht. Er meinte, sein Geständnis müsse auf den Zeichner wirken wie der bekannte Blitz aus heiterem Himmel. Aber er sah sich in dieser Erwartung getäuscht. Wilhelmi erschrak nicht, er schnellte nicht vom Stuhl auf, es kam auch kein Wort der Überraschung über seine Lippen. Nur ein kurzes Aufblitzen in seinen Augen verriet, dass die ungeheuerliche Mitteilung überhaupt Eindruck auf ihn gemacht hatte.

„So, so“, sagte er dann erstaunlich ruhig. „Hat dir der Anführer der Pascher einen Boten geschickt?“

„Nein, er ist selber zu mir gekommen.“

„Wann?“

„Am Sonntag.“

„Erzähl mir das, bitte, ausführlich!“

„Nun, du weißt, dass meine Frau und die Försterin gut bekannt sind miteinander. Am Sonntagabend ging Pauline ins Forsthaus und ich blieb bis kurz vor Mitternacht allein. Da klopfte es plötzlich draußen an den Fensterladen. Ich dachte, es wäre Pauline, und wunderte mich darüber; denn sie hatte meines Wissens einen Hausschlüssel mitgenommen. Als ich aber dann die Haustür öffnete, stand zu meiner Überraschung ein Mann vor mir. Es war das Buschgespenst.“

„Hast du das sogleich erkannt? Wie sah es denn aus?“

„Zuerst konnte ich allerdings nichts unterscheiden, denn der Fremde schob sich ohne weiteres an mir vorbei ins Haus und ich hatte kein Licht im Flur. ‚Sie sind allein?‘, fragte er mich. ‚Ich weiß, Ihre Frau ist beim Förster, und ich benutzte diese Gelegenheit, mit Ihnen zu reden. Lassen Sie mich hinein in die Stube!‘ Er ging voran und ich folgte ihm. Da stand er denn vor mir, grad so wie er immer beschrieben wird: die Hosen in den Schaftstiefeln, kurze Joppe und Hut, vor dem Gesicht eine schwarze Maske. Seine Stimme klang hohl unter der Larve hervor.“

„So, so!“, machte Wilhelmi wieder, noch immer so unbegreiflich ruhig. „Was wollte er denn von dir? Fast ahne ich es schon.“

„Nein, das kannst du nicht ahnen. Er verlangte etwas ganz Sonderbares von mir: den hinteren Keller!“

„Und du bist auf den Vorschlag eingegangen?“

„Es war kein Vorschlag, sondern eine Forderung. Denkst du etwa, dass er mich groß gefragt oder gebeten hat?“

„Nun, fragen musste er dich doch.“

„Ist ihm nicht eingefallen. Er hat verlangt, dass ich ihm den Keller abtrete und hat mir dafür zweihundert Mark Pacht jährlich geboten. Er hat mir auch sogleich die Hälfte der Pachtsumme ausgezahlt."

„Aha! Dann ist also das Geld, das du mir borgen willst, vom Buschgespenst?"

„Nein. Du kannst es ruhig nehmen. Es ist von Seidelmann. Die hundert Mark vom Buschgespenst liegen noch unangerührt."

„Aber weißt du denn auch, in welche Gefahr du dich begibst? Er wird deinen Keller als Niederlage für Pascherwaren benutzen wollen. Das ist doch klar."

„O nein! Durchaus nicht! Und das ist mir eben das Unbegreifliche: Er zahlt mir jährlich zweihundert Mark dafür, dass er meinen Keller – zuschütten darf! Später, wenn unser Übereinkommen abgelaufen ist, kann ich ihn mir wieder ausgraben lassen."

„Das begreife ich allerdings nicht", gestand der Zeichner. „Vielleicht täuscht er dich?"

„Nein", versicherte ihm der Bruder. „Er schüttet den Keller tatsächlich zu. Ich muss ihn bis heut Abend geräumt haben und kann den Schlüssel stecken lassen. In vierzehn Tagen, so erklärte mir der unheimliche Besucher, kann ich mich davon überzeugen, dass der Keller wirklich zugeschüttet ist, und dann soll ich den Schlüssel wieder an mich nehmen. Du siehst also, dass Gefahr überhaupt nicht besteht."

Der Musterzeichner schüttelte langsam den Kopf.

„Das wird sich erst zeigen müssen", meinte er nachdenklich. „Aber ich sehe ein, dass du dich vielleicht nicht weigern konntest. Das Buschgespenst pflegt seine Forderungen durch harte Drohungen zu unterstreichen. Und wehe dem, der dem geheimnisvollen Scheusal zu trotzen wagt!"

„Das ist es ja!", rief der Müller. „Das Buschgespenst drohte mir mit dem Tod, wenn ich mich weigern sollte, den Keller herzugeben; andernfalls aber würde ich bald merken, dass es sich mit mir zum Besten wende. Ich schlug also ein, nachdem er mir versprochen hatte, die Sache so einzurichten, dass ich auf keinen Fall irgendwelche Ungelegenheiten davon hätte. Und nun kommt das Erstaunlichste an dem ganzen Erlebnis. Bereits am nächsten Tag erschien Seidelmann in der Mühle und brachte mir Arbeit. Ist das nicht wie ein Märchen?"

„Hm", brummte der Zeichner. „Ich glaube nicht an Märchen. Die passen besser für Kinder als für unsereinen. Du sagst, Seidelmann sei zu dir gekommen, und zwar der Vater?"

„Der Vater. Ich habe dir ja schon ausführlich erzählt, dass er das Getreide so schnell gemahlen haben will, um das Mehl günstig verkaufen zu können und so fort."

„Und du denkst wirklich, dass dieser Auftrag irgendwie mit dem Buschgespenst zusammenhängt?"

„Das ist doch gar keine Frage. In der Nacht erhalte ich das Versprechen, es würde mir wirtschaftlich besser gehen, wenn ich den Keller hergebe, und am andern Tag schon kommt dieser prächtige Auftrag. Das ist doch kein zufälliges Zusammentreffen."

„Hm! Und wie erklärst du dir den Zusammenhang?"

„Darüber habe ich mir reichlich den Kopf zerbrochen und dann kam mir mit einem Mal die Erleuchtung. Wenn man die Sache recht besieht, ist sie eigentlich gar nicht so rätselhaft. Das Buschgespenst übt einen unerhörten Druck aus auf alle Menschen in Hohenthal und Umgebung. Es ist eine Art ungekrönter König hier im Gebirge. Die armen Leute sind ihm hörig als Pascher, als Hehler, als Boten oder sonst wie, so weit das Buschgespenst sie eben braucht. Die andern lässt es in Frieden. Die es aber braucht, müssen ihm unbedingt zu Willen sein, sonst geht es ihnen so schlecht, dass sie gleich einen Strick nehmen und sich aufhängen können. Wohlgemerkt: die armen Leute! So dachte ich immer. Mein Fall aber hat mich eines andern belehrt. Dass Seidelmann so umgehend zu mir kam und mir den Auftrag brachte, muss bestimmt unter dem Druck des Buschgespenstes geschehn sein. Auch die Seidelmanns, die Reichsten im Ort und weit darüber hinaus, abgesehn vom Baron von Wildstein, auch diese Seidelmanns sind offenbar gezwungen, sich dem Willen des geheimnisvollen Buschgespenstes zu beugen. Wer weiß, welche Druckmittel der Pascherkönig selbst gegen den unabhängigen Unternehmer in der Hand hat. Wenn man das richtig durchdenkt, wird einem angst und bange. Und von diesem Gesichtspunkt aus gesehn, kann man es einem armen Teufel wie mir, dem Besitzer der Roten Mühle, nicht verdenken, wenn er sich dem Drängen des Buschgespenstes nicht widersetzt hat."

Der Müller schwieg und schaute erwartungsvoll auf seinen Bruder. Auch die Frau, die ängstlich der Unterhaltung gefolgt war, horchte nun nach dem Zeichner und seiner Entgegnung hinüber. Der aber starrte vor sich hin und tat den Mund nicht auf. Da rief ihn der andere an, als müsste er ihn aus einem Traum wecken.

„Du, so sag doch ein Wort! Was meinst du zu der Sache?"

Wilhelmi richtete sich auf.

„Was ich dazu meine? Ach so! Nun ja, du magst ja Recht haben. Oder auch nicht. Die Hauptsache ist für dich, dass es dir besser geht. Erzähl nur weiter!"

„Da ist nicht mehr viel zu erzählen", brummte der Müller. „Höchstens noch das von dem Reh. Ich fand es gestern Abend vor der Haustür mit einem Zettel, darauf stand: ‚Geschenk vom Buschgespenst'. – Dumm war es übrigens", fügte der Sprecher mit einem verlegenen Lächeln hinzu, „dass Pauline dazukam, als ich mit dem Buschgespenst verhandelte. Sie war leise in die Küche gehuscht und hörte von drüben alles mit an. Erst als das Buschgespenst fort war, kam sie hervor. Sie ist nun voller Angst. Aber ich meine, da haben Frauen nichts dreinzureden. So etwas ist Männersache."

„O doch!“, widersprach Frau Pauline. „Das Buschgespenst handelt gegen das Gesetz. Dieser Mensch ist nicht nur ein Pascher, sondern auch ein Mörder, und wer mit ihm ein Abkommen eingeht, der macht sich mit strafbar.“

„Aber, Frau! Nimm doch Vernunft an! Du magst ja ganz Recht haben, nur musst du bedenken, welche Drohungen das Buschgespenst gegen mich ausgestoßen hat! Wäre ich auf seinen Vorschlag nicht eingegangen, so hätte ich mir diesen Mann zum Feind gemacht und das hätte mich das Leben kosten können. Das Buschgespenst scheut sich nicht, einen Widersacher kaltzumachen.“

Die Frau seufzte und schwieg. Dafür aber begann der Zeichner plötzlich unaufgefordert zu sprechen.

„Ja, das trau ich ihm allerdings zu“, stimmte er dem Bruder bei. „Das Buschgespenst ist rücksichtslos und grausam, das habe ich an mir erfahren.“

Der Müller warf einen erstaunten Blick auf den Sprecher.

„Du an dir?“, fragte er. „Hast du denn Beziehungen zu ihm?“

Der Zeichner nickte vor sich hin und zog die Mundwinkel herab.

„So halb und halb! Leider! Dieser Schurke verlangt, ich soll ihm Botendienste leisten. Bis jetzt ist's ihm ja noch nicht gelungen, mich so weit zu bringen, obgleich er sich alle Mühe gegeben hat.“

„So hat er mit dir gesprochen?“

„Ja. Er hat mich mehrmals abgefangen, wenn ich mal zwischen Arbeit und Arbeit abends eine halbe Stunde an die Luft ging. Dieser Mensch ist zugleich frech und schlau und versteht es, günstige Gelegenheiten auszunützen. Er weiß, dass ich in Not bin, und Not bricht bekanntlich Eisen. Damit rechnet er. Wenn man im Elend steckt, wenn man Frau und Kinder hungern und hinsiechen sieht, greift man zu, sobald sich Hilfe bietet, und ist leicht geneigt, die Stimme des Gewissens zu überhören, auf die man doch sonst als rechtlicher Mensch achtet. Ihr könnt euch vorstellen, wie schwer es mir geworden ist, das Angebot des Versuchers dreimal auszuschlagen. Er versprach mit jeweils einen blanken Taler nur für die Besorgung eines Briefs in der nächsten Umgebung. Aber ich bin fest geblieben."

„Wohl dir!", nickte die Müllerin. „Ein gutes Gewissen ist..."

Doch sie kam nicht weiter. Ihr Mann brachte sie mit einer ärgerlichen Geste zum Schweigen.

„Rede nicht, Frau! Ich bin gewiss kein Lump und habe allezeit auf eine weiße Weste gehalten. Aber leben muss der Mensch und zumal ein Familienvater hat Pflichten gegen die Seinen. Du siehst ja, was dem Bruder seine Standhaftigkeit eingebracht hat. Das helle Elend! Wer weiß, wie das Buschgespenst gegen ihn gewühlt hat, vor allem bei Seidelmann. Und das wird so weitergehn, wenn er bei der Weigerung bleibt. Ich dächte, ich hätte euch vorhin die Sache klargelegt. Rechtlichkeit hin, Rechtlichkeit her – ich bin zu der Erkenntnis gekommen, dass man sich dem Buschgespenst nicht versagen darf, wenn es winkt. Anders kann man hier in Hohenthal und Umgegend nicht durchkommen. Wenn den Behörden diese Zustände unerträglich scheinen, so mögen sie für Abhilfe sorgen und dem Pascherkönig das Handwerk legen. Aber das bringen sie ja nicht fertig. Sie sind unfähig, uns gegen den rücksichtslosen Mann zu schützen. Also müssen wir sehn, wo wir bleiben. Wenn du klug bist, Bruder, handelst du in Zukunft danach!"

Die Frau sagte nichts mehr und der Zeichner war sehr nachdenklich geworden.

„Ja, ja", murmelte er vor sich hin. „Ich werde mir die Sache überlegen." Dann stand er plötzlich auf. „Und nun muss ich gehen. Die Meinen warten mit Schmerzen auf mich."

„So will ich dir das Geld holen", sagte der Müller.

Er ging und brachte nach kurzer Zeit die versprochenen vierzig Mark. Die Augen des Musterzeichners glänzten vor Rührung und Freude, als er sie einsteckte.

„Bruder, das ist Hilfe in der höchsten Not!", sagte er. „Jetzt können wir essen! Und die Meinen können gesund werden."

„Vielleicht langt es auch noch weiter."

„Ich werde äußerst sparsam sein und vor allem diese Nacht im geheizten Zimmer einige neue Muster entwerfen, die bestimmt etwas taugen."

16. Zwischen Abend und Morgen

Arndt und Wunderlich waren aus der Kreisstadt ins Forsthaus zurückgekehrt. Christian, der Knecht, empfing ein reichliches Trinkgeld, das er schmunzelnd einsteckte. Den Betrag, den der Teichbauer für seine Gefälligkeit zu bekommen hatte, lieferte der Förster am Nachmittag selber ab. Er erbot sich zu diesem Gang, weil er schon merkte, dass es ihn daheim doch nicht leiden würde. Ihn quälte die Unruhe, die fieberhafte Erwartung des neuen Abenteuers, das ihm Arndt versprochen hatte.

Ein Stelldichein mit dem Buschgespenst! Heißa, das war so etwas nach des Försters Geschmack! Er konnte an gar nichts anderes mehr denken. Und da bekanntlich das Wort gilt: Wes das Herz voll ist, des gehet der Mund über!, wurde es dem biedern Ehemann reichlich schwer, vor seinem Bärbchen zu schweigen.

Da man noch im Februar stand, brach die Dunkelheit verhältnismäßig zeitig herein, denn der Himmel hatte sich obendrein mit einer leichten Wolkendecke überzogen, sodass weder Mond noch Sterne zu leuchten vermochten. Das Abendbrot wurde im Forsthaus diesmal ziemlich schweigsam und hastig verzehrt. Dann griff Wunderlich nach seiner Pfeife, setzte sie in Brand und lief ungeduldig im Zimmer auf und ab.

„Was du nur hast?“, wunderte sich die Försterin. „Du bist ja heut das reine Quecksilber.“

„Das verstehst du nicht. Ich habe noch einen wichtigen Gang vor.“

„Ach du lieber Herrgott! Du bist doch nicht etwa einem Wilddieb auf der Spur? Nimm dich in Acht, Alter! Wenn sie dich anschießen...“

„Unsinn!“, knurrte Wunderlich. „Denke nicht an Wilddiebe. Habe Wichtigeres zu tun. Ich gehe mit dem Herrn Vetter.“

„Ach so, das hätte ich eigentlich bald ahnen können.

Der Herr Vetter ist ja mit einem Mal die Hauptperson bei uns geworden."

„Ist er auch. Bärbchen, ich sage dir, wenn du wüsstest, was ich weiß!" Der Förster tat einen tiefen Seufzer, so sehr quälte ihn das Geheimnis, das er nicht loswerden konnte. „Ich sage dir: Das ist ein Mann! Du wirst staunen!"

„Worüber?"

„Hm! Worüber! Das ist nun so eine Frage. Darauf darf ich nicht antworten. Aber gib dich zufrieden, Bärbchen! Du wirst schon noch alles erfahren."

In diesem Augenblick klopfte es an die Stubentür. Arndt, der seine Abendmahlzeit oben in seinem Zimmer verzehrt hatte, kam, um Wunderlich zu dem bedeutsamen Gang abzuholen. Im Nu war Wunderlich in der dicken Joppe und stülpte den Filzhut auf. Dann griff er nach seinem Gewehr.

„Soll ich's mitnehmen?", fragte er zu Arndt hinüber.

Der nickte nur und wandte sich hierauf mit ein paar kurzen Worten an die Försterin.

„Wenn in unsrer Abwesenheit jemand nach Ihrem Mann fragen sollte, so sagen Sie bitte nicht, dass er mit mir gegangen ist. Er ist im Wald und kommt vermutlich erst gegen Mitternacht heim. Diese Auskunft wird genügen."

Darauf verließen die beiden Männer das Haus. Arndt gab die Richtung an. Er hielt auf die Gegend zu, wo das Bergwerk lag. Als der Förster das merkte, wunderte er sich.

„Wollen Sie nach den Kohlengruben, Herr Vetter?", erkundigte er sich.

„Ja, das will ich. Dort ist das Treffen vereinbart. Der Wächter Laube wird mich dem Buschgespenst melden."

Wunderlich stieß einen halblauten Pfiff aus.

„Laube? Der alte Schleicher? Weiß der Kuckuck, den habe ich schon immer im Verdacht gehabt, dass er nicht in ganz reinen Schuhen geht. Aber dass er einer der ersten Vertrauten des Buschgespenstes ist, nein, das hätte ich denn doch nicht geahnt. – Also der Laube wird Sie melden! Darf man erfahren, was weiter bevorsteht, vor allen Dingen, welche Rolle ich heut Abend zu spielen habe?"

„Ich wollte Ihnen sowieso jetzt die nötigen Verhaltensmaßregeln geben", erklärte Arndt. „Also hören Sie! Wenn wir uns dem Gelände des Bergwerks nähern, trennen wir uns. Es ist möglich, dass ich erwartet werde, und so könnte irgendwo ein Aufpasser stehn. Nun darf aber niemand ahnen, dass ich nicht allein komme. Ich gehe grad auf das Haus zu, wo Laube wohnt. Schräg gegenüber steht ein alter Schuppen..."

„Kenne ich", nickte Wunderlich. „Ich weiß da oben genau Bescheid."

„Umso besser. Dieser Schuppen ist der vereinbarte Ort, wo ich mit dem Buschgespenst zusammentreffen will. Was meinen Sie? Werden Sie von der Rückseite her so an den Schuppen heranschleichen können, dass niemand Sie bemerkt?"

„Und ob ich das fertig bringe! Eine Kleinigkeit für einen alten Pirschgänger!"

„Ich vertraue auf Ihre Geschicklichkeit, mein lieber Wunderlich. Sollte Sie wider Erwarten doch jemand entdecken und Sie anhalten, so können Sie sich vielleicht auf einen Dienstgang herausreden."

„Kann ich, ganz gewiss, Herr Vetter. Ich brauche nur zu sagen, ich hätte da in der Nähe Schlingen gefunden, die vermutlich irgendein Spitzbube gelegt hat, um sich einen hungrigen Feldhasen zu fangen. Mir kann doch keiner dreinreden. Das Gelände gehört dem Herrn Baron, in dessen Diensten ich stehe. Also bin ich berechtigt, ja verpflichtet, da herumzulaufen."

„Großartig!", lobte Arndt. „Und nun weiter! Während ich drin im Schuppen mit dem Buschgespenst verhandle, halten Sie an der Rückwand des Brettergebäudes Wache!

Das hat mehrfachen Wert. Erstens sind Sie so voraussichtlich Zeuge unsrer Unterhaltung. Durch die dünnen Wände hören Sie vermutlich jedes halbwegs laut gesprochene Wort. Zweitens können Sie aufpassen, ob etwa irgendein verdächtiger Kerl den Schuppen umschleicht, um mir hinterher nachzuspüren und auszuschnüffeln, wohin ich mich wende. Einen solchen Burschen müssten Sie mir auf eine harmlose und unauffällige Weise vom Leib halten. Aber Vorsicht dabei! Es darf niemand die Absicht merken. Und drittens machen Sie Ihr Gewehr schussfertig! Man kann in solchen Lagen nie wissen, wie die Sache ausgeht. Hören Sie oder sehn Sie gar, dass man einen tätlichen Angriff auf mich unternehmen will, so greifen Sie ein! Dabei brauchen Sie noch immer nicht zu verraten, dass Sie mein Verbündeter sind. Sie können ja rein zufällig hinzugekommen sein. Aber das käme nur für den äußersten Notfall in Betracht. Wenn es irgend angeht, bleiben Sie im Hintergrund! Verstanden?"

„Der alte Wunderlich ist doch nicht auf den Kopf gefallen", schmunzelte der Förster. „Ich weiß schon, was ich zu tun habe. Es fragt sich nur noch, wie und wo wir uns wieder zusammenfinden, wenn die Unterredung beendet ist."

„Hm. Haben Sie einen Vorschlag?"

„Nun, ich denke, Sie werden nachher den Weg nach Hohenthal einschlagen?"

„Zunächst, ja. Später will ich nach der Straße abbiegen, die zur Stadt führt. Es soll aussehn, als wollte ich noch in der Nacht in die Stadt zurückkehren."

„Ganz recht. Genau so dachte ich mir die Geschichte auch. Und nun passen Sie auf! Wenn Sie diese Straße ein Stück verfolgen, durchqueren Sie ein kleines Bauernwäldchen. Dort werde ich Sie erwarten. Ich schleiche mich gleich querfeldein hin. Also werde ich auf alle Fälle eher dort sein als Sie. Ich passe nur erst auf, ob Sie auf Ihrem Rückzug sicher sind, dann verschwinde ich."

Somit war alles verabredet. Ein Dickicht am Weg benützte der Detektiv, um Perücke und Bart anzulegen, die er schon bei der ersten Begegnung mit dem Unbekannten verwendet hatte. Sie näherten sich jetzt dem Gelände des Bergwerks und trennten sich wie verabredet. Wunderlich tauchte zur Rechten des Pfades im Dunkel der Nacht unter, Arndt aber schritt gerade auf die Schachtanlagen zu.

Zu seiner Verwunderung konnte er nirgends eine menschliche Gestalt entdecken und er hatte doch bestimmt damit gerechnet, man würde ihn hier erwarten. So ging er schließlich hinüber nach der Wohnung des Wächters Laube und klopfte dort an die Tür. Bald darauf wurde geöffnet. Laube spähte in die Dunkelheit hinaus.

„Was gibt es?", fragte er kurz und mürrisch.

Arndt griff mit der rechten Hand nach dem rechten Auge. Vorher hatte er sich so gestellt, dass er von dem schwachen Lichtschein getroffen wurde, der aus dem geöffneten Flur ins Freie drang. Laube sollte die Gebärde deutlich sehen.

„Ich werde erwartet", sagte Arndt dabei.

„Ah, Sie sind's! Sie hatten doch schon für gestern zugesagt?"

„Hatte ich. Aber es war mir unmöglich zu kommen. Hoffentlich ist der Mann, mit dem ich verhandeln will, heute auch noch zu sprechen."

„Will es versuchen. Sie müssen sich freilich eine Weile gedulden. Am besten ist es, Sie gehen gleich wieder zu dem Schuppen."

„Gut, ich werde dort warten."

Laube verschwand wieder im Haus, dessen Tür er sorgsam hinter sich verschloss, Arndt aber begab sich zu dem Strohschuppen. Unterwegs hielt er scharf die Augen offen, doch konnte er auch jetzt keinen Horcher oder Aufpasser entdecken. Im Schuppen dann machte er es sich auf dem Stroh bequem und lauschte in die Dunkelheit hinein. Einmal war es ihm, als hörte er ein kurzes Geräusch an der Rückwand des hölzernen Bauwerks. Das war vermutlich Wunderlich, der dort seinen Wachposten bezogen hatte. Arndt hütete sich, einen Verständigungsversuch zu wagen, denn er konnte nicht wissen, ob er hier etwa nicht doch heimlich beobachtet wurde.

So verging wohl eine halbe Stunde. Dann öffnete sich die Schuppentür. Es trat jemand ein. Arndt rührte und räusperte sich, um sich bemerkbar zu machen.

„Wer ist da?", fragte der Mann, der soeben gekommen war.

„Der von vorgestern", antwortete Arndt.

„Sie haben mich gestern vergeblich warten lassen", kam es ziemlich ungnädig zurück.

„Leider. Es ging nicht anders. Ich hatte mir ja auch von vornherein einen Spielraum von zwei Tagen gelassen. Sonst wäre es mir nicht in den Sinn gekommen, mir die Ungnade des vielgewaltigen Buschgespenstes zuzuziehn."

Der Unbekannte lachte kurz auf.

„So, so! Nun, ich nehme das nicht für bare Münze, sondern für Spott. Wollen uns überdies nicht bei langen Vorreden aufhalten! Ich habe gehört, dass Sie ziemlich gut über alles unterrichtet sind. Dennoch muss ich vorsichtig sein. Ich misstraue Ihnen und ich kann Ihnen sagen, dass Sie diesen Ort nicht lebend verlassen werden, wenn Sie mich nicht hinreichend davon überzeugen können, dass Sie nicht etwa ein Spitzel oder gar ein verkappter Detektiv sind, der es auf mich und meine Leute abgesehn hat."

‚Donnerwetter', dachte Arndt. ‚Das klingt freilich anders als vorgestern. Das Buschgespenst selber ist ein wenig herzhafter als sein Beauftragter.' Doch er ließ sich durch die Drohung nicht einschüchtern. Für alle Fälle hatte er einen geladenen Revolver in der Tasche und außerdem stand ja Wunderlich mit schussfertigem Gewehr hinter dem Schuppen.

„Unter solchen Umständen", sagte er, scheinbar verdrießlich, „tut es mir Leid, mich mit Ihnen überhaupt in Verbindung gesetzt zu haben. Ich glaubte, bei Ihnen ein besseres Entgegenkommen zu finden."

„Kann ich nicht ändern", brummte das Buschgespenst, dessen Stimme merklich hinter einer Larve hervorklang; das hörte man am Tonfall. „Ich muss vorsichtiger sein als je. Ich habe herausgebracht, dass sich irgendein fremder Schuft hier umhertreibt, der mir auf den Fersen sitzt."

„Ach so", lachte Arndt mit gut gespielter Unbefangenheit. „Und nun fürchten Sie, ich könnte dieser Mann sein? Ja, mein Lieber, dann werden wir freilich nie unter einen Hut kommen. Ich hatte mir die Abwicklung unsres Geschäfts ganz anders vorgestellt. Ein Freund von mir, dessen Namen ich nicht nennen darf, ist mit einem gewissen Herrn Michalowski gut bekannt, der bisweilen in der Kreisstadt wohnt und ständig mit Ihnen in Geschäftsverbindung stehn soll. Dieser Michalowski ist es, der mich auf dem Weg über meinen Freund auf Sie aufmerksam gemacht hat, und so hatte ich gehofft..."

„Was sagen Sie: Sie kennen Michalowski?"

„Mein Freund kennt ihn."

„Ist ja dasselbe. Ich muss gestehen, jetzt schwinden meine Bedenken. Jetzt bin ich ernstlich geneigt, es mit Ihnen zu versuchen. Verzeihn Sie mein Misstrauen! Sie werden zugeben, dass Leute unsres Handwerks nicht vorsichtig genug sein können. Also beginnen wir einmal mit den Verhandlungen! Für mich ist da die erste Frage: Wollen Sie liefern oder empfangen?"

„Liefern."

„Die Ware soll also nach Böhmen hinübergebracht werden?"

„So ist es!"

„Worum handelt es dich dabei?"

„Um Arzneimittel und Farbstoffe."

„Alle Wetter! Darauf ist der Einfuhrzoll drüben verdammt hoch!"

„Umso besser das Geschäft."
„Was wäre dabei zu verdienen?"
„Sechstausend Mark."
„Reiner Gewinn? Also doch! Das wäre ein Geschäft! Stimmt demnach, was mir mein – was mir der, der vorgestern mit Ihnen gesprochen hat, berichtete. Wann wollen Sie liefern?"
„Sobald es Ihnen passt."
„So bietet sich morgen eine sehr günstige Gelegenheit. Ich erhielt dieser Tage eine ansehnliche Lieferung von Böhmen zugesagt, die ich hier in Empfang nehme und durch meine Leute in Sicherheit bringen lasse. In der Nacht von morgen zu übermorgen, zwei Stunden nach Mitternacht, soll das geschehn."
„Wo?"
„Am diesseitigen Ende des Haingrunds."
„Wo Sie kürzlich solches Pech gehabt haben, wie man sich weit und breit erzählt?"
„Ja, grad deshalb!"
„Das verstehe ich nicht."
„Nun, die Sache ist doch sehr einfach. Die Grenzer meinen, dass wir uns nicht sogleich wieder nach dem Haingrund wagen werden. Deshalb sind wir dort verhältnismäßig sicher. Der Haingrund wird jetzt vermutlich am wenigsten scharf bewacht."
„Sehr gut", nickte Arndt.
„Außerdem", fuhr der Maskierte fort, „werden die Grenzer vielleicht gar glauben, dass wir überhaupt nichts mehr unternehmen."
„Weshalb?"
„Weil sie der Ansicht sind, das Buschgespenst, den Anführer der Schmuggler, schon gefangen zu haben. Die Angelegenheit ist Ihnen in der Stadt gewiss bereits zu Ohren gekommen. Sie ist auch den böhmischen Grenzern sicher schon gemeldet worden. Man hat einen jungen Weber aus Hohenthal namens Hauser erwischt und verhaftet..."

„Ja, ja, es gehen da dunkle Gerüchte um, die ich allerdings für Übertreibung hielt. Ich dachte, es handle sich um ein Mitglied Ihrer Gesellschaft."

„O nein! Der Fall liegt ganz anders. Jener Bursche hat mit uns überhaupt nichts zu tun, er ist völlig unschuldig. Man hat ihn nur in eine Falle gelockt. Nun wird er für die Sünden des Buschgespenstes büßen müssen. Das lenkt die Aufmerksamkeit der behördlichen Spürhunde für einige Zeit von uns ab. – Doch genug davon! Wollen unsre Abmachungen zu Ende bringen! Sie sind also mit dem Haingrund einverstanden?"

„Ich habe nichts dagegen einzuwenden."

„Und es wäre Ihnen recht, wenn wir morgen auch Ihre Sendung erledigten?"

„Gewiss", pflichtete Arndt bei. „Nur muss ich noch dies und das wissen. Wie viele Leute bringen die andre Sendung?"

„Zehn Mann."

„Das passt ausgezeichnet. Meine Waren sind auch auf zehn Mann verteilt, also können Ihre Leute aus Böhmen mein Paschergut dann gleich übernehmen."

„Wird erledigt. So reichen die zehn Mann, die ich bestellte, um die böhmische Ware für mich fortzuschaffen."

„Das sind dann im Ganzen dreißig Mann. Schön! Das wäre somit abgetan. Nun noch etwas andres! Wie steht es mit der Losung?"

„In letzter Zeit haben wir gar keine mehr ausgegeben."

„Warum nicht? Man kann nie vorsichtig genug sein. Meine Träger werden die Ware jedenfalls nur gegen Losung aushändigen. Ich möchte keine Gefahr laufen."

„Meinetwegen. Sagen wir also: Prag. Ich werde das Wort weitergeben."

„An der Eiche?"

„Ja. Eine andre Möglichkeit der Verständigung steht mir bei der Kürze der Zeit nicht zur Verfügung."

„So gehen Ihre Leute einzeln zur Eiche und kommen auch einzeln zum Haingrund?"

„Ja. Ist das nicht besser, als wenn sie sich vorher auffällig sammeln?"

„Sie haben Recht. Also, morgen zwei Uhr nach Mitternacht am diesseitigen Ausgang des Haingrunds", fasste Arndt nochmals die Vereinbarungen zusammen. „Werden Sie selber zur Stelle sein?"

„Bei der großen Wichtigkeit dieses Geschäfts – natürlich!"

„Auch ich werde selber kommen. Über die Grenze gehe ich freilich nicht mit. Deshalb möchte ich noch wissen, wie Sie mich sicherzustellen gedenken. Sie werden wohl nicht erwarten, dass ich Ihnen die Waren anvertraue, ohne einigermaßen gedeckt zu sein."

„Hm", machte das Buschgespenst. „Ich verstehe. Sie wollen bei der Sache gar nichts wagen. Das ist nun allerdings ein Fall, der mir noch nicht begegnet ist. Ich arbeite mit meinen Geschäftsfreunden sonst in gegenseitigem Vertrauen. Sehn Sie an! Abkaufen kann ich Ihnen die Waren nicht. Sonst trage ich allein den ganzen Verlust, wenn wir ertappt werden. Geht es aber gut, so muss ich den Gewinn mit Ihnen teilen. Das gefällt mir nicht."

„Ich dachte ja nur an eine kleine Sicherheit", erwiderte Arndt. „Sagen wir zweitausend Mark. Sie geben mir ein Papier darüber. Diese Summe wird dann bei der Teilung des Gewinns mitverrechnet."

„Wie wollen Sie teilen?"

„Sie zwei und ich ein Drittel."

„Das lässt sich hören. Sie sollen das Papier haben. Ich bringe es mit nach dem Haingrund. Am Abend darauf, etwa um zehn Uhr, erwarte ich Sie dann wieder hier zur Teilung des Gewinns."

„Gut. So werde ich meinen Gewährsmann in Breitenau davon verständigen, dass meine Waren in der kommenden Nacht drüben eintreffen. Er kennt sich aus und weiß, wie er mir sagte, die Fühlung mit Ihren Leuten aufzunehmen. Haben Sie sonst noch eine Frage?"

„Nein."

„So sind wir einig. Handschlag!"

Die beiden Männer reichten sich die Hände.

„Abgemacht?"

„Abgemacht!"

Das Buschgespenst entfernte sich langsamen Schritts. Arndt sah ihm durch den Türspalt nach und merkte, dass der Unheimliche noch mit Laube sprach, der draußen Wache gestanden hatte. Zum Glück war jener dabei nicht um den Bretterbau herumgegangen. Sonst wäre er vielleicht auf Wunderlich gestoßen. Als beide um die nächste Ecke verschwunden waren, verließ auch Arndt den Schuppen.

Er tat, als fände er sich in der Dunkelheit nicht sogleich zurecht, ging ein Stück nach links und dann wieder ein paar Schritte nach rechts. Dabei verfolgte er einzig den Zweck, einen Blick hinter den Schuppen zu werfen, um sich davon zu überzeugen, dass Wunderlich noch auf seinem Posten war. Schließlich hielt er auf die Straße zu und bog, als er sie erreicht hatte, in der Richtung nach der Stadt ein. Auf diese Weise berührte er den Ort Hohenthal gar nicht, sondern näherte sich, gemächlich ausschreitend, dem Wäldchen, von dem der Förster gesprochen hatte.

Sich auffällig umzusehen und zu prüfen, ob ihm etwa heimlich jemand nachschlich, wagte er nicht, weil er darauf bedacht sein musste, sich den Anschein unbedingter Arglosigkeit zu geben. Zudem hatte er solche Vorsicht auch nicht nötig, denn er konnte darauf rechnen, dass Wunderlich Wort hielt und seinerseits über die Sicherheit des Herrn Vetters wachte.

Weiterhin ging dann alles vereinbarungsgemäß. In dem Wäldchen nahm Arndt zunächst erst einmal die Perücke und den falschen Bart ab, die er für die Unterredung mit dem Buschgespenst angelegt hatte, um sich für den Fall einer zufälligen Wiederbegegnung mit dem Pascherkönig in Hohenthal unkenntlich zu machen. Kaum war er damit fertig, so wurde er auch schon halblaut angerufen. Der Förster stieß zu ihm und meldete, der Mann in Schaftstiefeln, Joppe und Hut, der aus dem Schuppen gekommen sei, habe sich mitsamt dem Wächter Laube entfernt, ohne sich weiter um den unbekannten Geschäftsfreund zu kümmern. Das Wort Geschäftsfreund brachte Wunderlich mit einem unbeschreiblichen Schmunzeln hervor. Es bewies dem Detektiv, dass die feinen Ohren des Alten den Gang der Unterredung hinter der Bretterwand genau verfolgt hatten.

Während die beiden nun einen Feldweg einschlugen, der in einem Bogen nach Hohenthal hinabführte, redete sich Wunderlich alles, was ihn beschäftigte, vom Herzen herunter.

„Meine Hochachtung vor Ihnen, Herr Vetter, wächst beinahe von Stunde zu Stunde. Der Streich, den Sie dem Buschgespenst soeben gespielt haben, ist einzig. Ich muss gestehn, dass ich anfangs allerlei Befürchtungen hegte. Ein Stelldichein mit diesem Kerl ist doch keine ungefährliche Sache. Und mir wurde denn auch ziemlich schwül unter meinem alten Filzhut, als der Mann Sie so anknurrte und drohte, Sie würden den Schuppen nicht lebend verlassen, wenn Sie seine Bedenken nicht zerstreuen könnten. Dann aber kam alles ganz anders, dann haben Sie den Burschen so großartig auf den Leim geführt. Ich ahne, was nun kommt. Soll ich einmal raten?“

„Raten Sie, mein lieber Wunderlich! Ich bin überzeugt, Sie treffen das Richtige.“

„Nun, das ist ja auch nicht allzu schwer nach allem, was ich gehört habe. Die Pascher werden in der kommenden Nacht am Ausgang des Haingrunds zusammentreffen in der Erwartung, ein ganz besonders glänzendes Geschäft zu machen. Aber sie werden sich täuschen, denn sie werden dort auf ein handfestes Aufgebot von Grenzbeamten und Polizisten unter Ihrer Führung stoßen. Ist das richtig?“

„Genau so soll es geschehn", nickte Arndt. „Ich muss mich morgen in aller Frühe rühren."

„Das heißt, wieder in die Stadt fahren?"

„Ja. Abermals zur Kriminalpolizei. Ich denke, es wird mir glücken, in kurzer Frist endgültig die Aufgabe zu lösen, die ich mir gestellt habe."

Unter solchen Gesprächen erreichten die beiden das Dorf, das sie in seiner ganzen Länge durchqueren mussten, um am andern Ende den Weg nach dem Forsthaus zu gewinnen. Unmittelbar vom Bergwerksgelände aus dorthin zu gehen, wäre für sie zu gefährlich gewesen. Ein versteckter Beobachter hätte dann mit Leichtigkeit feststellen können, wer der Unbekannte gewesen war, der dem Buschgespenst einen so lockenden Auftrag für die Schmugglerbande zugesichert hatte.

Sie schritten die Dorfstraße entlang. Die Häuser rechts und links vom Weg lagen zum größten Teil schon im Dunkel. Es war bereits spät und die Bewohner von Hohenthal, die mit allem sparen mussten, auch mit dem Licht, pflegten in den Wintermonaten zeitig zur Ruhe zu gehen.

So kam es, dass jeder Lampenschein, der hier oder da doch noch aus einem Fenster leuchtete, die Blicke der beiden nächtlichen Wanderer auf sich lenkte.

Wunderlich musterte soeben ein kleines, windschiefes, baufälliges Gebäude, das kaum noch tauglich schien als menschliche Behausung.

„Hm", brummte er vor sich hin. „Schulze oder seine Frau haben auch noch Licht. Könnten längst in den Federn liegen. Ich dachte, die beiden müssten jeden Pfennig berechnen, der sich sparen lässt."

„Wer ist Schulze?", fragte Arndt.

„Der größte Hungerleider vielleicht im ganzen Ort, abgesehn von den Insassen des Armenhauses. Er bedient die Hunte[1] im Kohlenschacht und kriegt dafür einen Lohn, der buchstäblich nur zu Salz, Brot und Kartoffeln langt."

[1] Hunte nennt der Bergmann die kleinen Wagen, die unten im Bergwerk auf Schienen laufen und die Kohlen von der Abbaustelle zum Förderschacht bringen.

Arndt wollte etwas erwidern, aber es kam nicht dazu. Er machte nämlich im selben Augenblick eine Wahrnehmung, die ihn alles andre vergessen ließ und ihn veranlasste, seinen Begleiter beim Arm zu fassen und hastig beiseite zu ziehen.

„Schnell, Wunderlich! Kommen Sie!“

Damit drückte sich Arndt in die schützende Ausbuchtung einer Hecke am Straßenrand. Der Förster war ihm ohne Widerstreben gefolgt. Nun aber wollte er wissen, was es gäbe.

Der Detektiv deutete vorsichtig hinüber nach dem armseligen Häuschen, wo jener Schulze wohnte, von dem Wunderlich gesprochen hatte.

„Da, sehn Sie!“

Die Tür des kleinen Gebäudes hatte sich geöffnet. In ihrem Rahmen erschienen zwei Männer. Der eine, der eine brennende Lampe in der Hand hielt, um dem andern zu leuchten, war so dürftig gekleidet und sah auch sonst so ärmlich aus, dass er wohl der Bewohner des windschiefen Häuschens sein musste. Der andre nahm sich eher wohlhabend aus. Er trug Schaftstiefel, Joppe und Hut und hatte eine schwarze Maske vorm Gesicht.

„Alle Wetter, das Buschgespenst!“, flüsterte der Förster, denn er meinte, wieder den vor sich zu haben, der vorhin den Schuppen beim Bergwerk verlassen hatte.

„Das Buschgespenst!“, nickte Arndt. „Oder auch nicht! Es ist nämlich nicht derselbe Mann, mit dem ich vorhin oben am Bergwerk verhandelt habe. Der hier ist schmächtiger und auch etwas kleiner. Ich habe für solche Unterschiede einen scharfen Blick und irre mich bestimmt nicht. Aber die Kleidung ist bei beiden dieselbe. So tritt das Buschgespenst auf, wenn es nicht gerade im verschneiten Wald spuken will.“

„Dann gäbe es ja zwei Buschgespenster?“, fragte Wunderlich betroffen.

„Ganz recht. Zwei Männer, die natürlich Hand in Hand

arbeiten, treten in der Maske des Buschgespenstes auf. Doch still jetzt! Wollen sehn, was da drüben vorgeht!"

Der mit der Lampe in der Hand verabschiedete den andern mit einer ehrfürchtigen Verbeugung. Dieser andre senkte darauf zum Gegengruß nur flüchtig den Kopf. Dann schloss sich die Tür. Das Buschgespenst schritt die Straße aufwärts, kam also nicht an Arndt und Wunderlich vorüber, die ihm aus ihrem Versteck gespannt nachblickten.

„Wir müssen feststellen, wohin sich der Maskierte wendet", sagte der Detektiv leise. „Vorsicht! Immer am Straßenrand in Deckung bleiben! Wenn er sich zufällig umdreht, darf er uns nicht bemerken. Vorwärts jetzt, bevor er uns aus den Augen kommt!"

So schlichen sie hinter dem Unbekannten her, der ständig nach allen Seiten, nur nicht rückwärts, Ausschau hielt. Offenbar fühlte sich das Buschgespenst trotz der späten Nachtstunde nicht ganz sicher hier im Ort und hielt sich bereit, im Fall einer überraschenden Begegnung irgendwo zwischen den Hecken und Zäunen zu verschwinden und das Weite zu suchen.

Lange währte diese Verfolgung nicht. Arndt und Wunderlich mussten plötzlich wieder Halt machen, weil der mit der Maske vor einem Haus stehen blieb, das nicht viel besser aussah als die Hütte jenes Schulze.

Das Buschgespenst schien hier genau Bescheid zu wissen. Es klopfte an ein Fenster, aus dem der matte Schein einer Petroleumlampe in die Nacht hinausleuchtete. Die Scheiben waren mit einem alten Tuch nur notdürftig verhängt. Dieses Tuch wurde auf das Klopfzeichen beiseite geschoben und die Gestalt eines Mannes erschien in dem kleinen Lichtkreis.

„Da soll doch gleich der Hase den Hund beißen!", fluchte Wunderlich auf seine Art mit gedämpfter Stimme und äugte neugierig über den Bretterzaun hinweg, hinter dem er sich mit Arndt rasch versteckt hatte. „Ist denn ganz Hohenthal eine einzige Verbrecherhöhle? Erst der Laube, dann der Schulze und nun auch noch der Zeichner Wilhelmi!“

„Still!“, mahnte Arndt und machte dazu eine abwehrende Geste. Er wollte hören, was da drüben voraussichtlich gesprochen wurde.

Doch seine Erwartung wurde getäuscht. Das Fenster öffnete sich nicht. Es gab nichts zu erlauschen. Der Kopf des Mannes hinter den Scheiben zuckte wie in heftigem Schreck zurück. Das Buschgespenst aber deutete gebieterisch auf die Haustür zu seiner Linken. Das hieß wohl so viel wie: Aufmachen!

Und wirklich, der Bewohner des kleinen Hauses gehorchte. Dabei verfuhr er so hastig und verwirrt, dass er vergaß, das Tuch wieder an das Fenster zu hängen. Der Blick in die Stube blieb frei.

Nun ging die Haustür auf. Das Buschgespenst huschte in den Flur hinein. Die Tür schloss sich wieder.

Sogleich schob sich Arndt ein Stück weiter vor, an dem Bretterzaun entlang. Jetzt konnte er die Stube leidlich übersehen, in der vermutlich die Unterredung des Buschgespenstes mit dem Hausbewohner stattfinden würde. Wunderlich, der sich dicht an der Seite des Detektivs hielt, machte einen langen Hals. So warteten sie eine ganze Weile.

Aber sie warteten vergeblich. Sie überschauten eine ärmliche Stube, das heißt, nur einen Teil davon, die Mitte, wo ein Tisch stand und davor ein Stuhl. Auf dem Tisch lagen große Papierbogen, eine Reißschiene und sonstiges Zeichenmaterial aller Art. Menschen aber tauchten nicht auf, weder das Buschgespenst noch der Hausherr.

Schließlich ging die Haustür abermals auf. Das Buschgespenst trat ins Freie. Es wurde diesmal weniger unterwürfig verabschiedet und schritt die Dorfstraße weiter aufwärts.

Arndt und Wunderlich hatten sich beim Erscheinen

des Maskierten rasch hinter den Bretterzaun geduckt. Bald aber richteten sie sich behutsam wieder auf. Der erste Blick des Detektivs galt dem Fenster. Dabei machte er eine wichtige Entdeckung.

Der Mann, den das Buschgespenst besucht hatte, stand jetzt an dem Zeichentisch und hielt etwas Weißes, offenbar einen verschlossenen Brief, in der Hand. Er drehte ihn hin und her und steckte ihn schließlich in die linke Brusttasche seines Rocks. Das sagte Arndt genug. Er glaubte zu wissen, woran er war, und wollte diese Sache noch genauer untersuchen. Vorläufig aber gab er seinem Begleiter einen kurzen Wink, mit ihm die Verfolgung des Buschgespenstes wieder aufzunehmen.

Im weiteren Verlauf dieses Abenteuers gab es eine neue Überraschung, wenigstens für Wunderlich. Der brave Förster traute seinen Augen nicht, als er sah, dass das Buschgespenst plötzlich von der Straße abbog und auf das Haus zuschritt, das den Seidelmanns gehörte. Hier wendete sich der Unbekannte nach einer kleinen Pforte, die an der Rückseite des Grundstücks im Gartenzaun angebracht war.

Das Buschgespenst langte über den Zaun hinweg, schob innen einen Riegel beiseite und betrat auf diese Weise den Garten der Seidelmanns. Hier schaute es sich zum ersten Mal um und es war ein Glück, dass Arndt von Anfang an mit einer solchen Möglichkeit gerechnet und sich samt dem Förster ständig in Deckung gehalten hatte. War diese Deckung auch nicht überall vollkommen, so bot doch schon die nächtliche Dunkelheit an sich den beiden einen gewissen Schutz. Darum bemerkte das Buschgespenst die Verfolger nicht. Es riegelte hinter sich die Gartenpforte ab und wendete sich dem Seidelmannschen Haus zu.

„Jetzt bleibt mir wahrhaftig der Verstand stehn“, sagte der Förster und ließ dieser Erklärung einen gewaltigen Seufzer folgen. „Sogar bei den Seidelmanns geht dieser

Schurke ein und aus! Die Seidelmanns sind mir zwar nie als besondre Tugendhelden erschienen, aber das – nein, das hätte ich ihnen nun doch nicht zugetraut. Sie verkehren mit dem Buschgespenst, mit dem Pascherkönig, mit dem größten Verbrecher weit und breit! Herr Vetter, was sagen Sie dazu?"

„Tja", meinte Arndt, der alles bedeutend gefasster hinnahm als Wunderlich, „dieses Buschgespenst ist bis zur Stunde wirklich der Herr und Gebieter von Hohenthal. Der Anführer der Schmuggler macht vor keiner Tür Halt. Alle müssen ihm zu Willen sein, selbst die reichen, unabhängigen Seidelmanns. – Aber lassen Sie es gut sein, lieber Wunderlich! Das Buschgespenst wird auf alle Fälle bald entthront sein. Kommen Sie! Wir wollen umkehren."

„Nicht warten, bis der mit der Maske wieder herauskommt?"

„Nein. Ich habe meine Gründe, lieber wieder ins Dorf hinabzugehn. Ich möchte nämlich so bald wie möglich ein ernstes Wort mit dem Mann reden, den Sie vorhin Wilhelmi nannten. Was für ein Mensch ist das? Sie kennen ihn offenbar."

Die beiden schritten jetzt den Weg zurück, den sie gerade gekommen waren. Sie brauchten sich nun nicht mehr in Acht zu nehmen, hielten sich mitten auf der Straße und sprachen nicht mehr im Flüsterton miteinander.

„Möchte wissen, wen ich hier in Hohenthal nicht kenne", erklärte Wunderlich. „Der Ort ist ja nicht groß. Da bleibt einem keiner fremd, der halbwegs einige Zeit hier ist; und der Zeichner Wilhelmi ist ein Hohenthaler Kind von Geburt."

„So, so. Zeichner ist er!"

„Ja, Musterzeichner. Er arbeitet für die Seidelmanns."

„Er scheint in sehr ärmlichen Verhältnissen zu leben!"

„Wer von den Seidelmanns abhängig ist, wird bestimmt nicht fett. Die lassen schon keinem einen anständigen Verdienst zukommen."

„Ist der Mann verheiratet?"

„Ja, er hat Frau und Kinder, die schon seit Tagen schwer krank sind. Hat obendrein auch noch seine alte Schwiegermutter zu erhalten. Sein Bruder hat in die Rote Mühle eingeheiratet, die oben am Wald liegt."

„Dann müsste dieser Bruder, dem es doch vermutlich wirtschaftlich besser geht, den Zeichner von Rechts wegen unterstützen können."

„Kann er nicht, Herr Vetter. Der hat selber nichts zu brechen und zu beißen. Der Baron von Wildstein hat ihn durch den Bau der neuen Dampfmühle so gründlich kaltgestellt, dass er fast nichts mehr zu tun hat. Vorher nahm sein Geschäft einen guten Aufschwung. Der Müller ist ein fleißiger Mann, ebenso wie der Zeichner. Er brachte die Mühle, die er verschuldet erbte, langsam wieder hoch. Aber das ist nun vorbei."

„Also ein fleißiger Mann ist auch dieser Zeichner Wilhelmi. Auch ein braver Mann?"

„Gewiss. Ehrlich, rechtschaffen, anständig. Nur verbittert ist er. Das Elend hat ihn so gemacht."

„Dann weiß ich Bescheid. Es ist ja ganz erklärlich, dass ein solcher Mann, auch wenn er an sich die Rechtlichkeit liebt, den Lockungen des Buschgespenstes leicht verfällt. Not bricht Eisen. Not bricht oft auch die besten Grundsätze der Menschen. Wie gesagt, ich werde mit diesem Wilhelmi reden. Ich werde ihn dem Pascherkönig abspenstig machen und auf diese Weise von ihm auch noch das Letzte erfahren, was ich über das Buschgespenst wissen muss, um dem gesetzwidrigen Treiben dieses Schurken ein Ende zu bereiten."

„Hm", brummte Wunderlich. „Eigentlich müssten Sie von zwei Schurken sprechen. Sie haben doch vorhin selber erklärt, es seien zwei Männer, die hier die Rolle des Buschgespenstes spielen."

„Ganz recht", lächelte Arndt. „Ich werde sie beide fangen und unschädlich machen."

Die zwei Männer waren inzwischen wieder im unteren Teil des Ortes angelangt. Wenige Minuten später standen sie vor der Tür des kleinen Hauses, worin der Zeichner Wilhelmi wohnte. Arndt ahmte, ohne sich lange zu besinnen, das Verfahren des Buschgespenstes nach und klopfte an das erleuchtete Fenster, das jetzt wieder verhängt war. Dann schob er den Förster vor.

„Reden Sie mit dem Mann! Sie kennt er. Wir bitten um eine kurze Rücksprache in wichtiger Angelegenheit."

So geschah es denn auch. Der Zeichner öffnete diesmal das Fenster, hörte von Wunderlich, was die beiden wollten, und ließ sie ein.

„Das ist mein Vetter Arndt", stellte Wunderlich den Detektiv vor. „Er möchte Sie dringend Verschiedenes fragen."

Der Zeichner musterte den Vetter mit unruhig prüfendem Blick. Es war ihm anzusehen, dass er kein reines Gewissen hatte.

„Ich kann die Herren leider nicht in die Stube führen", entschuldigte er sich. „denn sie ist Wohn-, Schlaf- und Arbeitsraum zugleich. Meine Frau und die Kinder liegen drinnen, sie sind krank. Wenn wir vielleicht in der Küche..."

„Schon gut", nickte Arndt freundlich. „Gehen wir in die Küche!"

Das kleine Haus, das kein Obergeschoss hatte, bestand nur aus zwei Räumen, rechts die große Stube, links die Küche, die nicht weniger geräumig war. Zwischen beiden lag der Flur.

Wunderlich setzte sich auf die Ofenbank. Er richtete sich sichtlich darauf ein, bei der bevorstehenden Unterhaltung den Zuhörer zu spielen. Wilhelmi schob dem Detektiv einen Stuhl hin und nahm ihm gegenüber am Tisch Platz.

„Darf ich fragen, was der Herr von mir wünscht?", begann er unsicher.

„Nur einige Auskünfte", entgegnete Arndt, der sich bemühte, durch Ton und Verhalten das Misstrauen Wilhelmis zu zerstreuen. „Ich habe gehört, dass Sie für das Haus Seidelmann & Sohn arbeiten. Verdienen Sie dort gut?"

Ein tiefer Atemzug der Erleichterung hob die Brust des Zeichners.

„Ach so", sagte er, ohne zunächst auf die Frage Arndts zu antworten. „Jetzt verstehe ich. Sie sind vermutlich auch Verleger oder gar Fabrikant und wollen mir Arbeit anbieten, vielleicht zu günstigeren Bedingungen, als man sie bei Seidelmann hat."

„Jedenfalls will ich Ihnen helfen", wich Arndt aus. „Ich glaube zu wissen, dass es Ihnen zurzeit nicht gut geht."

„Herr", gestand der Zeichner, „ich könnte Ihnen ein Lied singen von Not und Elend, worüber Sie sich entsetzen würden. Gestern noch stand mir das Wasser bis an die Kehle und ich wusste mir keinen Rat. Frau und Kinder todkrank, kein warmes Zimmer, nichts zu essen, keine Arznei, kein Geld und Schulden obendrein. Es war zum Verzweifeln. In meiner höchsten Bedrängnis ging ich zu Seidelmann. Ich bat um Vorschuss. Nichts gab es. Ich bat um eine Unterstützung aus der Hilfskasse des Rentners Seidelmann. Nichts gab es. Ich wollte einige fertige Muster verkaufen. Da hieß es, ich hätte die Entwürfe einem andern gestohlen, der vor kurzem seine Blätter bei Seidelmanns eingereicht hatte; und daran war kein wahres Wort. Wenn ich an diese Stunde denke, steigt es heiß und bitter hoch in mir. So gepeinigt hat mich Seidelmann."

Hier unterbrach Arndt den Zeichner.

„Bitte", sagte er, „das verstehe ich nicht recht."

„Was verstehn Sie nicht?"

„Dass Sie in so dringende Not geraten konnten. Sie haben doch noch einen Nebenverdienst, der sicher allerlei einbringt."

„Ich einen Nebenverdienst? Wieso?"

„Ich meine, Sie besorgen doch Briefe für das Buschgespenst und diese Botengänge werden bestimmt nicht schlecht entlohnt."

Wunderlich auf seiner Ofenbank kratzte sich hinterm Ohr. Es wurde ihm wieder beträchtlich schwül, weil es jetzt voraussichtlich hart auf hart gehen würde. Fürs Erste freilich war Wilhelmi völlig entwaffnet. Er erbleichte bis unter die Stirnhaare und starrte den Detektiv an wie einen bösen Geist.

„Briefe für das ... für das Buschgespenst ... sagen Sie?"

„Nun ja", erklärte Arndt ruhig, ohne jeden Vorwurf im Ton, ganz sachlich. „Da in Ihrer linken Rocktasche steckt ein solcher Brief. Das weiß ich."

Wilhelmi sprang auf. Dann stand er starr und steif.

„Herr", stammelte er, „woher...?"

„Woher ich das weiß? Das erkläre ich Ihnen vielleicht später einmal, wenn wir gute Freunde geworden sind. Erst aber muss ich mich davon überzeugen, dass Sie ehrlich und offen gegen mich sind. Geben Sie zu, dass ich Recht habe?"

Der Zeichner sank auf seinen Stuhl zurück. Die Arme glitten ihm schlaff zu beiden Seiten herab. Der Kopf hing ihm tief auf die Brust. Er war am Ende seiner Kraft.

„Das erste Mal", stöhnte er, „und schon bin ich ertappt! Nun ist alles aus, alles aus!"

Da legte ihm Arndt über den Tisch hinweg die Hand auf die Schulter.

„Beruhigen Sie sich, Herr Wilhelmi! Sie irren sich. Nichts ist aus. Ich bin als Freund zu Ihnen gekommen, nicht in der Absicht, Sie noch weiter ins Unglück zu bringen. Lassen wir erst einmal die Sache mit dem Brief! Sie sagten, Seidelmann habe alle Ihre Bitten abgelehnt und Sie gepeinigt?"

Darauf hob der Zeichner jäh den Kopf. Seine Augen leuchteten in Hass und Zorn.

„Ja, Seidelmann ist ein Scheusal, ein Teufel in Menschengestalt!"

„Sie scheinen Herrn Seidelmann nicht sonderlich zu schätzen", sagte Arndt. Dabei zog er seine Brieftasche, entnahm ihr einen Geldschein und legte ihn vor Wilhelmi auf den Tisch. „Einstweilen ein Ersatz für den verweigerten Vorschuss! Es wird eine Weile reichen für Nahrung, Heizung, Arznei und alles, was Sie sonst dringend brauchen."

Wilhelmi starrte überrascht erst auf den Schein und dann auf den Geber.

„Fünfzig Mark? – Herr, wie kommen Sie dazu, mir eine solche Summe anzubieten?"

„Weil ich Ihnen helfen möchte, von dem Buschgespenst loszukommen, das Sie höchstens noch tiefer ins Verderben führt."

Der Zeichner schüttelte zweifelnd den Kopf.

„An so viel Menschenfreundlichkeit kann ich nicht glauben. Ich muss immer wieder fragen: Wie kommen Sie dazu?"

„So will ich versuchen, Ihnen eine Erklärung zu geben", lächelte Arndt liebenswürdig. „Mein Beruf, den ich freilich etwas eigenartig auffasse und handhabe, treibt mich dazu. Ich bin Geheimpolizist."

Die fahlen Wangen des Musterzeichners wurden noch um einen Schein bleicher.

„Ein – Polizist?" Es war dem geängstigten Mann anzusehen, dass er sich innerlich zu verzweifelter Gegenwehr rüstete. „Was wünschen Sie von mir?"

„Die Wahrheit über das Buschgespenst."

„Ich weiß nichts von ihm."

„Es war soeben bei Ihnen. Oder nicht?"

„Das war nicht das Buschgespenst."

„Wer denn sonst?"

„Ein guter Freund."

„Wohnt er hier im Ort?"

„Ja."

„Wie heißt er?"

„Warum fragen Sie?"

„Weil ich zu ihm gehen will, um mich zu erkundigen, weshalb er mitten in einem friedlichen Ort unnötigerweise eine Larve aufsetzt, wenn er seinen Freund Wilhelmi besucht."

Noch lag der Geldschein auf dem Tisch. Wilhelmi schob ihn empört zurück.

„Selbst ein Geheimpolizist sollte sich nicht so niedriger Mittel bedienen, sich einem armen Menschen gegenüber als Wohltäter auszugeben und einem Hungernden Geld anzubieten, nur um ihn zu überführen und ins Unglück zu stoßen."

„Sie irren sich", wehrte Arndt ruhig ab. „Ich bin zwar Detektiv, aber ich komme als Mensch zu Ihnen. Ich will nicht Ihr Unglück. Im Gegenteil, ich möchte Ihnen helfen, sich von dem Buschgespenst freizumachen. Das erklärte ich Ihnen ja schon einmal."

„Wer sagt Ihnen, dass ich zum Buschgespenst gehöre?"

Abermals machte Arndt eine abwehrende Geste.

„Lassen Sie doch das sinnlose Leugnen, Herr Wilhelmi. Ich meine es gut und Sie erschweren mir unnütz die Ausführung meiner Absichten. Sie können mich nicht täuschen. Unsereiner hat durch jahrelange Übung sozusagen einen sechsten Sinn gewonnen. Ich sehe es Ihnen an, dass Sie kein Verbrecher sind. Sie arbeiten Ihrer kranken Familie wegen sogar des Nachts, Sie sind in Not und ich schätze, aus dieser Not heraus tun Sie gegen Bezahlung und vielleicht auch unter Zwang Botengänge für einen Menschen, den Sie unter gesunden Umständen meiden würden. Stimmt das?"

Wilhelmi machte große Augen.

„Weiß Gott", sagte er leise, „ich habe vor der hiesigen Polizei bisher nie große Achtung empfunden. Aber wenn sie solche Männer in ihrem Dienst hat..."

„...dann wäre es Wahnsinn, sich länger zu sträuben", lächelte Arndt. „Sehn Sie, so ist es recht! Reden wir offen miteinander! Das Buschgespenst kommt zu Ihnen. Es will Sie zu seinem Sklaven machen."

„So ist's, ganz so!"

„Ich dachte es mir. Und nun betrachten Sie mich einmal als Ihren Freund, Herr Wilhelmi, und geben Sie mir ehrlich Bescheid auf meine Fragen! Dann kann ich Ihnen voraussichtlich auch einige Sorgen abnehmen."

„Fragen Sie! Ich werde rückhaltlos antworten."

Wunderlich in seinem Ofenwinkel atmete auf. Diese Wendung der Dinge gefiel ihm. Er bewunderte wieder einmal den Herrn Vetter. Der aber begann ruhig und bedachtsam sein Verhör.

„Wie sind Sie in den Dienst des Buschgespenstes gekommen?"

„In seinem Dienst stehe ich eigentlich nicht", erklärte Wilhelmi. „Ich habe schon mehrmals die Besorgung von Briefen abgelehnt. Heute endlich hat mich der Unbekannte durch Drohungen gezwungen, ihm ein Schreiben zu bestellen, und gab mir dafür einen Taler."

„Ein Schreiben, an wen?"

„An den Schmiedemeister Görner in Lichtenberg."

„Wissen Sie, was der Brief enthält?"

„Nein. Ich habe keine Ahnung."

„So werden wir einmal nachsehn. Bitte, zeigen Sie mir das Schreiben!"

Wilhelmi brachte zaghaft den Brief hervor. Arndt öffnete ihn; es war ein halber Bogen, worauf in mehreren Reihen viele Ziffern standen.

„Eine Geheimschrift", sagte der Musterzeichner, der dem Detektiv über die Schulter blickte.

„Ja, aber sie ist nicht allzu geistreich erfunden. Ich habe bereits den Schlüssel dazu. Wollen einmal prüfen, was diese Ziffern besagen."

Arndt nahm einen Bleistift und ein Stück Papier aus seiner Brieftasche, schrieb das Abc auf und setzte von A bis Z die Ziffern 25 bis 1 unter die Buchstaben, so wie er es bereits beim Entziffern der Botschaft an der Eiche getan hatte. Dann begann das Zusammenstellen der Buchstaben.

Wilhelmi trat vor Erregung von einem Bein aufs andere. Auch Wunderlich hatte sich erhoben und schaute gespannt auf jeden Bleistiftstrich Arndts.

„Da haben wir's schon!“, sagte Arndt endlich. „Es ist ein Befehl!“

Er reichte Wilhelmi den Zettel, worauf unter den Ziffern und dem Abc eine lange Buchstabenreihe stand, die, in Worte abgeteilt, folgenden Sinn ergab:

„In der kommenden Nacht ein großer Streich im Haingrund. Ziehn Sie die Grenzaufseher möglichst zu sich hinüber!“

Wilhelmi überließ das Blatt dem Förster und schaute in ernstem Sinnen vor sich hin. Wunderlich aber musste seinem übervollen Herzen Luft machen.

„Kreuztürken“, brach er los, „das ist eine Entdeckung! Dieses Buschgespenst ist doch wirklich mit allen Hunden gehetzt! Der Kerl ist listiger als ein Fuchs!“

„Pst, pst!“, lächelte der Detektiv. „Sagen Sie nicht zu viel! Wenn das ein Fuchs hörte, würde er es Ihnen sehr übel nehmen. Das Buschgespenst ist letzten Endes ein Dummkopf!“

Der Zeichner war inzwischen wieder an den Küchentisch herangetreten. Ohne sich aus seinem starren Grübeln herauszureißen, ließ er die Finger seiner Linken gedankenlos mit dem Fünfzigmarkschein spielen. Als der Förster jetzt auf die letzte schroffe Behauptung Arndts hin brummend den Mund verzog, zum Zeichen, dass er noch immer nicht geneigt sei, das Buschgespenst für dumm zu halten, hob Wilhelmi plötzlich den Kopf, tat zwei Schritte auf den Detektiv zu und legte ihm die Hand auf den Arm.

„Sie glauben mir nun?“

„Ich glaube Ihnen. Ich sehe klar in allem, was Ihre Lage und Ihr Verhalten betrifft, und ich werde alles Weitere so erledigen, dass man Ihnen wegen der einmaligen Nachgiebigkeit dem Drängen des Buschgespenstes gegenüber keine Schwierigkeiten macht."

„Sie sind ein wahrer Menschenfreund", nickte Wilhelmi und es war fast, als spräche er mehr zu sich selbst als zu dem Detektiv. Offenbar wollte er jetzt das Ergebnis seines stillen Nachdenkens in Worte kleiden. „Darum muss ich auch das andre noch beichten. Ich denke, Sie werden gegen meinen Bruder ebenso menschlich verfahren wie gegen mich."

„Gegen Ihren Bruder?", fragte Arndt. „Meinen Sie den Besitzer der Roten Mühle? Was ist mit ihm?"

„Ich war bei ihm, nachdem ich bei Seidelmann auf keine Weise etwas erreichen konnte. Helfen, so dachte ich, kann er dir zwar nicht, aber er hat auf alle Fälle ein Wort des Trostes für dich. Zu meiner Überraschung fand ich jedoch die Lage in der Mühle ganz verändert. Es ging meinem Bruder gut und er borgte mir bereitwillig vierzig Mark."

Hierauf erzählte der Zeichner ausführlich, was er in der Mühle gehört hatte. Er sprach von dem Rehbraten, von dem Besuch des Buschgespenstes, von dem Keller, der auf Verlangen des Paschers zugeschüttet werden sollte, und von dem überraschenden Auftrag, den Seidelmann gebracht hatte.

Wunderlich nahm inzwischen wieder auf der Ofenbank Platz und begleitete den Bericht des Zeichners mit allerlei Ausrufen des Staunens und der Teilnahme, bisweilen auch mit einem kurzen Kraftwort. Arndt hatte die Brauen zusammengezogen, im Zuhören dachte er angestrengt nach. Als Wilhelmi geendet hatte, sah er den Zeichner prüfend an.

„Ich sagte vorhin, ich sähe klar in allem, was Ihre Lage und Ihr Verhalten angeht, Herr Wilhelmi. Das gilt aber in diesem Augenblick nicht mehr. Jetzt muss ich an Sie die Frage richten: Weshalb haben Sie dem Drängen und

Drohen des Buschgespenstes widerstanden, solange Sie in Not waren und jeden Taler für einen Botengang wirklich brauchten, um dann plötzlich nachzugeben, als die ärgste Not durch die Hilfe Ihres Bruders gebannt war? Das verstehe ich nicht. Das spricht nicht zu Ihren Gunsten, wie ich offen erklären muss."

„Ich bin dabei dem Rat meines Bruders gefolgt", gestand der Zeichner und senkte den Blick vor den forschenden Augen des Detektivs. „Mein Bruder bewies mir haarscharf, dass ein Mensch, dessen Mitarbeit das Buschgespenst einmal fordert, in Hohenthal nicht leben kann, sobald er diese Mitarbeit ablehnt. Umgekehrt erwachse aus einer Bereitwilligkeit Vorteil über Vorteil, wie sein eigner Fall in der Tat beweist."

„Und das Gesetz? Die Behörden?"

„Die mögen, so führte mein Bruder aus, dem Buschgespenst das Handwerk legen, wenn ihnen solche Zustände nicht gefielen. Die armen, abhängigen Einwohner von Hohenthal seien außer Stande, von sich aus dem Treiben und dem unerbittlichen Willen des unbekannten Verbrechers zu wehren."

„Na", meinte Arndt, „dieser Standpunkt ist nicht haltbar. Jeder Bürger ist verpflichtet, aus eigenem Antrieb alles zu tun, um dem Recht Geltung zu verschaffen. Immerhin beweist die Folgerung Ihres Bruders, dass die erste Voraussetzung für gesunde Zustände in Volk und Staat das Vorhandensein einer starken Staatsgewalt ist, einer Staatsgewalt, die ihren Anordnungen unbedingt Nachdruck zu verleihen weiß."

„Soll das heißen", fragte Wilhelmi betreten, „dass Sie das Tun und Denken meines Bruders verurteilen? Dass Sie nun vielleicht auch mich nicht mehr zu schützen bereit sind?"

„Wie weit ich jetzt noch für Sie und darüber hinaus auch für Ihren Bruder eintrete, hängt davon ab, wie Sie beide sich in Zukunft verhalten. Ich brauche Ihre und Ihres Bruders Hilfe, um das Buschgespenst zu fangen."

„Dieser Hilfe können Sie gewiss sein. Ich darf mich da getrost auch für meinen Bruder verpflichten."

„Soll mir lieb sein, schon um Ihretwillen. Den Beweis können Sie mir sogleich liefern. Ich möchte wegen des Kellers einige Auskünfte haben. Wissen Sie, was für eine Art Schloss die Kellertür Ihres Bruders hat?"

„Ein Kastenschloss."

„Sie waren selber bereits in diesem Keller?"

„Oft schon."

„Das genügt. Ihr Bruder hat den Schlüssel an das Buschgespenst abgegeben?"

„Ja. Er wird es inzwischen getan haben."

„Schade. Ich hätte mir den Keller gern einmal angesehn."

„Das können Sie noch immer. Der Keller kann auch mit dem Schlüssel einer Kammertür geöffnet werden. Das hat mein Bruder dem Buschgespenst absichtlich verschwiegen. Er wollte sich die Möglichkeit offen halten, ab und zu zu prüfen, was in seinem Keller vorgeht. Verbrechern gegenüber, meinte er, sei das gerechtfertigt."

„Ist es auch", nickte Arndt. „Ich freue mich, dass Sie wirklich offen zu mir sind, und möchte Ihnen einen Vorschlag machen. Führen Sie mich zu Ihrem Bruder!"

„Gern. Aber wann?"

„Jetzt gleich, wir haben keine Zeit zu verlieren. Morgen wird der Pascherstreich ausgeführt. Das Buschgespenst hat den Keller in irgendeiner Absicht gepachtet, die mit der Schmuggelei in Verbindung steht. Ich muss wissen, ob dieser Raum morgen eine Rolle spielt, und da ich am Tag vielleicht keine Zeit dazu finde, muss ich mich noch in der Nacht da draußen umsehn."

„Mir recht. Der Nachtspaziergang wird mir gut tun nach dem ewigen Hocken am Zeichenbrett."

„So wollen wir aufbrechen!", sagte Arndt zu dem Förster, der sich sogleich von seinem Platz auf der Ofenbank erhob. „Und Sie", fuhr er fort, zu dem Zeichner gewendet, „Sie nehmen endlich den Schein an sich! Er ist Ihr

Eigentum! Betrachten Sie das Geld meinetwegen als eine vorausgezahlte Belohnung für Ihre Dienste beim Fang des Buschgespenstes!"

„Wenn Sie die Sache so darstellen", seufzte Wilhelmi erleichtert, „dann greife ich freilich zu. Viel von Dank will ich dabei nicht sprechen. Ich hoffe, Ihnen meinen redlichen Willen durch die Tat beweisen zu können."

Er kramte eine alte, arg zerschlissene Brieftasche hervor und legte das wertvolle Stück Papier sorgsam hinein.

„So", sagte er dann, „nun stehe ich zur Verfügung. Einen Augenblick höchstens noch! Ich muss erst meine Schwiegermutter wecken; sie soll bei den Kranken wachen, während wir zu meinem Bruder gehen."

Arndt war einverstanden.

„Tun Sie das! Aber halten Sie den Mund über alles, was hier verhandelt worden ist!"

„Auch über das viele Geld?"

„Auch darüber. Ich verstehe, dass Sie den Ihrigen gern die frohe Botschaft bringen möchten, aber ich warne Sie! Wir müssen sehr vorsichtig sein. Spricht sich das Geringste über unsre Absichten herum, so haben wir womöglich das Nachsehn. Und nun beeilen Sie sich! Es ist schon reichlich spät. Obendrein werden wir nicht unmittelbar nach der Mühle gehen, sondern vorher noch dem Bergwerksarbeiter Schulze einen Besuch abstatten. Ich hoffe, dass er noch wach ist."

„Dem Schulze? Dem ‚Hundejungen', wie er im Dorf genannt wird?", fragte Wilhelmi erstaunt.

„Ja, dem. Ich erkläre Ihnen die Sache nachher. Rasch jetzt!"

Wenige Minuten später verließen die drei das Haus. Unterwegs begann der Detektiv seine Erklärung.

„Das Buschgespenst war bei Schulze, bevor es zu Ihnen kam", belehrte er den Zeichner, der jedem Wort gespannt lauschte.

Auch Wunderlich hörte aufmerksam zu.

„Ich vermute", fuhr der Detektiv fort, „Schulze hat einen ähnlichen Auftrag bekommen wie Sie. Darüber muss ich mir Gewissheit verschaffen."

„Sie meinen, dass Schulze auch einen Brief für das Buschgespenst besorgen soll?", erkundigte sich Wilhelmi. „Wohin denn?"

„Das weiß ich nicht, möchte jedoch fast wetten, dass ich es annähernd errate."

„Hoho!", rief der Förster dazwischen. „Ihre Pfiffigkeit in Ehren, Herr Vetter, aber eine solche Nuss ist nicht so leicht zu knacken!"

„Wollen einmal sehn!", lächelte der Detektiv. „Hier muss man nur nachdenken. Das Buschgespenst plant einen Streich im Haingrund. Um freie Hand zu gewinnen, schickt der Anführer der Pascher Herrn Wilhelmi nach Lichtenberg. Der Schmiedemeister Görner soll die Grenzbeamten da hinüberlocken. Lichtenberg liegt im Westen von hier. Lässt es sich da nicht vermuten, dass ein zweiter Bote, also jener Schulze, nach Osten geschickt wird, an einen Mann, der seinerseits die Aufmerksamkeit der Grenzer nach Osten ablenken soll? So zieht das Buschgespenst die Beamten auseinander und in der Mitte, grad dort, wo die Pascher vorgehn wollen, bleibt die Luft rein."

Inzwischen waren sie vor dem windschiefen Häuschen Schulzes angelangt. Ein Fenster war noch erleuchtet. Wunderlich, der auch hier bekannt war, drückte auf die Türklinke. Die Tür ließ sich öffnen, sie war noch unverschlossen. Ein Klingeln ertönte. Die drei Männer traten in den dunklen Flur.

Aus einem Zimmer zur Linken klang ein lauter Ruf.

„Ist jemand da?"

„Ja, ich bin's Nachbar – der Förster Wunderlich!"

„Mitten in der Nacht? Was gibt's denn?"

Eine Stubentür tat sich auf. Schulze schaute verwundert auf die Besucher.

„Ich bringe jemand, der mit Ihnen sprechen will“, erklärte Wunderlich.

„Na, da kommt herein!“

Die drei folgten der Aufforderung.

„Setzen Sie sich!“, brummte Schulze nicht allzu freundlich. „Und nun schießen Sie los! Ich bin neugierig, was es heut noch mit dem Hundejungen zu besprechen gibt.“

„Sind wir ungestört?“, fragte Arndt.

„Ja, ganz unter uns. Meine Frau ist schon im Bett. Sie ist vor Erschöpfung eingeschlafen. Ich bin munter geblieben, denn ich habe noch etwas zu erledigen.“

„So ist es gut“, sagte Arndt scheinbar leichthin, „dass wir kommen und Sie abhalten, etwas zu tun, was Sie in Verlegenheit bringen könnte.“

„So? Was denn?“, fuhr Schulze auf. „Ich möchte es mir doch sehr verbitten...“

„Regen Sie sich nicht auf, Schulze!“ fiel Wunderlich beruhigend ein. „Dieser Herr meint es gut mit Ihnen. Er ist nur zu Ihrem Besten gekommen.“

„Wer das glaubt!“, murrte Schulze. „In diesem gemeinen Nest kennt jeder nur seinen eignen Vorteil.“

„Es gibt auch Ausnahmen“, sagte Arndt ruhig. „Sie dürfen nicht allzu schlecht von den Menschen denken!“

„Ach, gehen Sie mir mit den Menschen! Das ist ein Luderzeug oben und unten. Bestien sind's, reißende Tiere!“

„Na, na, Herr Schulze!“

Aber Schulze ließ sich nicht beruhigen, er fuchtelte mit dem Arm in der Luft herum.

„Aasgeier und Giftschlangen! – Ich werd's Ihnen beweisen! Sehn Sie, ich verdiene sechs Mark und meine Frau nicht viel über zwei, das macht acht Mark in der Woche. Sie können sich's selber ausrechnen: zu wenig zum Leben und zu viel zum Sterben! Und da ist weit und breit kein Mensch, der einem hilft; sie schauen unsereinen nur über die Achsel an und schimpfen mich ‚Hundejunge‘.“

„So dürfen Sie nicht sprechen!“, tadelte Arndt. „Sie

müssen bedenken, dass es keine Not gibt, aus der nicht Hilfe möglich wäre."

„Das betet mir meine Frau auch immer vor – und kocht Suppe von Kartoffelschalen. Hahaha!"

„Sie werden bald etwas Kräftiges bekommen. Ich will Ihr Arzt sein und Ihnen Ihre Krankenkost vorschreiben. Was meinen Sie, Herr Wilhelmi, soll ich ihm auch eine solche Arznei geben wie Ihnen?"

Der Zeichner nickte lachend.

„Das würde ich ihm schon gönnen. Ein besseres Heilmittel hat wohl noch kein Arzt verabreicht."

„Nun, so wollen wir sehn, ob es auch ihm Hilfe bringt!"

Mit diesen Worten nahm der Detektiv einige Geldstücke aus seiner Börse und bot sie Schulze auf der flachen Hand dar.

Dieser betrachtete das Geld mit weit aufgerissenen Augen.

„Was soll das?", fragte er misstrauisch.

„Das soll Ihr Lohn dafür sein, dass Sie sich vom Buschgespenst lossagen und mir helfen, den Verbrecher zu fangen."

„Den fängt keiner", knurrte Schulze. „Außerdem weiß ich überhaupt nicht, was mich das angeht. Ich glaube, Sie möchten mich aufs Eis führen. Ich habe mit dem Buschgespenst nichts zu schaffen. Wenn Sie es ertappen wollen, so müssen Sie sich anderswo kümmern. Ich kann Ihnen dabei nicht behilflich sein."

Arndt lachte dem Mann vergnügt ins Gesicht.

„Mein Lieber, jetzt haben Sie geschwindelt."

„Oho!"

„Doch! Geschwindelt! Das Buschgespenst war ja erst vor einer Stunde bei Ihnen. Wo haben Sie denn den Brief, den es Ihnen zur Besorgung übergeben hat?"

Schulze fuhr betroffen zurück.

„Herr, wer sind Sie? Was soll Ihr Besuch bei mir? Sie sind wohl einer von der Polizei?"

Da mischte sich der Förster ein, der ein langes Hin und Her verhindern wollte.

„Ruhe, Nachbar!“, begütigte er. „Dieser Herr ist in der Tat Geheimpolizist. Er weiß alles. Auch Wilhelmi hat ihm eingestanden, dass er für das Buschgespenst einen Botengang machen sollte. Die Polizei wird den Verbrecher fangen und uns von ihm befreien.“

„Das heißt“, fügte Arndt hinzu, „allein bringe ich das nicht fertig, ich muss mir Ihre Mithilfe erbitten. Wollen Sie?“

Der Bergmann blickte den Detektiv zögernd an.

„Aber“, sagte er dann, „wenn das Buschgespenst es nun erfährt?“

„Pah!“, lachte Arndt. „Sie überschätzen diesen Menschen. Was man sich von ihm erzählt, ist entweder erfunden oder stark übertrieben. Ich begreife, dass Sie sich von ihm einschüchtern ließen, jetzt aber liegen die Dinge anders. Jetzt stehn Sie unter meinem Schutz. Wollen Sie mir nicht einmal den Brief zeigen, den Sie zur Besorgung erhalten haben?“

Schulze zog ein bedenkliches Gesicht. Er schüttelte stumm den Kopf, mit Worten mochte er sich offenbar nicht festlegen.

„Immer her damit!“, rief Arndt. „Seien Sie kein Feigling! Ich gebe Ihnen mein Wort, dass Sie nicht den kleinsten Schaden haben sollen!“

So brachte Schulze schließlich den Brief, erschrak aber doch, als Arndt den Umschlag öffnete. Das Schreiben hatten den gleichen Inhalt wie der andere Brief. Das stellte Arndt mit einem kurzen Blick fest.

„Und nun werden Sie mir sagen, an wen diese Zeilen gerichtet sind“, erklärte er kurz.

„An den Sattelmeister Krüger in Weißkirch“, gestand Schulze nach einigem Zögern.

Arndt nickte, steckte den Bogen in einen neuen Umschlag und gab ihn Schulze zurück.

„Sie händigen den Brief dem Sattler Krüger aus, als wäre nichts geschehn. Es ist vermutlich nicht der Erste, den Sie besorgen. Ihren Brief, Wilhelmi, mache ich nachher fertig. Wir haben noch Zeit und kommen ja wieder in Ihre Wohnung. Sie bringen ihn dann zum Schmied Görner, lassen aber ja nicht merken, dass die Verhältnisse andre geworden sind!"

„Und ich? Wie verhalte ich mich, wenn das Buschgespenst Rechenschaft von mir fordert?", fragte Schulze.

„Es wird gar nicht wieder zu Ihnen kommen. Morgen ist alles erledigt. Im Notfall tun Sie einfach, als ob Sie von nichts wüssten."

Damit drückte Arndt dem Bergmann die Geldstücke in die Hand, entfernte sich mit kurzem Gruß und machte sich mit Wilhelmi und Wunderlich auf den Weg zur Mühle.

Als sie dort laut an die Tür des Wohnhauses pochten, öffnete Frau Pauline. Sie leuchtete die drei in tiefem Erschrecken mit der Laterne an.

„Du, Schwager? Um Gottes willen – es ist doch daheim nichts Schlimmes geschehn?"

„Keine Sorge! Es steht alles gut. Ist der Bruder zu sprechen?"

„Ja. Er ist schon in der Mühle. Wir müssen jetzt bereits vor Tau und Tag anfangen."

„Recht so! Rufe ihn! Wir haben Wichtiges mit ihm zu reden."

„So geht hinein in die Stube! Ich werde ihn holen!

Der Müller kam, grüßte und betrachtete verwundert die Anwesenden. Sein Blick blieb an seinem Bruder haften.

„Gott sei Dank!", meinte er dann im Ton der Erleichterung. „Ich hatte schon Sorge um dich. Aber du machst ein so glückliches Gesicht, dass ich beinahe denke, es ist dir etwas Gutes zugestoßen."

„Du hast Recht. Da schau her!"

Wilhelmi warf seinen Fünfzigmarkschein mit der Miene eines Millionärs auf den Tisch.

„Du hast mir gestern vierzig Mark geborgt, Bruder. Hier hast du sie wieder. Gib mir zehn heraus!"

„Fünfzig Mark?", staunte der Müller. „Mensch, wie kommst du zu so viel Geld?"

„Hier steht mein Säckelmeister! Dieser Herr hier hat mir den Schein geschenkt."

Wilhelmi gab dem Bruder eine kurze Erklärung, der eine lange freudige Aufregung folgte. Besonders die Müllerin strahlte, als sie hörte, dass es dem Buschgespenst nun an den Kragen gehen sollte. Dadurch kam ja ihr Mann von dem seltsamen, geheimnisvollen Vertrag los.

Arndt ließ sich den Keller zeigen, die Tür wurde mit dem Kammerschlüssel geöffnet.

Dieser Keller war ein langer, viereckiger Raum, den man hinter der Mühle aus dem Felsen herausgehauen hatte. Arndt sah sich einigermaßen enttäuscht, dennoch musterte er jeden Zollbreit der Örtlichkeit, leider ohne Erfolg.

„Was suchen Sie?", fragte der Müller.

„Ich hatte eine Vermutung, die sich jedoch nicht bestätigt hat; darum brauchen wir auch nicht weiter drüber zu sprechen. Gehen wir wieder!"

„Und was raten Sie mir?"

„Lassen Sie die Sache so, wie sie ist. In zwei oder drei Tagen werden wir wissen, woran wir sind."

Das war der einzige Bescheid, den Arndt gab.

Als er mit dem Musterzeichner die Mühle wieder verließ, ahnte er nicht, welche Bedeutung dieser Keller für ihn noch erlangen sollte.

17. „Hände hoch!“

Arndt kehrte erst lange nach Mitternacht mit Wunderlich ins Forsthaus zurück, wo Frau Bärbchen in Ungeduld und Sorge auf die beiden wartete. Ruhe fand der Detektiv in dieser Nacht nur wenig, denn er war früh am Morgen schon wieder auf den Beinen.

Wunderlich, für den es Ehrensache war, nicht länger in den Federn zu liegen als der Herr Vetter, wollte abermals einen Schlitten im Dorf besorgen. Doch Arndt mochte davon nichts wissen.

„Lassen Sie das! Es könnte auffallen und ich möchte mir nicht in letzter Stunde durch eine kleine Unvorsichtigkeit alles verderben. Ich werde zu Fuß gehen. So kann ich um Mittag bereits wieder hier sein. Dann machen wir noch einen Gang zur Mühle und in der kommenden Nacht kann der Tanz beginnen.“

„Schon wieder zur Mühle?“, wunderte sich der Förster.

„Ja. Ich habe mir im Bett einen Plan zurechtgelegt, den ich in der Stadt mit dem Kommissar besprechen will. Ich denke, er wird meine Vorschläge billigen. Die Rote Mühle soll für das Buschgespenst und seine Pascher zur Falle werden.“

„Hm“, machte Wunderlich. „Hoffentlich ist der Müller damit einverstanden. Er trägt dabei sein Fell zu Markt.“

„Gewiss. Aber es wird ihm auch eine anständige Belohnung der Behörde eintragen. Dafür werde ich sorgen.“

„Und ich?“

„Sie möchten auch eine Belohnung haben?“, lachte Arndt.

„Unsinn!“, knurrte der Förster. „Mittun will ich, weiter nichts. Sie haben bisher noch kein Wort davon gesagt.“

„Das kommt noch, mein Lieber. Ich habe bereits einen Auftrag für Sie. Ich brauche nämlich eine tüchtige Ladung Ballen, Pakete, prall gepfropfte Säcke und ähnliche Dinge, die aussehn wie sorgfältig verpackte Schmugglerware. In Wahrheit mögen sie nur Lumpen, altes Papier und ein paar Steine enthalten, die ein gewisses Gewicht schaffen. Verstehn Sie mich?"

„Aha!", nickte Wunderlich. „Ich weiß, Sie wollen ja angeblich für das Buschgespenst liefern."

„So ist es. Diese Packen holen die zehn Männer hier bei Ihnen ab, von denen ich im Schuppen oben beim Bergwerk gesprochen habe."

„Und diese zehn Männer werden verkleidete Polizisten sein. Habe ich richtig geraten?"

„Ausgezeichnet!", lobte Arndt. „Ihre Waffen können sie dabei getrost tragen. Sie üben ja angeblich ein bedenkliches Handwerk aus, indem sie scheinbar den Schmugglern die Waren herbeischaffen. Das alles bringe ich mit dem Kommissar in Ordnung. Von Ihnen brauche ich vorläufig nur die Packen. Wird es klappen?"

„Ohne Frage, Herr Vetter. Wird alles heut Vormittag zurechtgemacht und fein verschnürt, damit die Empfänger den Inhalt nicht allzu rasch prüfen können."

„Gut bedacht!", nickte Arndt. „Kommen Sie! Wollen schnell eine Tasse Kaffee trinken und einen Bissen frühstücken! Dann breche ich auf."

So geschah es denn auch. Kurz vor zehn Uhr war Arndt bereits im Dienstzimmer des Kommissars. Der Beamte hörte gespannt den Bericht seines Besuchers über die Unterredung mit dem Buschgespenst im Strohschuppen des Bergwerks und über alles, was Arndt in der vergangenen Nacht mit Wilhelmi und Schulze und weiterhin in der Roten Mühle erlebt hatte. Der Kommissar knurrte zunächst über die verwünschte Bande in Hohenthal, die samt und sonders dem Buschgespenst dienstbar sei und drohte, die Schuldigen ohne Ausnahme bestrafen zu wollen. Der Detektiv aber wies ihn darauf hin, unter welchem Druck die armen Menschen ständen und dass sie ja im Augenblick schon für die Behörde arbeiteten und somit Anspruch auf weitgehende Nachsicht hätten, der Müller

Wilhelmi von Rechts wegen sogar Anspruch auf eine behördliche Belohnung. In diesem Punkt ließ der Detektiv nicht locker, bis ihm der Kommissar zusagte, sich an vorgesetzter Stelle für eine solche Belohnung einzusetzen.

Dann deckte Arndt dem Beamten seine Pläne auf, so wie er sie dem Förster bereits klargelegt hatte.

„Die Pakete, die angeblich meine Lieferung enthalten, kommen vor den verschlossenen Keller der Mühle", sagte er. „Oben, in den Wohnräumen des Müllers, bringe ich dann Ihre zehn Polizisten unter, die ich für meine Lastträger ausgebe. Nun führe ich aus dem Haingrund die zehn Männer herbei, die jene wirkliche Sendung bringen, von der das Buschgespenst mir gegenüber sprach. Auch das Buschgespenst selbst mit seinen zehn Schmugglern, die das Paschergut übernehmen sollen, locke ich in die Mühle."

Hier unterbrach der Beamte den Detektiv.

„Halt, diese Sache hat einen Haken! Wird das Buschgespenst wirklich so ohne weiteres Ihrem Wink folgen?"

„Gewiss, denn ich werde ihm weismachen, der Haingrund sei zurzeit nicht sicher; es streiften da Grenzer umher. Dafür, dass das auch wirklich geschieht, ohne dass jedoch ein Zusammenstoß mit den Paschern erfolgt, müssen Sie sorgen, Herr Kommissar."

„Gut. Das will ich tun. Die Grenzer werden ihre Spuren im Schnee sehn lassen. Das wird genügen. Nun aber kommt etwas anderes. Das Buschgespenst hält Sie für einen fremden Kaufmann. Sie dürfen also nichts davon wissen, dass der Müller Wilhelmi im Sold der Schmuggler steht. Wie kommen Sie dann auf die Mühle? Sie werden mit Ihrem Vorschlag, die ganze Gesellschaft solle in der Mühle unterschlüpfen, das Buschgespenst misstrauisch machen."

„Würde ich allerdings, Herr Kommissar, wenn ich diesen Punkt nicht bereits bedacht und meinen Plan danach zugeschnitten hätte. Ich werde nämlich dem Buschgespenst ein Märchen erzählen, warum und wieso ich mit dem Müller in Verbindung gekommen sei. Sie können mir das getrost überlassen, ohne dass ich Ihnen diese Geschichte hier erst ausführlich vortrage."

„Dann bin ich zufrieden. Was also weiter? Die zehn Schutzleute, die Sie in die Mühle schmuggeln, genügen doch nicht, um zwanzig bewaffnete Pascher festzunehmen."

„Das ist klar. Wir brauchen etwa noch fünfzehn weitere Polizisten und Grenzbeamte, die Sie heimlich zur Mühle führen sollen, Herr Kommissar, sobald alle Schmuggler drinnen sind. Vorher müssen Sie sich mit diesen Leuten in der Nähe verstecken, um dann im rechten Augenblick die Falle zu schließen."

„Recht so. Wird gemacht." Der Kommissar rieb sich vergnügt die Hände. „Meinen Dank, Herr Kollege! Sie haben prächtig vorgearbeitet. Hoffentlich gelingt alles nach Wunsch. Sie sagten, etwa zwei Uhr nachts würden sich die Schmuggler im Haingrund versammeln. Wenn ich mit meiner Hilfstruppe um Mitternacht in der Nähe der Mühle bin, würde das also ausreichen."

Die beiden Männer schüttelten einander die Hände. Der Plan war geschmiedet, die Falle vorbereitet. Jetzt kam es einzig darauf an, das Buschgespenst und seine Leute hineinzulocken und dingfest zu machen.

Es wurde nur noch verabredet, dass sich der Kommissar mit seinem Aufgebot in dem Waldstück verbergen sollte, das sich am Berghang hinter der Mühle hinaufzog. Kurz nach Mitternacht sollte hier Wunderlich zu den Beamten stoßen und als Führer bei ihnen bleiben.

Diese Unterredung hatte etwa eine Stunde gedauert. Arndt machte sich nunmehr sogleich auf den Rückweg zum Forsthaus. Hier zeigte ihm Wunderlich schmunzelnd die Ballen, Säcke und Pakete, die er angefertigt hatte. Es war alles nach Wunsch ausgefallen und so konnte der Detektiv nach einer kurzen Mittagsrast unverzüglich nach der Roten Mühle aufbrechen.

Die Mühle klapperte auch heute emsig. Wilhelmi selber öffnete, und als er Arndt erblickte, war sein Verwundern ebenso groß wie seine Freude über den unerwarteten Besuch.

„Sie, Herr? – Willkommen! Bringen Sie Gutes oder Schlimmes?"

„Gutes! – Es gibt Arbeit für Sie und Ihre Frau."

„O weh!", lachte der Müller. „Noch mehr Arbeit? Das können wir ja gar nicht schaffen. Worum handelt es sich denn?"

„Pst! Nicht so laut!", mahnte der Detektiv. „Ich will Ihnen die Sache drinnen in der Stube klarlegen."

„Aha! Ich verstehe. Es geht um ein Ding, das unter uns bleiben soll. Kommen Sie also erst mal herein!"

Die Müllerin war nicht weniger neugierig als ihr Mann, die Neuigkeit zu erfahren, und Arndt ließ die beiden nicht lange warten.

„Wollen Sie mir helfen, das Buschgespenst zu fangen?", begann er ohne Umschweife.

Die Müllersleute erschraken.

„Wir? – Ihnen? – Was können wir denn dabei tun?", fragte der Mann.

„Ich will die Pascher in Ihre Mühle locken und hier festnehmen lassen."

„Herrgott! Das ist eine gefährliche Geschichte!", jammerte die Frau. „Das Buschgespenst wird sich an uns rächen."

„Ausgeschlossen! Es wird ja für immer unschädlich gemacht."

Der Müller hatte sich inzwischen von der ersten Überraschung erholt.

„Dürfen wir erfahren, welchen Plan Sie haben?", fragte er.

„Ja, Ihnen beiden diesen Plan zu unterbreiten und Sie für seine Durchführung zu gewinnen, bin ich ja eigens gekommen."

Arndt setzte den Müllersleuten also kurz auseinander, wie er sich die Sache dachte. Dabei schilderte er alles so einfach und selbstverständlich wie möglich und zerstreute hier und da ein Bedenken des Ehepaars Wilhelmi. Er erwähnte auch die sorgfältigen Vorbereitungen, die bereits getroffen waren, und vergaß vor allem nicht den Hinweis auf die Belohnung, die demjenigen, der sein Haus als Falle für die Pascher hergab, nach der Rücksprache mit dem Kommissar sicher sei.

„Und wie hoch wird die Belohnung sein?", fragte der Müller vorsichtig, und da er Arndt lächeln sah, fügte er hinzu: „Sie müssen bedenken, dass man mir die Anzahlung, die das Buschgespenst für die Überlassung des Kellers geleistet hat, wieder abnehmen wird. Da entsteht doch ein Verlust für mich."

„Das ist schon richtig", erklärte der Detektiv. „Aber zunächst haben Sie einmal Ansprüche an Seidelmann für das Ausmahlen des Getreides. Und dann werden wir dafür sorgen, dass Ihre Mühle wieder anderweit Aufträge bekommt. Jedenfalls sollen Sie bestimmt keinen Schaden haben. Die Belohnung bleibt Ihnen ungeschmälert. Sie beträgt sicher einige hundert Mark. Ich will nicht zu viel versprechen."

„So, so, einige hundert Mark! Pauline, was meinst du dazu?"

Die Müllerin seufzte.

„Ach, das ist eine dumme Geschichte! Ich bin stets dafür gewesen, du solltest dich mit dem Buschgespenst überhaupt nicht einlassen, und ich würde aufatmen, wenn du von diesem Teufel loskämst. Dem Herrgott danken würde ich, wenn die ganze Gesellschaft, die allen Bewohnern dieser Gegend das Leben zur Hölle macht, endlich hinter Schloss und Riegel säße. Aber, aber – ob es auch gelingt? Und wenn das Buschgespenst entwischt, was dann? Das wäre unser Untergang."

Darauf ergriff Arndt noch einmal das Wort und es gelang ihm, die Wilhelmis schließlich doch auf seine Seite zu ziehen. Dann verabredete er mit ihnen alles Nötige genau und verabschiedete sich mit einem festen Händedruck.

„Von Mitternacht an halten Sie sich bereit!", sagte er zum Schluss. „Gedanken brauchen Sie sich keine mehr zu machen. Ich selber bin mit meinen zehn Polizisten zuerst zur Stelle. Das verbürgt Ihnen von vornherein den erforderlichen Schutz. Glückauf also zur entscheidenden Jagd auf das Buschgespenst!"

Mitternacht war bereits vorüber. Der Haingrund lag scheinbar still und verlassen. Doch zeigten sich hier und da im Schnee frische Fußspuren. Als Arndt eine Stunde vor der verabredeten Zeit mit seinen schwer bepackten Polizisten den Grund erreichte, gewahrte er eine Reihe von Gestalten mit Warenbündeln auf dem Rücken. Sie verschwanden soeben hinter Büschen in einer Seitenschlucht, offenbar um dort im sichern Versteck zu warten. Zweifellos waren das die Träger der böhmischen Paschersendung, die das Buschgespenst hier in Empfang nehmen wollte.

Diese Entdeckung kam dem Detektiv sehr gelegen.

Arndt hatte ursprünglich die Absicht gehabt, mit seinen Polizisten den Haingrund sogleich wieder zu verlassen und nach der Mühle zu eilen. Er hatte den Umweg vom Forsthaus über den Ort des Stelldicheins nur genommen, um ganz sicher zu gehen und mit seinen Männern die nötigen Spuren zu hinterlassen, auf die er sich dann gegebenenfalls den Paschern gegenüber berufen konnte. Etwa so: „Seht, wir waren hier! Aber die Gegend ist nicht sicher. Darum sind meine Leute einstweilen in der Mühle untergeschlüpft. Folgt mir schleunigst dorthin!"

Nun belohnte sich diese scheinbar allzu große Vorsicht. Der tatsächliche Geschäftsfreund des Buschgespenstes war mit seiner Lieferung schon verfrüht zur Stelle. So entschloss sich Arndt denn, diese unerwartete Wendung der

Dinge zu nützen und die zehn Träger, möglichst samt ihrem Gebieter, sogleich in die Mühle zu locken und dort festzuhalten. Das heißt, das Festhalten sollten seine Polizisten besorgen, die er natürlich mitnehmen und in der Mühle zurücklassen würde, während er selber unverzüglich wieder aufbrechen musste, um die Hauptpersonen, nämlich das Buschgespenst und seine zehn Schmuggler, in die Falle zu bringen.

Jetzt ließ er seine Leute erst einmal in guter Deckung zurück und pirschte sich vorsichtig an die erwähnte Seitenschlucht heran. Dass er dabei sein Leben wagte, war ihm klar. Die Lastträger, die sich da versteckt hielten, waren vermutlich gut bewaffnet. Wenn nun einer ihn, den Unbekannten, entdeckte und vorzeitig auf ihn schoss, ohne ihn erst anzurufen und nach der Losung zu fragen, so konnte es leicht um Arndt geschehen sein. Doch danach durfte der Mann nicht fragen, der sich ein so hohes Ziel gesteckt hatte. Er schritt langsam auf die Schlucht zu, beständig ausspähend, ob nicht da oder dort ein Wächter zu finden sei.

Und richtig, da war einer. Zum Glück riss der Mann nur die Büchse hoch, drückte aber nicht ab, sondern rief den Kommenden an.

„Halt! Wer da!“

„Gut Freund!“, gab Arndt zurück.

„Die Losung!“

„Prag!“

„Kann passieren! Erst aber noch einen Bescheid! Was suchen Sie hier?“

„Den Mann, der gleich mir an diesem Ort und zu dieser Stunden mit dem Buschgespenst wegen einer Warensendung zusammentreffen will.“

Hinter dem Posten, der den Zugang zur Seitenschlucht bewachte, tauchte die Gestalt eines andern auf, der ebenso wie der Posten eine schwarze Maske vor dem Gesicht trug.

„Dieser Mann bin ich“, meldete er sich. „Unser Freund

hat mir von Ihnen gesprochen. Ich bin in alles eingeweiht. Wo haben Sie Ihre Leute mit den Paketen?"

„Dort hinter dem Waldsaum!", antwortete Arndt, rückte an seiner Brille aus Fensterglas und strich sich den falschen Bart, den er für diesen Gang angelegt hatte. Er war überhaupt ganz so gekleidet wie damals, als er im Strohschuppen oben am Bergwerk mit dem Buschgespenst verhandelte.

„Dann ist es gut, dass wir schon hier sind und Sie warnen können", entgegnete der andere. „Bringen sie Ihre Leute schleunigst in dieses Versteck! Allen Vorsichtsmaßnahmen zum Trotz scheint es heut hier nicht geheuer zu sein. Wir sind zwar unbehelligt durch den ganzen Haingrund gekommen, haben aber dann Männerspuren im Schnee gefunden, die wohl nur von Grenzbeamten herrühren können, ganz frische Spuren, und einer meiner Träger will sogar einen Uniformierten bemerkt haben, der glücklicherweise nicht auf uns aufmerksam wurde."

„Dieselbe Beobachtung habe ich auch gemacht", erklärte Arndt, „und ich warne Sie, hier in der Schlucht zu bleiben. Die Grenzer ziehn sich hier zusammen, wie mir scheint. Wir sind keine Stunde mehr sicher an diesem Ort."

„Verdammt! Was solln wir tun? Eine Stunde kann es noch dauern, bis das Buschgespenst kommt!"

„Freilich, der wird vor zwei Uhr nicht erscheinen."

„Dann bleibt uns nichts übrig, als schleunigst wieder umzukehren."

„Nicht doch! Sie haben mit Ihren Leuten bis hierher alle Gefahr glücklich überstanden. Das werden Sie doch nicht wieder preisgeben. Ich habe mich für alle Fälle gesichert. Folgen Sie mir! Ich weiß ein Versteck, wo uns kein Grenzer findet."

„Wo wäre das?"

„In der Roten Mühle. Ich habe mich mit dem Müller,

den ich von früher her kenne, für alle Fälle in Verbindung gesetzt. Sie müssen wissen, dass ich den Mann aus bestimmten Gründen in der Hand habe. Er muss mir gefällig sein. Übrigens ist er auch ohne weiteres bereit; er gestand mir, er sei sowieso ein Freund und Mitarbeiter unseres Buschgespenstes. Kurz und gut, die Mühle steht uns als Unterschlupf zur Verfügung. Lassen Sie Ihre Leute die Lasten wieder aufnehmen, es ist keine Zeit zu verlieren! Ich führe Sie zunächst zu meinen Trägern und dann in die Mühle in Sicherheit."

„Der Müller ist uns allerdings sicher, das weiß ich; aber was wird mit dem Buschgespenst?", zögerte der andere noch. „Es wartet dann hier vergeblich auf uns."

„Es wird nicht warten. Ich hole unsern Geschäftsfreund mit seinen Paschern dann auch noch. Müssen nur erst die Waren unter Dach und Fach bringen. Das ist jetzt die Hauptsache. Wie die Dinge dann weiterlaufen, das müssen wir abwarten und mit dem Buschgespenst besprechen."

Durch dieses bestimmte Vorgehen ließ sich der andere täuschen. Vielleicht trug dazu auch der Umstand bei, dass ihm keine Zeit blieb, lange zu überlegen. Er erteilte seinen Leuten einen kurzen Befehl. Dann folgten sie alle dem Detektiv hinüber nach dem Wald.

Als die Männer mit den schwarzen Masken hier auf die verkleideten Polizisten stießen, die sie für Spießgesellen halten mussten, waren sie merklich beruhigt. Sie glaubten, sich nun durch den Augenschein davon überzeugt zu haben, dass sie es tatsächlich mit ihresgleichen zu tun hatten.

Arndt ging quer durch den Forst grad auf die Mühle zu. Schon nach kurzer Zeit erreichte er das alte Gebäude und führte die Männer in den Hof. Hier war kein Mensch zu erblicken; Arndt brannte seine Blendlaterne an und führte sämtliche Träger nach dem Raum vor der verschlossenen Kellertür.

Er machte ihnen das Zeichen der Vorsicht.

„Hier hinein!"

Er selber trat zuerst ein, sie folgten ihm auch jetzt und jeder legte seinen Packen lautlos ab.

„Die Mühle klappert", flüsterte ihm der Geschäftsfreund des Buschgespenstes zu. „Der Müller ist also noch wach?"

„Ja. Sie müssen Nachtschicht machen, weil sie eilige Aufträge haben."

„Ob man unter diesen Umständen hier wohl etwas Warmes in den Magen gießen könnte? Drei Stunden bin ich jetzt schon unterwegs. Bei dieser grimmigen Kälte ist das keine Kleinigkeit!"

„Ich habe auch schon daran gedacht, denn auch mich friert es. Werde einmal nachsehn, was sich tun lässt, und einen Kaffee für uns alle bestellen."

Ein Murmeln der Zufriedenheit lief durch die Reihen der Männer. Sie ließen sich geduldig vor der Kellertür auf ihren Ballen nieder. Arndt aber entfernte sich, um angeblich den Kaffee zu besorgen.

Er hatte nun erreicht, was er erreichen wollte, und hätte bereits jetzt zum entscheidenden Schlag gegen diesen ersten Schmugglertrupp ausholen können. Dass er den Vorraum zum Keller erst noch einmal verließ, hatte seinen Grund darin, dass die Überrumplung ohne Blutvergießen vor sich gehen sollte. Arndt musste also seinen Polizisten Zeit lassen, das auszuführen, was er vorher mit ihnen verabredet hatte.

Seine angeblichen Träger hatten ihre Gewehre in einem Winkel zusammengestellt. Darauf taten die von der andern Schar dasselbe in einer anderen Ecke. Nun war ausgemacht, dass sich die Polizisten in zwei Gruppen teilen sollten. Die eine blieb bei den eigenen Gewehren, bereit, die Waffen wieder aufzunehmen und den Zugang zum Kellervorraum zu besetzen. Die zweite Gruppe musste sich im entscheidenden Augenblick zwischen die Schmuggler und ihre Büchsen schieben, die Revolver ziehen und die Gegner abwehren, wenn sie etwa ihrerseits gleichfalls die Waffen an sich nehmen wollten, um sich zu verteidigen.

Im Hof wartete wie vereinbart der Müller. Er erkannte den verkleideten Detektiv an einem vorher verabredeten Zeichen.

„Hat die Sache geklappt?“, fragte er leise und hastig.

„Vorläufig haben wir die erste Schar sicher. Geben Sie mir für alle Fälle den Kammerschlüssel, der auch die Kellertür öffnet!“

„Hier ist er!“

„Gut. Ich brauche Sie jetzt nicht mehr. Halten Sie sich immerhin im Hintergrund! Sollten ein paar Schüsse fallen, so darf Sie das nicht stören. Schlimm wird es auf keinen Fall. Wir haben die Oberhand.“

Der Müller zog sich eilig zurück. Arndt begab sich wieder in den Raum, wo die Schmuggler warteten.

„Hallo!“, rief er. „Herhören, Leute!“ Das war das verabredete Stichwort für seine Polizisten. Blendlaternen flammten auf, die den Männern auf der Brust hingen. „Jetzt kommt das Warme, das ich euch versprochen habe!“, fuhr Arndt fort. „Wer sich rührt, kriegt unser Blei zwischen die Rippen! – Hände hoch!“

Die Polizisten ergriffen teils ihre Gewehre, teils zogen sie die Revolver.

Ein einziger, vielstimmiger Schrei des Schreckens erscholl. Die Pascher waren starr vor Entsetzen; sie sahen die drohenden Läufe auf sich gerichtet, dass sie wie gelähmt standen.

Arndt erklärte ihnen mit wenigen Worten, sie seien in eine Falle gegangen und nicht von Spießgesellen, sondern von Polizisten umgeben.

„Fesseln her!“, rief er sodann seinen Leuten zu. „Bindet die Männer! Wer sich wehrt, wird erschossen.“

Die Drohung wirkte. Die Pascher ließen sich fast widerstandslos fesseln.

Nur einer wollte sich zur Wehr setzen, das war der ‚Geschäftsfreund' des Buschgespenstes.

„Verrat!", schrie er auf, zog einen Revolver aus der Tasche, feuerte mitten unter die Polizisten hinein, die ihm den Weg versperrten, und sprang mit zwei gewaltigen Sätzen zum Ausgang hin.

Hier aber wurde er gepackt, niedergerissen, entwaffnet und gebunden. Er bäumte sich in seinen Fesseln, doch vergeblich.

„Nehmen Sie den Gefangenen die Maske ab!", gebot Arndt seinen Leuten.

Der Befehl wurde ausgeführt und es kam dabei manches Gesicht zum Vorschein, das auch den sächsischen Beamten nicht unbekannt war.

Arndt kümmerte sich nicht weiter darum; er ließ die Gefesselten hinaufschaffen in einen leeren Vorratsraum, wo sie gut bewacht wurden, gab noch einige Weisungen und schritt dann wieder dem Haingrund zu.

Als er das Tal erreichte, zeigte seine Uhr zehn Minuten vor zwei. Er stellte sich hinter einen Baum und wartete. Sein Blick schweifte über den Haingrund hinweg zum jenseitigen Saum des schweigenden Winterwaldes.

Die feierliche Stille ringsum wurde nur ab und zu von einem Windstoß unterbrochen, der im dürren Laub alter Eichenkronen raschelte. Manch andrer in Arndts Lage hätte wohl ein leichtes Gruseln gespürt, der Detektiv aber verharrte ruhig und kaltblütig. Endlich hörte er das Knacken brechender Zweige und dann das Knirschen des Schnees. Ein Mann kam, die Maske vorm Gesicht: das Buschgespenst!

Arndt rief ihn mit gedämpfter Stimme an.

„Halt! – Das Kennwort?"

„Prag!"

Der Detektiv trat vor und reichte dem Ankömmling die Hand.

„Da bin ich pünktlich zur Stelle! Haben Sie Ihre Leute zur Hand?"

„Sie sind hinter mir. Wo stecken Ihre Träger mit den Waren? Und wo ist – der andre?“

„Seien Sie froh, dass ich schon vor einer Stunde hier war!“, erklärte Arndt. „Ohne mich wäre die Sache vielleicht schief gegangen.“

„Inwiefern?“

„Ich habe hier vor dem Haingrund Umschau gehalten. Grenzer streifen durch die Gegend.“

„Teufel!“, klang es erschrocken. „Dann ist unser ganzes Unternehmen in Gefahr!“

„Ich habe schon vorgesorgt“, erklärte Arndt. „Meine Leute sind bereits in Sicherheit und mit ihnen die andern samt den beiden Lieferungen. Die Männer von drüben waren vorzeitig zur Stelle. Um nicht von den Grenzern überrascht zu werden, habe ich mich mit Ihrem Geschäftsfreund besprochen und wir haben gemeinsam unsre Träger in ein Versteck gebracht.“

„Wo sind die Leute?“

„In der Roten Mühle.“

Das Buschgespenst streifte den Sprecher mit einem misstrauischen Blick.

„Wie kommen Sie auf die Mühle?“

Mit dieser Frage hatte Arndt gerechnet. Sie brachte ihn nicht aus der Fassung. Ursprünglich hatte er ja darauf hin dem Buschgespenst ein Märchen erzählen wollen. Nun aber war das nicht mehr nötig. Die Lage hatte sich anders gestaltet, als der Detektiv voraussehen konnte. Er durfte sich jetzt kürzer fassen.

„Ich?“, fragte er. „Der Vorschlag, in der Mühle Unterschlupf zu suchen, stammt von Ihrem Geschäftsfreund.“

„Ach so!“ Das Buschgespenst war sichtlich beruhigt. „Das mag stimmen. Er weiß in der Tat Bescheid. Ich hatte ihn davon benachrichtigt, dass ich mit dem Müller Wilhelmi wegen seines Kellers ein Abkommen getroffen habe.“

„Sie meinen das in den Felsen hineingearbeitete Gewölbe?", fiel Arndt eifrig ein. „Da hinein haben unsre Leute einstweilen ihre Packen geschafft."

Schon wieder horchte das Buschgespenst argwöhnisch auf.

„Da hinein? Wie ist das möglich? Man hat mir doch den Kellerschlüssel ausgehändigt. Ich trage ihn bei mir. Wie kann da ein andrer dort Pakete verstauen?"

„Die Lasten liegen im Vorraum", erklärte Arndt. „Das eigentliche Gewölbe konnten wir nicht öffnen. Im Übrigen..."

Arndt hielt inne und lauschte.

„Hörten Sie nicht etwas?", fragte er. „Ich fürchte, wenn wir hier noch lange miteinander verhandeln, geraten wir in Teufels Küche. Holen Sie Ihre Leute und dann fort zur Mühle! Ich mag mich nicht fangen lassen wie ein heuriger Hase."

„Sie haben Recht", nickte das Buschgespenst. „Meine Mannschaft kommt in grader Richtung von der Eiche her und wir können keinen verfehlen, wenn wir dorthin durch den Wald gehen."

Das Buschgespenst schritt voran, Arndt folgte. Bald darauf trat ihnen ein Mann entgegen, der sich durch die Losung als Vertrauter auswies. Dann kamen mehrere zugleich und so dauerte es nicht lange, bis das Buschgespenst melden konnte, dass alle seine Leute beisammen seien.

„Verständigen Sie die Männer, dass sie mir folgen!", flüsterte Arndt dem Buschgespenst zu.

Der Anführer der Schmuggler sprach kurz zu seiner Bande. Nun wussten sie Bescheid und schritten hinter dem Detektiv drein.

Bald erreichten sie die Mühle. Sie traten in den Hof. Arndt als Letzter zog die Tür hinter sich zu. Das Buschgespenst, das neben ihm stand, meinte, er solle von innen abschließen, so könne man nicht überrascht werden.

„Warum das?", fragte Arndt, der auf diesen Vorschlag nicht eingehen durfte, um den Haupttrupp der Polizisten und Grenzer unter Führung des Kommissars und des

Försters nicht auszusperren. „Der Müller hat mir erklärt, diese Tür sei ständig offen, und so würden wir nur Verdacht erregen, wenn wir sie abschließen."

Das Buschgespenst sagte nichts darauf, schien aber plötzlich einen leichten Argwohn zu spüren. Jedenfalls steckte der Anführer der Pascher eine Hand in die Tasche und wich Arndt fortan nicht mehr von der Seite.

Arndt hatte für dergleichen Dinge die Witterung des vielerfahrenen Detektivs und beschloss, sich vorzusehen. Er ließ seine Laterne aufleuchten, öffnete die Tür und deutete in den Kellervorraum.

„Gehen wir zunächst da hinein!", sagte er gedämpft. „Hier liegen Ihre und meine Pakete."

Die Pascher traten ein, das Buschgespenst aber blieb bei Arndt im Freien.

„Wollen Sie sich nicht überzeugen, ob die Lieferung stimmt?", fragte Arndt in der Absicht, den andern vor sich eintreten zu lassen und hinter ihm die Tür zuzuwerfen.

„Danke. Dazu habe ich einen Aufseher unter meinen Leuten. Überhaupt – wo ist – wo ist mein Geschäftsfreund? Wo sind seine und Ihre Träger?"

Er blickte sich misstrauisch um.

In diesem Augenblick gab es eine unliebsame Überraschung, eine doppelte sogar.

Der Einzug des Buschgespenstes mit seinen Paschern war zwar verhältnismäßig still, aber doch nicht ganz geräuschlos vor sich gegangen. Die Leute glaubten, sich in der Mühle, deren Besitzer ja ihr Verbündeter war, nicht sonderlich in Acht nehmen zu müssen. Deshalb waren vereinzelte Laute wohl bis in den Raum gedrungen, wo die erste Schmugglerschar gefangen saß samt ihrem Führer.

Dieser Mann hatte trotz seiner Niederlage den Gedanken an Widerstand noch nicht aufgegeben. Er horchte in die Stille hinein. Jetzt hörte er menschliche Stimmen, vernahm Tritte im Schnee und darauf das Knarren der Tür zum Kellervorraum. Er ahnte, was geschehen war. Der verhasste Mensch, der ihn und seine Leute in die Falle gelockt hatte, brachte jetzt vermutlich das Buschgespenst mit den sächsischen Paschern, um auch sie unschädlich zu machen.

Da schrie er mit voller Lungenkraft: „Gebt Acht! Verrat!"

Gleich darauf krachte ein Schuss. Einer der wachhabenden Polizisten hatte auf den Warner geschossen.

Das Buschgespenst draußen im Hof fuhr zusammen. Sein Blick suchte das Hoftor, durch das ausgerechnet in dieser Minute die Polizisten und die Grenzbeamten unter Führung des Kommissars und des Försters Wunderlich hereindrängten.

Beim Anblick der Uniformierten schoss ein wütender Hassblick aus den Augen des Buschgespenstes auf Arndt. Der überrumpelte Verbrecher wusste jetzt, woran er war. Er riss seinen Revolver aus der Tasche und drückte auf den Detektiv ab. Doch Arndt war auf der Hut gewesen; er schnellte zur Seite, sodass die Kugel an ihm vorüberflog, dann schlug er dem Buschgespenst mit der linken Faust die Waffe aus der Hand. Zugleich stieß er mit dem Fuß die Tür des Kellervorraums zu, drehte mit der Rechten den Schlüssel um, der von Anbeginn im Schloss gesteckt hatte, und zog ihn ab.

Im gleichen Augenblick aber sprang das Buschgespenst auch schon davon, hinüber in den Garten der Mühle. Der Kommissar stürzte ihm nach und Arndt eilte hinter beiden her, die brennende Laterne vor der Brust.

Die Gartenmauer war nicht hoch und hatte zudem an einer Stelle eine breite Bresche. Das Buschgespenst schien hier genau Bescheid zu wissen, es lief grad auf die Mauerlücke zu und sprang hindurch. Der Kommissar war kaum vier Schritte hinter ihm, sprang nach, blieb aber draußen augenblicklich stehen.

„Himmeldonnerwetter!", fluchte er.

Arndt war bereits neben ihm.

„Was gibt's?"
„Der Kerl ist verschwunden!"
„Wohin?"
„Das weiß der Kuckuck!"
„Er kann sich doch nicht unsichtbar machen", murrte Arndt. „Und weit weg kann er auch nicht sein. Ich war ihm unmittelbar auf den Fersen."

Arndt dachte kurz nach. Er stand nämlich an derselben Stelle, wo das Buschgespenst schon einmal vor seinen Augen verschwunden war. Trotz eifrigen Suchens hatte er bisher nicht entdecken können, wie das zugegangen sein mochte.

„Sollte er...", hier unterbrach sich der Detektiv. „Halt! – Hören Sie das Geräusch? – Wissen Sie, was das ist?"

„Es klingt fast wie ein fernes Erdbeben."

„Nein. Dieses Rollen stammt von einem Wagen, der auf Schienen geht – ah, sehn Sie an der Mauer das Loch im Erdboden? Ich kenne den Platz. Das Loch muss bis zur Stunde sehr gut versteckt gewesen sein."

„Wahrhaftig! Da hinein ist der Flüchtling offenbar verschwunden!"

In diesem Augenblick eilten einige Grenzer und Polizisten durch den Garten herbei, ein Wachtmeister an der Spitze und neben ihm der Müller Wilhelmi.

„Was für ein Loch ist das?", fragte ihn Arndt.

„Der halb verschüttete Zugang zu einem alten Stollen."

„Ist das Loch tief?"

„Weiß es nicht genau; es getraut sich doch niemand hinein wegen der Stickluft und weil der Gang da unten leicht einstürzen kann. Übrigens war es in letzter Zeit gar nicht mehr zu sehn. Aber warum fragen Sie danach?"

„Das Buschgespenst ist vermutlich in dieses Loch gesprungen und vorläufig entwischt."

„O weh! Nun kommt es doch noch so, wie meine Pauline gefürchtet hat! O Gott, o Gott!"

Arndt kümmerte sich nicht um das furchtlose Gejammer des Müllers. Er wandte sich an den Wachtmeister.

„Hier ist der Schlüssel zu dem Kellervorraum, worin der zweite Paschertrupp steckt. Lassen Sie die Bande schleunigst festnehmen, sonst könnte sie auf den Gedanken kommen, den Inhalt der Pakete, der zur Hälfte wertvoll ist, zu vernichten!"

Arndt trat dicht an das Loch heran.

„Wohin wollen Sie denn?", fragte der Beamte.

„In den Stollen."

„Das ist zu viel gewagt."

„Nein, nein!", rief auch der Müller. „Sie kommen dabei um!"

„Pflicht ist Pflicht, meine Herren! Außerdem wird es so schlimm nicht sein. Was das Buschgespenst fertig bringt, das glaube ich auch zu können. Der Bursche muss den alten Stollen kennen. Also ihm nach, bevor er verschwindet!"

„Heiliges Fuchsloch! Der Mensch hat wahrhaftig den Drehwurm!"

Es war der alte Förster, der diesen Ruf ausstieß. Er war soeben erst herbeigekommen und hatte grad noch gesehen, wie Arndt wirklich in das Loch hinabsprang. Beim Laternenschimmer konnte man wahrnehmen, dass es über zwei Meter tief war.

„Und was tun wir?", wandte sich der Wachtmeister an den Kommissar.

„Was der Detektiv anriet. Sie verhaften mit unsern Leuten die Schmuggler und lassen keinen entkommen! Ich aber folge dem Kollegen. Mir scheint fast, ich habe das Buschgespenst im Übereifer verscheucht; so will ich auch versuchen, den Schurken wieder zwischen die Finger zu kriegen."

Damit sprang der Beamte gleichfalls in das Loch hinab.

18. Wettlauf mit dem Tod

Es dauerte einige Augenblicke, bis sich der Kommissar unten in der Finsternis zurechtfand. Dann entdeckte er Arndt, der einige Schritte weiter im Stollen stand und da irgendeinen Gegenstand beleuchtete.

„Was ist das?“, fragte der Beamte.

„Ein leerer Hunt. Ursprünglich haben wohl zwei hier gestanden und das Buschgespenst hat den vordern benutzt, um so schnell wie möglich zu entfliehn.“

„Ah, daher das unterirdische Rollen!“

„Ja. Die Hunte stehn auf Schienen und der Stollen geht, wie es scheint, auf dieser Seite leicht bergab. Die Fortsetzung des unterirdischen Ganges dort drüben brauchen wir vorläufig nicht zu untersuchen. Das Buschgespenst ist natürlich abwärts gefahren, weil der Hunt da von selber läuft und allmählich sogar eine erhebliche Geschwindigkeit gewinnen kann!“

„O weh! Dann hat das Buschgespenst einen beträchtlichen Vorsprung.“

„Leider. Wir müssen ihm sofort nach.“

Arndt entfernte hastig die vordere Seite des Schienenwagens, die aus einer Schiebewand bestand, und setzte sich so in das kleine Fahrzeug, dass er mit den Beinen bremsen konnte, wenn der Hunt etwa in ein zu gefährliches Rollen geriet. Außerdem fand er in dem Wägelchen auch noch einen eichenen Knüttel, der allem Anschein nach schon wiederholt zum Bremsen benutzt worden war.

Der Kommissar kauerte sich hinter ihn.

„Sitzen Sie fest?“

„Ja.“

„Dann los!“

Jetzt stieß Arndt mit den Füßen den Stein fort, der vor den Rädern lag. Der Hunt setzte sich in Bewegung, erst langsam, dann schnell und immer schneller, schließlich glitt er mit der Geschwindigkeit eines galoppierenden Pferdes dahin. Es war eine unheimliche Fahrt. Die beiden Männer hatten über sich die niedrige, faulende Deckenverschalung, rechts und links die dunklen Wände, von denen beständig Wasser herabtropfte, und vor sich eine Finsternis, die von dem Licht der Laterne nur auf wenige Schritte erhellt wurde.

In dem engen Stollen dröhnten die Räder auf den Schienen so gewaltig, dass eine Verständigung durch Worte fast unmöglich wurde. Arndt überlegte, dass er in dieser Finsternis mit dem Wagen ins Verderben rasen konnte. Wenn das Buschgespenst nun Verbündete versteckt hielt in seinem unterirdischen Bereich? Wenn sie den tollkühnen Verfolgern einen Hinterhalt legten? Vielleicht lauerte da vorn in der gähnenden Dunkelheit der Tod!

Das alles bedachte der Detektiv in den wenigen Minuten des Dahinsausens. Aber er bremste nicht. In unverminderter Geschwindigkeit ließ er die tolle Jagd weitergehen. Er vertraute auf seinen guten Stern und hoffte, dass bald ein Punkt kommen würde, wo der Stollen kein Gefälle mehr hatte, wo also der Hunt von selber langsamer zu laufen begann, sodass man wieder nach dem Buschgespenst Ausschau halten konnte.

Der Verfolgte dagegen kannte den Gang genau. Er hatte ihn oft schon benutzt. Deshalb standen auch stets die zwei Hunte bereit. Der Stollen war ja dazu bestimmt, bei künftigen Pascherzügen eine große Rolle zu spielen. Er endete nämlich nicht bei dem Erdloch an der Gartenmauer des Müllers Wilhelmi, wie Arndt nun bereits festgestellt hatte, sondern er lief unter dem Keller der Roten Mühle hinweg bis fast zur böhmischen Grenze, wo er in einer halb verschütteten Höhle im Bergwald an die Oberwelt führte.

Das Buschgespenst hatte diese Reste eines längst vergessenen Erzbergwerkes entdeckt und den Gang planmäßig von Schutt und Geröll befreit, hatte die Schienen gelegt und die Hunte beschafft und zuletzt das Abkommen mit dem Müller Wilhelmi über dessen Keller getroffen. Dieser Keller war von dem Stollen nur durch eine so dünne Decke getrennt, dass die Pascher Gefahr liefen, sich bei Benutzung des unterirdischen Ganges den Bewohnern der Roten Mühle zu verraten. Deshalb sollte Wilhelmis Keller zugeschüttet werden.

So sah es aus in der Unterwelt, durch die der Verfolgte seinen Weg nahm. Er fühlte sich hier vollkommen sicher, während er auf seinem Gefährt durch den dunklen Gang rollte, und es geschah ohne besondere Absicht, dass er sich einmal umwandte, nachdem er eine Strecke zurückgelegt hatte.

Er erschrak. Schimmerte da hinten nicht ein Licht? Oder spiegelten ihm das nur seine erregten Sinne vor? Zu hören vermochte er nichts, da das Schüttern und Tosen des eigenen Gefährts alle andern Geräusche verschlang. Dann spähte er schärfer aus – ja, das war ein Licht! Es bewegte sich, zitterte, schwankte zur Seite, wurde verdeckt und blitzte wieder auf.

‚Sie verfolgen mich!', schoss es ihm durch den Sinn und gleich darauf zuckte ein andrer Gedanke in ihm auf: ‚Aber sie sollen ins Verderben rennen!'

Auch er führte einen Bremsknüttel bei sich, er stemmte ihn vor eines der Vorderräder und bald kam der Hunt zum Stehen.

Nun lauerte er wieder rückwärts.

„Da sind sie", knurrte er. „Warte, du Schuft – dein letztes Stündlein hat geschlagen!"

Er lief den Ankommenden einige Schritte entgegen, riss einige Latten von der Verschalung des Stollens los und warf sie quer über die Schienen. Dann zog er sich wieder ins Dunkel zurück, dorthin, wo sein Förderwagen stand, den der Bremsknüttel einstweilen festhielt, sodass er auf der leicht geneigten Bahn nicht ins Rollen geraten konnte. Die Rechte des Verbrechers holte, da man ihm seinen abgeschossenen Revolver oben aus der Hand geschlagen hatte, einen zweiten hervor.

Die Verfolger rollten heran. Das Dröhnen der Räder wuchs in dem engen Stollen zu einem höllischen Lärm. Die Laterne schwankte an jeder Stelle, wo die Schienen verschraubt waren. Da – ein Stoß, ein Krach, ein Schrei – und gleich darauf drei, vier Schüsse aus dem Revolver des Buschgespenstes, deren Knall sich in dem Gang tausendfach brach, als hätte eine ganze Geschützbatterie gefeuert.

Noch während das Echo der Revolverschüsse durch den Stollen donnerte, entfernte das Buschgespenst den Bremsknüttel und schwang sich wieder auf seinen Wagen.

„In die Hölle mit euch!“, schrie der Anführer der Pascher zurück und stieß ein höhnisches Lachen aus.

Dann ein Stoß und schon sauste der Hunt mit dem flüchtigen Verbrecher davon.

Der kleine Förderwagen, worin die Verfolger saßen, war durch den derben Anprall an das unvermutete Hindernis aus den Schienen gedrängt und seine Insassen waren herausgeschleudert worden. Arndt hatte gerade noch Geistesgegenwart genug gehabt, die Linke schützend vor die Blendlaterne zu halten, sodass sie nicht zerschellte. Dafür blutete er nun an der Hand. Außerdem schmerzten ihn seine Glieder, mit denen er unsanft aufgeschlagen war.

Er hörte das Dröhnen der Schüsse, wovon glücklicherweise keiner getroffen hatte, hörte den höhnischen Ruf des Buschgespenstes und darauf das Rollen des davongleitenden Huntes. Zähneknirschend erkannte er, dass ihm der Verfolger abermals entkam.

Im selben Augenblick war er schon wieder auf den Beinen und leuchtete um sich. So gewahrte er den Kommissar, der stöhnend am Boden lag, sich wie ein Erwachender mit der Rechten an den Kopf griff und sich endlich mühsam aufrichtete.

„Sind Sie verletzt?“, fragte der Detektiv.

„Ein wenig, an der Stirn. Es ist nicht schlimm.“ Der Beamte wischte sich mit dem Taschentuch ein Blutgerinnsel ab. Dann erhob er sich vollends. „Wollen uns nicht weiter um die Schramme kümmern! Sehn Sie, so! Ich binde das Taschentuch darüber. Und nun auf zur weitern Verfolgung! Dieser Schuft soll uns trotzdem nicht entwischen!“

Arndt war es lieb, einen Gefährten von solcher Tatkraft bei sich zu haben. Andernfalls hätte ihn der Mann nur gehindert. Er entdeckte die Latten auf den Schienen und entfernte sie. Dann hob er mit Hilfe des Kommissars den Hunt wieder auf die Gleise.

„Der Wagen ist nicht beschädigt“, stellte er fest. „Ein Glück, dass diese Hunte so dauerhaft gebaut sind. Wir dürfen uns nicht aufhalten lassen! Weiter! Los!“

Auch das Gefährt der Verfolger setzte sich von neuem in Bewegung. Da die Bahn jetzt weniger abschüssig war, glitt es nur noch mit mäßiger Schnelligkeit davon. Wieder tropfte den Männern vom Gestein der Decke das Wasser ins Gesicht, wieder dröhnte der Gang unheimlich vom Rollen der Räder, wieder gähnte vor Blicken, die sich starr ins Dunkel bohrten, der offene Rachen der unbekannten Gefahr.

Inzwischen hatte das Buschgespenst wiederum einen bedeutenden Vorsprung gewonnen, es näherte sich bereits seinem Ziel. Der Verbrecher frohlockte, denn er war überzeugt, dass die Verfolger bei dem Sturz schweren Schaden erlitten hätten; seine Kugeln mochten ihnen dann wohl noch den Rest gegeben haben.

Jetzt wurde die Bahn eben, der Hunt kam langsam ins Stehen. Da sprang der Mann heraus und verharrte aufatmend neben dem kleinen Wagen.

Doch nicht lange, dann hob er lauschend den Kopf. Ihm war es, als liefe wieder ein Rollen durch den unterirdischen Gang.

Er blickte zurück und sah hinten bei einer Biegung des Stollens ein Lichtpünktchen auftauchen.

„Hölle und Teufel!", fluchte er halblaut. „Sind die Halunken denn immer noch auf meiner Spur?"

Nun packte ihn die Angst. Wenn sie nicht bald zur Umkehr gezwungen wurden, mussten sie sein Geheimnis, den zweiten Ausgang des Stollens, entdecken.

Er lauschte abermals. Das Rollen wurde stärker, das Licht kam näher und näher.

Jetzt gab es keine andre Rettung, als die Mine sprengen zu lassen, die hier für den äußersten Notfall gelegt worden war. Wenn daraufhin das Gestein niederprasselte und den Gang verschüttete, dann sollte ihm jemand nachweisen, dass er hier unten spazieren gefahren war! Und waren die Schurken hinter ihm auch dem Sturz aus dem Förderwagen und den Revolverkugeln entgangen, dem fallenden Gestein würden sie nicht entrinnen – es würde sie zerschmettern oder bei lebendigem Leib begraben.

Er tastete sich schnell weiter, bis er den Ort erreichte, wo in der Seitenwand eine lange Zündschnur verborgen war. Sie stand mit einer Sprengladung in Verbindung, die nach seiner Ansicht gerade ausreichte, den letzten Teil des Stollens zum Einsturz zu bringen und so eine unüberwindliche Trennungswand zwischen dem unterirdischen Gang und einem nach oben führenden Treppenschacht aufzurichten.

Arndt und der Kommissar hatten keine Ahnung von dem drohenden Verhängnis, dem sie entgegenrollten. Sie merkten nur auf, weil sie spürten, dass sich der Wagen allmählich auslief.

„Der Gang wird eben", schrie Arndt dem Beamten ins Ohr. „Wir müssen – Halt, was steht da? – Achtung, festhalten!"

Wieder gab es einen Krach. Sie waren mit dem Hunt zusammengestoßen, den der Verfolgte stehen gelassen hatte. Aber der Anprall war infolge der verlangsamten Fahrt kaum zu spüren.

„Absteigen! Hinter dem Wagen Deckung nehmen!", gebot Arndt. „Der Bursche könnte wieder schießen!"

Dabei tat er schon zwei Sprünge zurück und verdeckte das Licht der Laterne, um dem Feind kein Ziel zu bieten. Der Kommissar tastete sich zu ihm hin.

„Der Flüchtling hat hier den Wagen verlassen", flüsterte Arndt. „Vorsicht!"

„Meinen Sie, dass das Buschgespenst hier in der Nähe steckt und uns auflauert?", flüsterte der Beamte.

„Möglich ist es. Darum riet ich, vorerst in Deckung zu gehen. Aber ich glaube nun schon eher, dass der Verbrecher die Flucht zu Fuß fortgesetzt hat. Sonst hätte er bereits wieder auf uns geschossen. Außerdem ist er wohl hier aus seinem Hunt geklettert, weil der Stollen eben wurde. Da kam er nicht mehr vorwärts."

„Dann sollten wir hier nicht länger verweilen, sondern die Verfolgung zu Fuß aufnehmen."

„Dasselbe wollte ich eben vorschlagen. Versuchen wir es! Aber nochmals: Vorsicht, Vorsicht!"

Die beiden richteten sich behutsam auf. Arndt ließ ein wenig die Laterne leuchten. Sie horchten und spähten in den dunklen Stollen hinein, der vor ihnen lag. Nichts regte sich, kein Schuss fiel.

Nun schritten sie langsam voran. Da plötzlich packte Arndt den Kommissar am Arm und hielt ihn zurück.

„Da! Sehn Sie das Licht, den Funken?"

„Er klettert an der Wand hoch! Was ist das?"

Die Frage des Beamten war noch nicht ganz verklungen, da zerrte der Detektiv seinen Begleiter auch schon in wilder Hast rückwärts.

„Fort!", rief er. „Das ist eine brennende Zündschnur! Hier soll eine Sprengung stattfinden! Fort, sonst sind wir verloren!"

Jetzt liefen die beiden um ihr Leben, liefen wieder an

den zwei Hunten vorbei und immer weiter in der Richtung, aus der sie gekommen waren. Sie stolperten über die Schienen. Sie stießen gegen die verschalten, tropfnassen Wände. Stumm bissen sie die Zähne aufeinander und schnellten sich in gewaltigen Sätzen fort. Sie wussten, hinter ihnen war der Tod, der Tod in grausig-tückischer Gestalt, um sie in seine Knochenarme zu schließen und langsam zu erwürgen.

Dann zerriss ein Donnerschlag die Luft; es war, als wollte die Erde bersten. Der Boden schwankte und die Unterwelt schien in einem einzigen wilden Aufruhr zu sein. Über und neben den Flüchtenden krachten die Verschalungen, Felsbrocken polterten nieder, Erdreich brach nach.

Der Luftdruck hatte die beiden Männer, so wie sie nebeneinander liefen, zu Boden geschleudert.

„Verschüttet!“, keuchte der Kommissar, als es ringsum wieder still geworden war.

„Ruhe!“, mahnte Arndt. „Nur nicht den Kopf verlieren! Wir können ja noch atmen und sprechen. Ich spüre sogar einen leisen Luftzug. Auf mir liegt es freilich zentnerschwer. Können Sie sich bewegen?“

„Ein wenig.“

„Das genügt fürs Erste. Lassen Sie meinen Arm los – so! Ich will versuchen, mich freizumachen.“

Arndt stemmte die Arme und Knie gegen den Boden und ruckte die Schultern mit aller Gewalt gegen die Verschalungsbretter, die über ihn weggestürzt waren und die Massen des Erdeinbruchs trugen.

Aber die Last bewegte sich nicht. Dem Detektiv wollte ein Grauen aufsteigen. Sollte sein Leben, sein Streben im Dienst der Gerechtigkeit so enden? Sollte er die Sonne nie wieder sehen und hier unten lebendig begraben sein?

Sein Wille stand auf gegen die Vorstellung. Er erneuerte unablässig den Versuch, sich zu befreien. Seine Muskeln waren zum Zerreißen gespannt und die Adern drohten zu platzen, seine Brust keuchte. Da bog sich eines der Verschalungsbretter nach oben ein wenig durch; mit der Kraft der Verzweiflung stieß Arndt nach – ein Rieseln erst wie von abrollendem Erdreich, dann ein Poltern, wie von Steinen – er packte die faulenden Hölzer und sie ließen sich ohne besondere Mühe beiseite räumen.

Nach einer Weile knieten die beiden Verschütteten nebeneinander und schoben den letzten Rest des Gerölls aus dem Weg.

„Gott sei Dank!", sagte Arndt tief aufatmend. „Wir scheinen grad an der Grenze des Stolleneinbruchs gewesen zu sein. Wären wir nicht so rasch geflohen, wären wir lebendig begraben. Weiter zurück jetzt!"

„Ja, zurück!", wiederholte der Kommissar, ebenfalls erleichtert.

„Wir müssen vor allem trachten, wieder ans Tageslicht zu kommen."

„Ich hoffe, dass es uns gelingt. Der Schlag ist vermutlich bei den Hunten geschehn. Daraus ist zu schließen, dass dort die Zerstörung viel größer ist als nach dem Einstieg zu. Rettung finden wir also nur, wenn wir umkehren."

„Und was halten Sie nun von der ganzen Sache?"

„Das ist nicht schwer zu erraten", meinte Arndt. „Das Buschgespenst hat eine Zündschnur angebrannt und absichtlich eine Entladung herbeigeführt. Der Verbrecher war auf eine Verfolgung hier in der Unterwelt vorbereitet. Er glaubt uns jetzt verschüttet tief unter der Erde. Hoffentlich ist er uns nicht für immer entwischt."

Sie krochen auf dem Geröll zurück, womit die Sohle des Ganges noch weithin bedeckt war. Es ging langsam, aber es war möglich.

„Brrr!", meinte der Kommissar, der hinter Arndt herlief, nach einer Weile. „Riechen Sie etwas?"

„Das scheint Grubengas zu sein. Wer weiß, was für ein Unglück die Entladung angerichtet hat. Ich muss die Laterne auslöschen."

„Dann sind wir im Finstern und das Gas holt uns ein."

„Andernfalls entzündet es sich an meinem Licht und es gibt ein neues Unheil. Kommen Sie vorwärts! Und wenn wir uns das Fleisch von den Knien und Händen schinden! Es geht ums Leben!"

Der Geruch wurde stärker und durchdringender. Die beiden Männer arbeiteten sich mit Aufbietung aller Kräfte voran.

Plötzlich brach der Kommissar ächzend zusammen.

„Ich kann nicht mehr!"

„Auf!", mahnte Arndt. „Auf, wenn Ihnen Ihr Leben lieb ist!"

Nur ein Stöhnen antwortete.

„Reißen Sie sich zusammen!", brüllte Arndt ihn an. „Das Geröll nimmt schon ab! Hier, Gott sei Dank – ich fühle bereits die Schienen!"

Er griff nach hinten und zog den Gefährten hoch und mit sich fort.

„So! Hier können Sie wieder grad auf den Füßen stehn!"

Taumelnd ließ der Halbbetäubte alles mit sich geschehn. Mechanisch bewegte er die Beine und der Wettlauf mit dem Tod nahm seinen Fortgang.

Arndt hatte den Kommissar beim Hosenbund gepackt und stieß ihn mit halbgebeugtem Arm vor sich her. Der Ermattete wäre ohne die Anwendung derber Gewalt einfach zurückgeblieben und dem Gas zum Opfer gefallen. Seine Kräfte waren durch die Anstrengungen bei der Verfolgung, bei dem doppelten Sturz, dem Zubruchgehen der Strecke und der damit verknüpften seelischen Erregung vollkommen aufgezehrt worden. Auch dem Detektiv zitterten die Knie, aber er biss die Zähne zusammen und hielt durch.

Endlich wurde die Luft besser.

Sie verschnauften eine Weile, doch als Arndt merkte, dass die verderblichen Gase sie wieder einzuholen drohten, begann die entsetzliche Flucht von neuem.

Sie mochten etwa an der Stelle sein, wo sie von den Schienen geschleudert worden waren und das Buschgespenst auf sie geschossen hatte, da tauchte vor ihnen ein heller Schimmer auf.

„Licht, Licht!", keuchte der Kommissar. „Man kommt, uns zu suchen!"

„Pst! Horchen Sie!"

Sie blieben lauschend stehen. Dumpf zwar, aber doch deutlich, hörten sie einen tiefen Bass und gleichzeitig wurde eine hin und her pendelnde Laterne erkennbar.

„Arndt – Vetter Arndt!"

„Der Förster!", frohlockte der Angerufene. „Mein guter, alter Wunderlich! – Jetzt sind wir gerettet! Kommen Sie! Rasch!"

Die Freude und die neuerwachte Hoffnung gaben dem Kommissar die Kräfte wieder und nun stürzten die beiden vereint vorwärts.

„Vetter Arndt!", rief es laut und immer lauter. „Vetter Arndt! Heiliger Nimrod, wenn sie dem ein Haar gekrümmt haben, dann dreh ich der ganzen Welt den Hals um!"

Eine Minute später lagen sich die Männer, die einander Vetter nannten, in den Armen. Arndt hatte dem Förster zwar gleich beide Hände entgegengestreckt, aber der Alte gab sich damit nicht zufrieden. Er riss den Detektiv, um den er so viel Angst ausgestanden hatte, mit einem kräftigen Ruck an sich und drückte ihn an seine Brust. Dabei schimmerte es verdächtig feucht in den Augen Wunderlichs.

Einige Polizeibeamte und Grenzer, die sich hinter dem Förster herandrängten, nahmen sich inzwischen des Kommissars an, den die Freude über die Rettung aus höchster Gefahr wunderbar neu belebte.

„Ist's weit bis ins Freie?", war dann Arndts erste Frage.

„Gar nicht weit“, lachte Wunderlich. „Dahinten liegt der Ausgang aus diesem Mauseloch! Nur ein paar Minuten ist's noch zu gehen.“

„Dann wollen wir uns beeilen. Aber fort mit dem Licht! Das Grubengas ist hinter uns!“

Der Förster erschrak heftig.

„Grubengas? Heiliger Himmel, da heißt's ausreißen!“

Sie stürmten fort und schon nach kurzer Zeit erreichten sie das Steigloch, worin jetzt eine Leiter stand. Auf ihr kletterten die Männer zu Tage, ohne sich vorläufig um die Fortführung des Stollens nach der andern Seite zu kümmern.

„Aber zum Teufel“, sprudelte jetzt der Förster los, „wo haben Sie denn nun das Buschgespenst?“

„Nachher!“, wehrte Arndt ab. „Erst etwas andres: Wo sind die Schmuggler?“

„In der Mühle.“

„Alle?“

„Alle! Gebunden und gefesselt. Sie können nicht ausreißen, fünfzehn Mann halten bei ihnen Wache.“

„Und die andern?“

„Die sind zum Schacht gelaufen.“

„Was ist denn dort geschehn?“

„Das weiß man nicht genau. Es gab plötzlich einen Schlag, dass die Erde zitterte, und dann stieg vom Bergwerksgebäude eine feurige Lohe in die Luft. Der ganze Gottes-Segen-Schacht muss zerstört sein.“

Arndt stand erschüttert.

„Mein Gott, so weit hat die Entladung gewirkt?“

„Die armen Bergleute, die unter Tag waren“, sagte der Kommissar.

Der Detektiv aber schwieg. Er hatte geglaubt, an der Oberwelt vor allem dem flüchtigen Buschgespenst nachsetzen zu müssen. Nun jedoch, da er von dem gewaltigen Ausmaß der Sprengung erfuhr, meinte er zu wissen, dass das nicht mehr nötig war, dass sich vielmehr der Verbrecher mit eigener Hand den Untergang bereitet hatte.

19. Die Fäden verknüpfen sich

Arndt, Wunderlich und der Kommissar gingen zunächst zur Mühle hinüber, um gemeinsam nach den gefangenen Paschern zu sehen, denn die Pläne des Detektivs hatten sich infolge der letzten Ereignisse geändert.

Während sie durch den Mühlgarten schritten, brachte der Förster eine Bemerkung vor, die ihm schon seit dem glücklichen Wiederfinden auf der Zunge lag.

„Herr Vetter", begann er, „Sie werden jetzt eine große Überraschung erleben."

„So?", stellte sich der Detektiv ahnungslos, obwohl er vermutete, was nun kommen würde. „Inwiefern?"

„Wir haben den gefangnen Schmugglern die Masken abgenommen und die Burschen genauer betrachtet. Sie werden staunen, wen wir da unter der Bande gefunden haben."

„Nun?"

„Zwei alte Bekannte."

„Zwei?", fragte Arndt und diesmal war er ernstlich im Unklaren. „Ich dachte, nur einen."

Der Förster machte ein enttäuschtes Gesicht.

„Sie wissen wohl gar schon Bescheid? Herr Vetter, verderben Sie mir den Spaß nicht! Wer ist denn der eine, von dem Sie reden?"

„Der Geschäftsfreund des Buschgespenstes, der durch seine zehn Träger die Schmuggelwaren aus Böhmen herbringen ließ. Es ist der ehrenwerte Kaufmann Michalowski."

„Sie haben ihn trotz der Maske erkannt, obwohl Sie ihn nie vorher selber gesehn haben? Das ist doch nicht möglich! Ich bin ja auch erst durch den Ring aufmerksam geworden, den er auch heute trug; er erinnerte mich sogleich an die Beschreibung, die uns der Ochsenwirt gab. Und dann war es auch ganz die Gestalt des Mannes, dem ich bis zum ‚Blauen Stern' nachgegangen bin. Ich sagte dem Gefangnen also auf den Kopf zu, er sei Michalowski, und er – nun ja, er gab es zu. Das hatte freilich seine besondern Gründe."

Arndt, der nicht ahnte, was inzwischen in der Mühle vorgegangen war, überhörte die letzte Bemerkung Wunderlichs.

„Und ich", sagte er, „habe im Voraus gewusst, welche Rolle der Mann spielt. Ich bin nämlich schon seit einiger Zeit dahinter gekommen, wer das Buschgespenst ist – oder besser die Buschgespenster!"

Hier brach Arndt ab. Sie waren jetzt bei der Mühle angelangt, der Müller Wilhelmi trat ihnen entgegen. Er war blass und sichtlich erregt.

„Haben Sie das Buschgespenst gefangen?", lautete seiner erste Erkundigung. Die Angst vor der Rache des Anführers der Pascher gab ihm diese Worte ein.

„Ich glaube, Ihnen versichern zu können, dass das Buschgespenst ein für alle Mal unschädlich gemacht ist", erklärte Arndt. Er dachte an die furchtbare Entladung, deren Fernwirkung der Flüchtling im Stollen sicher nicht entgangen war.

Rasch überflog er im Geist die Lage und winkte von der nächsten Doppelwache im Hof einen der Schutzleute herbei.

„Hallo! Mann!"

Er gab dem Beamten verstohlen die Weisung, unverzüglich zur Villa Seidelmann zu eilen und dort jeden Menschen, ob Mann, ob Frau, zu verhaften, der das Haus verlassen wolle.

Dann schritt er an dem Müller vorüber in den Flur und ließ sich den Vorratsraum öffnen, worin man jetzt alle Gefangenen untergebracht hatte, den ersten und den zweiten Trupp. Wilhelmi hielt sich im Hintergrund. Er hatte eine Laterne, die er in der Hand trug, einstweilen an den Kommissar abgegeben. Dazu brannte Arndts Blendlampe wieder. Auch sonst war der Raum, den die Polizisten bewachten, noch erleuchtet.

Den Eintretenden bot sich ein seltsames Bild. In Reihen

nebeneinander lagen hier die zehn Träger Michalowskis und die zehn Pascher des Buschgespenstes, alle streng gefesselt. Michalowski selber war in einer Ecke auf Stroh gebettet worden. Er sah totenbleich aus und atmete nur matt. Rock, Hose und Hemd hatte man ihm geöffnet. Um die linke Schulter trug er einen Verband, der bis zur Brust herabreichte. Aus dem Verband sickerte Blut.

„Der Mann stieß einen Warnungsschrei aus, als die zweite Schmugglerbande festgenommen werden sollte", meldete einer der wachhabenden Beamten. „Da habe ich auf ihn geschossen. Die Verwundung ist leider schwer. Ich hatte nur ein ungewisses Ziel."

Der Kommissar winkte ab. Arndt aber folgte einem Zeichen des Försters, der nach einer andern Ecke links vom Eingang deutete. Dort lag als Letzter in der ersten Reihe der Gefangenen ein Mann in Joppe und Schaftstiefeln, dessen Augen in glühendem Hass auf den Detektiv gerichtet waren.

„Der Unteranführer des Paschertrupps!", sagte Wunderlich, jedes Wort bedeutungsvoll betonend. „Ist das nicht eine Überraschung?"

„So, so", nickte Arndt ruhig und gelassen. „Deshalb also sprachen Sie von zwei alten Bekannten und deshalb erklärte das Buschgespenst, es habe einen Aufseher bei seinen Leuten! Der Kaufmann Martin Seidelmann in eigner Person!"

Er trat an den Gefangenen heran.

„Die Rolle, die Sie hier in Hohenthal gespielt haben, ist aus, Herr Seidelmann. Sie werden nie mehr arme Weber ausnützen und knechten. Das Buschgespenst hat aufgehört, der Herr und Bedrücker der ganzen Gegend zu sein."

„Lassen Sie mich in Ruhe, Sie Spitzel, Sie Spion, Sie Schleicher!", zischte Martin Seidelmann.

„Den Gefallen werde ich Ihnen bald tun. Nur fürchte ich, dass sich dann andre mit Ihnen beschäftigen, die von Amts wegen ein sehr ernstes Wort mit Ihnen zu reden haben. Meine Aufgabe war es, Sie und Ihre Mitschuldigen zu entlarven. Das ist mir nicht schwer geworden. Sie selber, Ihr Sohn und Ihr Bruder haben so viele Dummheiten begangen, dass es verhältnismäßig leicht war, Sie zu durchschauen. Denken Sie an Angelika Hofmann, an die Hausers, an den Vortragsabend und alles, was damit zusammenhängt, an den Zeichner Wilhelmi, an Ihren Freund Michalowski und seinen schäbigen Streich mit den angeblich hochwichtigen Papieren und den schwarzen Spitzen, an unsre Unterredung im Strohschuppen oben beim Bergwerk und…"

Seidelmann bäumte sich auf in seinen Fesseln.

„Sie – Sie waren also der Mann…?"

„Ganz recht. Ich war es, der Ihnen ein so glänzendes Geschäft versprach, um Sie zu fassen."

Diese Erklärung war ebenso nötig, wie die Frage Seidelmanns berechtigt war, denn Arndt hatte bereits, als die Verfolgung im Stollen begann, die entstellende Brille und den falschen Bart abgenommen.

„Sie Schuft!", fuhr Seidelmann auf. „Sie Heuchler!"

„Schimpfen Sie immerhin! Es nützt Ihnen nichts. Jetzt kommt die Abrechnung. Sie werden Ihre Schuld mit dem Leben bezahlen, denn Sie sind nicht nur ein Betrüger, ein Schmuggler, ein Verführer ehrlicher Menschen und was weiß ich noch, sondern auch ein Mörder. Wenn ein braver Grenzbeamter den schleichenden Paschern zum Opfer fiel, so war das allein Ihr Werk!"

„Beweise! Beweise!", brüllte Martin Seidelmann.

„Die Beweise habe ich. Das wird sich vor Gericht zeigen. Wir wissen alles."

„Nichts wissen Sie! Fragen Sie meinen Sohn! Er wird Ihnen die rechte Antwort auf Ihre Unverschämtheiten geben."

Arndt zog die Stirn in Falten.

„Den wollte ich bereits fangen. Aber er flüchtete vor

uns in der Maske des Buschgespenstes, die er sich je nach Bedarf mit Ihnen zu teilen pflegte, in den alten Stollen, der nach Ihrem Haus führt; das weiß ich jetzt."

„Er flüchtete!" Seidelmanns Stimme zitterte bei diesen Worten. „Ich habe den Donner der Sprengung gehört. Gott sei Dank, mein Sohn ist Ihnen entkommen!"

„Haben Sie es gehört, meine Herren?", wendete sich Arndt an seine Begleiter. „Sie sind Zeugen, dass Herr Seidelmann soeben ungewollt ein Geständnis abgelegt hat."

„Geständnis oder nicht!", frohlockte der Gefangne. „Mein Sohn ist Ihnen entwischt! Nun ist alles gut!"

„Allerdings konnten wir ihn nicht fangen", nickte Arndt mit ernster Miene. „Dafür aber ist er menschlichem Ermessen nach einem Gottesgericht verfallen – durch eigne Schuld. Er hat den Stollen gesprengt. Doch die Sprengung hat eine gewaltigere Wirkung und einen weit größeren Umfang gehabt, als er wohl beabsichtigt hatte. Der ganze Gottes-Segen-Schacht ist in Mitleidenschaft gezogen. Der Stollen muss mit stillgelegten Seitengängen des Bergwerks in Verbindung stehn. Da unten ist alles zu Bruch gegangen. Also ist mit Sicherheit anzunehmen, dass auch Ihr Sohn unter den Trümmern der niederbrechenden Erd- und Gesteinsmassen begraben liegt. Er wird schwerlich noch falsches Zeugnis ablegen können für seinen verbrecherischen Vater."

Aus Martin Seidelmanns Gesicht wich auch der letzte Rest von Farbe. Seine Lippen bewegten sich. Er wollte sprechen, aber er brachte zunächst kein Wort heraus.

Arndt störte ihn nicht. Er hielt ihn nur fest mit den Augen im Bann. Dieser Mensch war ein Scheusal, ein Blutsauger, ein Peiniger grad der Ärmsten gewesen, die in seine Macht gegeben waren. Doch er war immerhin ein Mensch und Vater eines Sohnes, den er wohl ebenso liebte wie das Raubtier seine Jungen. Deshalb hatte ihn der erfahrene Detektiv an dieser Stelle getroffen. Hier war er voraussichtlich verwundbar.

Und es zeigte sich, dass Arndts Berechnung stimmte. Während der Detektiv mit dem Kommissar und mit Wunderlich ernste, sprechende Blicke austauschte, begann Seidelmann zu reden.

„Gottesgericht", murmelte er. „Ja, ja, die Sprengung! – Ich habe immer gewarnt. Es war kein Fachmann dabei, als wir die Mine legten."

„Wer hat sie gelegt?", fragte plötzlich der Kommissar dazwischen.

Seidelmann sah ihn mit einem fremden, ausdruckslosen Blick an. Doch er antwortete.

„Fritz und mein Bruder August und ich."

„Sonst war niemand dabei?"

„Laube noch."

„Aha, der Wächter vom Bergwerk!"

„Ja, der. Und dann Spengler."

„Wer ist Spengler?"

„Sie kennen ihn doch. Der da drüben!"

Mit einer Kopfbewegung deutete Seidelmann, der jetzt ganz den Eindruck eines völlig gebrochnen Mannes machte, hinüber nach der Strohschütte, auf der Michalowski lag.

„Ich verstehe", sagte in diesem Augenblick Arndt mehr zu seinen Gefährten als zu Seidelmann. „Michalowski ist ein angenommener Name. Der Mann heißt eigentlich Spengler."

Dann wandte er sich wieder an Seidelmann.

„Ich rate Ihnen, gehen Sie weiter in sich und bereiten Sie sich auf ein umfassendes Geständnis vor! Vielleicht kann das Ihre Lage erleichtern."

Seidelmann warf einen seltsamen Blick auf seinen Ankläger. Es spiegelte sich darin der letzte Rest gebrochenen Widerstandes.

„Meinetwegen", seufzte er, „da schon so viel verloren ist, kann ich auch gestehn."

„So sagen Sie uns vor allem erst, weshalb Sie den Keller der Roten Mühle zuschütten wollten!"

„Weil der Stollen dicht darunter hinläuft und zur Grenze führt. Wir planten, die Warenzüge in Zukunft durch den Gang zu leiten. Dabei hätte uns leicht jemand von dem Keller aus hören können."

„So, so. Ich merke, dass Sie die Wahrheit sagen, und werde jetzt vor allem nachsehn, was aus Ihrem Sohn geworden ist."

Seidelmanns Züge belebten sich wieder.

„Ja", drängte er, „sehn Sie nach! Und – geben Sie mir Bescheid! Ich – kann diese Ungewissheit nicht ertragen!"

Arndt nickte nur. Dann winkte er den andern mit den Augen. Sie verließen den Raum und traten wieder hinaus auf den Flur.

„Ich gehe jetzt erst zum Bergwerk", erklärte Arndt. „Es liegt an unserm Weg. Wir wollen zu erfahren trachten, wie es dort steht. Unser nächstes Ziel ist dann Seidelmanns Wohnung. Von da muss ein Gang hinabführen an das andre Ende des Stollens, wo uns der junge Seidelmann entkommen ist. Wahrscheinlich zweigt dort auch die Verbindung zum Bergwerk ab, durch die vorhin die unglückselige Entladung weitergetragen wurde. Wir nehmen vom Hüttenwerk Arbeiter mit, so weit sie dort entbehrlich sind. Ich erwarte bestimmt, dass wir Fritz Seidelmann etwa am Ausgang des Stollens verschüttet finden. Oder auch nicht finden. Es ist ebenso gut denkbar, dass er unter dem Geröll für immer begraben liegt. Unversehrt entkommen ist er keinesfalls. Hätte ich das annehmen müssen, so wäre es ja von mir ein unverzeihlicher Leichtsinn gewesen, hier auch nur eine Minute zu verweilen. Ich habe aber für alle Fälle vorhin im Hof einem Polizeibeamten die Weisung gegeben, das Haus Seidelmann zu bewachen und jeden festzunehmen, der etwa das Grundstück verlassen will."

Er reichte dem Müller zum vorläufigen Abschied die Hand. Der Mann war von der Tatsache, dass man den Kaufmann Martin Seidelmann und dessen Sohn Fritz als das Buschgespenst entlarvt hatte, so erschüttert, dass er kein Wort sprach. Der Kommissar winkte drei von seinen Leuten herbei, die ihn begleiten sollten. Auch Wunderlich schloss sich dem Trupp an.

Der Förster war nicht weniger betroffen von der ungeheuerlichen Entdeckung über die Familie Seidelmann als der Müller. Aber er war aus einem andern Holz geschnitzt. Er musste sich vom Herzen reden, was ihn bewegte, und so sprach er denn auf dem Gang zum Bergwerk eifrig auf Arndt ein.

„Wer hätte das gedacht!“, begann er. „Hinter der Maske des Buschgespenstes hat der Seidelmann gesteckt! Jetzt verstehe ich auch Ihre Bemerkung von den zwei Buschgespenstern. Vater und Sohn haben einander bei diesem Spiel abgelöst. Und der Rentner!“

„War der Mitverschworene, der Dritte im Bunde.“

„Alle Wetter! Jetzt wird es Tag! – Aber nicht nur in meinem Kopf! Herr Kommissar!“ Schmunzelnd machte sich der Alte an den Beamten heran. „Nichts für ungut! Ich möchte mir nur die Frage erlauben, wie es nun mit unserm Eduard Hauser steht.“

Der Kommissar nahm die kleine Bosheit mit einem Lächeln hin.

„Beruhigen Sie sich! Ihr junger Freund ist unschuldig.“

„Und frei?“

„Kommt noch! Geduld!“

„Das Engelchen doch auch?“

„Fräulein Angelika Hofmann? Ihr Fall liegt zwar ein wenig anders, aber man wird es auch ihr nicht als strafbare Handlung anrechnen können, dass sie in der Erregung auf einen Verbrecher losging und ihn dabei verletzte.“

„Gott sei Dank!“, atmete der Förster auf. „Nun wird es wieder eine Lust sein, in Hohenthal zu leben.“

Sie näherten sich jetzt dem Bergwerk und ihre Reden verstummten vor den schlimmen Eindrücken, die ihnen hier entgegentraten.

Das Gelände des Kohlenbergwerks bot einen Grauen erregenden Anblick. Alle Bewohner des Dorfs waren herbeigeeilt, höchstens die ganz kleinen Kinder ausgenommen und die Alten, die nicht mehr recht laufen konnten. Die Esse war eingestürzt und bildete einen wüsten Trümmerhaufen. Auch das Schachthaus und die Wohn- und Knappschaftsgebäude hatten arg gelitten. Statt des Schnees sah man ringsum nur Schutt und Ruß. Die Knappen der Freischicht waren angefahren, um zu sehen, wer von den Kameraden im Schacht noch zu retten sei. Die Steiger befanden sich in der Tiefe und der Obersteiger leitete vom Förderhaus aus die Arbeiten.

„Sie wissen also genau", fragte ihn soeben einer der Schutzleute, die von der Mühle herbeigekommen waren, „dass für heut keine Sprengung angeordnet war?"

„Ganz genau. Für heut und auch für die nächsten Tage nicht."

„Es könnte aber doch vielleicht..."

„Unmöglich! Ich habe ja die Sprengstoffe in Verwahrung."

„Also waren Grubengase die Ursache der Entladung?"

„Nein. Es ist gesprengt worden."

„Aber Sie sagen ja selber, dass nichts Derartiges befohlen worden sei."

„Allerdings! Und dennoch hat eine Sprengung stattgefunden, und zwar nicht mit Pulver, sondern mit Dynamit! Unsereiner weiß das zu unterscheiden."

„Aber dann ist mir unbegreiflich..."

Arndt hatte diese Unterredung mit angehört.

„Bitte", mischte sich der Detektiv in das Gespräch, „in dieser Angelegenheit glaube ich Bescheid zu wissen. Ich werde..."

Er brach ab, denn man brachte soeben die ersten Opfer der frevelhaften Sprengung aus der Tiefe – verbrannt, zerrissen, manche fast unkenntlich. Frauen stießen gellende Schreie aus und die Menge antwortete mit Jammern und Weinen. Der Obersteiger ließ den nächsten Umkreis der Schachtmündung absperren und die Menge zurückdrängen, um die nötige Ordnung aufrechterhalten zu können.

Arndt sah ein, dass er in dieser Stunde vor verschlossenen Ohren reden würde; er dachte deshalb an seine eigene Angelegenheit.

„Wir müssen uns noch des Wächters Laube versichern", sagte er zu dem Kommissar. „Er ist Mitschuldiger und Vertrauter. Dann aber wollen wir uns endlich nach Seidelmanns Wohnung begeben!"

Man fand den Wächter nicht zu Haus. Also gab der Kommissar einigen seiner Leute den Befehl, nach ihm zu forschen und ihn gegebenenfalls festzunehmen.

Inzwischen wandte sich Arndt an Laubes Frau.

„Ihr Mann steht im Verdacht, ein Helfershelfer des Buschgespenstes zu sein. Wahrscheinlich sind Sie seine Mitschuldige. Ich sehe mich daher gezwungen, Sie verhaften zu lassen."

Die Frau erschrak, sie zitterte am ganzen Leib.

„Verhaften? Mich? Ich bin mein Leben lang ein anständiger Mensch gewesen und habe meinen Mann oft genug gewarnt!"

„Gewarnt? Wovor?"

Sie erkannte, dass sie zu viel gesagt hatte, und wollte nicht weiter antworten. Arndt aber ließ sie nicht wieder los und erzwang auf diese Weise vorläufig ein Teilgeständnis.

„Vor – vor dem Klingelzug", bekannte die Frau stockend.

„Zeigen Sie uns diesen Klingelzug!"

Sie führte die Männer – der Kommissar war inzwischen wieder hinzugetreten – vor einen Wandschrank, an dessen Hinterwand eine Klingel angebracht war und daneben ein Klingelzug; beide standen aber nicht miteinander in Verbindung.

„Wohin führt der Klingelzug?", fragte Arndt. „Und woher kommt der Draht, der diese Klingel bewegt?"

„Das weiß ich nicht."

„Bedauerlich für Sie, gute Frau", mischte sich der Beamte ein. „Wir müssen Sie so lange einsperren, bis Sie es wieder wissen."

Die Frau erbleichte. Man sah ihr an, dass ihre Angst wuchs.

„Ich bin ja nicht schuld daran", stotterte sie.

„Das wird sich finden."

„Ich habe gehört, dass eine Frau ihren Mann nicht anzuzeigen braucht", versuchte sie sich jetzt herauszubeißen. „Sie braucht auch nicht gegen ihn vor Gericht auszusagen."

„Ein bisschen anders liegt dieser Fall denn doch", belehrte sie Arndt. „Hier geht es nicht nur um Pascherei, sondern auch um Mord und Totschlag. Und zwischen einer Frau, die ihren Mann nicht anzeigt, und einer, die die Mitschuldige ihres Mannes ist, verstehn Sie wohl, die sich zu seiner Hehlerin macht, ist ein großer Unterschied. Ich rate Ihnen, aufrichtig zu sein. Haben Sie Kinder?"

„Vier."

„Nun, so denken Sie an diese Kinder, die mit dem Vater, der ins Gefängnis wandert, nicht auch noch die Mutter verlieren sollen! Reden Sie die Wahrheit! Ich will nicht hart sein, ich will auch annehmen, dass Sie keine unmittelbare Schuld tragen. Aber wohin dieser Klingelzug geht, das wissen Sie?"

„Ja", gestand sie jetzt. „Er führt in das Arbeitszimmer des Herrn Seidelmann."

„Ihr Mann und Seidelmann gaben sich gegenseitig Zeichen?"

„Ja."

„Zu welchem Zweck?"

„Wenn Seidelmann einen Mann hierher bringen wollte, klingelte er vorher und mein Mann klingelte, wenn fremde Männer zu ihm kamen, die mit – mit Seidelmann sprechen wollten."

„Sagen wir: mit dem Buschgespenst! – Schon gut. Weiter! Wer waren diese Männer?“

„Ich kannte sie nicht. Sie kamen auch nur selten in die Stube.“

„Was wollten sie?“

„Das weiß ich nicht. Ich dachte mir nur, dass sie vielleicht Pascher seien. Aber ich durfte zu meinem Mann kein Wort darüber sagen, sonst wurde er fuchsteufelswild.“

„Schön. Ich glaube Ihnen, darum lasse ich Sie nicht festnehmen. Aber bleiben Sie zu Haus! Vielleicht haben wir noch mit Ihnen zu sprechen. Ein Fluchtversuch würde Ihnen schlecht bekommen.“

Die Männer verließen das Haus, um sich nun endlich nach Hohenthal in die Wohnung der Seidelmanns zu begeben. Der Kommissar erbat sich vom Obersteiger einige Arbeiter, die mit Hacke und Schaufel bewaffnet den Trupp begleiteten.

Das ganze Dorf befand sich in Aufruhr und so war es kein Wunder, dass auch bei Seidelmanns noch Licht brannte. Arndt traf vor dem Haus auf den Polizisten, den er hierher geschickt hatte.

„Nun?"

„Es ist niemand ein- und ausgegangen."

„Gut."

Frau Seidelmann war daheim. Sie war begreiflicherweise sehr aufgeregt, seit die Sprengung das Haus bis in die Grundfesten erschüttert hatte, und erschrak sichtlich, als die drei Herren in Begleitung von drei Polizisten und einigen Arbeitern bei ihr eintraten.

„Kennen Sie diesen Ausweis?", fragte der Kommissar, indem er seine Dienstmarke vorzeigte. „Ich bin Kriminalbeamter und komme in amtlicher Eigenschaft. Wo ist Ihr Mann?"

Die Frau, die einen gedrückten, verschüchterten Eindruck machte, schaute unsicher von einem der Männer zum andern.

„Ausgegangen", sagte sie, beinah im Ton eines Kindes, das ein eingelerntes Sprüchlein herplappert.

„Und Ihr Sohn?"

„Auch er ist nicht zu Haus."

„Wo steckt er denn?"

„Das weiß ich nicht."

„Eine Frau pflegt doch sonst zu wissen, wo Mann und Sohn sind. Ist etwa Herr August Seidelmann auch nicht zu sprechen?"

„Leider nicht. Er hat die Wohnung erst vorhin verlassen. Wir hörten einen furchtbaren Donnerschlag und das Haus zitterte. Da meinte mein Schwager, im Bergwerk müsse es schlagende Wetter gegeben haben. Darauf ging er fort, um nachzusehen, wie die Dinge beim Schacht ständen."

„Hm. Führen Sie uns bitte in die Geschäftsräume Ihres Mannes!"

Die Frau nahm die Schlüssel von der Wand und schritt voran. Die Männer folgten ihr, nachdem der Kommissar einem seiner Polizisten leise den Befehl gegeben hatte, einen Teil der Mannschaften oben beim Bergwerk nach dem Rentner Seidelmann auf die Suche zu schicken und ihn so bald wie möglich zu verhaften. In dem vorderen Zimmer, wo die Weber abgefertigt wurden, hielt man sich nicht lange auf. Hier gab es nichts zu entdecken. Arndt hatte es auf das Privatkontor abgesehen, in das er damals vom Schuppendach aus hineingeschaut hatte.

Hier hing das bewusste Bild, wodurch jenes Mauerloch, das Geheimversteck Seidelmanns, verborgen wurde. Im Übrigen standen in dem Raum ein Schreibtisch, ein Warentisch, zwei Pulte und ein Schrank. Ein kleineres Schränkchen war an der Wand angebracht.

„Was befindet sich darin?", wies Arndt auf dieses Wandschränkchen.

„Einige Flaschen und Gläser", gab sie kurz Bescheid.

„Weiter nichts?"

„Nein, was soll man auch in solch einem kleinen Behältnis unterbringen?"

„Nun, ich will es Ihnen sagen: eine Klingel. – Wozu dient sie?"

Frau Seidelmann zuckte zusammen.

„Das weiß ich nicht", sagte sie unsicher. „Sie muss schon da gewesen sein, bevor wir hier einzogen."

„Sie haben das Haus doch selber gebaut, wie man mir im Dorf erzählt hat. Wie kann da diese Klingel bereits vorher da gewesen sein? – Öffnen Sie!"

„Ich besitze keinen Schlüssel zu diesem Schrank."

„Merkwürdig. Und wir haben keine Zeit, einen Schlosser zu holen."

Arndt ließ sich von Wunderlich den starken Hirschfänger reichen und sprengte damit die Tür des Schränkchens auf. An dessen hinterer Wand gewahrten sie eine Klingel und einen Klingelzug, ganz so wie in der Stube des Wächters Laube.

„Es stimmt", nickte der Kommissar. „Dieser Klingelzug bewegt die Glocke des Wächters und dessen Klingelzug setzt diese Glocke hier in Tätigkeit. Man braucht gar keine Probe anzustellen. Aber es muss sehr schwierig gewesen sein, die beiden Drähte unter der Erde zum Schachtwächter zu leiten. Wie hat man sie legen können, ohne dass es von Unberufenen bemerkt wurde?"

„Man hat sie nicht gelegt, sondern gezogen", erklärte Arndt, an den die Frage des Kommissars gerichtet war.

„Wie meinen Sie das? Beides ist doch wohl dasselbe."

„O nein! Die Leitung in die Erde zu legen, das wäre allerdings aufgefallen. Man hat sie gezogen, nämlich durch einen Raum, der schon vorhanden war."

„Durch einen bereits vorhandenen Raum? – So nehmen Sie wohl an, dass auch von hier aus ein stillgelegter Seitenstollen zum Kohlenwerk und damit zum Wächter Laube läuft."

„Ganz recht!", nickte Arndt. „Und ich glaube nicht, dass ich mich täusche."

Er sah dabei den Kommissar bedeutungsvoll an und wandte sich hierauf wieder an die Frau.

„Gibt es hier einen unterirdischen Gang?"

„Nein."

„Sie leugnen?"

Frau Seidelmann errötete, schwieg aber. Deshalb hielt es Arndt für notwendig, sie ernstlich zu verwarnen.

„Sie scheinen nicht zu wissen, in welcher Lage Sie sich befinden. Die Familie Seidelmann wird mit gutem Grund schwerer Verbrechen beschuldigt. Haben Sie teil an dem, was Ihr Mann, Ihr Schwager und Ihr Sohn verübten, so wird die Strafe auch Sie treffen. Bemessen Sie Ihre Antworten danach! Ich will jetzt erfahren, welcher Raum sich hinter diesem Zimmer befindet – ich meine hinter der Mauer, wo das Wandschränkchen hängt!"

„Die Kellertreppe“, sagte die Frau mit merkbar zitternder Stimme.

„Schön. Ich glaube, meine Berechnung stimmt. Zunächst aber, Herr Kommissar, wäre es von Vorteil, wenn wir die Spitzen hier hätten, die Sie bei Eduard Hauser gefunden haben.“

Der Beamte lächelte.

„Glauben Sie, ich hätte nicht daran gedacht? Ich habe die Spitzen hier, auch eine Probe von dem Zwirn.“

Der Kommissar öffnete Mantel und Rock und reichte Arndt die Beweisstücke.

„Sehr gut!“, sagte Arndt. „Und nun, Frau Seidelmann, habe ich eine besonders wichtige Frage an Sie zu stellen. Gibt es hier vielleicht ein heimliches Versteck?“

„Weshalb?“, klang es zaghaft zurück. „Ich kenne keins.“

„So werden wir uns abermals selber helfen müssen.“

Arndt stieg auf einen Stuhl, nahm das bewusste Bild herab und holte die Schachtel mit dem bedeutsamen Inhalt aus dem Mauerloch.

Die Frau, die bisher seltsam starr und teilnahmslos beiseite gestanden hatte, erschrak sichtlich.

„Sehen Sie“, sagte Arndt, „hier liegt ein Knäuel schwarzer Zwirn! Wie klug und doch auch wieder wie dumm!“

Arndt kletterte wieder vom Stuhl herab und der Kommissar prüfte den Zwirn – es war der gleiche, den die eilige Naht an Hausers Rock aufwies.

„Und nun die Spitzen!“, drängte der Beamte in begreiflicher Ungeduld.

Schon hob er die Hand, um den Deckel der Schachtel wegzunehmen, da wurde diese Hand sachte beiseite geschoben.

„Verzeihung, Herr Kommissar! Zuvor habe ich eine Frage an Sie!“, meldete sich Arndt.

Einigermaßen verwundert sah der Beamte den Sprecher an.

„Bitte!“

„Ich möchte jetzt gern einige Minuten Ihrer Zeit für mich in eigner Sache in Anspruch nehmen. Doch das ist nicht für jedermanns Ohren. Darf ich Sie bitten, sich mit mir ins Nebenzimmer zu bemühn?“

Der Kommissar nickte und folgte Arndt ohne Zögern, nachdem er die Schutzleute angewiesen hatte, Frau Seidelmann keinen Augenblick aus den Augen zu lassen. Auch der Förster verfügte sich auf einen Wink des Detektivs mit hinaus.

„Ich bin wirklich gespannt, Herr Arndt“, lud der Beamte den Detektiv zum Reden ein.

Und Arndt begann. Seine Stimme zitterte dabei leicht vor innerer Erregung.

„Ich habe neulich, als ich bei Ihnen war, eine Einzelheit verschwiegen, eine Einzelheit, die freilich nicht für die Behörde, wohl aber für mich von der größten Wichtigkeit ist. Als ich vor einigen Tagen die Seidelmanns belauschte, bemerkte ich, dass sie dem Versteck nicht nur einen Pack Spitzen, sondern noch einen andern Gegenstand entnahmen: ein goldnes Armband.“

„So, so! Und was weiter? Ich sehe darin nichts Besonderes!“

„Aber ich! Denn dieses Armband und die Geschichte, die damit zusammenhängt, sind die Veranlassung dazu, dass ich jetzt hier an dieser Stelle stehe.“

Ehrliches Erstaunen malte sich in den Zügen des Kommissars. Indessen fuhr der Detektiv in seinem Bericht fort.

„Das Armband ist verknüpft mit dem unglückseligsten Ereignis meiner Kindheit. Dieses Schmuckes wegen ist – ist meine Mutter schuldlos ins Gefängnis gekommen und dort in Jammer und Verzweiflung gestorben.“

Arndt schwieg und der Kommissar war feinfühlend genug, dieses Schweigen nicht zu brechen.

„Als ich mich entschloss, Detektiv zu werden“, fuhr Arndt nach einer Weile fort, „bestimmte mich dazu vor allem das

Streben, das Andenken meiner Mutter von schwerem Makel zu reinigen. Und Sie können jetzt vielleicht die Gefühle nachempfinden, die mich beherrschten, als ich dieses Armband, diesen Beweis für die Unschuld meiner Mutter, auf einmal in den Händen Seidelmanns erblickte."

Der Kommissar schien scharf nachzudenken.

„Sie kannten den Schmuck vom Ansehn?"

„Nein. Aber aus genauer Beschreibung. Das Armband ist einzig in seiner Art und nicht zu verkennen."

„Wie lange ist die Geschichte her?"

„Einundzwanzig Jahre."

„Das war zu Anfang meiner hiesigen Tätigkeit und ich kann mich dunkel an einen solchen Fall erinnern. Nur der Name Arndt kommt mir fremd vor."

„Mag sein. Ich habe den Namen Arndt auch erst später von meinen Adoptiveltern erhalten. Der Abstammung nach bin ich ein Hauser."

Der Beamte machte eine Bewegung der Überraschung. Auch der Förster staunte.

„Hauser?", fragte der Kommissar. „Ja, jetzt weiß ich wieder Bescheid. Bitte, erzählen Sie mir die Angelegenheit noch einmal ausführlich!"

Arndt kam dem Verlangen des Kommissars bereitwillig nach, und als die Männer nach einer Viertelstunde das Zimmer wieder betraten, wo die Schachtel noch auf dem Tisch stand, glänzten die Augen des Kommissars in tiefer Bewegung.

Er trat schweigend an den Tisch, öffnete die Schachtel und entnahm ihr das Armband, doch so, dass es Frau Seidelmann nicht sehen konnte. Nachdem er es eine Weile betrachtet hatte, wobei er mehrmals wie bestätigend mit dem Kopf nickte, wandte er sich plötzlich der Frau zu.

„Wem gehört dieser Reif?"

Die Augen der Frau Seidelmann öffneten sich weit. Vor Erstaunen brachte sie keine Silbe hervor und dieses Erstaunen schien echt, schien nicht geheuchelt zu sein.

„Nun, wem gehört dieser Reif?“, wiederholte der Beamte seine Frage.

„Mir“, sagte die Frau jetzt langsam und gedehnt. „Mein Mann hat ihn mir vor vielen Jahren geschenkt. Aber nein, er kann es doch wieder nicht sein, denn er wurde mir schon am nächsten Tag gestohlen! – Und wie käme er auf einmal...“

„Überzeugen Sie sich genau!“

Der Beamte gab ihr das Armband in die Hand und sie prüfte es sorgfältig.

„Nun?“

„Es ist mein Eigentum“, erklärte sie bestimmt. „Es muss seit Jahr und Tag hier versteckt gewesen sein.“

„Ohne dass es entdeckt wurde? Auch von Ihnen nicht, etwa beim Großreinemachen?“

„Nein, auch dann nicht. Es war mir streng verboten, das Bild da an der Wand zu berühren, und ein Dienstbote durfte das Privatkontor überhaupt nicht betreten. Mein Mann ist streng in solchen Dingen. Ich habe wirklich nicht gewusst, dass das Armband noch da ist.“

„Wissen Sie, wer es Ihnen damals gestohlen hat?“, fuhr der Kommissar fort.

„Eine Angestellte unseres Hauses. Sie kam deswegen ins Gefängnis.“

„Und Sie ahnen den wahren Sachverhalt wirklich nicht?“

„Welchen Sachverhalt?“, fragte sie verwundert.

Es war der Frau anzusehen, dass sie die volle Wahrheit sprach.

„Nun, so will ich Ihnen den Fall erklären. Dieses Schmuckstück ist überhaupt nie entwendet worden. Ihr Mann hat es heimlich auf die Seite gebracht, um Ihre Angestellte zu verdächtigen und unglücklich zu machen. Es war ein gemeiner Racheakt von ihm, weil die Betreffende seinen Nachstellungen auswich.“

Die Frau knickte unter diesen harten Worten zusammen und schlug die Augen nieder.

„Das – das kann nicht wahr sein!"

„Es ist wahr. Kennen Sie diesen Mann hier an meiner Seite? Er ist der Sohn jener armen Frau, die Ihr gewissenloser Mann in Schande und Tod getrieben hat. Ihm haben wir es zu verdanken, dass die Wahrheit in diesem und in andern Punkten endlich an den Tag gekommen ist. – Überhaupt scheinen derartige Verleumdungen in Ihrer Familie üblich zu sein. Erst kürzlich hat Ihr Sohn Fritz gegen einen unbescholtenen hiesigen Einwohner eine falsche Anklage erhoben, um ihn hinter Schloss und Riegel zu bringen. Dafür, dass jener junge Mann unschuldig war, habe ich hier den Beweis. – Bitte, Herr Kollege, vergleichen wir jetzt die Spitzen!"

Es zeigte sich, dass das Muster übereinstimmte und die beiden Stücke an den Schnittflächen genau zusammenpassten.

„Sie feiern heut einen Triumph nach dem andern", erklärte der Kommissar und drückte Arndt die Hand. „Es ist genau so, wie Sie sagten: Fritz Seidelmann hat dem armen Hauser die Spitzen in den Rock genäht und den ahnungslosen Burschen dann über die Grenze schicken lassen, um auf diese Weise seinen Nebenbuhler bei Fräulein Hofmann zu verderben."

„Fritz? – Mein Fritz soll das getan haben?", jammerte die Frau. „Nein, nein, das kann nicht wahr sein! Er wird seine Unschuld beweisen."

„Das dürfte ihm schwer werden", knurrte der Förster, der bisher den Vorgängen im Haus Seidelmann mit verbissenem Schweigen gefolgt war. „Erstens ist er jetzt überführt und zweitens hat ihn der Teufel wohl schon..."

Eine abwehrende Handbewegung des Kommissars ließ den Alten verstummen. Er begriff, wie das gemeint war. Frau Seidelmann sollte nicht vorzeitig über das vermutliche Schicksal ihres Sohnes unterrichtet werden.

Es entstand ein drückendes Schweigen, bis der Kommissar wieder zu sprechen begann.

„Ich halte es für das Richtigste, wir verhören hier an Ort und Stelle, auch angesichts der Frau, den Kaufmann Martin Seidelmann über die Spitzen, über das Armband und über ... nun über die Dinge, die sich noch weiter finden werden. Was meinen Sie, Herr Kollege? Am liebsten ließe ich Seidelmann hierher bringen."

„Wenn es ohne Gefahr geschehn kann, ich bin auch dafür", erwiderte Arndt.

„Ich schicke einen von den zwei Leuten, die mir noch zur Verfügung stehn, zu der Mühle und bestimme vier Mann zur Bedeckung. Auf diese Weise kann der Gefangene nicht ausbrechen."

„Auch nicht unterwegs befreit werden?"

„Wer sollte das wagen? Die Pascher sind ja festgenommen."

„Hm. Ob es alle sind, ist fraglich. Aber immerhin! Ich habe Ihnen keine Vorschriften zu machen, Herr Kommissar."

„Gut. Ich lasse Seidelmann holen."

Der Beamte gab einem Polizisten die entsprechenden Weisungen und steckte die Spitzen, den Zwirn und auch das Armband ein.

Inzwischen sah sich Arndt auf dem Schreibtisch um, blätterte in allerlei Papieren, die da umherlagen, und stutzte plötzlich. Ihm waren ein paar Musterzeichnungen nebst einem Zettel in die Hand geraten. Die Zeichnungen trugen den Vermerk „Wilhelmi" und auf dem Zettel standen Anweisungen für Hausweber, die diese Muster verarbeiten sollten.

„Hier sehen Sie den Beweis dafür", sagte Arndt, „dass Wilhelmi durchaus nach eigener Eingebung gearbeitet und brauchbare Entwürfe geliefert hat. Es ist Seidelmann nicht eingefallen, diese Muster als unverwendbar wegzuwerfen. Seine Beanstandungen beruhten auf Lug und Trug. Wilhelmi ist gerechtfertigt. Er wird sich freuen, das zu hören. – Und nun wollen wir uns weiter umsehn!"

Es ging jetzt hinunter in den Keller. Als Beleuchtung

dienten Arndts Blendlampe sowie die Laterne des Müllers, die der Kommissar von einem seiner Leute hatte mitnehmen lassen.

Arndt schritt als Erster die Treppe hinab und leuchtete dabei aufmerksam die Mauer ab. Nach einigen Schritten blieb er stehen.

„Sehn Sie, hier kommen die zwei Drähte aus der Wand und gehen in den Keller hinunter! Wir brauchen ihnen nur zu folgen, so finden wir sicher den Stollen."

Sie erreichten den Keller und wurden durch die Drähte zu der Tür geführt, durch die Seidelmann vermutlich seinen Weg zu nehmen pflegte, sooft ein Klingelzeichen Laubes das Buschgespenst zur Besprechung rief.

Arndt wandte sich an die Frau.

„Wohin führt diese Tür?"

„Ich weiß es nicht."

„Wirklich nicht?"

„Ich habe niemals den Schlüssel dazu gehabt und mein Mann hat mir verboten, nach diesen Dingen zu fragen oder gar heimlich nachzuforschen."

„Dann wird das Beil helfen müssen."

Einer der Arbeiter sprengte die Tür auf. Ein finstrer Stollen gähnte den Männern entgegen.

„Nun, da haben wir ja, was wir suchen!", sagte Arndt. „Sind Sie wirklich niemals in diesem Gang gewesen, Frau Seidelmann?"

„Niemals."

„So wissen Sie wohl auch nicht, was sich hier in dieser Kiste befindet?"

„Nein."

„Gut. Sehn wir nach!"

Arndt öffnete den Deckel und zog den Inhalt hervor.

„Eine nette Bescherung!", meinte der Förster, der sich hinzugedrängt hatte. „Das ist ja eine ganze Diebes- und Schmugglerausrüstung! Wer hätte das bei den vornehmen Seidelmanns gesucht!"

Die Frau wendete sich ab. Sie wollte von alledem nichts sehen.

„Perücken und falsche Bärte", fuhr Wunderlich fort. „Schwarze Masken, Bettücher – ah, Vetter Arndt, schauen wir doch einmal nach!"

Die Tücher waren alle mit M. T. gezeichnet und als Arndt das Letzte aus der Kiste zog und entfaltete, stieß Wunderlich einen lauten Triumphruf aus.

„Da, es stimmt! Hier ist die Ecke ausgerissen, die wir im Wald gefunden haben! Der eine Buchstabe auf unserm Zipfel, der andre hier – es ist gar kein Zweifel! M. T.! Das heißt Margarete Thonig. So lautete der Mädchenname der Frau Seidelmann. Der Beweis ist geführt: Einer der beiden Seidelmanns hat den Grenzoffizier erschossen!"

Da brach die Frau lautlos zusammen. Es entstand eine minutenlange Stille.

„Sie ist ohnmächtig", sagte Arndt, der sich zu ihr niedergebeugt hatte. „Herr Kommissar, ich rate, wir lassen Ihren letzten Polizisten hier zurück, um den Eingang und die Ohnmächtige zu bewachen. Wir andern werden jetzt in den Stollen eindringen, das heißt, so weit es uns die Grubengase gestatten. Kommen Sie, meine Herren!"

Sie fanden den Weg noch recht gangbar, die Luft war seltsamerweise nicht schlecht und die beiden Laternen brannten ruhig und stetig und reichten zur Beleuchtung aus.

„Mir scheint, die Gase sind nach der andern Richtung, jenseits der Einbruchstelle, abgezogen", meinte der Kommissar nach einer Weile.

„Ohne Frage", antwortete Arndt.

„Aber wir sind noch nicht sicher."

„O doch wohl! Ich denke, dass wir in kurzer Zeit – halt! Hören Sie nicht etwas?"

Sie blieben stehen. Es drang ihnen ein seltsamer Laut entgegen.

„Das klingt fast, als klagte da ein angeschossenes Wild", meinte Wunderlich.

„Nein", widersprach Arndt, „das ist das Stöhnen eines Menschen in ärgster Todesnot!"

„Herrgott! So liegen verunglückte Bergleute dort!"

„Kaum. So nahe am Kohlenbergwerk sind wir noch nicht. Mein Gott! Ich hatte ihn tot geglaubt! Aber das da – kann nur Fritz Seidelmann sein – das Buschgespenst! – Schnell weiter jetzt!"

Die Männer eilten vorwärts. Das Stöhnen wurde allmählich zum Geheul. Die Stimme war schon heiser und erfüllte den unterirdischen Raum mit einem unnennbaren Grausen.

„Hilfe, Hilfe!", erklang es. Der Mensch, der in dieser Weise schrie, musste sich in höchster Not befinden oder die fürchterlichsten Qualen leiden. Dann ging das Schmerzensgeheul in ein herzzerreißendes Wehklagen über.

Arndt, der den andern eine kurze Strecke voraus war, musste jetzt Halt machen; er konnte nicht weiter, denn der Stollen war verschüttet. So kamen die andern Männer heran.

Arndt leuchtete den Boden ab und stieß einen Ruf des Entsetzens aus.

„Herr im Himmel! – Verschüttet!"

„Bis an die Brust!", fügte der Förster hinzu. „Und das Gesicht ist blau angeschwollen, fast unkenntlich!"

„Heran mit Hacke und Schaufel!", gebot der Detektiv.

Wortlos begann man zu arbeiten. Erde, Schutt und Steine flogen zur Seite. Der Verunglückte war verstummt, er hatte die Besinnung verloren.

Es dauerte fast eine halbe Stunde, bis es gelang, den Körper freizulegen, und sogleich entstand den Rettern eine schwere Gefahr.

„Achtung!", warnte einer der Arbeiter. „Das Gestein bröckelt nach! – Zurück! Zurück!"

Man hob den Betäubten auf und dann flohen die Männer so weit von der Unglücksstelle rückwärts, bis die Beschaffenheit des Stollens wieder Sicherheit zu gewähren schien.

Dort legten sie den Verschütteten nieder und leuchteten ihm ins Gesicht.

„Verschwollen und schwarzblau", wiederholte der Förster.

„Ja, er sieht grässlich aus", stimmte Arndt zu. „Aber ich erkenne das Buschgespenst trotzdem, schon an der Kleidung; es ist Fritz Seidelmann. Er hat sich die Maske, die er als Buschgespenst trug, wohl bereits während der Flucht vom Gesicht gerissen. Die Brust bewegt sich, doch es geht zu Ende mit ihm. Beine und Unterleib sind ihm zerquetscht."

„Und das hatte er Ihnen zugedacht!", murmelte der Förster. „Ja, ja, so geht es in der Welt. Der alte Gott lebt noch und er ist ein gerechter Richter!"

Er wandte sich ab. Da legte ihm Arndt eine Hand auf die Schulter.

„Gehen Sie bitte voran, Vetter Wunderlich, und sagen Sie dem Polizisten, er soll sich mit der Frau in die Schreibstube zurückziehen! Wir müssen trachten, den Verletzten ins Haus zu schaffen, und ich möchte ihr die Qual ersparen, ihren Sohn in dieser Weise sterben zu sehen."

„Hm! Da haben Sie vielleicht Recht."

„Nicht nur vielleicht. Übrigens gehören die letzten lichten Augenblicke dieses Verbrechers uns. Von seinem Vater wissen wir nicht, ob er weiterhin geständig sein wird. So müssen wir vorsichtshalber versuchen, vom Sohn etwas zu erfahren."

Wunderlich ging. Die andern wollten warten, bis anzunehmen war, dass die Frau den Stollen verlassen hatte, und dann den Schwerverletzten ins Haus tragen. Aber es kam anders.

Fritz Seidelmann stieß plötzlich einen so entsetzlichen Schrei aus, dass alle erschrocken zusammenfuhren. Sie sahen zu ihm hin; er lag ruhig und bewegungslos, aber mit offnen Augen da. In seinem Blick spiegelte sich eine furchtbare Qual. Seine Zähne knirschten aufeinander. Er hatte wohl nur diesen einen Schrei ausstoßen können, weiter reichten seine Kräfte nicht mehr.

„Er ist bei Besinnung", sagte der Kommissar leise. „Wird er uns erkennen?"

Arndt kniete neben dem Verletzten nieder.

„Wissen Sie, wo Sie sich befinden?“

Fritz bewegte die schwarzblauen Lippen, brachte aber kein Wort hervor.

„Antworten Sie, indem Sie nicken oder den Kopf schütteln! Hören Sie, was ich spreche?“

Ein schwaches Nicken.

„Können Sie sich auf alles besinnen, was geschehen ist?“

Wieder ein Nicken.

„Sie haben nur noch wenige Augenblicke zu leben. Gehen Sie nicht als verstockter Sünder aus dieser Welt! Wir wissen alles, auch dass Sie und Ihr Vater das Buschgespenst gewesen sind. Beantworten Sie mir nur noch einige Fragen: Haben Sie Eduard Hauser die Spitzen in den Rock genäht, um ihn in Verdacht zu bringen?“

Der Sterbende nickte abermals.

Arndt wechselte einige rasche Worte mit dem Kommissar, dann wurde ein Arbeiter abgeschickt, der Frau Seidelmann kurz und schonend von dem Schicksal ihres Sohnes unterrichten sollte.

Hierauf wandte sich der Detektiv wieder an das entlarvte Buschgespenst.

„Wie steht es mit Ihrer Mutter? Wie weit war sie eingeweiht in Ihr und Ihres Vaters Treiben?“

Erneut versuchten die Lippen des Schwerverletzten, einige Worte zu formen. Der Kopf ging unruhig hin und her. Jeder fühlte, dass Fritz Seidelmann die größten Anstrengungen machte, Antwort auf diese Frage geben zu können.

„Sie – nicht – schuldig!“, brachte er plötzlich mühsam hervor.

Alle horchten überrascht auf. Keiner hatte erwartet, den Verschütteten noch ein Wort reden zu hören. Die Liebe zu seiner Mutter musste, vielleicht als einzige edle Regung, tief in ihm verwurzelt sein.

„Verstehen Sie, was ich sage?“, nahm der Kommissar

angesichts dieser Wandlung der Sachlage sofort die regelrechte Vernehmung auf.

Fritz Seidelmann nickte.

„Sie sind das Buschgespenst gewesen?“, lautete die nächste Erkundigung.

„Ja.“

„Sie und Ihr Vater?“

„Ja.“

„Und Ihr Onkel, der Rentner August Seidelmann, war in alles eingeweiht?“

Ein Kopfnicken.

„Ihr Vater hat in der Nähe des Forsthauses einen Grenzbeamten erschossen?“

„Ich – das – getan“, erklang es leise, aber bestimmt.

„Sie klagen sich selber an? Vermutlich wollen Sie nur Ihren Vater entlasten. Bedenken Sie, dass Sie am Rand des Grabes stehn, und bekennen Sie die Wahrheit! Ihr Vater war der Täter?“

Fritz Seidelmann schloss die Lider und antwortete nicht.

„Gut“, fuhr der Kommissar fort, „ich weiß, woran ich bin. – Unter den Sachen Ihres Vaters ist ein Armband gefunden worden, ein goldnes Armband in Form zweier ineinandergeringelter Schlangen. Erinnern Sie sich daran?“

Der Gefragte nickte wieder.

„Man hat vor Jahren eine Angestellte Ihres Hauses beschuldigt, diesen Schmuck gestohlen zu haben. Ist es richtig, dass das eine falsche Beschuldigung war, um die Frau, an der sich Ihr Vater rächten wollte, in Schaden zu bringen?“

„Ja.“

Arndt hörte dieses Geständnis mit unbeschreiblichen Gefühlen an. Er hätte weinen und im gleichen Augenblick vor Freude laut hinausschreien mögen: Mutter – !

Der Beamte aber hielt in seinem Verhör inne. Er sah, dass der Kopf Fritz Seidelmanns jäh nach hinten sank. Die Lider hatten sich wieder geschlossen. Jetzt quollen dem Sterbenden einige rote Tropfen über die Lippen, denen bald ein dicker Blutschwall folgte.

Stumm blickten die Männer auf den verstümmelten Körper, durch den ein Zucken lief. Dann streckte sich der Leib, ein letztes sägendes Röcheln und alles war aus.

„Fritz Seidelmann ist tot“, sagte der Kommissar nach kurzem Stillschweigen. „Er war ein Verbrecher, aber sein Geständnis hat vieles wieder gutgemacht, was er im Leben verschuldete. Möge ihm Gott ein gnädiger Richter sein!“

„Amen“, fügte der zurückgekehrte Förster hinzu, der in Ehrfurcht vor dem Tod seinen Hut abgenommen hatte.

Auch die andern verharrten eine Weile in schweigender Andacht, bis nahende Schritte im Stollen sie aufhorchen ließen.

Arndt richtete seine Blendlaterne dem Kommenden entgegen. Es war einer der Polizisten, die in der Mühle zurückgeblieben waren.

„Was gibt es?“, fragte der Kommissar.

In dienstlicher Haltung erstattete der Mann Bericht.

„Der Herr Kommissar hatte befohlen, den Kaufmann Martin Seidelmann gefesselt hierher zu bringen. Wir haben nach dieser Weisung gehandelt, obwohl wir Bedenken hegten. Vor der Mühle hatte sich nämlich eine empörte Menge angesammelt, die Drohrufe gegen die Seidelmanns ausstieß. Es waren Leute aus dem Dorf, die vom Donner der Sprengung herbeigerufen waren, offenbar durchweg arme Weber. Als wir mit dem Gefangenen ins Freie traten, wich die Menge zurück, aber sie folgte uns und schloss uns schließlich ein. Vereinzelte Stimmen riefen, man müsse den Schurken auf der Stelle aufhängen. Wir mahnten zur Ruhe. Es nützte nichts. Da zogen wir blank. Das schien zu helfen. Im nächsten Augenblick aber fiel ein Schuss. Der Gefangene stöhnte auf und brach zusammen. Eine Revolverkugel war ihm in den Rücken gedrungen und vermutlich genau ins Herz gegangen. Er war sofort tot. Wir haben nichts versäumt und unverzüglich mehrere Verhaftungen vorgenommen, doch konnte bisher keiner aus der Menge im Besitz einer Schusswaffe ermittelt werden."

Die Männer sahen einander an.

„Ihm ist recht geschehen", erklärte Arndt hart.

„Einen so raschen Tod hat der Halunke nicht verdient", knurrte der Förster.

Der Kommissar aber gab dem Polizisten einen Wink, abzutreten.

„Es ist gut. Ich werde den Fall weiter untersuchen." Dann wendete er sich an seine Begleiter. „Kommen Sie, wir wollen den Toten in seine Wohnung tragen! Nun mag ihn die Mutter sehen, die er in seiner Sterbestunde noch gerechtfertigt und vor dem Zuchthaus bewahrt hat."

21. Bessere Menschen, bessere Zeiten

Als am andern Morgen die Türen der Gefängniszellen geöffnet wurden und die Insassen ihre Morgensuppe erhielten, wunderte sich Eduard Hauser nicht wenig darüber, dass ihm der Aufseher vertraulich die Hand auf die Schulter legte.

„Ihre Suppe essen Sie heut bei mir."

„Warum?"

„Das werden Sie schon hören. Kommen Sie!"

Als Eduard die Wohnung des Beamten betrat, entfuhr ihm ein Ruf freudiger Überraschung.

„Engelchen, du hier?"

„Eduard – du?"

Angelika hatte sich allein im Zimmer befunden, und da der Aufseher nicht mit hereingekommen war, blieben die beiden jungen Leute ungestört. Engelchen schlang die Arme um Eduards Hals und barg den Kopf an seiner Brust.

„Ach, was habe ich für Angst um dich ausgestanden!", klagte sie.

„Und ich um dich!"

„Nicht um dich selber?"

„Nein. Um mich brauchte ich keine Sorge zu haben, denn ich bin unschuldig. Du aber hast auf Seidelmann geschossen. Herrgott, was soll daraus werden?"

„Gar nichts wird daraus, wenigstens nichts Schlimmes", erklang da plötzlich eine Stimme von der Tür her.

Die beiden fuhren auseinander. Da sahen sie den im Zimmer stehen, der sich so unvermutet in ihr Gespräch gemischt hatte. Es war der alte Förster Wunderlich. Er strahlte übers ganze Gesicht und streckte Eduard und Angelika die Hände entgegen.

„Meinen herzlichsten Glückwunsch!", rief er.

Sie staunten ihn an und verstanden ihn nicht.

„Glückwunsch?", fragte Eduard schließlich.

„Wozu denn?“, erkundigte sich Engelchen.
Der Förster deutete mit breitem Schmunzeln hinter sich.
„Das wird Ihnen dieser Herr mitteilen! Er ist berufen dazu.“
Damit meinte er den Kommissar, der soeben ins Zimmer trat.
„Ich freue mich, dass ich Ihnen eine gute Nachricht bringen kann“, begann der Beamte. „Ihre Unschuld ist erwiesen. Es hat sich herausgestellt, dass Fritz Seidelmann, der Sie, Eduard Hauser, der Pascherei beschuldigte, sich damals heimlich in Ihre Stube geschlichen und die Spitzen in Ihren Rock genäht hat.“
„O dieser...“
Angelika stand mit zornblitzenden Augen da.
„Rechten Sie nicht mehr mit ihm!“, sagte der Kommissar ernst. „Er hat seine Strafe schon empfangen.“
„Seine Strafe?“
„Ja. Er ist tot.“
„Tot? – Mein Gott!“, brachten die beiden jungen Leute nur heraus.
„Ja, ja“, brummte der tiefe Bass des alten Wunderlich dazwischen, „unser Herrgott lässt nicht mit sich scherzen!“
„Ich denke“, sagte der Beamte, „der Herr Förster kann Ihnen das alles viel besser erklären und erzählen als ich. Darum will ich mich nicht aufhalten und Ihnen nur noch dienstlich mitteilen: Sie sind beide entlassen. Hier sind die amtlichen Papiere darüber!“
„Entlassen?“, stammelte Engelchen. „Ja, aber wieso denn?“
„Weil der junge Herr Hauser unschuldig ist, wie gesagt, und weil der Gerichtsherr in Bezug auf das kleine Fräulein und ihre Voreiligkeit Gnade walten ließ.“
Der Kommissar reichte den beiden die Hände und machte eine Kopfbewegung nach dem alten Wunderlich hin.
„Im Übrigen, meine Herrschaften, hat sich der Herr Förster ausgebeten, Ihnen das alles auseinander zu set-

zen. Und ich glaube, da liegt diese Aufgabe in den besten Händen. Sie sehn, er ist schon ungeduldig – und unten wartet der Schlitten."

Im Friedhof, der sich außerhalb der Kreisstadt an einem Hügel hinzog, kniete unterdes ein hoch gewachsener Mann vor einem verwehten Grabhügel im tiefen Schnee. In der Hand hielt er einen bescheidenen Strauß freundlicher Schneeglöckchen, die ersten Blumen dieses Jahres, die in der kleinen Bergstadt aufzutreiben gewesen waren.

Lange verharrte der Mann in seiner stummen Andacht. Dann erhob er sich, entfernte mit der Rechten den Schnee am Kopfende des Grabes und legte behutsam den Strauß auf die Erde, als fürchte er, die Schlummernde zu wecken.

„Mutter, bist du mit deinem Sohn zufrieden?"

Gewaltige Veränderungen vollzogen sich nunmehr in Hohenthal und sie waren zum größten Teil das Werk eines einzigen Mannes. Franz Arndt entsagte seinem Beruf als Detektiv, nachdem er seine Lebensaufgabe, die Ehre der toten Mutter zu retten und sein Heimatdorf von der Plage des Buschgespenstes zu befreien, gelöst sah. Doch sein Streben, Helfer und Freund bedrängter Menschen zu sein, das er Jahre hindurch auf der Verbrecherjagd betätigte, war noch immer rege in ihm und wirkte sich jetzt auf andre Art aus.

„Ihr wisst nun, dass wir Verwandte sind", begann er eines Tages im Kreis der Familie Hauser, die in ihm ihren Schutzherrn verehrte. „Ich bin in Wahrheit euer Vetter, nicht der des alten Wunderlich. Kommt, wir wollen uns zusammensetzen und über die Zukunft beraten!"

Das ließen sich die Hausers nicht zweimal sagen. Sie reihten sich rings um den Tisch in der kleinen Weberhütte und der Herr Vetter hatte das Wort.

„Wie steht es, Eduard, hast du dich mit dem Nachbar Hofmann ausgesprochen?"

„Gründlich ausgesprochen“, erwiderte Eduard und seine strahlenden Augen verrieten schon, wie diese Aussprache verlaufen war. „Vater Hofmann ist wie umgewandelt. Er hat mir in die Hand gelobt, dass Engelchen meine Frau werden soll. Nur müssen wir noch warten, bis ich es so weit gebracht habe, dass ich eine Frau einigermaßen ernähren kann.“

„Gut“, nickte Arndt. „Ganz meine Meinung. Mit dem Heiraten habt ihr noch Zeit. Aber Verlobung könnt ihr immerhin feiern. Ich melde für diesen Anlass bereits mein Geschenk an. Die Behörde hat den gesamten Besitz der Seidelmanns beschlagnahmt. Das Grundstück und das Geschäft sollen unter den Hammer kommen. Dem habe ich vorgebeugt und die Firma samt dem Grundstück für billiges Geld gekauft. Aber ich kann damit nichts anfangen, ich verstehe nichts von der Weberei. Wie wäre es, Eduard, möchtest du nicht die Firma in meinem Namen weiterführen? Wenn du dich einrichtest, übergebe ich dir am Hochzeitstag Haus und Geschäft als Eigentum. Dann bist du ein gemachter Mann.“

Diesem hochherzigen Vorschlag folgte zunächst ein betroffenes Schweigen. Zu groß war der Aufstieg, den das Leben der armen Handwerker so plötzlich nahm, als dass sie nicht hätten erschrecken sollen. Dann jedoch brach ein Jubelsturm los und das Ende war eine Verlobung voll Glück und Freude, gekrönt durch ein festes Abkommen zwischen Arndt und den Hausers.

Vater Hauser sollte den Sohn in Dingen der Weberei beraten, Eduard sollte sich in die Führung der Geschäfte einarbeiten, um am Hochzeitstag die Firma ganz übernehmen zu können. Er war außer sich vor Wonne und Seligkeit und das Engelchen war es mit ihm.

Eine Bedingung noch stellte Arndt, die seiner Menschlichkeit alle Ehre machte. Er setzte eine lebenslängliche kleine Rente für die Witwe Seidelmann fest. Die Frau, mochte sie nun mehr oder weniger Schuld tragen an den

Untaten der Ihrigen, sollte nicht in Kummer und Elend untergehen.

„Das Gericht hat sie freisprechen müssen“, erklärte Arndt. „So wollen wir nicht richten. Und in Wahrheit ist sie gestraft genug.“

Sie hatte in der Tat alles verloren, den Mann, den Sohn, den ehrlichen Namen, das Vermögen, alles. Auch ihr Schwager, der Rentner August Seidelmann, war nicht mehr. Am Tag nach dem großen Zusammenbruch hatten ihn Grenzbeamte im Wald erhängt gefunden. Er war ein Opfer seiner eigenen Umtriebe geworden, wie Seidelmann Vater und Sohn und wie Spengler-Michalowski, der im Krankenhaus seinen Verletzungen erlag. Der strafenden Gerechtigkeit entkommen war nur der Wächter Laube. Vermutlich war es ihm geglückt, über die Grenze zu entwischen. Niemand hat je wieder etwas von ihm gehört. Seine Frau verschwand mit den Kindern auch aus der Gegend; wohin, wusste keiner zu sagen.

Gleichwohl beschäftigte der Fall des Buschgespenstes und seiner Genossen lange Zeit die Gerichte.

Gegen die beiden Brüder Wilhelmi, den Zeichner und den Müller, wurde, da sie ‚tätige Reue‘ im Sinne des Gesetzes gezeigt hatten, überhaupt kein Verfahren eröffnet. Dem Müller fiel sogar die ausgelobte Belohnung zu. Da waren aber die ortsansässigen Pascher, darunter auch Schulze und der ‚Hundejunge‘, die sich wegen Teilnahme an den dunklen Machenschaften des Buschgespenstes verantworten mussten. Sie kamen überraschenderweise sämtlich frei, weil sie nachweisen konnten, dass sie unter hartem Zwang gefehlt hatten. Wieder war es Arndt, der für sie sprach und für sie alle schließlich eine Begnadigung erwirkte.

Für all das dankte dem wackeren Arndt ganz Hohenthal. Wenn er durch den Ort ging, zog jeder die Mütze oder den Hut vor dem Retter und Wohltäter der Gegend.

Als Wohltäter der armen Gebirgler erwies er sich dann

auch weiterhin. Er war es, der Eduard Hauser, den neuen Inhaber der erloschenen Firma Seidelmann & Sohn, vornahm und über seine besonderen Pflichten als Verleger der Hausweber belehrte.

„Vergiss nie“, sagte er zu ihm, „dass auch du einst einer von denen warst, die um kargen Lohn in Abhängigkeit schaffen mussten! Wenn du Aufträge erteilst, wenn du entlohnst, werte die Leistung! Sichere denen, die ihre Arbeitskraft hingeben für dein Unternehmen, ein menschwürdiges Dasein, so weit es in deinen Kräften steht! Du sollst leben, aber du sollst auch die andern leben lassen. Dann wirst du eine herrliche Daseinsaufgabe erfüllen, nämlich dazu helfen, dass fortan ein zufriedenes Geschlecht auf dem Boden deiner alten Gebirgsheimat haust.“

Und Arndt predigte solche Weisheit nicht nur einem andern, sondern bestätigte sie auch selber an seinem Platz.

Nach dem Zusammenbruch erklärte der Baron von Wildstein, es sei ihm nichts daran gelegen, das halb verschüttete Bergwerk mit viel Unkosten wieder betriebsfähig zu machen. Er wollte den Gottes-Segen-Schacht eingehen lassen. Daraufhin machte ihm Arndt einen Besuch und bot ihm eine runde Kaufsumme für das Werk, wie es lag und stand.

Der Baron stutzte und wollte handeln. Doch Arndt ließ sich darauf nicht ein mit der Begründung, dass er eine Grube, die man dem Verfall preisgeben wolle, nur billig oder gar nicht erwerben könne. Da gab der Baron nach und das Bergwerk ging in den Besitz Arndts über.

Der vielgewandte Mann, der selber schon über reichliche Mittel verfügte, wusste sich auch noch anderweit das nötige Betriebskapital zu verschaffen und so gab es für die armen Leute in Hohenthal plötzlich Arbeit in Hülle und Fülle. Der Schacht wurde wieder freigelegt und entwässert und nach Verlauf eines Jahres fuhren die Bergleute bereits von neuem unter Tag. Die Essen rauchten, der Abraum ließ wieder die Halden wachsen und das schwarze Gold stieg in den Förderkörben ans Tageslicht.

Alles wie einst. Geändert war nur das eine: Die Arbeiter empfingen am Wochenende einen anständigen Lohn, sodass sie bei ihren bescheidenen Ansprüchen sorgenfrei leben konnten.

Ein einziges Jahr hatte genügt, diesen gewaltigen Umschwung zu bewirken. Jetzt bewahrheitete sich das Wort des alten Wunderlich: Es war eine Lust, in dem kleinen Gebirgsort zu leben. Überall schaffende Menschen mit frohen, zufriedenen Gesichtern und überall Menschen, die mit Liebe und Achtung von Franz Arndt und Eduard Hauser sprachen.

Nur einer hatte an den bestehenden Zuständen noch etwas auszusetzen und das war der Förster Wunderlich, der samt seinem Bärbchen nicht wenig stolz darauf war, dem Glück bringenden Fremden seinerzeit Tür und Tor geöffnet zu haben.

„Herr Vetter“, sagte er eines Tages zu Arndt, denn er blieb bei dieser Anrede, „Sie sind ein Tausendsasa, das muss Ihnen der Neid lassen. Und Sie sind ein guter, ein prächtiger Kerl. Nur eines gefällt mir nicht an Ihnen.“

„Und das wäre?“

„Sie sollten sich ein Beispiel nehmen an Eduard Hauser. Der Bursche ist gewachsen mit seinen Pflichten und Aufgaben, erstaunlich gewachsen. Er denkt schon allen Ernstes daran, das Engelchen, das ihn verehrt und verhätschelt, als seine Frau ins alte Seidelmann-Haus zu führen. Sie aber tappen noch immer als trüber Junggeselle durch die Landschaft. Das will mir nicht behagen.“

Arndt lachte.

„Mir auch nicht, Wunderlich, und darum habe ich mich unter den Töchtern der Kreisstadt umgesehn. Über kurz oder lang werde ich Ihnen die Erwählte meines Herzens vorstellen. Findet sie dann Ihre Billigung, so soll in dem neuen Haus, das ich mir jetzt auf dem Bergwerksgelände bauen lasse, bald eine Frau einziehn.“

So sagte Arndt und so geschah es. Auch er wurde ein

glücklicher Mann unter vielen, die sein Streben und Wirken glücklich gemacht hatte.

In dunkler Vergangenheit begraben lagen die Zeiten, da die Bewohner von Hohenthal unter der Bedrückung unheimlicher Verbrecher lebten, und nur selten noch sprach einer hier und da von jenen Tagen, von ihrer Furcht und ihren Ängsten und von dem rätselhaften, endlich doch entlarvten Buschgespenst.

BAND 51-55,77

Diese beliebte Reihe umfasst den ersten der fünf Lieferungsromane Karl Mays, die er für den Verlag H. G. Münchmeyer in den Jahren 1882 bis 1887 verfasste. Der ursprüngliche Titel des Werkes lautete ‚Das Waldröschen'.
Die Bände 51 bis 55 behandeln die Geschichte zweier spanischer Grafen, der Brüder Rodriganda, deren einer in Mexiko, der andere auf dem Stammsitz der Familie in Spanien lebt. Beide sind von Schurken umgeben, die den Besitz der Rodrigandas an sich reißen wollen und den Mitgliedern der Familie nach dem Leben trachten. Doch finden sich auch starke und ehrliche Freunde, die den Bedrohten zur Seite stehen; unter ihnen der deutsche Arzt Dr. Sternau. Die bunte, spannende Handlung beginnt unter Indianern, Trappern und Vaqueros in Mexiko, wechselt dann hinüber in die spanischen Pyrenäen, nach Frankreich und Deutschland und kehrt schließlich zurück zum Ausgangspunkt des Geschehens, in die wilde und gefährliche Wüste Mapimi im Norden des mexikanischen Landes. Den historischen Hintergrund der Ereignisse bildet der Befreiungskrieg der Mexikaner unter der Führung ihres späteren Präsidenten Benito Juarez. Der Kampf zwischen ihm und seinem Gegenspieler Kaiser Maximilian steigert sich zu einem Drama der Weltgeschichte, das mit dem Untergang und der Hinrichtung Maximilians von Mexiko tragisch endet.
Band 77 enthüllt dem Leser die letzten Geheimnisse um den Ursprung der jahrzehntelangen Fehde gegen die Rodrigandas sowie die erstaunlichen Umstände von Dr. Sternaus wahrer Herkunft.
Unter den berühmt gewordenen Figuren der sechs Bücher ist neben Sternau und den Indianern ‚Bärenherz' und ‚Büffelstirn' besonders ‚Trapper Geierschnabel' zu erwähnen, einer jener urwüchsigen Westmänner, die stets dafür sorgen, dass bei aller Dramatik auch der Humor nicht zu kurz kommt.

BAND 56-59

Der zweite Münchmeyer-Roman Karl Mays trug ursprünglich den Titel ‚Die Liebe des Ulanen' und wurde im Rahmen der Gesammelten Werke in vier Bände gegliedert. In diesem Roman geht es um das weit ausgesponnene Familienschicksal derer von Greifenklau, das vor dem historischen Hintergrund der deutsch-französischen Kriege gegen Napoleon I. und Napoleon III. seine Entwicklung findet. In den ersten der vier Bände spielt die Schlacht bei Waterloo hinein. In bunter Fülle fügen sich in dieses Bild die Gestalten des großen Napoleon und des derb-drolligen Marschalls Blücher. Im zweiten Teil verlässt May – wie er es in seinen geschichtlichen Erzählungen immer, und nie zum Schaden des Ganzen, tut – für einige Zeit den Boden der Geschichte und verliert sich ins Reich der Fantasie. Die Handlung wechselt hinüber nach Algerien und knüpft an dunkle Vergangenheit an, deren Schatten treibend in die Gegenwart herüberfallen und dem Helden und denen, die ihm nahe stehen, harte Hindernisse in den Weg legen. Doch bald treten geschichtliche Ereignisse wieder in den Vordergrund. Die Umwälzung der Befreiungskriege, die mit der Schlacht von Waterloo ihr Ende fanden, weicht der unheilschwangeren Stimmung, die den Ereignissen von 1870/71 vorausgeht. Wieder befindet sich einer aus der Familie Greifenklau als Kundschafter im Feindesland, wo ihn eine neue Liebe erwartet und alter Hass diese zu untergraben sucht. Und nun steigern sich die historischen wie auch die von May ersonnenen Schicksale der Gestalten des Romans zu gewaltigem Geschehen und drängen zur Entscheidung. In rascher Folge gleitet die Handlung nach Paris, nach Algier, nach Berlin und schließlich vor die Tore von Sedan, wo sich der Untergang des dritten Napoleons erfüllt. Und auch die Sache des Helden setzt sich zu ihrem Sieg durch. Kapitän Albin Richemonte, der verbrecherische Gegner der Greifenklaus, findet sein verdientes Ende am Ort seiner Schandtaten. Karl May hat sich mit diesem Werk ein weiteres Mal als ein Meister des Abenteuerromans auf geschichtlicher Grundlage erwiesen.

BAND 61-63

Das einstige Sammelwerk ‚Deutsche Herzen, deutsche Helden' – der vierte Münchmeyer-Roman – gehört zu den spannendsten und buntesten Erzählungen Mays. Der dreiteilige Roman behandelt das abenteuerliche Schicksal einer deutschen Familie, deren Glieder durch feindliche Ränke in alle Welt verstreut worden sind. Das Ringen geht um die Wiedervereinigung der getrennten Geschwister, die da und dort schwer an unverschuldetem Unglück tragen.
Zu den Helden der drei Bücher gehören alte Bekannte: Sir David Lindsay, Krüger-Bei und das ‚Kleeblatt' Sam Hawkens, Dick Stone und Will Parker. Darum lebt der Roman nicht nur von atemloser Spannung, sondern auch von köstlichem Humor, besonders, wenn David Lindsay immer wieder in schwierigste Lagen kommt, weil er sich in den Kopf gesetzt hat, irgendeine Haremsschönheit zu befreien, wozu er als Anleitungsbuch den Text zu Mozarts ‚Entführung aus dem Serail' ständig bei sich trägt… ImWilden Westen trifft das ‚Kleeblatt' mitten im amerikanischen Urwald alte Freunde und die Spur eines der Verschollenen und der Verbrecher. Die Verfolgung beginnt. Im Tal des Todes, einem Ort des Grauens, laufen schließlich die Schicksalsfäden zusammen. Die Not der Bedrängten wächst und damit die Spannung. Doch während die Schurken neue Listen und Anschläge aushecken, versammelt sich auch die Schar der Helden, die auf der Seite des Rechts kämpfen. Winnetou und Old Firehand stoßen zu ihnen und so ist es klar, dass der Leser nach heißem Miterleben von Kampf und Gefahr zu einem glückhaften Ende des Ganzen geführt wird. Die Spur des letzten noch fehlenden Mitglieds der auseinander gerissenen Familie weist nach Russland. Und so führt die Handlung des Schlussbands mitten unter Verbannte, Kosaken und Zobeljäger im Inneren Sibiriens. Wunderbar weiß May auch diese Landschaft mit ihren Bewohnern zu schildern. Das Getriebe des Steppenbrunnens knarrt, Kosakenstiefel klappern beim Tanz, die Balalaika klingt… Einen köstlichen Gegensatz dazu bildet das ‚Kleeblatt', das nach Sibirien gereist ist, um den letzten Verschollenen zu suchen.

BAND 64, 65, 74, 75, 76

Aus dem dritten Lieferungswerk, das Karl May unter dem Titel ‚Der verlorene Sohn' für den Verlag Münchmeyer schuf, wurden fünf in sich abgeschlossene Bände gewonnen.

Der erste enthält eine Schmugglergeschichte, die in Karl Mays Heimat, dem sächsischen Erzgebirge, spielt. Mühselig ist das Tagwerk der ärmlichen Bergleute und Hausweber und doppelt gefährlich daher die Lockung zu Geld versprechenden Schmuggeleien. Der böse Geist aber, der die armen Gebirgler zu dunklen Geschäften verführt oder gar zwingt, ist das mysteriöse ‚*Buschgespenst*'.

Der zweite Band bildete ursprünglich den Rahmen des groß angelegten Gesamtwerkes. Der ‚*Fremde aus Indien*' ist eine Gestalt, die bisweilen an Alexandre Dumas' berühmten Grafen von Monte Christo erinnert. In der Hand des ‚Fremden' vereinigen sich die Schicksalsfäden all der Menschen, die seinen Weg kreuzen, und werden von ihr mit überlegener Sicherheit gelenkt. Der Kampf aus geheimnisvollem Dunkel gegen den gefürchteten ‚Hauptmann' reißt jeden mit, der das Buch zur Hand nimmt. Schauplatz auch dieser Kriminalgeschichte ist Mays Heimatland Sachsen.

Im dritten Roman, ‚*Der verlorene Sohn*', verfällt ein junger Leutnant, auf dessen Gewissen schwere Schuld lastet, dem Glücksspiel und gerät so in ein Netz von Verbrechen und in die Fänge einer Falschmünzerbande. Aber Detektiv Arndt, dem Leser gut bekannt aus dem ‚Buschgespenst', stellt sich den Übeltätern in den Weg.

Der Band ‚*Sklaven der Schande*' führt in die Welt des großstädtischen Theaters. Auch im Künstlermilieu jedoch verbergen sich kriminelle Umtriebe hinter den bunten Masken und der junge Musiker und Schriftsteller Max Holm muss nicht nur um seine große Liebe, sondern auch gegen die Machenschaften abgefeimter Schurken kämpfen.

Im letzten Band, ‚*Der Eremit*', gibt es ein Wiedersehen mit Holm und seinem Freund, dem Paukenschläger Hauck, die erneut den Kampf gegen Intrigen und Verschwörungen aufnehmen. Nach rasanten Abenteuern enthüllt sich schließlich die wahre Identität des finsteren alten Einsiedlers.

BAND 66/67, 68, 73, 78

Bei Karl Mays Lieferungsroman ‚Der Weg zum Glück' handelt es sich um den fünften und letzten der so genannten Münchmeyer-Romane. Die Bände 66/67 enthalten den zusammengehörigen Hauptteil. Gefährliche Abenteuer in den bayrischen Bergen wechseln mit heiteren Episoden, in denen das treuherzig-biedere Gebirglervolk treffend geschildert wird. Die Hauptperson, der Wurzelsepp, gehört zu Mays besten und originellsten Gestalten. Der kernige alte Naturbursche ist stets bereit, den Unglücklichen beizustehen und mit seinem listig-lustigen Gemüt überall Frohsinn zu verbreiten. Mit unbestechlichem Gerechtigkeitssinn enthüllt er altes Unrecht und ungesühnte Schuld und zieht ihre Urheber zur Rechenschaft. Da sind vor allem der unheimliche *‚Peitschenmüller'*, der die Bewohner des Dorfes in Angst und Zittern hält, und sein Kumpan und Genosse früherer Verbrechen, der reiche *‚Silberbauer'*, von dem sich sogar die eigene Tochter lossagt, als sein dunkles Treiben an den Tag kommt. Alle Unterdrückten finden schließlich ihr Recht – immer unter dem Schutz des edlen und vielgeliebten Königs Ludwig II., dessen tragische Gestalt mit besonderer Eindringlichkeit gezeichnet ist. Sein Tod, gleichzeitig mit dem rührenden Ende des Wurzelsepp, verleiht dem gelösten Ausklang des Werks eine nachdenkliche Stimmung. – Band 68 umfasst zwei besonders spannende, aber nicht zur Haupthandlung gehörige Episoden: ‚Der Geldprotz' ist eine Schmugglergeschichte und schildert den verzweifelten Kampf eines mit dem Gesetz in Konflikt geratenen Bauern gegen gewissenlose Erpresser. In ‚Der Samiel' versetzt ein geheimnisvoller Räuber das Grenzland in Furcht und Schrecken, bis er durch die tatkräftige Hilfe des *‚Wurzelsepp'* sein Ende findet. – Band 73 *‚Der Habicht'* bringt eine gleichfalls in sich abgeschlossene Kriminalerzählung aus den bayrischen Alpen mit dem Wurzelsepp als Detektiv. – *‚Das Rätsel von Miramare'*, die Titelgeschichte von Band 78, führt nach Triest. Ludwig II. gerät dort in höchste Gefahr und einmal mehr erweist sich der alte Sepp als Kämpfer für Recht und Ordnung und treuer Beschützer seines Königs.

KARL MAY[s] GESAMMELTE WERKE

1 Durch die Wüste
2 Durchs wilde Kurdistan
3 Von Bagdad nach Stambul
4 In den Schluchten des Balkan
5 Durch das Land der Skipetaren
6 Der Schut
7 Winnetou I
8 Winnetou II
9 Winnetou III
10 Sand des Verderbens
11 Am Stillen Ozean
12 Am Rio de la Plata
13 In den Kordilleren
14 Old Surehand I
15 Old Surehand II
16 Menschenjäger
17 Der Mahdi
18 Im Sudan
19 Kapitän Kaiman
20 Die Felsenburg
21 Krüger Bei
22 Satan und Ischariot
23 Auf fremden Pfaden
24 Weihnacht
25 Am Jenseits
26 Der Löwe der Blutrache
27 Bei den Trümmern von Babylon
28 Im Reiche des silbernen Löwen
29 Das versteinerte Gebet
30 Und Friede auf Erden
31 Ardistan
32 Der Mir von Dschinnistan
33 Winnetous Erben
34 „ICH“
35 Unter Geiern
36 Der Schatz im Silbersee
37 Der Ölprinz
38 Halbblut
39 Das Vermächtnis des Inka
40 Der blaurote Methusalem
41 Die Sklavenkarawane
42 Der alte Dessauer
43 Aus dunklem Tann
44 Der Waldschwarze
45 Zepter und Hammer
46 Die Juweleninsel
47 Professor Vitzliputzli
48 Das Zauberwasser
49 Lichte Höhen
50 In Mekka (von Franz Kandolf)
51 Schloss Rodriganda
52 Die Pyramide des Sonnengottes
53 Benito Juarez
54 Trapper Geierschnabel
55 Der sterbende Kaiser
56 Der Weg nach Waterloo
57 Das Geheimnis des Marabut
58 Der Spion von Ortry
59 Die Herren von Greifenklau
60 Allah il Allah!
61 Der Derwisch
62 Im Tal des Todes
63 Zobeljäger und Kosak
64 Das Buschgespenst
65 Der Fremde aus Indien
66 Der Peitschenmüller
67 Der Silberbauer
68 Der Wurzelsepp
69 Ritter und Rebellen
70 Der Waldläufer
71 Old Firehand
72 Schacht und Hütte
73 Der Habicht
74 Der verlorene Sohn
75 Sklaven der Schande
76 Der Eremit
77 Die Kinder des Herzogs
78 Das Rätsel von Miramare
79 Old Shatterhand in der Heimat
80 Auf der See gefangen
81 Abdahn Effendi
82 In fernen Zonen
83 Am Marterpfahl
84 Der Bowie-Pater
85 Von Ehefrauen und Ehrenmännern
86 Meine dankbaren Leser
87 Das Buch der Liebe
88 Deadly dust
89 Im fernen Westen
90 Verschwörung in Wien
91 Briefwechsel mit F. E. Fehsenfeld I
92 Briefwechsel mit F. E. Fehsenfeld II
93 Briefwechsel mit Sascha Schneider
94 Briefwechsel mit Joseph Kürschner
95 Briefwechsel mit seinen ‚Kindern‘ I
96 Briefwechsel mit seinen ‚Kindern‘ II

Auswahl von Sonderbänden:

Karl-May-Chronik I-V, Der geschliffene Diamant, Mein Hengst Rih, Karl-May-Filmbuch Karl-May-Stars, Traumwelten · Bilder zum Werk Karl Mays I-III, Winnetous Blutsbruder Moderne Helden, Die Söhne des Scheiks, Hadschi Halef Omar, Gewehre für die Utahs Chronik eines Weltläufers, Auch im Osten der Wilde Westen, Die Winnetou-Trilogie Weißer Vater, Karl May und Prinzessin Wiltrud, Die Tramps vom Kansas River Karl May auf sächsischen Pfaden, Unter Volldampf, Rückkehr zum Silbersee Karl May auf der Bühne I-IV, Dr. med. Karl May, Tochter der Wüste